세계의 격변

흔들리는 지구와 인류, 그리고 자본주의

세계의 격변

흔들리는 지구와 인류, 그리고 자본주의

미셸 보 지음 | 백영현 옮김

한울

Le Basculement du monde by Michel Beaud

감사의 말

모든 저작은 심사숙고와 동시에 토론 속에서 무르익는다.

이 책의 여러 가지 주제들은 1989년 졸저 『1980년대 세계경제 (L'Économie mondiale dans les années quatre-vingt)』에서 윤곽이 잡혔다. 1994년부터 본인은 이 주제들을 보다 완성된 형태로 설명했다. 그 중 특기할 만한 것이 1994년 9월 6일자 ≪르 몽드(Le Monde)≫ 지에 발표된 미셸 부아예(Michel Boyer)와의 대담「경제를 사회의 시녀인 본래의 위치로 돌려보내자(Remettons l'économie à sa place de servante des sociétés)」, 1994년 10월 ≪르 몽드 디플로마티크(Le Monde diplomatique)≫ 지에 발표된 논문「세계의 격변(Le basculement du monde)」, 그리고 『자본주의의 역사(Histoire du capitalisme)』의 네덜란드어, 일본어 번역판을 위해 새로 쓰여진 7장 등이다.

강의와 다양한 연구모임에서, 또한 여러 세미나와 학회발표에서, 이 책에 담긴 주장에 대해 설명하고 토론할 기회도 있었다.「왜 우리의 사회는 더욱더 경제에 의존하게 되는가(Why our societies are more and more dependent on economy)」(경제성장을 넘어서(Beyond Economic Growth)라는 주제로 열린 4차 유럽-일본 토론회, 나가이, 일본, 1995년 3월); 「자본주의의 일반화와 경제적 담론의 군림(Généralisation du capitalisme et emprise du discours économique)」(생산경제연구소, 툴루즈, 프랑스, 1995년 4월); 「경제의 세계화(La mondialisation de l'économie)」(기아에 맞서는, 발전을 위한 가톨릭위원회, 1995년 6월); 「국가, 세계화 그리고 자본주의(Nation, mondialisation et capitalisme)」(사회들의 상호의존, 과학들의 상호작용(ISIS)이 '지역, 국가, 세계화(Nations, mondialisation et capitalisme)'를 주제로 주최한 학제적 세미나, 룩셈부르크, 1995년 9월); 「경제와 환경. 역사적 전망 속에서 몇 가지 생각(Économie et environnement. Quelques réflexions dans une perspective historique)」(일드프랑스 지역의 지속가능한 발전 지역회의, 1996년 7월); 「세계경제 역학: 환경을 위한 행동의 여지는 얼마나 되는가?(Dynamiques économiques mondiales: Quelles marges de manoeuvre pour l'environnement?)」(21세기 환경은 어떠할 것인가? 환경, 장기적 통제와 민주주의(Quelles marges de manoeuvre pour le XXIe siècle? Environnement, maîtrise du long terme et démocratie)를 주제로 한 국제토론회, 퐁트브로 수도원, 1996년 9월); 「후기 산업 자본주의 출현에 대하여(Sur l'émergence d'un capitalisme post-industriel)」(GRETSE 세미나, 몬트리얼, 1996년 10월); 「사회의 경제에 대한 예속 심화. 경제적 운명과 인간의 책임(Soumission croissante des sociétés à l'économie, fatalité économique et responsabilité humaine)」(자유주의를 넘어서. 사회운동의 역할은 무엇인가?(Au-delà du libéralisme. Quel rôle pour les mouvements sociaux)를 주제로 한 정치경제학회 토론회, 몬트리얼, 1996년 10월); 「성장의 숨겨진 면면(Sur les faces cachées de la croissance」(경제성장과 소득, 재산분배(Croissance économique et répartition des revenus et des patrimoines)를 주제로 한 불어권 경제학자 국제학회 토론회: 포르토와 에보라, 1997년 5월). 여기에 밝힌 모임들을 발기하고 조직한 분들께 감사드린다.

무엇보다도 책이 완성되어가는 각 단계마다 책을 읽어주고 그에 대한 비판과 제안을 아끼지 않았던 이 책의 첫 독자들에게 깊은 감사를 드린다. 책을 준비하는 동안 줄곧 나를 격려해주었던 칼리오프 보, 그리고 로베르 보노, 마리엘 코시, 질 도스탈러, 프랑수아 푸르케, 베르나데트 레니에, 알랭 드 톨레도, 마리-테레즈, 베르네-스트라지오티가 그들이다.

책의 출판을 맡아주고, 책이 완성되도록 도와준 프랑수아 제즈에게도 깊이 감사한다.

1997년 6월 21일
미셸 보

2000년 한국어판 저자 서문

『세계의 격변』은 『자본주의의 역사』 다음으로, 한국어로 번역된 나의 두번째 책이다. 이 점 영광스럽게 생각하며, 도서출판 한울과 옮긴이 백영현 씨에게 진심으로 감사의 뜻을 표하는 바이다.

나는 우리가 살고 있는 시대의 특징을 나타내기 위해 '세계의 격변'이라는 표현을 선택했다. '격변'은 현재 진행중인 변화의 규모, 속도, 힘을 상기시킨다. 이토록 강력한 인구, 욕구, 생산, 소비, 공해의 성장을 인류는 결코 경험한 적이 없었다. 에너지, 물질, 생명을 제어하는 데 또한 생산하고, 파괴하고, 이동하고, 정보를 취급하고 유통시키는 데 이토록 큰 능력을 인간 사회는 가져본 적이 없었다. 그리고 인간 활동의 팽창이 생명체의 대량파괴를 수반하고, 지구의 필수적인 요소(오존층, 대양, 기후 체제)를 훼손하고, 주요한 자원(물, 숲, 어족……)을 위협할 정도로 착취하는 것은 처음 있는 일이다.

따라서 지구의 미래가 문제 되고 있는 것이다. 동시에 각 개인, 각 가족, 각 나라, 미래 세대, 인류, 뿐만 아니라 세계의 여러 곳에서 그토록 많은 진전을 가능케 했던 가치, 관념, 이상의 연약한 혼합물인 휴머니즘의 미래가 문제 되고 있다.

그런데 지정학적 실체로서의 세계도 변하고 있다. 수백년간 유럽이 패권을 쥐었던 시대가 이미 오래 전에 막을 내렸다. 그러나 — 아메리카에서 아프리카와 태평양에 이르기까지 — 몇몇 지역은 여전히 유럽 패권 시대의 깊은 흔적을 지니고 있다. 자본주의 진영과 공산주의 진영 간의 적대적인 대결은 소비에트 체제의 붕괴 이후로 더 이상 국제무대의 구조를 결정하지 못한다. 위의 양극화가 끝나기 훨씬 이전부터 분열되기 시작했던 '제3세계'는 더 이상 존재하지 않는다. 성장과 위기를 지나면서, 점점 더 많은 국가들이 현대화, 도시화, 가속화된 경제적·사회적 변이의 과정에 들어갔다. 반대로 다른 나라들은 여기에 이르지 못하고, 민중의 대다수가 빈곤에 침몰하여 헤어나오지 못하고 있다. 그러나 이미 선진국들은 새로운 경주에 들어갔다. 새로운 경주에서 과학과 기술의 제어는 불가피한 요소다. 그리고 거의 모든 나라에서뿐만 아니라 전세계적 차원에서도 아주 부유한 극소수와 아주 가난한 무수히 많은 대중 간에 불평등의 골은 깊어만 간다.

미국은 캐나다, 멕시코와 함께 북미자유무역협정에 강하게 집착한다. 불평등, 인류의 대다수의 극빈, 금융·화폐적 불안정, 생태학적 위기, 과학과 기술의 제어 등과 같은 지구의 중대한 문제들에 대한 해결에는 별로 주의하지 않고서, 미국은 자신의 이해를 보장하기 위해 세계 최강대국으로서의 위치를 악용한다. 유럽은 집결하여 조직을 갖기 위해 노력하고 있다. 그러나 강력한 세력이 되기에는 아직 멀다. 거주자가 수십억에 이르는 아시아의 두 강대국 중국과 인도, 아시아의 현대화된 지역(일본, 한국, 중국 동부, 인도의 일부지역), 남아시아와 중앙아시아의 빈곤한 지역, 그리고 동남아시아의 역동성, 난관, 불확실성으로 요약되는 아시아의 확립은 21세기를 규정할 것이다.

많은 것이 두 대륙-국가(인도와 중국)의 미래, 두 나라의 내적인 변화, 그리고 두 나라간의 관계 및 이웃 나라와의 관계에 의해 좌우될 것이다. 그러나 많은 것이 또한 다른 요소들에 의해 좌우될 것이다. 유럽의 최근 역사는 반세기 동안 분리되어 있던 한 나라가 통일될 수 있으며, 75년 동안 세 번의 전쟁을 치른 두 나라가 좀더 큰 하나의 집합체 속에 통합될 수 있으며, 그러한 집합체는 전혀 다른 나라들을 연합시킬 수 있다는 것을 가르쳐준다. 아세안 10개국, 중국, 한국 그리고 일본의 — '13개국의 대화'는 협력의 제도화된 형태를 열 수 있을 것인가? 인도와 일본을 맺어주는 새로운 접촉은 새로운 관계의 확립을 예고하는가? 이렇게 모든 가능성이 열려 있는 상황에서, 강력한 국민적 정체성을 가지고 있고, 수천 년의 문명, 문화, 언어, 국가적 전통, 민주주의적 삶에 의해 견고해진 사회적 단결 위에 기반을 둔 한국과 같은 나라들은 맡은 바 역할이 있으며, 그것은 결정적일 수 있다.

아시아는 미래의 세대, 지구의 균형, 세계에서 가장 빈곤한 민중들을 고려에 넣는 길을 찾을 수 있을까? 2세기 전부터 서구가 무책임하게 가동시켰던 자본주의적 발전양식은 지탱될 수 없다. (특히 에너지의) 지나친 낭비, (산업, 화학 농업, 그리고 도시화에 의한) 지나친 오염, 지나친 생명파괴와 불충분한 연대성, 사회적 단결의 파괴 등…… 그리고 세계화와 (20세기 후반 수십 년 동안 앵글로색슨의 강대국과 국제적인 은행·금융 기구에 의해 설교된) 신자유주의의 결합은 사회적 권리를 약화시키고, 필요한 전진을 저지한다.

그런데, 망상을 설교하는 자들의 주장과는 반대로, 만병통치약은 없다. 경제성장은 그 자체로서 문제의 해결책이 아니다. '저마다 자기 일에 전념하는' 상황에서, 경제성장은 환경을 파괴하고, 빈곤을 유지, 재생, 때로는 심화시킨다. 시장은 구매자와 판매자 간의 대체 불가능한 수단이다. 그러나 시장에 전적으로 내맡기는 것은 현재를 위해 미래를 희생시키고, 상품세계에서 구매력 없이 살아가는 수십억의 인간을 운명에 내맡기는 결과를 초래할 것이다. 국가는 많은 것을 할 수 있다. 그러나 소련의 실패가 웅변해주듯이, 국가가 모든 것을 도맡아서는 결코 안될 것이다. 국제기구, 비정부기구(NGO), 연합 운동(movement associatif), 다양한 형태의 상호 원조와 집단행동 등도 마찬가지다. 수천 년에 걸쳐 인간 사회가 창조한 모든 수단들이 동원되어야 한다. 그래도 선택하고, 가치를 확립하고, 목표를 정의하고, 우선 순위를 정해야만 한다. 따라서, 국지적 차원에서 세계적 차원까지, 사람들간에 그리고 국가와 세계의 부분들 간에 그리고 인간 사회와 지구 간에 새로운 균형을 되찾기 위한 전략이 지리-역사적 거대 집합체, 국가 그리고 지역에 의해 정의되어야 한다.

　간단하게, 이 책의 "2000년판 저자 후기"에서, 내가 바라는 것은 한마디로 인간적인 세계를 위한 다차원적 다지역적 전략이다.

　우리가 봉착하는 사안을 감당할 만한 능력이 우리에게 있을까?

2000년 7월 7일

미셸 보

차례

머리말

이 책의 목적은 이 시대에 빈발하는 재난과 자꾸 늘어만가는 위험에 대해 경각심을 불러일으키는 것이다. 늘 도사리고 있는 위험에 대한 대책을 현대인들이 시의적절하게 찾을 수 있도록 문제의 심각성을 일깨우는 데 한몫을 하고자 이 책은 쓰여졌다.

첫째, 이 책은 많은 사람들이 제기하는 다음과 같은 질문에 대답하는 데 도움이 될 것이다.

• 모든 것이 풍족한 이 세계에 왜 이토록 빈곤과 비참이 만연해 있는가?

• 경제가 욕구(besoins)[1]의 충족을 지향하는 것이라면, 강력한 현대 경제는 어떻게 그토록 많은 욕구를 충족되지 않은 상태로 방기하고 있는가?

• 노동은 이제 종말을 고하는가?

---

1) 프랑스어 besoin은 사전적 의미로는 자연 또는 사회생활으로부터 발생한 필요를 말함. 이하 '욕구'로 번역함―옮긴이 주.

▪ 세계는 정말 한마을이 되었는가?

▪ 우리는 비물질의 시대, 가상(virtuel)의 시대에 접어들었는가?

▪ 4반세기 동안 지속되는 경제·사회적 침체에서 벗어날 수 있는 방법은 무엇인가?

▪ 경제성장과 과학·기술의 진보가 모든 문제를 해결하리라고 기대할 수 있는가?

▪ 우리는 자손들에게 어떤 지구를 물려줄 것인가?

위의 모든 질문들은 서로 연결되어 있다. 위 질문들에 대해 일관성 있게 대답하자면 경제와 사회의 관계, 지구와 인간의 관계, 그리고 인간, 인간의 작업물, 그 작업물의 훼손 이 3자간의 관계에 대해 심사숙고해야 한다. 그런데 이러한 관계들은 몇 세대에 걸쳐, 특히 최근 수십 년 동안 크게 변했다.

둘째, 바로 이러한 이유로 이 책은 우리 시대의 변화와 그 가속화에 대한 성찰을 제시한다. 물론 이 책이 모든 것을 설명해줄 수는 없다. 그러나 우리는 세계의 역학 속에 작용하는 주요한 힘들을 드러내 보이고자 한다. 그럼으로써 이 책에서 다루는 영역을 넘어서는 것까지도 명료하게 이해할 수 있다. 이 책은 확실성의 집합체도, 유행을 따르는 관념·모순·선동의 유희도, 초심자를 위한 난해한 문제들의 연속도 아니다. 이 책은 근본적으로 필자가 지닌—물론 많은 다른 이들도 공유하는—희망과 우려를 풍부하게 담고 있다. 이 책은 권력자들이 이미 개입하기를 포기한 일련의 변화가 우리에게 어떤 위험을 초래할 것인가 하는 우려에서 비롯되었다.

셋째, 이러한 이유로 이 책은 인간의식의 여러 영역에서 스스로를 표현하고 있다. 현상과 현상의 연계에 대한 이해, 용서할 수 없는 것에 대한 분노, 윤리와 윤리가 제공하는 준거들, 전망과 행동방침 등이 그것이다.

30여 년에 걸친 성찰의 결과물인 이 책은, 문제가 심각하고 절박하고 돌이킬 수 없다는 사실을 첨예하게 자각하는 계기가 되었다.

1

한 세계의 종말 — 그 징후

무엇이 끝났는가

한 시대가 막을 내렸다고 많은 사람들이 느낀다. 그런데 사실은 아주 오래 전부터 어느 세대나 으레 그렇게 느끼지 않았을까? 세기가 바뀌고 1900년대라는 밀레니엄이 끝났다는 사실이 그렇게도 큰일이라면, 예수 탄생을 기준으로 한 서기 2000년이 이슬람력으로는 1378년, 불기(佛紀)로는 2544년, 유대력으로는 5761년에 해당한다는 사실을 새삼 들추어내야 할까?

사실 몇십 년 전부터 우리는 여러 가지 종말을 한꺼번에 경험하고 있다. 서구 자본주의 세계에서는 복지국가의 위기가 닥치면서 경제정책의 황금시대와 전후(戰後) 번영기가 끝났고, 동구권에서는 스탈린주의가 종말을 고한 다음 소련의 지배 및 일당독재체제와 총체적 국가주의가 붕괴하였다. 그리고 1950년대 이후 생겨난 '제3세계'라는 복잡다단한 집단의 입장에서 보자면 독립과 발전에 대한 환상은 종말을 고한 셈이며, 제3세계주의(tiers-mondisme)와 제3세계의 실체 자체도 끝이 났다. 이러한 변화들은 20세기, 특히 1950년대 이후 두 세대에 걸쳐 뚜렷한 흔적을 남겼다. 그러나 이보다 더욱 심각한 변화가 있다.

유럽이 세계의 다른 많은 지역을 정복하여 식민지로 만들고 지배하던 지난 몇 세기가 막을 내린 것이다. 서구사회가 과학, 기술, 경제, 금융, 군사력, 이데올로기, 문화 등 모든 분야에서 우위를 점했던 시대가 끝나가고 있다.

그리고 소비에트주의와 개발지상주의의 잔해 위에, 세계에서 인구가 가장 밀집된 지역의 국가들은 도시·산업 근대화를 이루기 위해 사회, 국가, 자본이 끌어댈 수 있는 자원이란 자원은 모두 총동원하고 있다. 반면, 선진산업국가들은 산업시대에서 벗어나 생산과 기술과학에 봉사하는 과학적 지식에 집중적으로 의존하는 새로운 시대(정보시대, 또는 사람에 따라 비물질시대라고도 부름)로 진입하고 있다.

서구 자본주의의 상대적 탈산업화는 노동계급의 문화 및 조직의 쇠퇴, 연대(連帶) 전통의 약화, 그리고 사회주의적 희망의 총체적 상실을 동반한다. 민주주의(드물게 자본주의)를 내세웠던 진영과 사회주의를 내세웠던(그러나 국가주의를 전적으로 부정했던) 진영 사이의 대립이 끝났듯이, 실존하는 자본주의 사회와 건설해야 할 사회주의 사회라는 양대 기획의 대립도 끝나가고 있는 것이다.

이는 또한 역사의 방향성(方向性)과 보다 나은 사회의 필연적인 도래 및 진보, 이성 등에 대한 거대한 세속적 믿음이 끝난 것이며, 나아가 국가나 민족, 민주주의, 국가주권 등에 대한 특정한 개념 설정이 끝난 것이기도 하다. 실제로 닥치는 역경과 다시 고개를 드는 개혁반대주의 및 반동 이데올로기 사이에서, 모든 영역에 걸쳐 행해져야 할 평가와 제안 작업이 엄청나게 많다. 게다가 세계화, 자본주의의 강력한 회생, 끊임없이 강화되는 상품·화폐·경제의 절대적 권위 등 심층에서 진행되는 몇 가지 운동에 의해 그 작업의 어려움이 가중되고 있다.

여러 시대, 여러 시기들이 동시에 종말을 고하고 있다. 근본적이고 급속한 변화들이 이루어지고 있으며, 이미 새로운 변화들이 우리를 압도하는 가속화 단계에 접어들었다. 이처럼 다양하면서도 서로 연결된 변이(變移)들은 세계가 한 상태에서 다른 상태로 급속하게 이행하고 있음을 의미한다. 우리는 이 책에서 그것을 '세계의 격변'이라 부르려 한다.

역사의 무게를 염두에 두는 이에게는, 앞으로 수십 년 뒤에 바뀌게 될 세계지도의 밑그림이 제법 명확하게 드러날 것이다. 마찬가지로 부(富)와 혜택, 장밋빛 미래뿐만 아니라 악(惡)과 위험, 위협도 확연히 드러날 것이다. 그런 것을 모면하고 무력화시키고 제압하기 위해 필요한 수단을 인식하고 분석하는 데 이 논의가 도움이 되기를 기대한다.

새로운 지정학적 균형의 윤곽

지난날의 세계지도

제2차세계대전 직후에 고착된 세계의 삼분할은 1980년대에서 1990년대로 넘어가는 전환점에서 종료되었다. 알타 회담(1945년 2월)은 유럽의 분할과 함께 미국과 소련을 중심으로 하는 양대 진영의 형성을 인정하였다. 반둥 회담(1955년 4월)을 통해서는 나머지 방대한 국가들의 결집이 모색되었다. 지난날 식민통치를 당한 경험이 있든 없든 이 국가들은 대체적으로 개발이 제대로 이루어지지 않았고(이는 당시 '저개발'이라고 일컬어졌다), 자본주의나 소련식 공산주의와는 다른 길을

모색했다. 중국은 때로는 사회주의 진영에, 또 때로는 제3세계에 소속
된다고 스스로의 입지를 주장하였고, 인도는 소련과 아주 밀접한 관계
를 유지하면서 동시에 제3세계 속에서 자국의 위치를 견지하였다.

　제3세계는 몸집이 커지면서 정치·경제적인 이유로 본래의 결집력을
급속히 상실했으며, 1980년대 이후로는 '제3세계들(tiers mondes)'[1] 또
는 '옛제3세계(ex-tiers monde)'라는 표현이 적절하게 되었다. 동구권의
해체와 구소련의 붕괴(1989~1991)는 세계지도를 크게 변화시켰다. 중
국이 종래의 국가주의의 틀을 유지하면서도 다양한 형태의 시장과 자
본주의가 팽창하도록 허용하는 한편, 미국에 대항하는 주축으로 자처
하지 않고 중국 자신이기를 선택하면서, 세계가 양대 세계로 구조화될
가능성은 희박해지고 있다. 따라서 '제3의 세계(troisième monde)'라는
개념은 거의 의미를 갖지 못한다.

　1990년대 들어 세계지도의 새로운 윤곽이 차츰 드러나고 있다. 그
러나 그 윤곽을 제대로 파악하기 위해서는 유럽·서양에 중심을 둔 세
계관을 버리고 그와 일정한 거리를 두려는 노력이 필요하다.

　제2차세계대전 직후까지 유럽을 포함한 대부분의 지역에서 고등학
생 또래의 청소년들이 받은 교육은 유럽 중심주의적인 성격이 강했다.
샤를 모라제와 필립 볼프가 쓴 1952년판 역사 교과서의 첫머리에[2] 실
려 있는 두 장의 세계지도는 이런 사실을 잘 보여준다. 1848년의 지도
는 당시 "전세계의 이목을 집중시킨" 혁명운동이 일어났던 유럽 대륙
을 뚜렷하게 부각시키고 있고, 1948년의 지도는 "서쪽으로는 미국, 영
국, 자치령을 포괄하는 대서양 국가 블록, 그리고 동쪽으로는 소비에
트 사회주의공화국 연방으로 이루어진 블록"으로 분할되는 '3강'을 뚜

---

1) Michel Beaud(1989), p.235 이하.
2) Morazé & Wolff(1952), p.3.

렷하게 부각시키고 있다. "1848년 당시 동요하던 국가들의 지도가 정확하게 1948년 3강 지도의 음화(陰畫)처럼 나타나는 것은 놀랍지 않은가?"라고 저자들은 지적하고 있다. 두 장의 세계지도. 그러나 1848년 지도나 그 음화에서 아시아, 아프리카, 중남미는 희미한 익명의 지대로 나타난다.

19세기 말에서 20세기 후반 사이에, 유럽과 대부분의 지역에서 모든 초등학생들이 공부한 지도는 또다른 것이다. 그것은 식민열강, 식민지, 보호령, 세력권의 지도이다. 각 열강은 세계 속에서 자신들에게 배당된 색깔을 확인했다. 그것은 주로 유럽의 10~12개 식민모국에 대응하는 10~12가지 색깔의 지도였다. 지난 5세기 동안 유럽이 세계에서 주요한 역할을 했던 것은 사실이다. 그리고 비록 미국혁명과 독립전쟁 이후 최근의 1950~1960년대까지 탈식민지화의 물결이 자주 나타나기는 했지만, 유럽의 열강들은 정복, 교역, 식민화 물결, 전쟁, 협상 등을 통해 실질적으로 협력자라기보다는 지배자로서 전세계를 누볐다.

그러나 사회, 문명, 제국, 국가의 기나긴 역사 속에서, 유럽의 패권이 하나의 괄호에 불과했음이 드러날 날이 올 것이다. 보는 시각에 따라 이 괄호에는 매혹적이라거나, 훌륭하다거나, 가증스럽다거나 파괴적이라거나 하는 형용사가 붙을 수 있겠지만 아무튼 그것이 예외적인 괄호인 것만은 확실하다.

하나의 괄호가 닫히고

서구중심주의를 비판하는 역사학자 로베르 보노에 따르면, "근대의 수세기 동안 서구는 정녕 모든 것의 중심 위치에 있었다. 인류의 모든 진보의 중심, 발명의 중심, 혁신의 중심, 그리고 확산의 중심이었다."[3]

또한 "15세기 말에서 20세기 초까지 역사는 서구의 것이었으며, 다른 지역의 인간들은 대체적으로 그것을 추종하거나 감내했다."[4] 이 시대는 "놀랍고도 무시무시한 진보의 편중, 지역의 비대(즉 세계의 위축), 국지적 번영(즉 전체적 어둠), 인간무대의 역사의 축소(무대와 역사의 상승)"을 보여준다. …(중략)… (서구의 긍정적 변화의) 광채는 역사가를 눈멀게 하고, 변화는 단일한 것이라는 환상을 초래하며, 동시에 다양한 것이 공존할 수 있는 가능성을 말소시킬 것이다. …(중략)… 서구적 이성의 진보는 비서구적 도덕의 후퇴와, 그리고 서구적 자유의 진보는 비서구적 평등의 후퇴와 일치할 것이다"라고 보노는 설명한다. 그러면서 "물론, 좀 심하게 말해서"[5]라고 덧붙인다.

과연 저자가 심하게 말한 것일까? 서기 1500년 이전의 세계를 들여다보면 놀랄 만한 다양성을 목격할 수 있다. 피에르 쇼뉘는 13세기의 경우를 들어, 종교적·문화적·기후적·지정학적 특성에 의해 특징지어질 수 있는 18개의 거대 지역을 구분한다. 여기에 10여 개의 '구분된 세계'를 이루는 10여 개의 지역이 추가된다. 3개 대륙의 교차점 — 동지중해와 서남아시아의 접경지 — 에 위치했던 거대문명이 사라진 뒤, 몇몇 세계[6]가 등장했다.[7] 그 가운데 중국 세계와 인도 세계는 수천 년의 오랜 기간에 걸쳐 뿌리내렸고, 로마 가톨릭 세계와 그리스·러시아

---

3) Bonnaud(1995), p.37. 발명, 혁신 그리고 확산은 보노가 연구한 세 가지 '영역'이다. 여기서 그의 용어는 '슘페터주의자'의 용어와 거의 일치한다(1992b, p.10). 그러나 그는 푸리에(Fourier)를 본떠서 종종 자신이 만든 용어들을 가지고 기본요소, 순서, 수준, 장면, 시기 등을 설명한다.

4) Bonnaud(1992c), p.24.

5) Ibid., p.83

6) 여기서 세계란 지구 전체를 의미함이 아니라 거대한 권역(圈域)들을 의미하는 말로 쓰고자 한다 — 옮긴이 주.

7) <그림 1-1> 13세기 중반의 세계 참조.

<그림 1-1> 13세기 중반의 세계

출처: Pierre Chaunu, 『12세기와 16세기 유럽의 팽창(*L'Expansion européenne du XIIe et XVIe siècle*)』, Paris, P.U.F., 1969.

정교(正敎) 세계가 두 진영으로 나뉘어 유럽을 이루고 있었으며, 예술과 지식의 낙원인 아랍·이집트 세계에 기원을 둔 이슬람 세계는 남서유럽, 남동유럽, 동아프리카, 중동아시아, 남아시아에까지 퍼졌다.[8]

서기 1500년 이후, 유럽에서 씌어진 역사책에 최근까지 '대발견'으로 표현되는 사건이 발생한다. 그것은 서유럽의 가톨릭·프로테스탄트 열강들이 세계 대부분의 지역에 대해 자행한 잔혹하고 파괴적인 정복의 시작이었다. 그뒤로 유럽 자본주의는 발전의 길을 걷게 되었고, 19세기 말 자본주의의 최초의 '대공황(grande dépression)' 속에서 유럽의 거대열강들에 의한 '세계 분할'이 이어졌다. 그리고 제1차세계대전과 러시아 혁명, 유럽과 그밖의 지역에서 새로운 자본주의적 발전이 있었고, 1930년대의 대공황기에는 제국주의(혹은 식민주의)의 큰 집단들에 의해 세계가 잘게 나뉘었다. 국가사회주의의 등장, 제2차세계대전, 수차례의 탈식민지화 물결, 소련권 세계의 팽창, 중국혁명, 제3세계의 확립, 그리고 자본주의적 새로운 발전 등이 이어졌다.

이와 같이 중대한 계기들이 있지만, 그와 함께 장기적, 심층적, 복합적인 변화도 볼 수 있어야 한다. 우리는 여기서 몇몇 수치를 이용하여 그러한 변화에 대해 언급하고자 한다.

우선 중국과 유럽[9]에 대해 고찰해보자. 우리가 구할 수 있는 자료에 따르면, 1400년의 중국과 유럽의 1인당 생산량은 비슷한 수준이었다. 아마도 당시에는 중국이 약간 더 부유했을 것이다(인구는 중국이 유럽의 1.7배였다). 11세기에서 15세기 초까지는 중국이 유럽보다 훨씬 앞서 있었는데, 그것은 교육수준이 높은 관료계급과 강력한 행정, (열악

---

8) Braudel(1993), p.73 이하.
9) 1400년 당시의 유럽은 서유럽을 의미하며, 그후의 그것은 '구미'(유럽인 거주 지역, 특히 북미와 오스트레일리아를 포함한 지역)를 의미한다.

악한 농민계층의 노동에 힘입은) 윤택한 농업, 체계적인 관개(灌漑)·운하 시스템, 활동적인 장인계급, 풍부한 철 생산, 인쇄술의 발달, 거대한 도서관, 활발한 무역활동, 지폐의 통용, (화약에서 자기 나침반에 이르는) 높은 기술수준, 이중무역체계(대상무역과 해상무역)[10] 등에 힘입은 것이었다.

1400년에서 1989년 사이에 중국의 인구는 15.1배 증가했으며, 구미의 인구는 '신세계'[11]를 점령하고 그곳에 거주하기 이전의 유럽과 비교해서 13.6배 증가했다. 중국과 구미의 주요한 차이점은 인구증가보다는 경제성장에 있다. 같은 기간의 1인당 생산은 중국이 약 5배, 구미가 30배 이상 증가했다.[12]

자료에 따르면, 1950년 중국의 1인당 평균 생산은 그로부터 550년 전의 구미와 비슷한—어쩌면 조금 못미치는—수준이었다. 그 원인

<표 1-1> 중국과 구미(1400~1989년)

연도	1인당 GDP(1985년 물가 기준, 달러)		인구(100만)	
	유럽, 미국, 캐나다, 오스트레일리아	중국	유럽, 미국, 캐나다, 오스트레일리아	중국
1400	430	500	43	74
1820	1,034	500	122	342
1950	4,902	454	412	547
1989	14,413	2,361	587	1,120

출처: Maddison, 1991, p.10.

---

10) Kennedy(1991), p.34 이하; 『인류의 역사(Histoire de l'humanité)』(1963~1969), vol.3, p.237 이하 참조.
11) 국경에 기초하여 서유럽을 이해할 경우, 인구는 7.2배 증가했다(Maddison, 1991, p.9).
12) 사용하는 출처의 질에 관계 없이, 오랜 옛날의 경제자료에 대한 평가는 극복할 수 없는 어려움에 직면한다. 그것은 우리에게 근사치의, 그러나 개연성 있는 수량의 수준만을 제공할 뿐이다.

으로는 15세기 황제들의 선택, 관료주의의 팽배, 보수주의적 편향, 그리고 19세기 이후 서구의 침략, 일본제국주의에 의한 전쟁과 강점, 그리고 중국을 정기적인 분열과 심각한 조직해체로 이끈 균열·대립·반란 등을 들 수 있다.[13] 중국이 그토록 오랜 침체기, 그토록 숱한 후퇴와 굴욕을 거쳐 이제 초강국으로 복귀한 것은 전혀 놀라운 일이 아니다.

게다가 중국의 복귀는 좀더 거대한 흐름 속에 편입된다. 1960~1970년대의 발전 수준에 의거하여 세계를 크게 두 덩어리 —(자본주의 국가든 공산주의 국가든) '선진산업국'과 (중국을 포함한) 제3세계 국가들 — 로 구분할 경우에는 다음과 같은 평가가 가능하다. (1960~1970년대의) '선진산업국'은 18세기에 세계 전체 생산의 1/4만을 담당했으나 산업화·근대화가 역동적으로 추진되면서 1970년경 그들의 몫은 세계 생산의 3/4을 차지하게 되었다. 그후 균형회복의 시작을 명확히 알리는 굴절이 나타났다(<그림 1-2>).

또 (1960~1970년대) '선진산업국'은 1800년 세계 제조업 생산의 1/3을 담당했으며, 그후 그들의 몫은 산업화에 힘입어 1913년에서 1953년 사이에 9/10까지 증가하다가 차츰 감소하기 시작했다. 그것은 균형회복이 시작되었다는 또다른 징후이다(<그림 1-3>).

예외적인 괄호는 이렇게 닫히기 시작했다. 21세기에는 시행착오, 반목, 수렴, 타협을 통해 새로운 힘의 균형과 새로운 대륙간 균형이 자리잡게 될 것이다.

---

13) Braudel(1993), p.238 이하.

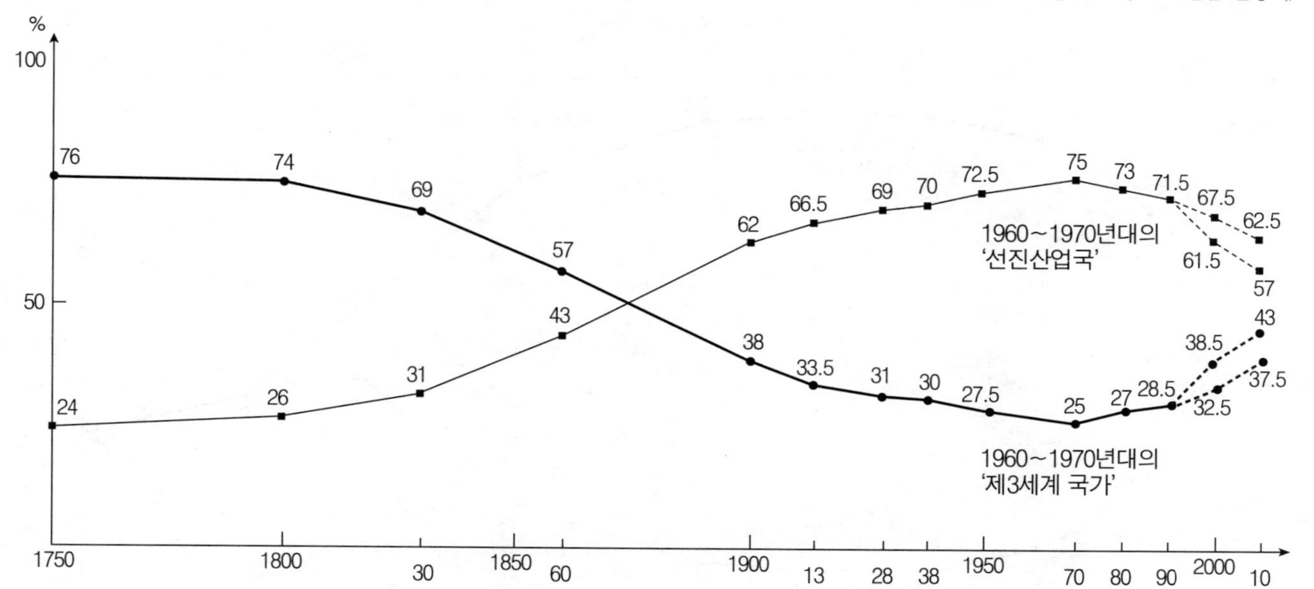

〈그림 1-2〉 '선진산업국'*과 '제3세계 국가'* 간 세계총생산 분배(%)

(1750~1990년, 2000과 2010년은 전망치)

*1960~1970년에 통용되었던 정의와 목록에 따름. '선진산업국'은 동유럽과 구소련을 포함함. '제3세계 국가'는 같은 시기 개발도상국과 중국을 포함함.
출처: Bairoch(1994), p.134. 2000년과 2010년의 경우는 세계은행의 《세계경제전망》에 따름.

<그림 1-3> '선진산업국'*과 '제3세계 국가'* 간 제조업생산 분배(1800~1993년)

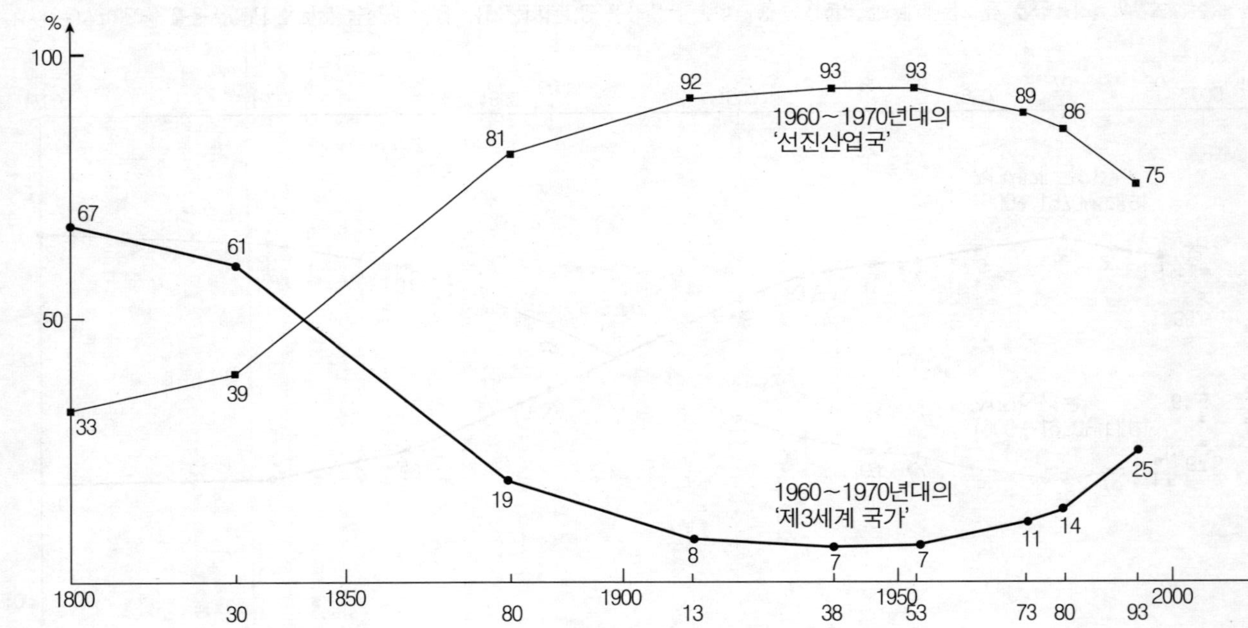

*<그림 1-2> 참조.
출처: 「세계경제(The Global Economy)」, *The Economist*, 1994. 10. 1, p.4(Bairoch).

새로운 세계지도?

국가사회주의의 기획은 실패했다. 식민통치의 주역이었던 제국들은 붕괴되었고 소련을 중심으로 한 동구권은 분열되었다. 세계 속에 유럽을 전파했던 국가들은 이제 유럽 속에서 유럽을 건설하려 한다.

북아메리카, 유럽, 아시아의 부유한 국가들은 엄청난 물량의 상품을 세계에 선보인다. 도시국가(싱가포르), 조약에 의한 도시(홍콩),[14] 그리고 전략적 요충지인 작은 두 나라(한국, 타이완)에게는 이것이 미래를 보장해준다. 그리고 많은 나라의 소수 기득권층(그리고 일부 중산층)은 그 혜택을 누리고 있다. 하지만 수많은 주민이 가난에서 헤어나지 못하는 나라들의 경우, 그것은 한낱 환상일 따름이다.

오늘날 금융, 과학, 첨단기술 등 세계의 주요 수단들은 북반구 온대지역에 위치한 세 그룹(북아메리카, 일본, 서유럽과 스칸디나비아)의 부유한 나라들에 집중되어 있으며,[15] 미국만이 전세계적인 전략적 역량을 보유하고 있다.

그밖의 지역에서 가장 괄목할 만한 현상은 1985~1995년에 동아시아, 동남아시아에서 고도성장 국가들이 연이어 출현한 일이다.

그러나 가장 본질적이고 결정적인 움직임은 인도와 중국이 자기 주장을 펼친다는 것이다. 그들은 대륙의 나라이자 문명의 나라다. 또 다원적이면서도 통일성을 지닌 막대한 인구의 나라이며, 현대과학을 보유한 전통의 나라다. 인도와 중국은 21세기의 최강국 대열에 들어설 가능성이 아주 높다.

다른 지역은 매우 불확실하다. 즉 ① 러시아 그리고 러시아 정교신

---

14) 홍콩을 영국령으로 하는 조차(租借)조약은 1997년 만료되어 홍콩은 이 해 7월 1일 중국에 반환되었음 — 옮긴이 주.

15) Ohmae(1985); Beaud(1989), p.182 이하; Dollfus(1990), p.286 이하 참조

앙과 공산주의라는 이중의 낙인이 찍힌 국가군(群)의 미래, ② 잠재력이 큰 대륙의 빈곤한 나라들, 즉 아프리카 사회들의 진로, ③ 다수의 빈곤층과 소수의 기득권층 간의 갈등으로 인한 중남미의 동요, ④ 이슬람 세계의 군도와 아(亞)대륙(sous-continent)의 다양하고 모순적인 미래 등이 그것이다.

근본적으로 금융과 경제의 연관성에 근거한 세 그룹 — 북아메리카, 유럽, 아시아 — 의 부유한 나라들이 지정학적 세력으로 변모할 가능성은 희박하다. 새로운 (유럽-아메리카, 일본-아메리카의) 제도적 연합이 이루어질 조짐은 전혀 없다. 유럽마저도 스스로 정치세력화하는 데 많은 어려움을 안고 있다. 만일 유럽이 그 일에 실패한다면, 21세기 상반기의 세계지도의 특징은 미국-중국-인도에 의한 3극화로 나타나게 될 것이다.

1820년 당시 중국과 인도의 생산은 유럽 주요국들을 능가했다. 서구의 자본주의 산업화에 따라 양국은 경제강국의 대열에서 사라졌다. 오늘날 생산품을 환율을 고려하여 달러화로 평가할 때, 위의 두 나라는 여전히 경제강국의 목록에서 빠져 있다. 그러나 구매력을 반영한 달러화로 평가할 경우에 상황은 달라진다. 현재 진행중인 산업화·현대화를 감안하면, 오는 2020년에 두 나라는 분명 북미, 유럽, 그리고 별다른 이변이 없는 한 일본, 러시아, 브라질 등과 함께 세계 7대 주요 경제강국의 대열에 들어설 것이다.

미국-중국-인도에 의한 3극화는 패권 부재의 시대가 도래함을 뜻한다. 미국은 북반구의 자기 영토 안에서 질서를 유지하고 기껏해야 쿠바나 이라크 같은 국가들의 빈곤상태를 조장하며, 북반구의 경쟁국에 대해서는 위협과 달러화의 가치변동이라는 수단을 동원할 수 있을 것이다. 그러나 미국은 세계의 주요 문제들 — 빈곤, 환경파괴, 금융체계

<표 1-2> 세계 7대 주요 경제강국(1820~1994년)

(총소득 또는 국민총생산 기준[a])

	구매력을 반영한 계산		환율에 기초한 계산		
	1820[b]	1992[b]	1914[c]	1950[d]	1994[e]
1	중국	미국	미국	미국	미국
2	인도	중국	독일	소련	일본
3	프랑스	일본	영국	영국	독일
4	영국	독일	러시아	프랑스	프랑스
5	러시아	인도	프랑스	서독	이탈리아
6	일본	프랑스	이탈리아	일본	영국
7	오스트리아	이탈리아	일본	이탈리아	브라질

출처: Maddison, 1991, p.10.

 a. 위의 비교는 근사값의 누적치이다. 왜냐하면 비교작업에 사용되는 경제자료들이 시간차가 크고, 생활수준이나 생활양식이 상이한 나라들에서 취한 것이기 때문이다. 구매력을 반영하여 얻은 수치(1, 2열)와 환율에 의해 얻은 수치(3, 4, 5열)를 구분했다. 결론적으로 말해서 이러한 측정은 농촌에서 양팔벌리기나 주먹, 엄지손가락 등을 이용하여 측정하는 거리와 유사한 것이다. 그것은 개념을 줄 수는 있지만 정확하지는 않다. 그러나 차이점은 있다. 공간상의 거리는 정확하게 측정될 수 있지만, 여기에서 제시된 비교는 근사적일 수밖에 없다.
 b. 구매력을 반영한 국내총생산 추정치에 기초(Maddison, 1995, p.28).
 c. 달러 표시 국민소득에 기초(Kennedy, 1991, p.284). '러시아의 후진성 문제'에 관한 박사학위논문에서(파리 8대학, 1985, p.76) 조제프 부망딜은 2~5번째 항목에서 조금 다른 분류결과를 내놓았다. 프랑스, 영국에 이어 독일이 위치하며, 러시아는 앞의 세 나라를 포괄하는 변동폭에 위치한다.
 d. 1964년 달러화 기준 국민총생산에 기초(Kennedy, 1991, p.416).
 e. 『1997세계연감(L'État du monde 1997)』, p.666 이하.

의 붕괴 위험, 지역적 동요와 혼란, 마약·마피아·부패확산 등―에 직면해서는 아무 생각이 없거나 속수무책이거나 무능한 것 같다. 반면 중국과 인도도시는 항후 수십 년 동안 자국의 문제와 자국의 변화, 그리고 이웃나라들과 관련하여 해결해야 할 일이 산적해 있다.

 지난 2세기 동안 세계는 두 차례의 패권 지배를 경험했다. 19세기 중반의 대영제국, 그리고 제2차세계대전 이후 수십년간에 걸친 미국과 소련의 적대적인 이중적 지배가 그것이다. 두 시기 사이에는 두 번에 걸친 길고도 심각한 금융·경제공황, 무수히 많은 분쟁, 제1·2차세계대전, 집단학살 등 오래도록 폭력이 난무했던 불안정한 기간이 있었다.

물론 확정된 것은 아무것도 없다. 그러나 온갖 위험과 긴장, 난제들의 가속적 증가와 그 절박성을 고려할 때, 패권이나 새로운 전지구적 조직이 없는 상황에서, 다가오는 시대는 대재앙·충돌·파란의 시대가 될 가능성이 높다.[16)]

인류가 낳은 재앙의 굴레

풍요 속의 빈곤

이토록 많은 부와 빈곤이 공존하는 시대가 과연 있었던가?

이렇게도 많은 재화(財貨)를 생산해내는 시대는 일찍이 없었다. 1975년 기준으로 보면 1900년 세계총생산은 5,800억 달러(16억 인구, 즉 1인당 360달러)로 평가되고, 그후 1975년에는 6조 달러(약 40억 인구, 즉 1인당 1,500달러)에 이른다. 1994년 세계총생산은 25조 달러(56억 인구, 즉 1인당 4,500달러)를 웃돈다.[17)] '인간개발'[18)]의 기준에

---

16) 필자의 입장은 여기에서 "역사의 종말"(Fukuyama, 1992)보다는 "문명의 충돌"(Huntington, 1994, 1996)에 더 가깝다. 그러나 마약과 마피아가 득세하는 국부적 충돌을 가져다주는(Jean et Rufin, 1996) "국한된 혼돈"(Dollfus, 1995, p.82 이하)의 증가도 역시 고려해야 한다.

17) 장기간에 대한, 혹은 근본적으로 이질적인 사회들에 대한 평가·비교작업의 어려움과 한계를 잊어서는 안된다. 그러나 수치의 수준은 의미심장하다 (Perkins, 1983, pp.19-21; 세계은행, 1996, p.221).

18) UNDP(국제연합개발계획) 연차보고서 참조.
UNDP는 인간개발지수를 이용하여 인간다운 삶에 대한 평가를 시도하는데, 그것은 평균수명, 교육수준, 문자해독률, 1인당 국내총생산, 성별 균형 등의 종

따르면, 사는 형편이 나아지는 사람의 수는 점점 많아진다.

　장기간에 걸친 사회의 성숙, 도시의 형성과 팽창 그리고 농촌의 변화를 동반했던 상품교환과 무역은 오늘날 세계를 압도하고 있으며, 사회구조 및 사회관계에 절대적인 영향을 미치고 있다. 구멍가게, 상점, 소형슈퍼, 초대형 마켓, 공장에 딸린 매장, 대형 할인매장 등도 폭증하고 있다. 재화·서비스의 연간 세계교역은 6조 달러를 넘어섰다.[19] 광고는 벽, 길가, 출판물의 범위를 넘어 라디오, 텔레비전에까지 넘쳐나고 있으며, 운동선수들을 휘장으로 뒤덮거나 원양항해자를 후원하고 인터넷을 도배하기도 한다.

　세계 총금융자산은 1980년의 약 11조 달러에서 1991~1992년에는 35조 달러를 넘어섰다. 외환시장 거래량은 1995년의 경우 하루에 1조 3,000억 달러에 달했다.[20]

　이토록 많은 부와 빈곤이 공존하는 시대는 일찍이 없었다. 국적의 구분 없이 세계인구의 1/5에 해당하는 빈곤층(11억 이상)을 고려하면, 1988년도 1인당 연평균소득은 163달러였다. 즉 1인당 하루에 0.5달러 미만인 것이다.[21]

　1987년 브룬틀란트 위원회의 보고서에 따르면, "오늘날 세계에서 굶주림에 허덕이는 사람들은 인류역사상 그 어느 때보다 많다. 그리고 그 숫자는 점점 늘어나고 있다. …(중략)… 빈민가 판자촌에 사는 사람들의 수는 줄어들기는커녕 오히려 늘어나고 있는 실정이다. 식수가 없거나 보건 혜택을 받지 못해 질병의 포로가 된 사람들의 수도 늘어나고 있다."[22]

　　합을 통해 산출된다 ― 옮긴이 주.
　19) 세계은행(1996), p.251.
　20) Chesnais(dir.)(1996), p.25, p.35.
　21) UNDP(1992), p.40.

1990년에서 1995년 사이에, 개발도상국에서 25억 명(세계인구의 반수 이상)이 위생시설망에 접근하기가 몹시 어렵고, 13억 명이 식수를 얻는 데 큰 어려움을 겪고 있다.[23] 13억 명이 빈곤 속에 살고 있다. "8억의 인간들이 굶주림에 시달리고 있다." 그리고 "개발도상국 어린이의 1/3 이상이 영양실조와 체중미달로 고통받고 있다." 또 "매년 1,700만 명이 설사, 말라리아, 결핵 같은 치유 가능한 전염병으로 사망하고 있다." 4억의 어린이들이 취학하지 못하고 있으며, 2억의 인구가 황무지화로 인해 심각한 피해를 입고 있다.[24]

우리는 이런 사실들을 잘 안다. 또 사진이나 텔레비전을 통해 피골이 상접한 육신과 초점 잃은 시선, 황량한 들판에서 뼈만 앙상한 가축들을 끌고 가는 힘없는 사람들을 본다. 여행을 하다보면 새벽녘에 사무용 고층건물 아래에서 종이상자를 깔고 잠들어 있는 여인네들과 아이들을 볼 수 있다.

세계는 부와 힘의 면에서 미증유의 수준에 도달했다. 하지만 그 세계에 사는 사람들이 이렇게 극심한 빈곤을 겪은 적이 있었던가?

과거의 제3세계가 자리한 세 대륙은 정도 차이는 있지만 엄청난 고통을 겪고 있다. 봉쇄되고 썩어빠진 국가주의에서 아무런 규제가 없는 자유주의로 급속히 이행한 나라들에서는 악성 질병이 창궐하고, 풍요로운 사회에서는 수치스러운 종양이 퍼져나갔다. 풍요로운 세계 속에 빈곤이 넘쳐난다는 사실은 양심에 부끄러운 일이며, 사회로 볼 때는 취약성의 원천이고 미래에 대한 중대한 위협이다.

---

22) 세계환경·개발위원회(World Commission on Environment and Development), 1987, p.29. 세계인구의 증가 추세를 고려할 때, 그와 같은 절대숫자의 증가는 상대적 인구 비율의 감소를 동반할 수 있다.
23) UNDP(1996), pp.168-169.
24) Ibid., p.23.

그것은 상품화·세계화의 세계에 대한 근본적인 도전이다. "불행한 삶을 강요당하는 인간들이 존재하는 곳이면 어디서나 인권이 유린당하고 있다. 인권존중을 위해 단결하는 것은 신성한 의무다."[25]

제2차세계대전 이후로 반인류적 범죄(Crime contre l'Humanité)가 인정되고 심판을 받았다. 오늘날 전인류의 인간적 존엄성과 고결함이 침해를 받고 있으며, 그들 가운데 일부는 곧 사라지고 말 운명에 처해 있다. 위험에 처한 사람들을 돕지 않은 범죄에 대해서는 장차 누가 나서서 심판할 것인가?

폭력의 사슬

미국의 경우, 중대한 폭행죄를 저질러 체포된 소년들의 수는 1983년 8만 3,000명에서 1992년 13만 명으로 크게 늘어났다. 6~17세의 소년들이 저지르는 폭력범죄는 오후 3~6시, 즉 하교시간과 텔레비전 시청시간 사이에 절정에 이른다. 전문가들은 머지않은 미래에 닥칠 최악의 상황을 우려하고 있다.[26]

콜롬비아에서는 어떤 소년이 낯선 사람을 살해하면 마피아로부터 200달러를 받고 그들을 위해 일을 시작할 수 있다. 케냐의 나이로비에서 세레나 갱단에 가담하기 위해서는 상대편 갱단의 단원과 싸워야 하고, 강간하거나 도둑질한 물건을 바쳐야 한다.[27] 라이베리아에서는 내전으로 황폐해진 농촌에서 소년들이 잡초로 연명하며 살인, 약탈, 테

---

25) 1987년 10월 17일 '제4세계 ADT' 운동의 창시자인 조제프 브레쟁스키 신부가 파리 트로카네로 광장에 세우도록 촉구한 대리석 판에 새겨진 글 1993년 10월 17일 일요일은 국제연합의 결정에 따라 빈곤의 거부를 세계적으로 기념하는 첫날이었다.

26) *International Herald Tribune*, 1995. 9. 9-10.

27) Dessys Rogriguez-Torres, "Le gang Serena: origine et production d'une contre-société de la rue à Nairobi," *Politique africaine*, n°63, 1996. 10., pp.61-71.

러를 자행한다.

이탈리아, 미국, 일본에서는 마피아가 낡은 벽의 담쟁이덩굴처럼 정치·경제·금융계에 침투하여 옥죄고 있다. 니스에서 브뤼셀, 뉴델리에서 도쿄에 이르기까지 뒷골목사회, 돈, 정치권이 중첩되는 불투명한 지대가 연고주의와 부패, 고소, 살인, 자살 등으로 얼룩진다. 폭동이나 내전에 휘말린 지역에서는 무기·마약밀매가 횡행한다. 구소련에서 탄생한 강력하고 역동적인 마피아는 국제무대를 제멋대로 횡행하고 있다. 그리고 중국계 파벌[三合會]의 부활도 자못 걱정스럽다.

폭력에 맞선 폭력!

마약밀매와 밀매자의 폭력에 대항하여 일단의 이슬람교도 집단이 남아프리카공화국 경찰의 "비효율성과 부패"를 고발하면서 스스로 폭력을 행사했다. "딜러 한 명에 총알 한 방!"28) 1996년 8월, 남아프리카공화국 수도 케이프타운의 혼혈인 거주구역에서 어느 갱단 두목이 경찰과 텔레비전 카메라가 지켜보는 가운데 살해된 채 화형당했다. 케냐의 나이로비에서는 사람들이 큰소리로 외쳐 고발한 "거리의 아이들"이 죄가 있건 없건 군중들에게 "붙잡혀서 땅바닥에 내동댕이쳐진 후 심한 집단폭행으로 사망했다." "빈민촌에서도 어떤 아이는 친형제들에게 구타당하고, 심지어 말뚝에 묶여 산 채로 불태워졌다."29)

개인적·집단적 자기방어는 또 어떤가? 지금 미국 시민들은 2억 2,000만 정의 총을 소지하고 있는 것으로 추정된다.30)

---

28) *Le Monde*, 1996. 9. 22~23.
29) D. Rogriguez-Torres, loc. cit., p.69.
30) 앙드레 부르기뇽(André Bourguignon)이 지적하듯이(1989, p.206), "총기에 의한 사망자 수는 총기 소지 정도와 비례한다. 예를 들어 1981년 총기 사망자 수는 영국 8명, 서독 42명, 일본 48명, 캐나다 52명, 그리고 …(중략)… 미국 1만 1,500명이었다."

인도(1947), 인도네시아(1965), 방글라데시(1971), 에티오피아(1977
~1991), 그리고 1990년대 르완다-부룬디-자이르 동부를 포괄하는 지
역에서, 국가·민족·종교적 충돌은 때로 집단적 인종학살로 변질될 수
있는 돌발성 폭발을 동반해왔다.[31]

돈 한푼 없는 가족들이 인구밀집지대의 쓰레기터에서 살아가고, 아
이들이 아주 어릴 적부터 길가에 버려지는 극빈한 사회에 대해 과연
무슨 말이 필요한가? 사서 써보지도 못하는 상품이 넘쳐나고 텔레비전
이 범죄와 잔혹한 프로그램을 경쟁적으로 내보내는 가운데, 가난과 폭
력 속에 무수히 많은 청소년들이 자라나는 풍요로운 사회에 대해 과연
무슨 말이 필요한가? 파산, 해고, 실업, 빈곤의 악순환 같은 경제적 충
격을 입은 가정의 아이들에 대해 과연 무슨 말이 필요한가?

극심한 불평등과 대부분의 사회에서 차츰 깊어만 가는 격차, 그리고
미래에 대한 전망과 준거의 상실로 말미암아 폭력·억압·충돌은 더욱
빨리 심화되고 다양화된다.

전쟁과 평화

불의 전쟁에서 핵전쟁에 이르기까지, 생존을 위한 살생에서 대량학
살에 이르기까지, 지금껏 모든 사회는 폭력적이었다.[32]

정복·억압·식민화의 치욕, 20세기의 무자비한 전체주의, 제2차세계
대전의 참상, 죽음의 수용소, 대규모 폭격, 그리고 핵폭탄.

그뒤로 우리 시대는 동서대립, 해방전쟁, 독립운동 탄압, 국지전, 강

---

31) Ternon(1995) 참조.
32) 프리드리히 하커(Friedrich Hacker)는 1970년대 초에 다음과 같이 쓰고 있다.
　“150년 전부터 서양의 문명국가들에서는 전쟁·치안유지·반목·범죄·공격과 방
　어 속에 매분마다 적어도 한 사람이 타인에게 살해당했다. …(중략)… 지난 50
　년 동안에는…… 거의 20초마다 같은 형태의 살인이 발생했다”(1972, p.23).

대국이 선동·유지하는 게릴라, 인종차별정책(apartheid)이라는 굴레, 다양한 인종주의에서 비롯된 경찰과 군의 범죄적 야만성, 성장가능성 박탈, 공황의 충격, 그리고 대립과 범죄의 전염병을 경험했다.

그러나 어떤 사람들은 긍정적인 생각을 키워가기도 한다. 일본 미츠비시 회장 마키하라 미노루에 따르면, 지난 반세기 동안 세계전쟁이 없었다는 것은 "놀랍기 짝이 없는" 현상이다.[33] 또 핵분쟁이 없었다는 사실을 다행으로 생각할 수도 있을 것이다. 그도 그럴 것이 우리는 이미 지구와 생물 그리고 인류를 심각하게 훼손하거나 아예 파멸시킬 수 있는 충분한 핵무기를 보유하고 있기 때문이다.

그러나 한번 더 생각해보면, 이른바 평화시대라고 하는 때에도 얼마나 많은 전쟁이 일어났던가! 1990~1994년에 캄보디아, 아르메니아, 레바논, 수단, 모잠비크, 라이베리아, 보스니아, 페루, 콜롬비아 등지에서 내전이나 국가간 분쟁이 50건 이상이나 벌어졌다.[34] 또 아프가니스탄(1995~1996년)과 알제리(1992~)에서는 무장회교세력과 구지배체제 간의 처절한 싸움이 있었고 소수민족의 자유·승인·자율·독립, 즉 좀더 나은 실존을 위한 투쟁이 벌어졌다.

이러한 갈등의 이면에는 세계적 강국 혹은 그 지역의 강국들 사이의 이해대립이 개재되어 있기 일쑤였으며, (석유·광물자원, 가스·송유관의 통과 등) 경제적인 문제가 핵심 쟁점인 경우도 있었다. 또 언제나 자금조달 문제가 제기된다. 필요한 무기와 기술적 수단이 갈수록 비싸지기 때문이다.[35] 그렇기 때문에 각지에 흩어진 민족이 기부금을 내거나 현지 주민 혹은 인도주의적 지원단체를 대상으로 돈을 갹출하게 되

---

33) *Far Eastern Economic Review*, 1996. 10. 3, p.36.
34) Kidron & Segal, 1996, pp.100-101.
35) Jean & Rufin(dir.)(1996) 참조.

며, 한편으로는 무기·마약 밀매나 서로 갈등을 빚는 운동노선들, 국제적인 범죄조직, 테러조직망들이 복잡하게 뒤얽히게 된다.

끊이지 않는 온갖 종류의 ― 개인이나 집단, 종족, 종교, 민족, 국가, 파벌, 마피아, 군사, 핵, 경제, 금융의 ― 폭력이 우리 시대를 짓누르고 있다. 폭력의 상황이나 형태, 뒤엉킴이 극도로 복잡한 만큼, 그것을 하나의 원인으로 돌리기가 불가능하게 되었다. 그러나 몇 가지 특징은 나타난다.

첫째, 폭력의 충격은 기술의 힘에 의해 증폭된다. 총기를 지닌 아이는 당연히 칼이나 돌을 쥔 아이보다 더 위험하다. 또 잠수함이나 미사일, 대량살상무기 등을 갖춘 범죄조직은 기존의 범죄조직과는 차원이 다르다. 둘째, 폭력이 안정적으로 조직된 형태를 취하고 장기간의 분쟁상태로 이어지려면 풍부한 자금이 지원되어야 한다. 그런데 이러한 자금은 대부분 정·재계의 비호 아래 조달된다.

셋째, 개인적이든 집단적이든, 대부분의 폭력은 ― 불평등과 불균형의 심화, 규범의 퇴색, 인권의 후퇴, 자의성의 진전, 의무의 약화, 의미의 상실 등 ― 사회구조의 파괴와 사회붕괴의 다양한 세계적 과정으로부터 자양분을 취한다. 사회적 단절과 준거의 상실, 가치의 침식(浸食) 등이 다양한 형태로 발현되는 것 또한 '세계의 격변'의 징후이다.

지구와 생명에 대한 경시

자신과 타인에 대한 경시, 우리가 사는 공간과 다가올 시간에 대한 무관심으로 인해 우리는 각종 쓰레기와 배출물 ― 기름종이, 배기가스, 오염물질이 든 가정쓰레기, 중금속, 방사능폐기물 ― 을 세상에 쏟아놓는다.

사람들은 자동차와 열차의 창문 밖으로, 매혹적이고도 장엄한 곳에

가서도, 심지어 사막 한가운데나 히말라야 정상에까지 비닐봉투나 통조림통, 병, 포장용지, 각종 용기와 물질 등을 내버린다. 인구밀집지대 가까이 쓰레기더미를 쌓아올리고, 노동대상물, 소비나 여가에 사용되는 물건, 그리고 엄청난 양의 중금속, 석유찌꺼기, 화학제품 등을 연·근해와 대양에 내다버린다. 모든 사회적 기계장치가 어느 순간에 붕괴될 수 있다는 사실을 잊은 채, 사람들은 스스로의 기술적 역량을 확신하면서 생화학무기와 방사능물질을 축적한다. 또 풍광이 빼어난 곳에 콘크리트 벽을 쌓아, 그곳의 아름다운 추억을 모독하고, 토양을 부패시키며 물과 공기를 오염시킨다. 그러면서 마침내 가장 유용한 우주공간 궤도들조차도 위험한 잔해로 가득 채우기에 이르렀다.

아랄 해의 고갈, 우크라이나의 토양 황폐화, 첼리아빈스크의 원자핵 방출 등 전체주의적 국가주의가 초래한 대재앙. 회복이 불가능한 삼림벌채, 관개용수로 쓸 수조차 없게 되어버린 물, 화학물질의 하수도로 변해버린 하천 등에 나타나는 산업화의 광기. 바다 한가운데에서 행해지는 유조선 탱크 청소, 광범위한 공장건설로 인한 자연경관 파괴, 포장용지, 일회용 용기 및 상품의 급증 등 개인의 이로움을 위한 공동체의 손실.

이 모든 것은, 지구를 침입·점유·소유·약탈·낭비하고 쓰레기더미로 만들며, 이제까지는 그저 무궁무진한 것으로 여겨졌던 자원을 반영구적으로 파괴하는 현대인들의 끝간 데 없는 탐욕이 빚어낸 참화라 하겠다.

우리는 사회가 그 환경·지식·미(美)와 수천 년에 걸쳐 상호적응하고 상호수련을 겪는 과정에서 많은 혜택을 입었으나, 전세계적 차원에서 드러나고 있는 현대사회의 모습은 탐욕스럽고 파괴적이며 비양심적이다. 반면, 낭비된 자원, 훼손된 토양, 넓어진 사막, 희소해진 수자원과 수질오염, 수많은 위험의 최종 배출구로 변해버린 연·근해와 대양, 산업기지와 핵기지로 오염된 공간들, 방사능폐기물 창고, 이 모든 것이야말로 미래의 세대들이 짊어져야 할 짐이다!

1972년, 로마클럽이 발표한 「성장의 한계」라는 보고서는 일정 기간마다 두 배씩 늘어나는 수련(睡蓮)이 결국은 제가 자라나는 연못을 숨막히게 했다는 우화로 시작된다. 이 보고서는 인구증가, 포화현상, 돌이킬 수 없는 자원고갈, 쓰레기 범람 등에 대해 우려를 나타내고 있다. 그래도 이 보고서에는 아직 오존층 파괴와 기후변화에 대한 언급은 전혀 없었다. 뿐만 아니라 핵폐기물과 핵위험, 화학물질 오염, 광대한 지역의 수자원 고갈 등은 중대한 위험으로 제시되지 않았다.

이는 비난이 아니라 사실 확인일 따름이다. 지구의 훼손만 보더라도 모든 것이 너무나 빠른 속도로 진행되고 있다. 사람들은 확인된 위험에 대해 신경을 쓰고, 여기에 대한 조치는 그런대로 신속하게 취하고 있다. 그러나 전세계적으로 돌아가는 모습을 보면 대체로 만족스럽지 못하다. 새로운 형태의 지구 훼손이 폭로되고 있지만, 한편으로는 문제를 부정하거나 축소시키려 안간힘을 쓰는 장본인들이 너무도 많다.

권위적 대통령이건 국민을 억누르는 독재자이건 아니면 민주정부의 통치자이건, 크레온36)은 피곤에 찌들어, 나무를 찬양하면서도 숲이 파괴되는 것을 방치하고 있다. 현대판 봉건영주라고 할 수 있는 다국적 대기업은 이제 '환경'에 대해 언급하는 것을 배워, 이러쿵저러쿵 홍보를 해댄다. 반면, 본사에서 멀찌감치 떨어진 곳에 있는 자회사나 하청업체, 저개발국가의 기업, 마피아 조직 등이 '더러운 일'을 맡고 있다.

승승장구하는 산업의 비[雨]와 보팔, 체르노빌의 바람을 맞으며 안티고네37)는 제단 발치에 납작 엎드려 있고 거기서 피티아38)가 재를

---

36) 오이디푸스의 어머니이자 아내인 이오카스테의 남동생으로, 오이디푸스를 추방한 뒤 테베의 왕이 된다 ― 옮긴이 주.

뒤적거린다. 신들은 입을 다물었고, 목신(牧神)은 죽어간다.

닥쳐오는 위험

1950~1960년대, 일본의 작은 항구 미나마타(水俁)에서 이름 모를 질병이 고양이를 덮쳤다. 곧 이어 어부와 그 가족 그리고 다른 주민들도 같은 질병에 걸렸다. 이 질병은 뇌를 손상시켜 자기통제력을 상실케 했으며 끝내 죽음을 불러왔다. 그후 기형아들이 태어났다. 1932년부터 미나마타 만에 약 100톤의 수은을 방출했던 화학기업 치소(Chisso)는 20년이 넘도록 책임을 인정하지 않았다. 1만 2,000명이 사망했고, 만 명이 건강에 손상을 입었다. 피해보상을 둘러싼 기나긴 법정싸움은 1996년에야 비로소 종결되었다.[39]

1984년 12월 3일, 인도 중부 보팔 시에 있는 유니언카바이드 사의 살충제 공장에서 메틸이소시안(MIC)이라는 유독가스 40톤이 누출되어 2,000~3,000명이 하루 만에 사망하고 수많은 희생자가 발생했다. 희생자들 가운데 수천 명은 서서히 죽어갈 운명에 처했다. 미국계의 이 회사는 본국에 이어 인도의 법정에서도 진술을 했는데, 결국 '모든 비용을 감안해서' 처음 요구된 액수의 6분의 1에 해당하는 보상금으로 1989년 델리 정부와 협상에 성공했다.[40]

1986년 4월 26일, 체르노빌에 있는 핵발전소의 4번 원자로가 폭발했다. 최초의 희생자는 발전소 기술자들이었다. 소련 당국은 며칠이 지나서야 사실을 알게 되었고, 또 그것을 곧 인정했다. 주민들을 철수시키고 군은 문제의 원자로를 모래에 파묻었다. 4월 27일, 방사능지수

---

37) 이오카스테와 오이디푸스의 딸―옮긴이 주.

38) 그리스 신화에서 신탁(神託)의 일을 맡아보는 여사제 ―옮긴이 주.

39) Beaud et al.(dir.)(1993), p.115, p.188; *Le Monde*, 1996. 5. 3.

40) *Le Monde*, 1994. 12. 4~5; *International Herald Tribune*, 1994. 12. 3~4.

상승을 통보받은 스웨덴 당국은 다음날 그 사실을 발표했다. 프랑스의 경우, 이온방사방지대책본부장은 핵구름이 프랑스 상공으로 넘어온 사실을 5월 10일에야 비로소 인정했다. 사고 원자로의 핵융합 중심부를 통제하는 일과 방사능의 (먼지, 물 그리고 동식물에 의한) 확산을 제한하는 일이 얼마나 어려운가를 깨닫게 해준 기나긴 이야기는 이렇게 시작되었던 것이다.[41]

미나마타, 보팔, 체르노빌. 이러한 현대 산업사회의 주요사건들은 우리로 하여금 지난 두 세기 동안의 직업병, 산업재해, 광산사고, 지속적·주기적·우연적 오염 등에 대해 진지하게 되짚어보도록 하는 계기가 되어야 할 것이다. 19세기 이후의 유럽과 북미, 제2차세계대전 이후의 구소련체제와 신흥산업국, 최근 20~30년의 가난한 신생국 등 세계 어느 곳에서나 기업들은 노동자들의 건강과 물, 공기, 주변 토양, 그리고 주민들의 삶에 악영향을 미치고 있다. 책임 있게 행동하는 일부 기업들에게는, 산업의 지상명령과 인간·생명 존중에 앞선 비용 최소화 추구가 지나친 압박을 가하고 있다.

그러나 이미 새로운 위험이 나타나고 있다. '무해한' 프레온 가스(염화불산화탄소, CFC)가 오존층 변질의 원인임이 드러났다. 석면생산에 종사하는 노동자에 대한 위험은 이미 알려진 사실이지만, 건물의 방음을 위해 사용되는 석면도 역시 위험한 것으로 드러났다.

더구나 신판(新版) '새로운 위험'도 나타나고 있다. 기술산업적 생산과정에서 취급된 혈액에 의한 전염의 위험, 집약적 가축사육에서 항생제의 체계적 관리를 통해 확산된 항생제에 대한 내성증가의 위험, 오염된 곡물사료로 대량 사육된 동물에 의해 확산되는 질병의 위험 등이

---

41) Monique Sené, in Beaud et al.(dir.)(1993), p.121 참조.

다. 그리고 앞으로 나타날 위험으로는 새로운 생명공학에 기인하는 위험, 특히 유전자 조작의 위험, 또 끊임없이 방출되는 다양한 종류의 전자파와 방사선의 효과에 대한 불확실성은 말할 나위도 없고, 산업적으로 처리되고 분배되는 물에 대한 우려, 비인간적인 거대도시로 인구가 유입되고 자연경관이 파괴되면서 생겨나는 불안감 등이 있다.

이 모든 것에 대해 얘기하면서 반동적 반과학주의라는 비난을 받지 않을 수 있을까? 강력하고도 위험천만한 집단적 공포가 퍼져가기 전에, 그에 대해 성찰하여 위험을 제지하는 것은 가능할까?

분노의 날

모든 동물은 자기 새끼를 보호한다. 그러나 현대인들은 차츰 더 엄청난 수의 아이들을 빠른 속도로 팽창하는 도시 속에 방치한다.

모든 인간사회는 몇 가지 준수해야 할 규범을 지혜나 도덕을 빌려 표현하면서, 미래에 대한 염려의 흔적을 남겼다. 우리는 생명의 지구를 물려받았다. 어떤 사회는 '우리가 없어진 다음에야 무슨 일이 난들 어떠랴'라는 신조를 가졌던 탓에 준엄한 심판을 받았다. 그러나 현재의 우리 사회는 '우리가 없어진 다음'이라는 물음 자체를 제기하지 않는다. 근시안적이고 완고한 합리성의 터무니없는 논리와 무책임이라는 풀리지 않는 실타래가 뒤엉켜 있다.

권력과 돈이 공모하여 장난을 치고, 현대의 야만인들은 기술적으로 가능한 것이면 모두 정당하다고 천하태평으로 믿고 있으며, 그 배경에는 무관심과 이기주의가 자리하여 모든 차원에서 큰 재앙을 낳을 수 있는 소소한 비겁한 행위들이 축적되고 있다. 오랜 세월에 걸쳐 중대한 재앙은 주로 땅의 분노(그리고 신의 노여움)에서 온 것이었지만, 오늘날은 재앙이 본질적으로 인간의 행위(그리고 무책임의 원리)에서 비롯된다.

그렇다면 여러 통치자, 정치가, 국가적 또는 다국적 거대기업의 관리자, 국내 및 국제 행정전문가와 책임자들은 어떤가? 책임도 잘못도 없다. 부유한 나라건 가난한 나라건 간에 소수 기득권세력이나 엘리트, 과학자 집단, 기술자들은 어떤가? 책임도 잘못도 없다. 환경을 오염시키는 자, 낭비벽이 있는 자, 이익을 보는 자, 소비자들은 어떤가? 책임도 잘못도 없다. 이 시대의 무책임한 인간들. 그들은 남을 죽이면서 동시에 자살행위를 하고 있다. 그러나 무책임은 끔찍한 부메랑이 되어 돌아올 것이다.

빈곤한 나라 신세대의 부메랑. 점점 더 견딜 수 없는 상황 속에서 그들은 무기력하게 주저앉지는 않을 것이며, 역사와 부자들 그리고 제도와 서구에 대해 앙갚음을 하려 할 것이다.

사회와 양심을 좀먹는, 확고히 자리잡은 비행(非行)의 부메랑. 고독·원한·공포로 인해 분열된 인구밀집지대에서, 증오로 신랄해진 극단적 두려움의 무자비한 물결을 누가 제어할 수 있겠는가?

갖지 못한 이들, 미래의 인류, 그리고 지구와 생명을 거스른 범죄로 밝혀질 죄를 저지른 데 대해 언젠가 기업, 국가, 국제기구와 그 지도자들을 심판하게 될 재판정 혹은 인민법정이라는 부메랑.

그리고 끝으로 아주 단순한 부메랑이 있다. 2015년, 부모나 조부모에게 "도대체 어떻게 이런 일들이 일어나도록 그냥 내둘 수 있었나요?"라고 반문할 청소년들의 눈길과 목소리.

눈먼 오이디푸스

알 수 없는 전염병이 창궐하고, 무수히 많은 남자들이 죽고, 여자와 짐승들은 새끼를 낳지 못하고, 땅은 메말랐다. 테베[42]에 내린 저주를 어떻게 물리칠 것인가? 테베 왕 라이오스가 살해당한 것이 모든 불행의 원인이었다.

테베의 주민과 마찬가지로, 오이디푸스는 진실을 밝히기를 소망했다. 그는 미리, 살인자는 추방당하고 떠돌이가 될 것임을 언명했다. 그는 장님 예언자 티레시아스를 불렀다. 티레시아스는 불안해하고 주저하면서 오이디푸스의 질문에 대답하기를 꺼렸다. 오이디푸스는 예언자를 압박하고 위협하여, 결국 "아시오? 이 나라를 더럽힌 범죄자는 바로 당신이오!"라는 대답을 들었다.[43]

오이디푸스는 온몸으로 부정했다. 티레시아스는 "바로 당신이 수배 중인 살인자요"라고 반복했다. 오이디푸스는 이 예언자를 인정하지 않고, 무슨 음모가 있을 것이라 생각하고 크레온을 의심했다. 그러나 티레시아스는 말했다. "당신은 내가 소경이라고 비난한다. 그러나 눈이 멀지 않은 당신이 어찌하여 지금 이 순간 자신이 얼마나 불행한 상태에 처해 있는지를 보지 못하는가? 당신이 어떤 지붕 아래서 누구와 함께 사는지를 모르는가? …(중략)… 당신의 자식대에 닥칠 새로운 재앙의 물결을 예감하지 못하다니!"

어떤가, 차마 들을 수 없는 진실이 아닌가!

우리 사회, 우리 자신은 우리의 삶의 방식이 지구·생물·사람·인류에

---

42) 오이디푸스 신화의 무대가 되는 고대 그리스의 도시 — 옮긴이 주.

43) Sophocle, 『오이디푸스 왕(Œdipe roi)』, in *Tragédies*, trad. fr. de Paul Mazon, Société des Belles Lettres/Club du Livre, Paris, 1969, p.263.

게 심각한 위협을 일으킨다는 사실을 경청할 준비가 되어 있지 않다. 그리고 아직도 현대사회가 크게 의존하고 있는 발전 이데올로기는 우리를 역사 생성의 미로로 몰고 간다.

앞에서 말한 사실에 대해 많은 사람들이 오이디푸스처럼 반응한다. "저 따위로 말하는 것을 묵인할 수 있단 말인가?", "저런 터무니없는 소리에 귀를 기울여야 하는가?"라고.

그러나 최근 20~30년 전부터 우리의 부주의나 오만으로 생겨난 질병, 재앙, 위험이 나타나고 있다. 우리는 너른 공간을 황폐하게 만들었고 생물을 유린했으며 생명의 조건 자체를 침해했다. 어떤 나라에서는 오랜 기간에 걸쳐 인간의 가녀린 숨결마저도 꺼뜨렸다.

그랬으면서도 우리는 "아시오? 지구를 더럽힌 범죄자는 바로 당신이오!"라는 고발을 못 견딘다. 마치 오이디푸스처럼.

그리고 다가올 "새로운 재앙의 물결"을 미리 내다보기를 거부한다. 오이디푸스처럼.

2

─────────

세계의 격변을 생각하기 위한 우회

'세계의 격변'이라는 표현은 현재 진행되고 있는 변화의 폭이 예사롭지 않으며 걸려 있는 문제가 심각함을 드러내기 위한 것이다. 또 경각심을 불러일으키기 위한 것이기도 하다. 정신 차리자! 우리는 몇 세기 전부터 숱하게 겪어온 단순한 변화의 시기에 처해 있는 것이 아니다. 만일 이 사실을 제때에 인식하지 못한다면, 우리는 스스로 불러일으킨 어마어마한 위험에 직면하게 될 수도 있다.

전 6권으로 된 『로베르 사전(Dictionnaire Robert)』(1953~1964)의 1970년 증보판에 따르면, 격변(basculement)은 "'격변(basculer)'[1]하는 작용"이라고 설명되어 있다. 같은 판에서 우리는 'basculer'에 대해 "급작스럽게 새로운 상황으로, 다른 위치로 옮아가다"라는 비유적인 뜻을 찾을 수 있다. 따라서 '세계의 격변(basculement du monde)'이란 세계가 한 상태에서 다른 상태로 급격하게 옮아가는 운동·순간을 의

─────────

1) 'basculer'라는 동사의 주요한 사전적 의미는 '앞뒤(위아래)로 움직이다(흔들다)', '동요시키다' 등이다 — 옮긴이 주.

미할 것이다.

세계? 세계란 대체 무엇인가? 그리고 어떻게 세계를 생각할 것인가?

세계를 생각할 때의 어려움

전체를 다시 생각한다?

자크 모노는 생물, 지식, 과학, 우연과 필연 등에 대한 고찰의 끝대목에서 이렇게 적고 있다.

"인간은 결국 우주의 무차별한 무한공간으로부터 우연히 나타났으며, 그 속에 홀로 있다는 것을 안다. 그의 운명과 의무는 어디에도 쓰여 있지 않다. 천국과 지옥의 선택은 인간의 몫이다."[2]

어떤 사람들의 시각에서 보면 모든 문제가 아우슈비츠로 집약된다. 또 어떤 사람들에게는 문제가 구소련의 정치범 집단수용소(goulag)로 집약된다. 또다른 사람들에게는 모든 문제가 미나마타, 보팔, 스리마일섬[3] 또는 체르노빌로 집약된다. 또다른 사람들에게는 모든 문제가 백인들이 들이닥친 뒤의 모욕과 학살, 흑인매매와 노예로 집약된다. 어떤 사람들은 권력에의 의지를, 다른 사람들은 기술을 규탄한다. 또다른 사람들은 식민주의, 자본주의, 제국주의, 인종주의, 여성차별주의 혹은 단순히 인간의 근본적인 이기주의를 규탄한다. 중대한 위험들이 너무나도 많이 파악되었다.

제2차세계대전 기간 동안 호르크하이머와 아도르노는 "인류가 왜

---

2) Monod(1970), p.195.

3) Three Mile Island. 미국 펜실베이니아 주 수도 부근의 서스쿼해나(Susquehanna) 강에 있는 핵발전소와 핵발전소가 위치한 섬의 이름. 이곳에서 1979년 미국의 핵발전소 역사상 가장 심각한 사고가 일어났다 — 옮긴이 주.

진정으로 인간적인 조건에 진입하지 못한 채 새로운 형태의 야만성에 침몰하는가를 이해하는 것"[4]을 과제로 삼았다. 히로시마 원폭 투하 직후, 아인슈타인은 다음과 같이 말했다. "핵폭탄은 인간의 영혼을 제외한 모든 것을 바꾸어놓았다." 그리고 1955년에는 이렇게 말했다: "인류가 살아남기 위해서는 새로운 형태의 사고가 불가피하다." 또 앙드레 브르통은 1948년 "모든 인간을 짓누르는 공통의 위협 때문에 — 확실히 더욱 필요하고, 비할 바 없이 더욱 시급해진 — 세계를 변화시키는 작업이 철저하게 재고(再考)되어야 한다"[5]고 말했다. 그러나 오늘날, "현대의 사상가들은 전체를 다시 생각해야 한다는 시대적 요구를 앞에 놓고 뒤로 물러선다"고 철학자 도미니크 르쿠르는 지적하고 있다.

양극화되는 세계

전체를 다시 생각한다? 그러나 세계가 지금처럼 복합적이고 다양화되고 이질적이고 기형적이고 모순된 적은 일찍이 없었다. 정말 그렇다. 단, 그와 아울러 세계적 수준에서 표준화, 의사소통, 교환, 상호의존이 이만큼 진전된 적이 없었다는 것 또한 사실이다. 지상에 안락하고 풍요롭게 살아가는 남자와 여자들이 이렇게 많은 적이 없었다. 동시에 궁핍하고 불행하게 살아가는 남자와 여자들이 이렇게 많은 적도 없었다. 안심하고 마실 수 있는 깨끗한 물을 얻을 수 없는 이들이 이렇게 많은 적도 없었다.

---

4) Horkheimer & Adorno(1996), p.13. "그러나 우리가 작업을 심화하면 할수록, 우리의 과제가 우리의 능력을 크게 벗어나 있다는 것을 이해하게 된다"라고 저자들은 지적한다.

5) André Breton, 『괘종시계 속의 램프(La Lampe dans l'horloge)』, Robert Marin, Paris, 1948; Annie Le Brun, "Unabomber," 1996, 서문 pp.vii-vii에 인용.

위생시설, 치료, 교육, 문화, 환경, 연구 등 위와 같은 역설적인 대조의 항목은 더욱 길게 열거될 수 있다. 대부분의 경우, 이같은 역설적인 대조는 인구증가와 부유화·빈곤화의 이중적 운동의 상호작용과 관계가 있다. 또 현재 진행되고 있는 과학·기술혁명은 잠재력뿐만 아니라 그 위협 또한 무한하다. 산업적·기술적·과학적·경제적·금융적 잠재력은 방대하다. 그러나 방향성과 우선순위 설정이 결여되어 있다. 인류는 의심할 바 없이 새로운 질적 향상의 문턱에 서 있지만, 동시에 비극적인 위험의 일보 직전에 서 있기도 하다.

이 모든 것에 대해 생각하는 법을 어서 배워야 한다. 총체적인 사고를. 우리가 걱정스러운 측면을 줄곧 강조하는 것은 결코 음울한 취향 때문이 아니다. 단지 위험을 억제하고 피할 수 있게 하려는 것뿐이다.

지식과 의지

전체를 생각하기를 배운다는 것은 무엇보다도 급속히 변화하는 세계의 모든 차원에 대해 총체적으로 생각하는 법을 배우는 것이다.

부족한 것은 지식이 아니다. 수많은 연구자와 갈수록 세분화되는 전문분야에 종사하는 과학자들에 의해 점점 더 많은 양의 지식이 생산된다. 그러나 세계를 생각한다는 것은 정확하고 분리된 국부적 관점의 무한한 지식을 수집하는 일에 그치지 않는다.

지식의 재조직이 필요하다. 우리는 거대한 기술-산업 프로그램에서 지식을 재조직하는 일을 익혔다. 우리는 현대의 주요문제들에 대한 지식을 재조직하는 법을 배우기 시작했다. 예를 들어, 기후변화에 따른 위험분석을 위해, 우선 이와 관련된 여러 가지 '순수' 학문을 질서 있게 동원하고, 둘째 인문사회과학의 성과를 참조하는 것이다. 지구와 인간사회 그리고 인간의 행위로 이루어진 매우 복잡한 전체, 즉 세계를 이해하기 위해서는 이런 길로 잘 들어서야 한다.

전체를 생각하기를 배운다는 것은, 공동탐구에서 세계의 서로 다른 지역과 문화에 속해 있으면서도 현재 진행되는 변화의 주요한 차원을 잘 이해하는 실무자와 연구자들이 함께 일할 수 있도록 만드는 것이다.

이는 전혀 불가능한 일이 아니다. 단지 의지가 부족할 뿐이다. 국가도, 국제기구도, 기업도 세계를 생각할 필요성을 느끼지 않는다. 그 일 말고도 제약과 장애와 절박한 사안과 저항은 너무 많으니 말이다. 교회는 해답을 이 세계에 대한 인식에서 찾는 것이 아니라 다른 세계에 갖다놓는다. 불확실성과 공포에 대해 떠드는 사이비 종파와 협잡꾼은 문제를 명확히 하기는커녕 도리어 혼동을 일으킬 뿐이다. 과학자 집단은 세계의 한 부분이나 영역 또는 단편을 연구한다. 선남선녀들은 지나치게 많은 신호, 정보, 주장과 모순적인 담론 등으로 얼이 빠져 있다.

그러니 남은 것은 철학자뿐이다. 그러나 찻집에서나 격식에 매이지 않은 만남의 자리에서, 또는 학생들과의 격의 없는 토론의 자리에서 말고는 오늘날 소박한 자세로 이 임무를 맡을 준비가 되어 있는 철학자는 거의 없다.

프랑스의 철학자 알랭 핑키엘크라우트는 장-뤼크 고다르 감독의 영화 <자신의 삶을 살다(Vivre sa vie)>의 한 장면을 상기시키면서, "이 영화에서 철학자 역을 맡아 연기한 브리스 파랭은 일상적 삶과 생각하는 삶(좀더 나은 삶)을 대조시킨다"[6]고 강조한다. 그러나 오늘날 "생각하는 삶은 차츰 사라지고 그 자리에 광신자와 유령의 끔찍하고 가소

---

6) Finkielkraut(1993), p.11.

로운 대립이 들어서고 있다"7)고 그는 개탄한다. 전문 분야와 상아탑 속에 틀어박혀 있는 교수들, 새로운 것을 찾아 끊임없이 이런저런 주제를 집적거리는 대중매체, 선거 전(前) 유세와 여론조사 결과 사이에서 갈팡질팡하는 정치 등이 이러한 흐름에 한몫을 한다.

이 책은 생각하는 삶을 옹호한다. 우리 시대의 문제들에 과감히 대결하는 '생각'. 풍요와 빈곤, 환경파괴, 기술과 사회의 변화, 현재 진행되고 있는 변화의 주요 쟁점 등을 전체적으로 '이해'하려 할 뿐만 아니라 용인할 수 없는 것에 대해서는 적극적으로 고발하고 해결책을 모색하기를 서슴지 않는 '생각' 말이다.

복잡성을 생각하기

기상천외

세계를 생각하기! 각 개인은 그 필요성을 느낀다. 그러나 도대체 어디서부터 시작할 것인가?

생명체와 사물의 수는 가히 천문학적이다. 무수히 많은 종(種), 과(科), 강(綱), 계(界) 그리고 생명체, 사물, 종, 과, 강, 계 사이의 복잡한 관계. 무수히 많은 체계와 하부체계들. 무수히 많은 장소와 역사. 무수히 많은 공간과 시간.

다양한 학문분야, 다양한 연구영역, 다양한 연구대상, 다양한 접근법, 다양한 관점. ……세계는 진정 존재하는가? 아니면 그저 세계에 관한 다양한 시각과 구성, 담론, 환상만이 있을 뿐인가?

우리는 컴퓨터의 도움을 받아 시스템 이론을 가지고 궁지에서 벗어

---

7) Ibid., p.183.

나려 했다. 그러나 직선·화살·원의 얽힘을 조밀화하고, 작용·상호작용·반작용을 증폭시키는 것이 현실을 생각하는 방법은 아니다. 서로 다른 학문분야에서 복잡성을 생각하기 위해 노력하는 학자들은 자기조직(auto-organisation) 이론과 자기재생산(auto-reproduction) 이론이 중요한 실마리를 제공한다고 밝혔다.

그러나 실마리는 지식이 아니다. 실마리를 통해 해독하기 위해서는 핵심이 되는 주안점과 판독방법을 선택해야 한다. 모든 판독방법은 현실에 대해 하나의 판독, 또는 일정 유형의 판독을 제공해줄 뿐이며, 이때 제공된 판독을 우리는 새로운 사실과 지식의 진보를 감안하여 더욱 풍부히 하고 재구성하여 다른 담론들의 아우성 속에서 재확인해주어야 할 것이다.

그것은 줄기차게 노력해야 하는 힘겨운 전투다. 그 이유는 이렇다. "현실은 우리의 지성과 연관시켜 볼 때 결코 원리원칙대로 되지 않으며 또 무궁무진하다. 말로 할 수 없는 것과 믿을 수 없는 것 사이의 대화 속에, 밝음과 어둠의 상호작용 속에 생각이 있다. 생각은—마치 생명처럼—자신이 파괴되는 온도에서만 살 수 있다. 자신이 구성한 체계 속에, 즉 고정된 관념 속에 갇히자마자 생각은 죽는다."[8]

포부

세계라는 극도로 복잡한 총체를 생각하려는 포부. 여기서 세계란, 수적으로 점차 증가하고 활동영역도 급속히 확대되는 인류가 (극단적인 격차를 보이면서) 자리잡고 사는 지구를 뜻한다. 그리고 인류는 이

---

8) Morin(1982), p.300.

질적인 사회, 불평등한 사회, 그리고 심층적 변화에 돌입한 사회로 구성된다. 요컨대 우리의 포부는, 하나이면서 다수이고, 정합적이면서 잡다한, 끊임없이 구조조정되고 재창조되는 하나의 총체를 생각하는 것이다.

현재 참조할 수 있는 대부분의 작업들이 우리에게 제공하는 것은 위계질서가 거의 매겨지지 않은 사물 또는 영역에 대한 관점들이다. 이러한 관점들은 대개 하나의 학문분야나 질문에서 비롯된다. 이러한 다양하고 단편적인 시각들은, 미지의 저택에서 발견된 오래된 사진 뭉치처럼, 문제의 소재는 밝혀주지만 동시에 총체적 비전으로 쉽게 재구성되지는 못한다. 그러나 일리야 프리고진, 앙리 아틀랑, 에드가 모랭, 이브 바렐 등이 그 길을 열었다. 물질, 우주, 생물, 인간, 사회를 생각한다는 것은 곧 복잡성을 사고하는 것이다.

근본적으로 복잡성 사고는 전체를 원소들의 집합으로 혹은 단순한 사실들로 구성된 것으로 간주하는 원자론적·합리주의적 사고와의 단절을 가능하게 한다. 에드가 모랭에 따르면 "복잡성 사고는 현상세계를 해체하지 않고, 오히려 현상세계에 대한 훼손을 최소화하면서 현상세계를 설명하려고 노력한다."9) 또 "우주는 완전무결한 이상적 기계가 아니라 해체의 과정이면서 동시에 조직의 과정이다. …(중략)… 생명은 하나의 실체가 아니라 자율성을 만들어내는 극도로 복잡한 자기생태조직(auto-éco-organisation) 현상이다. 따라서 인류-사회적 현상은 자연현상에 필요한 원칙보다 더 복잡한 인식의 원칙에 따를 것임이 확실하다. 우리는 인류-사회적 복잡성에 대해 맞서야 한다. 그것을 적당히 녹여버리거나 은폐해서는 안될 것이다."10)

---

9) Ibid., pp.305-306.
10) Morin(1990), p.22.

　우리가 주파해야 할 도정에 이정표를 세우기 위해 부연설명을 해보자. 생명과 마찬가지로, 사회는 자율성을 만들어내는 극도로 복잡한 자기생태조직 현상이다. 여기서 우리는 마르셀 모스[11]가 말한 '총체적 사회현상'을 재발견한다. 우주와 마찬가지로, 자본주의는 완전무결한 이상적 기계가 아니라 해체의 과정이면서 동시에 조직의 과정이다. 여기서 우리는 슘페터가 분석한 창조적 파괴와 다시 만나게 된다.

　최초의 인간과 최초의 인간집단의 출현은 최초의 아주 오랜 기간 속에서 상상해야 한다. 마찬가지로 '지구-인류'의 장기간의 진화 및 '사회-국가-자본주의'의 파란만장한 관계도 역사 속에서 포착해야 한다.

　따라서 세계를 생각하는 것은 복잡성과 역사를 동시에 생각하는 것이다. 그러나 또 하나의 제약이 따른다. 하나이면서 동시에 격차를 동반하고, 복합적이면서 상호작용을 하고, 시간 속에 지속되며 끊임없이 갱신되는 이 뒤엉킨 복잡성을 파악하기 위해, 우리는 죽 이어지는 문장들로 설명해야 하는 담론의 선조적(線條的) 맥락만을 갖고 있을 따름이다. 이는 우리가 상투적인 피상성에 머물지 않고 현실을 심층적으로 설명하기 위해서는 본질적인 점들에 대해 여러 번에 걸쳐 담론의 맥락을 재검토해야 한다는 뜻이다. 한 말을 되풀이하여 듣는 이를 피곤하게 할 위험을 무릅쓰고라도 말이다.

겸허

　"앎과 생각은 확실한 기초 위에 체계를 세우는 것이 아니다. 그것은 불확실성과 대화하는 것이다 …(중략)… 토대가 없는 상태에서 생각

---

11) Marcel Mauss(1873~1950). 프랑스의 사회학자 겸 인류학자. 뒤르켐의 제자로서 사회현상을 여러 측면이 합하여 이룬 하나의 총체로 파악하려는 입장을 취하였음 — 옮긴이 주.

의 기초를 세워야만 한다"12)라고 에드가 모랭은 강조한다. 지극히 어렵다. 아마도 이 어려움은 앎의 영역에서보다 생각의 영역에서 더 잘 극복될 수 있을 것이다.

첫째, 생각은 지식보다 나누어 갖기가 더 좋다. "생각은, 비전문적·비인지적인 의미에서…… 몇몇 사람들의 특권이 아니라 모든 사람들이 갖고 있는 능력이다."13) 둘째, 마치 식물의 '촉성재배'처럼 지식이 생각을 뒷전으로 밀어놓고 지나치게 촉성재배되는 시기에, 생각은 과학보다 겸허하다.

과학의 각 분야는, 이제는 모든 것이 알려졌고 더 이상 어떤 중대한 진보도 불가능하다는 확신을 가지고 충족의 단계들을 경험했다. "역학(力學)이 대승리를 거두었을 때 라플라스가 했던 말—발견해야 할 세계는 하나밖에 없으므로 두 명의 뉴턴은 존재하지 않을 것이라는 말—을 논평하면서, 일리야 프리고진과 이자벨 스탕제는 위의 사실을 상기시킨다. 그들은 또 이렇게 말한다. "19세기 말, 물리학이 한계에 도달했다는 확신이 다시 한번 세계를 풍미했다. 그리고 지금도 천체물리학의 대가 스티븐 호킹은 '이론물리학의 종말'을 선언한다."14) 경제학에서도 19세기 중반에 스튜어트 밀이, 그리고 20세기 중반에 폴 새뮤얼슨이 똑같은 확신을 천명하였다. 교양인, 철학자, 학자 누구를 막론하고 생각이 이처럼 지나친 경지로 빠져들어서는 안될 것이다.

셋째, 생각은 좀더 유연하다. 과학의 기여를 고려할 수 있으면서도

---

12) *Le Magazine littéraire*, 1993. 7~8. p.18; Nouss(1995), p.76에 인용.

13) Arendt(1996), p.70. 아렌트에 의하면, 역으로 사고 능력이 없다는 것은 "(과학자, 박식가, 그리고 다른 정신적 작업에 종사하는 전문가들) 모두를 위협하는, 항상 존재하는 가능성으로서, 소크라테스에 의해 그 가능성과 중요성이 발견된 자신과의 관계를 방해한다."

14) Prigogine & Stengers(1979); 1986의 제2판 서문(1990), p.7.

과학의 무거운 짐으로부터 자유로운 생각은 본질에 좀더 잘 접근하여, 그것을 좀더 잘 포착할 수 있다.

세계와 복잡성

별이 빛나는 하늘 그리고 도덕률

칸트는 『실천이성비판』의 결론 초반부에 다음과 같이 쓰고 있다.

"생각을 그에 쏟아 집중시킬수록 내 가슴을 늘 새롭고 늘 더해만 가는 경탄과 숭배로 가득 채우는 것이 두 가지 있다. '내 머리 위 별이 빛나는 하늘과 내 마음속의 도덕률'이다."[15]

'내 머리 위 별이 빛나는 하늘과 내 마음속의 도덕률' 사이가 대충 이 글이 자리하는 공간이다. 좀더 정확히 말하면, 우리의 고찰은 하나의 사면체 안에 자리잡는다. 첫번째 꼭지점에는 세계의 지고(至高)한 것들—별이 빛나는 하늘, 눈 덮인 산, 대양, 암사슴이 달리는 모습, 길섶의 이슬 틈바구니에서 피어나는 제비꽃의 여릿여릿함—이 있다. 두번째 꼭지점에는 눈길, 일상적 몸짓, 미소, 한 편의 시, 하나의 상(像), 휴머니즘의 지혜 속에 깃들인 인간의 인간성이 있다. 세번째 꼭지점에는 내재화된 도덕률—책임의식, 용납 가능한 것과 용납 불가능한 것, 좋은 것과 나쁜 것을 갈라놓는 의식, 해야 할 일에 대한 자각—이 있다. 그리고 마지막 꼭지점에 자리하는 것은, 너무 기친 기속회에 휩쓸려 인류의 미래를 항구적·결정적으로 망쳐놓을 위험을 지닌 채 황폐

---

15) Kant(1949), p.173.

해져가고 표류하고 흔들리는 세계의 모습이다.

칸트는 자신이 언급한 '두 가지 것'에 대해 다음과 같이 말했다. "나는 그것들을 찾을 필요가 없다. …(중략)… 내 앞에 그것들이 보인다. 나는 내 실존의 자각에 그것들을 직접적으로 결부시킨다."[16]

나의 성찰의 공간을 형성하는 네 꼭지점에 대해서도 이와 마찬가지로 말할 수 있다.

어떤 세계?

이제 세계라는 단어가 담고 있는 내용을 명확히 할 때가 되었다. 세계란 우주보다 좁은 실체라고 말하는 것은 별 의미가 없다. 건초더미 속에 있는 핀 하나도, 우주 속의 지구에 비하면 거대하다. 초보적인 단계에서, 세계는 '지구-인류'로 이루어진 한 쌍이라고 어림잡아 말할 수 있다.

여기서 지구는 단지 물리·화학적 실체뿐만 아니라, 생물의 — 좀더 정확하게는 서로 다른 여러 형태의 생물들의 — 담지자로, 공간(공간들)으로, 시간(시간들)으로 이해된다. 이같은 상이한 차원들은 모두, 정도의 차이는 있지만, 인간의 지식과 활동에 의해 영향을 받고 있다.

인류는 당연히 역사적 생성과 원소, 자연, 자원, 환경, 즉 간단히 말해 지구와의 상호작용 속에서 파악된다. 또 인류는 공간, 시간, 인류를 구성하는 다양한 사회, 지식, 기술력, 협동적·지배적·약탈적 태도, 상호작용, 지배·협력의 관계 속에서 파악되어야 한다.

인구·욕구·인간활동이 급속히 늘어나고, 지구의 자원을 이용하는

---

16) Ibid., p.173.

인간의 지배력 역시 커지면서, 지구와 인류의 관계는 지난 10만 년 동안 근본적으로 달라졌다.

따라서 세계는 인류의 진화를 거치면서 고도로 복잡화된 '지구-인류'의 쌍이 되었다. 지식, 기술, 첨단 에너지 산업, 국가, 대기업, 시장, 국제기구, 기술과학, 인류의 미래를 항구적으로 그리고 결정적으로 망쳐놓을 위험이 있는 무수히 많은 주역들의 계획과 전략, 행동과 반응, 협조와 갈등 등의 역할이 복잡도가 높아진 '지구-인류'의 쌍에 대해 커지고 있다.

자기재생산

복잡성 사고는, 자기조직[17]과 자기재생산으로부터 중요한 실마리를 끌어내면서 우리가 이 현실에 접근하는 데 도움을 준다. "물질이 다양하고 항상 더욱 복잡한 형태로 스스로를 조직하는 활동은, 시간 속에서 방향성 있는 축을 중심으로 한 무작위 진동, 시행착오, 모색과 실패 등을 통해 이루어진다. 이 축의 양극단은 유일한 하나의 실체로 표상된다. 태초에는 가장 단순한 화학원소인 수소원자가 있었으며, 현재는 가장 복잡한 동물인 인간이 있다."[18] 수소원자에서 인간으로, 이렇게 곧바로 이어버리는 방식은 앙드레 부르기뇽이 무대장치를 세우는 방식이다.

---

17) '자기조직'의 개념에 대해, 앙리 아틀랑(Henri Atlan)은 다음과 같이 말한다. "자기조직 개념은 대체로 스스로 프로그래밍하는 프로그램에 대한 가설과 대응한다. …(중략) 자기조직 개념은 오늘날 제법 상이한 여러 가지 의미를 갖고 있다. 그러나 그 본질을 말하자면, 상대적으로 단순한 단위들의 네트워크가 기능하는 데 있어, 경우에 따라 우연성을 가진 하나의 역사를 통합하는, 따라서 총체적으로 프로그램이 짜여지지 않은 일련의 특성들을 가질 수 있다는 점이다"(*Le Monde*, 1991. 11. 19).

18) Bourguignon(1989), p.299.

'빅뱅에서…… 지구의 세계화로', 이것도 다른 하나의 요약방법일 것이다. 그러나 두 가지 방법 모두 인간중심주의에 치우친 것이다. 세계의 진화에 대한 고찰이 인간으로 귀착되어야 한다는 것은 인간들만의 생각에 불과하다. 세계의 진화에 대한 생각을 인간으로 귀착시킨다는 것은, 꼭 다 그렇다는 것은 아니지만 많은 사람들에게, 인간이야말로 100~200억 년에 걸친 자기창조(autocréation)라는 상상할 수 없는 모험의 끝이자 목적이고 지고(至高)의 작품임을 의미한다.

노자(老子)는 아마도 그 본질을 엿보았던 것 같다.

> 혼돈하면서도 이루어지는 무엇인가가 천지보다도 먼저 있었다.
> 그것은 소리가 없어 들을 수도 없고
> 형태가 없어 볼 수도 없으나
> 홀로 우뚝 서 있으며 언제까지나 변하지 않고
> 두루 어디에나 번져나가며 절대로 멈추는 일이 없어
> 천하 만물의 모체라 할 수 있다.
> 나는 그 이름을 알지 못하겠다.
> 억지로 자호를 지어 도(道)라 부르고……[19]

경외스런 신에 의한 7일간의 천지창조에 대한 설명은, 대개의 창조설화처럼 무엇인가 우리를 안심시키는 부분이 있다.

반면에 오늘날 학자들 사이에 통용되는 우주탄생에 대한 설명은 섬뜩하면서 믿어지지 않는다. 힘, 공간, 우주물질 같은 우리가 확인할 수 있는 모든 것이 극히 작은 한 점에 집약되어 있었다. 지극히 짧은 순간에 대폭발이 있었다. 그로부터 모든 에너지가 방출되고, 쿼크(quark)[20]

---

19) 有物混成 先失地生 寂兮寥分 獨立不改 周行而不殆 可以爲天下母 吾不知其
    名 强者之曰道(노자, 『도덕경』, 삼성출판사, 1982, p.84) — 옮긴이 주.
20) 물질의 최초 형태를 말함 — 옮긴이 주.

라는 뜨거운 국물의 거대한 덩어리가 생성되었다. 이러한 최초의 분출로부터 미립자가 생겨나고 그뒤에 원자와 우리의 우주를 형성하는 힘, 에너지, 방사선이 생성되었다. 그리고 까마득히 오랜 세월 ― 혹자에 따르면 80~100억 년 ― 이 흐른 뒤에야 주요 성운(星雲)들이 형성되었다. 우리의 자기중심주의를 만족시키기 위해 좀더 정확히 살펴보자면, 우리가 속해 있는 은하계도 이때 형성되었다. 그러나 우리의 자아는 이 사실을 인정하기가 괴롭겠지만, 은하계는 우주의 중심이 아니다. 또다시 수십억 년이 흐른 뒤에야 태양 ― '우리의' 태양 ― 과 그 주위를 도는 행성들이 형성되었다.[21]

만일 우리가 빅뱅 이론을 받아들인다면, 이 모든 사건들을 돌이켜 생각해볼 때 우리가 '자기조직능력'이라 일컬을 수 있는 근본적 일관성이 작용하고 있음을 인정해야 할 것이다.

이제 현재의 우리로부터 거꾸로 헤아려보자. 태양계는 약 50억 년 전에 형성되었다. 지구에서 가장 오래된 암석의 나이는 45억 년으로 추정된다. 최초의 생명체 ― 따뜻한 샘이나 소금기 섞인 연못 주변의 박테리아 ― 는 약 35억 년 전에 출현했을 것이다. 6억 년 전에 최초의 해초와 이끼, 즉 몸이 납작한 유기체가 출현했다. 그로부터 2~3억 년 뒤(지금부터 3~4억 년 전에) 일종의 '생물학적 폭발'이 일어나 거미, 전갈, 갑각류 동물들과 약간의 유사점을 가진 아주 다양한 절지동물들이 출현했다. 사실 4억 년쯤 전에 물로부터 위험스럽고도 어려운 탈출이 감행되었다. 3억 년 전에서 1억 4,600만 년 전 사이의 기간에 식물의 진화가 가속화되었다. "지속적인 돌연변이를 거쳐, 식물은 재생산 전략(바람에 의해 퍼지는 포자 혹은 씨)을 개선시킨다. 식물은 좀더 건

---

21) Couteau(1995), p.257 이하; *Le Monde*, 1994. 9. 30, 1995. 9. 15에 실린 두 편의 논문 참조.

조한 기후에 적응하고(표면조직이 수분 손실을 줄인다), 전염병과 초식 동물로부터 자신을 더 잘 보호한다."[22] 잎이 달린 식물, 곤충, 파충류, 공룡, 시조새 등이 약 2억 년 전에 나타났다. 영장류를 포함한 포유동물이 약 5,000만 년 전에 출현했고, 수백만 년 전에는 드디어 최초의 원인(原人, humanoïdes)이 출현했다.

이것이야말로 자기조직과 적응, 나아가 자기재생산의 기적이 아닌가. 실제로 앙드레 르보프의 말처럼, "스스로 재생산할 수 있는 모든 알려진 고분자 복합체계(système complexe)는 생명체이다. 따라서 고분자 복합체계의 재생산은 생명의 특징이다."[23] 이러한 재생산은 시간 속에 흔적을 남긴다. 프랑수아 자콥[24]에 따르면, "모든 동물, 식물, 미생물은 형태가 변하는 사슬의 한 고리일 뿐이다. 모든 생명체는 필연적으로 하나의 역사를 가진다. 그것은 단순히 유기체의 조상들이 연루된 사건의 연속을 반영하는 것이 아니라, 그 유기체가 점차적으로 형성되는 변화의 연속을 반영한다. 시간의 개념에는 기원·연속성·불안정성·우연성의 개념이 서로 뗄 수 없이 연결되어 있다."[25]

자기조직과 자기재생산은 생물·인간사회·인류의 진화에서 결정적인 것이었다. 따라서 자기조직과 자기재생산을 염두에 두는 것이야말로 그들의 실체에 대한 지식의 열쇠이다. 이러한 주장은 중심 되는 것인 동시에 동어반복적인 차원을 갖고 있다. 그것은 지식의 본질을 폭로한

---

22) Vincent Tardieu, 「식물들은 35억 년 걸려 지구를 식민지화했다(Les végétaux ont mis 3,5 milliards d'années pour coloniser la planète)」, *Le Monde,* 1995. 7. 13; *Le Monde,*, 1996. 1. 5, 1996. 10. 5; *Time,* 1995. 12. 4에 실린 논문 참조
23) Lwoff(1969), p.13.
24) François Jacob(1920~1988). 프랑스의 유전학자. 유전 암호 해독에 대한 연구로 1965년 노벨 의학상을 수상함(자크 모노, 앙드레 르보프와 공동 수상). 저서로『생명의 논리』,『가능성의 게임』등이 있음.
25) Jacob(1970), p.146.

다. 관찰, 계산, 분석은 하나의 현상에서 본질적인 것(열쇠)을 포착하게 해준다. 우리는 그것에 이름을 붙인다. 이름을 붙이고 나서, 앞에 말한 현상이나 그 현상이 속하는 현상군을 해명하고 설명하는 데 그 용어(개념)를 사용한다. 어떤 대상에 이름을 붙이기 위해 선택했던 단어들을 가지고 우리가 취급하는 바로 그 대상에 대해 말하는 것이다.

그러나 자기재생산은 완벽하게 동일한 재생산을 의미하지도, 완전한 자급자족 상태에서의 재생산을 의미하지도 않는다. 모랭과 함께 '인류-사회적 복잡성'에 과감하게 맞서는 몇 안되는 사람 중 하나인 이브 바렐에 따르면, "복합적이고 구별된 하나의 모임·집합·실체가 하나의 체계 — 필자로서는 이보다는 '총체'라는 단어를 선호한다 — 인지를 알기 위해서는 다음과 같은 질문을 던져야 한다. 그러한 집합에 자기재생산 능력이 있는가? 만일 그렇다면 그것은 하나의 체계(하나의 총체)이다. 자기재생산은 — 단독으로 자신의 재생산을 전담한다는 의미에서가 아니라, 자신의 재생산에 적극적으로 개입한다는 의미에서 — 체계(총체)의 고유한 특성이다."26)

'체계'라는 단어는 이념적·개념적 구축물과 관련짓는 것이 낫다고 보아, 여기서는 강한 자기재생산 능력을 가진 실체, 다시 말해서 자신의 재생산에 '적극적으로 개입하는' 강한 능력을 가진 실체를 '총체'라고 부른다. 모든 연구영역과 연구대상에 대한 지식을 위해, 이제 다음과 같은 질문을 던져야 한다. 어떤 총체가(총체들이) 작동하고 있는가?

세 가지 재생산: 지구, 인류, 자본주의

숱한 개인, 모임, 실체들이 자기재생산 능력을 갖고 있다. 따라서 그

---

26) Barel(1979), p.218.

목록을 남김없이 작성하는 것은 거의 상상할 수 없다. 우리의 고찰 대상, 즉 세계에 관해 말하자면 지구와 인류라는 두 가지의 총체가 필연적으로 존재한다. 양자 모두 의심할 바 없이 자신의 재생산에 '적극적으로 개입하는' 능력을 가지고 있다.

생산과 교환은 언제나 그것을 활용해서 이루어지는 사회의 재생산에 따르게 마련인데, 몇 세기 전부터 이윤합리성과 혁신·축적·상품화의 역학을 그 특징으로 하는 하나의 '사회-경제적 실체'가 형성·강화되고 있다. 흔히 '자본주의'라고 일컬어지는(비록 어떤 이들은 이 명칭을 부정하고 있지만) 이 사회-경제적 실체는 점차 확실하게 자신의 재생산에 '적극적으로 개입하는' 능력을 드러내고 있으며, 나아가 자신이 뿌리박고 있는 사회로부터의 '자립' 능력마저 과시하고 있다.

따라서 지구, 인류, 자본주의의 세 가지 주요한 재생산이 고려되어야 한다. 그들은 각각 재생산의 복합적이고 다양한 하나의 집합을 통해 작동하고 있다. 우리는 '세계의 격변'에서 멀리 떨어져 있는 것처럼 보일 수도 있다. 하지만 실상은 문제의 핵심을 접하고 있는 것이다. 인류의 재생산이 지구의 재생산을 교란하고 안정성을 파괴하기 시작한 것은 아닌가? 자본주의의 자립능력과 자기재생산 능력이 오늘날의 사회가 겪고 있는 수많은 어려움과 왜곡의 근원은 아닌가?

지구

생물이 자리잡기 전에, 지구의 재생산은 본질적으로 물리-화학적 재생산이었다. 물, 햇빛, 흙, 공기와 같은 물리-화학적 환경 속에 생물은 출현했고 증가했다. 여러 종류의 동식물들에게, 천연 온실효과가 보장해주는 기후와 온도 그리고 오존층에 의한 자외선 차단은 주요한 역할을 했다.

물, 탄소, 질소의 순환이 보여주는 것처럼, 발전을 통해 생물은 자신의 환경을 재생산하는 행위주체가 된다. 전지구적 총체성에 가장 적합한 생물의 소생활권(biotope)과 무수히 많은 상호의존이, 정합성과 자율성을 생산하는 자율생태계의 운동 속의 물리-화학-생물학적 과정을 연결시킨다. 그러므로 지구에서 발생한 생물은 지구의 재생산에 아주 뚜렷한 흔적을 남기면서 어디에나 존재하는 하나의 본질적 구성요소가 되었다. 우리는 실제로 지구의 자기재생산을 얘기할 수 있다. 그리고 이러한 자기재생산은 물리-화학-생물학적이다. 그러나 만약 어떤 불상사나 부주의에 의해 생명이 사라진다면, 지구의 재생산은 다시 단순한 물리-화학적 과정으로 전락할 것이다.

인류

지구의 재생산은 언제나 다차원적이었다. 즉 국지적이면서 지역적이면서 세계적이었다. 인류는 — 한 장소에서 출현했든 여러 장소에서 출현했든 — 아주 오랫동안, 영토화된 영역과 연결된 서로 다른 사회들 속에서 스스로를 재생산했다. 동물 중에도 '사회들' 속에서 살고 스스로를 재생산하는 종(種)이 많다. 어류나 조류 사회의 다양성은 말할 것도 없고 메뚜기 사회에서 꿀벌·개미 사회에 이르기까지, 늑대 사회에서 들소 사회에 이르기까지 그들의 규모, 영역, 결합원리, 기능방식은 본질적으로 다르다.[27]

사회의 재생산은 공간적으로나 시간적으로나 엄청나게 다양한 형태로 행해졌다. 그러나 모든 사회의 재생산 양식으로부터 몇 가지 사회논리(logique sociale)가 — 즉 몇 가지 동기·목적성과 연결되고 사회적 재생산 과정을 구조화하는 행위들의 정연하고 규칙적인 연계가 — 도

---

27) Chauvin(1982, 1984) 참조; Morin(1980), pp.237-238 참조.

출될 수 있다.[28]

자본주의 이전에는 사회논리가 강력한 자기재생산 능력을 갖지 못했다. 사회논리는 (그에 의해 재생산이 지탱되는) 사회와 분리될 수 없었다. 가계논리(logique domestique), 공동체논리(logique communautaire), 조공논리(logique tributaire), 단순상품논리(logique marchande simple), 그리고 국가논리(logique étatique)까지도 그러했다. 하지만 그렇다고 해서 항상 조화와 균형만 있었다는 것은 아니다. 조공논리와 국가논리는 지배집단 및 소수 지배계층의 요구와 목적 그리고 생산대중의 욕구와 갈망 사이에 격심한 불균형을 빚어낼 수도 있다. 그러나 결국은 어딘가가 무너지고, 새로운 균형이 (또는 새로운 논리가) 찾아지게 된다.

구석기시대의 원인(原人)과 그후 최초의 인류는 가족, 집단, 무리, 수렵공동체 등을 통해 줄곧 재생산되었다. 불의 지배, 음절로 분리되는 언어의 발명, 의식의 발전이 원시사회의 진화의 특징이다. 그뒤 신석기혁명이 초기 거대문명으로의 길을 열었다. 그뒤로 기술력과 사물을 변화시키는 인간의 능력이 엄청나게 증대했다. 이는 1만 여 년 동안 완만한 진전을 보이다가, 몇 세기 전부터는 급격하게 가속화되었다.

오늘날 인류는 생물과 지구의 재생산에 점점 더 많은 영향을 주고 있다. 지구의 자기재생산은 이제 인류-생물-물리-화학적 과정이다. 이

---

28) 여기서 우리는 '논리'라는 단어의 의미에서 "개념의 정연한 연계" 그리고 보다 넓은 의미로 "사건과 사물의 정연하고 필연적인 연속"(*Dictionnaire Robert*, t.IV, p.297)이라는 착상을 얻었다. '사회논리'는 이중의 특성을 가지고 있다. 즉 각 사회에 대해 시간적 안정성 그리고 사회의 발현이 다양한 사회들 속에서 관찰될 수 있다는 점에서 시간·공간적 일반성이 그것이다. 동일한 하나의 '사회논리'는 다양한 그리고 변화 가능한 형태로 나타날 수 있다. 하나의 '사회논리'의 확인은 개념구성 그 자체에 의해 재생산이 존재함을 내포한다. 왜냐하면 우리는 몇 가지 동기·목적성과 연결된 그리고 다양한 사회 속에서 사회적 재생산이 이루어지는 방식을 특징짓는, 행위들의 정연하고 규칙적인 연계를 시간 속에서 찾을 수 있기 때문이다.

제 더 이상 불가피한 것이란 없다. 그러나 만약 돌이킬 수 없는 사태가 발생한다면 지구의 재생산은 다시 단순히 생물-물리-화학적인 과정이 되어버릴 것이며, 이 과정에는 아주 원초적인 형태나 살아남으려는 저항력이 특별히 강한 형태만이 참여할 것이다. 아니면 이 과정은 그저 물리-화학적일 수도 있다.

자본주의

자본주의와 함께 경제는 사회의 다른 차원들과 뚜렷이 구분되었다. 이윤추구 동기와 축적, 혁신, 상품영역 확대의 역동성에 힘입어[29] 자본주의는 강한 자기재생산 능력과 이제껏 뿌리 박았던 사회로부터 벗어날 확대재생산 능력을 갖게 되었다.

물론 자본주의가 한 나라에 뿌리내릴 경우 그것은 매우 불안정한 만큼, 활동적이고 기업정신이 왕성한 사회계층과 국가를 필요로 한다는 것을 우리는 역사를 통해 알 수 있다. 따라서 각각의 자본주의는 (발전의 장이 되었던) 사회에 의해 특징지어진다. 그러나 세력과 규모가 커짐에 따라 자본주의는 자율성을 갖게 된다. 자본주의는 다른 시장에 흥미를 느끼고, 다른 동맹이나 때로는 다른 지지를 구하게 된다. 자본주의의 재생산은 (그것이 형성되었던) 사회의 재생산에 대해 자율성을 갖는 경향이 있다.

오늘날 자본주의는 더 이상 초기 자본주의의 두 가지(국민적, 국제적) 차원에 갇혀 있지 않다. 그것은 점점 더 다국적이며 세계적이다.[30] 자본주의는 네 가지(국민적, 국제적, 다국적, 세계적) 차원에서 강력한 역동성을 보이고 있다. 자본주의는 부와 (구매력을 가진 자를 위해) 상

---

29) 자세한 내용은 Marx; Weber; Schumpeter 참조.
30) Beaud(1987) 참조.

품을 창조할 수 있는, 그리고 그 목적을 달성하기 위해 강력한 기술적·지적·물질적·금융적 수단을 동원할 수 있는 어마어마한 능력을 갖고 있으며, 다른 한편 자원과 온화함을 파괴하고 빈곤과 불행을 무시하며 자연경관·사회·규칙·가치를 전복시키는 엄청난 힘을 갖고 있다.

자본주의는 부유한 사회의 재생산과 현대화·산업화에 돌입한 사회의 역동성에 매우 효율적으로 기여하는 한편 심각한 환경파괴를 야기한다. 자본주의는 지불능력이 있는 욕구에 대해서만(이를 위해 구매력이 존재한다) 반응하면서, 아무리 필수불가결한 욕구라 하더라도 지불능력이 없는 욕구는 무시한다. 그럼으로써 구매력이 없는 계층·계급 사이에 새로운 욕구의 팽창을 가져오고, 욕구를 충족시킬 수 없는 계층이 확대된다.

이러한 엄청난 힘은 새로운 빈부가 뒤섞인 격렬한 파도 속으로 세계 전체를 몰아넣는다. 또 각 사회뿐 아니라 전세계적으로 소외와 배제의 강력한 소용돌이를 일으키면서 사회의 재생산 조건들을 전복시킨다. 이 힘은 희소성을 창출하고 피해를 유발하며 이미 생겨난 피해의 복원을 통해 돈벌이가 되는 새로운 시장을 개척한다. 끝으로 이 힘은 사회와 국가의 통제로부터 차츰 벗어나는 경향이 있다.

결국 자본주의의 재생산은 다양하고 모순적인 방식으로 인류와 지구의 재생산과 중첩된다. 자본주의의 재생산은 세계의 격변의 한 주요한 구성요소이다.

세계의 격변과 삼중 재생산

가설

세계의 역동성, 즉 세계 자체를 이해하기 위해 우리가 제안한 판독방법은 강한 자기재생산 능력을 가진 지구, 인류, 자본주의라는 세 총체를 — 그들의 재생산간의 상호작용, 긴장, 모순 등과 함께 — 고려하는 것이다.

'삼중 재생산(triple reproduction)'에 의거한 분석은 사실과 정보의 복잡한 뒤엉킴 속에서 필수불가결한 지표를 제공해준다. 물론 그것이 현재의 세계를 이해할 수 있게 해주는 유일한 방법은 아니다. 그러나 그러한 분석방법은 세계의 무질서·불합리성으로 인해 제기되는 많은 질문들에 대한 대답을 가능하게 한다.

또 그것은 환원적인 분석이 아니라 열린 분석이다. 위에서 언급한 세 가지의 총체는 균일한 것도 동질적인 것도 아니기 때문에, 그러한 분석은 다양성을 놓치지 않게 해준다. 지구의 재생산은 총체적 차원과 지역·소생활권의 차원에서 이루어진다. 인류는 다양하고 진화하는 사회를 통해 재생산된다. 자본주의는, 다양한 국가자본주의를 통하여 역사적으로 구성되어왔기 때문에 여러 형태를 띤다.

끝으로 '삼중 재생산'에 의거한 분석은 격변하는 세계의 문제를 적확하게 제기할 수 있게 해준다. 세계가 한 상태에서 다른 상태로 급격하게 이행할 때, 만일 이행이 우리가 고려하는 총체의 재생산 조건이 크게 변화된 것으로서 그리고 총체와 총체의 재생산 관계가 크게 변화된 것으로서 나타나면, 그것은 세계의 격변을 의미한다.

따라서 우리가 제안한 판독방법에 따라 인간·사회·환경문제의 원인과 본질에 대한 몇 가지 설명이 도출될 수 있으며, 그런 문제들이 본원적이고 급격한 변이 속에, 즉 세계의 격변 속에 자리매김될 수 있다.

명제

인간이 출현하기 전에 지구는 인간 없이 재생산되었다. 자본주의가 나타나기 전에 인간사회는 자본주의 없이 재생산되었다.

오늘날 세 가지 —지구, 인류, 자본주의 —의 재생산 과정은 상호작용하며 상호의존하고 있다. 인간사회의 구성원과 욕구는 점차 증대하고 있으며, 인간이 탈취하는 것과 버리는 것 때문에 지구의 재생산은 심각하게 변질되고 있다. 자본주의는 그 변화 역학에 의해 점점 더 많은 인간사회의 재생산에 개입하고, 동시에 점점 더 많은 사회를 불안정하게 만든다. 그리고 인간사회들 사이에 심각한 격차를 초래한다. 자본주의는 지구 재생산의 변질과정을 심화시킨다.

그뿐만이 아니다. 인류가 생물과 지구로부터 —여전히 얽매여 있지만—자립하는 경향이 있듯이, 자본주의도 인간사회로부터 —여전히 얽매여 있지만—자립하는 경향이 있다. 오늘날 자본주의의 역동성은 10~20억 인구의 지불능력 있는 욕구와 재원에 따라 전개된다. 화폐자산이 거의 없거나 구매력이 없는 그 나머지 수십억의 인구는 자본주의 영역에 진입하지 못한다. 반면, 자본주의는 구매력이 없는 수십억 인구의 사물을 보는 방식과 삶의 조건을 수정하고 때로는 전복시키면서 그들의 영역에 침입했다.

불평등은 심화되고 변화는 갈수록 빨라지고 있다. 상품·화폐의 지배는 확장되고 사회적 유대는 붕괴되고 있다. 부를 축적한 사람도 많지만, 한편으로 불행과 가난, 고통 속에 살아가는 사람들도 헤아릴 수 없을 만큼 늘었다. 새로운 기회와 함께 새로운 위험과 위협이 나타나고 있는 것이다.

　　결국 지구의 재생산은 안정성을 잃어, 여러 사회들의 재생산이 불균형해졌으며, 팽창과 위기로 점철된 자본주의의 재생산은 차츰 지구와 사회에 대해 결정적인 요인이 되었다.

격변의 파도 앞에서

　　모든 것이 수억 년에 걸친 기나긴 진화과정에 뿌리를 두고 있다. 지구와 인류의 이중 재생산 시대이다. 약 2,500년 전, 인간적 사고의 창시자들이 사람으로 하여금 신성한 것, 우주, 그리고 자신에 대해 스스로 생각하도록 했던 '축(軸)의 시대'[31]와 함께, 최근 수세기의 근대성으로 이끈 점진적 진화와 장기적 변화가 시작되었다.

　　최근 수세기 동안에 광대한 유라시아의 서쪽 끝에서부터 삼중(지구, 인류, 자본주의) 재생산 시대로의 진입이 이루어졌다. 그리고 광범위한 양적·질적 변화의 가속화가 시작되었다. 산업자본주의의 발전은 생산, 욕구, 부, 빈곤의 확대를 초래하고 대륙간 불평등을 심화시켰으며 광범위한 세계에 충격을 주었다.

　　자본주의에 대항한 투쟁은 자본주의 사회 내에 심각한 사회적 변화를 가져왔다. 다른 지역에서는 사회주의의 깃발 아래 총체적 국가주의의 실험이 이루어졌다. 이 양자를 제외한 제3의 지역에서는 자본주의나 사회주의와는 다른 길을 역설하고 탐구하기도 했다.

　　부의 창출에 가장 효율적인 사회적 기계장치인 자본주의는 오늘날 어쩔 수 없는 현실로 주어져 있다. 국가주의는 인상적인 성과를 보여주기는 했지만, 결국 생산의 지배적 형태로서는 실패했다. 국가주의와

---

31) Jaspers(1949), 7장 참조.

마찬가지로, 다른 생산형태들은 자본주의와의 연관 아래 혹은 그에 편승해서, 국민들의 생활수단 혹은 생존을 보장하기 위해 기능하고 있다.

어느 시대에나 생산의 방향을 설정하는 것은 사회의 욕구나 믿음, 권력이었으나, 오늘날은 사회가 점차적으로 경제에 예속되는 경향이 있다.

우위를 점한 자본주의는 점점 더 많은 기술과학을 동원하여, 축적·혁신·상품화의 역동성이 더욱 강력하게 발휘된다. 상품·화폐관계가 거의 모든 것을 단기간의 일차원적인 타산으로 환원시키면서 지배적인 사회관계로 자리잡는 경향이 있다. 이윤추구의 합리성과 시장관계에 의해 지배되는 자본주의 경제는 지불능력이 있는(금전지출의 대상이 될 수 있는) 욕구만을 인정한다. 자본주의 경제는, 비록 생사에 관계되는 필수불가결한 것일지라도 지불능력이 없는 수많은 욕구는 무시한다.

실업을 줄이거나 빈곤을 퇴치하고 후진상태를 극복하기 위해, 사회는 경제성장에 희망을 건다. 자본주의적 기계장치는 경제성장의 주요한 인자다. 그러나 경제성장은 일자리와 부(富)뿐만 아니라 실업과 빈곤도 창출한다. 욕구를 증폭시키면서 불만족을 재창조하는 것이다. 욕구의 증가는 새로운 성장의 욕구를 불러일으킨다. 실로 끝없는 사슬이다.

전인류의 20퍼센트 이하만 혜택을 누리는 성장은 지구환경을 심각하게 훼손하기 시작했으며, 지구의 근본적인 몇 가지 균형에 타격을 주기 시작했다. 물론 성장이 물질적 생산에 의존하는 정도는 점차 줄어들고 있다. 그러나 10억의 인구가 혜택을 누리기 시작하는 한편 나머지 30억이 그토록 갈망하는 성장에서, 물질적 생산은 여전히 본질적인 부분을 이룬다. 따라서 성장의 위험을 줄이는 어떤 결정적인 조치가 취해지지 않는 한, 문제는 갈수록 악화될 것이다. 여지없이.

새로운 자본주의와 상품의 역학은 불평등을 심화시킨다. 불평등의 정도는 거의 무한에 가깝다. 모든 자원으로부터 소외된 사람들이 증가하고 있다. 그들은 살 곳도, 먹을 물도, 식량을 얻을 수 있는 땅도 없다.

새로운 세계역학과 시장, 금융, 정보의 세계화에 의해 국민경제와 사회에 대한 압박은 점점 가중되고 있다. 그것은 가장 강력한 국민경제와 사회에 대해서도 마찬가지다.

대기업은 새로운 욕구와 동시에 새로운 상품과 시장을 창출하기 위해 기술과학을 동원한다. 이는 가속화의 가속화를 초래한다.

지난 몇십 년 동안 우리는 가속화의 거대한 파도 위에 있었다. 후퇴는 있을 수 없으며 중단도 불가능하다. 변화는 막을 수 없다. 세계가 한 상태(1960~1980년대의 상태)에서 다른 상태로 급격하게 이행하는 것은 불가피한 일이다. 그러나 오늘날 지배적인 힘이 초래하는 격변을 어쩔 수 없이 받아들여야만 하는가? 신종(新種) 전체주의에 이를 때까지 화폐와 시장논리의 지배를 그저 받아들여야만 하는가? 신종 분리주의정책에 이를 때까지 불평등의 심화를 보고도 체념해야만 하는가? 심각하게 훼손된 지구를 후세에 남겨주게 될 때까지 물적 성장 속에서 미래로의 무책임한 도피를 바라보고만 있어야 하는가? 세계의 격변은 현실의 강력한 추세이다. 이러한 추세를 극복하기 위해 우리는 무엇이든 해야 한다. 누군들 그것을 원치 않겠는가.

그러나 우리는 서의 아무것도 하지 않는다. 국제·세계기구는 이러한 중대 사안을 감당할 만한 능력이 없다. 이들은 본질적으로 다국적 기구인 만큼, 근시안적인 흥정 논리의 포로가 되어 있다. 기업들은 구매력을 가진 자들만을 위해 움직인다. 현재 진행중인 어떤 변화들로 인해 유약해진 위정자들은 아무런 대책도 없이 책임회피에 급급하다. 그리고 그것이 그들을 더욱 무력하게 만든다.

이러한 추세가 걱정스러운 것은 사실이지만, 그래도 돌이킬 수 없는 것은 없다. 행동의 여지와 대안은 존재한다. 여러 다른 문명들의 휴머니즘적 가치는 아직도 중대한 위험을 막고 새로운 길을 열기 위한 행동을 이끌 수 있다. 그러나 많은 사람들이 느끼기에 차츰 광적인 상태로 되어가고 있는 움직임과 궤도를 다시 제어하고 싶다면, 현재의 이 무책임과 아크라시32)의 늪에서 벗어나야 한다.

---

32) 통치, 결정, 권력행사를 제대로 하지 못하는 무능함.
‘아크라시(acratie)’는 ‘없음’을 뜻하는 접두어 ‘a’와 ‘정치’를 뜻하는 ‘cratie’가 합쳐진 단어임 — 옮긴이 주.

3

___

장기적 변환과 가속화

이 글의 목적은 세계의 역사를 서술하는 것이 아니라, 현재 진행중인 세계적 수준의 급속한 변화를 몰고 온 지난 2세기 동안 응축된 성장·변이·발명·혁신에 대한 성찰을 촉구하는 것이다

가속화

인구가 10배 증가하는 데 필요한 시간은 크게 줄어들고 있다(<그림 3-1> 참조).[1] 우리 조상들의 수가 ① 수만 명에서 수십만 명으로 늘어나는 데는 수십만 년, ② 수십만 명에서 수백만 명으로 늘어나는 데는

---

1) 출처: Jean-Noël Biraben, 「인구수 추이에 관한 소고(Essai sur l'évolution du nombre des hommes)」, *Population,* n°1, 1979, pp.22-23; Jacques Véron, 『인구산술학(Arithmétique de l'Homme)』, Paris, Seuil, 1993, p.92; J. P. Dufour, 「인구학자들은 더 이상 무엇을 믿어야 할지 모른다(Les démographes ne savent plus à quel credo se vouer)」, *Le Monde,* 1996. 10. 31, p.20.

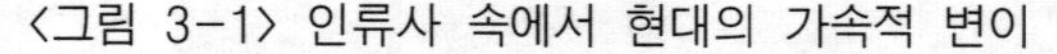

<그림 3-1> 인류사 속에서 현대의 가속적 변이

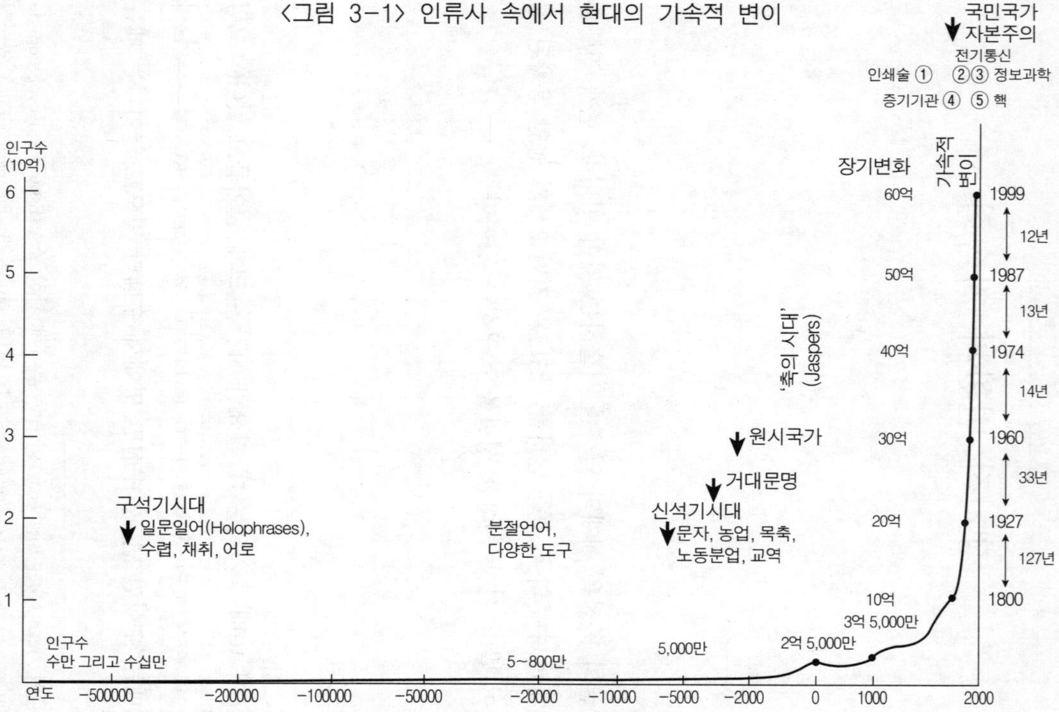

출처: Jean-Noël Biraben, 「인구수 추이에 관한 소고」, *Population*, n°1, 1979, pp.22-23; Jacques Veron, 『인구산술학』, Paris, Seuil, 1993, p.92.
(주 1 참조)

수만 년, ③ 수백만 명에서 수천만 명으로 늘어나는 데는 2~3만 년,
④ 수천만 명에서 수억 명으로 늘어나는 데는 6,000년, ⑤ 수억 명에서
수십억 명으로 늘어나는 데는 겨우 1,000년이 걸렸다.

인구성장의 가속화를 달리 표현하면, ① 최초의 10억에 도달하는 데
수십만 년, ② 10억에서 20억으로 증가하는 데 127년, ③ 20억에서 30
억으로 증가하는 데 33년, ④ 30억에서 40억으로 증가하는 데 14년,
⑤ 40억에서 50억으로 증가하는 데 13년이 걸렸고, ⑥ 50억에서 60억
으로 증가하는 데는 12년이 걸렸다.

1920년에 태어난 사람이 80세가 되면, 그의 일생 동안 인구가 3배
나 증가한 셈이 될 것이다. 이런 일은 이제껏 결코 없었다. 태초부터
지구에 살았던 전체 인간의 수는 1,000억 명으로 추정되고, 100억 명
이 20세기를 살았다. 이제까지 지구에서 살아온 인간의 10분의 1이 20
세기에 — 인류역사라는 큰 강물 속의 물 한 방울과 같은 시간에 — 살
았다.

갖가지 성장과 갖가지 가속화가 같은 기간에 이루어졌다.

운송수단의 생산 및 운송수단의 속도, 생산력과 무기, 동력의 통제,
정보 처리 및 전달 능력 등을 관찰해보면(<그림 3-2>와 <그림 3-3>
참조) 곡선들의 모습은 유사하다. 수십만 년 동안 역량과 흐름의 수준
은 미미하게 유지되었다. 그리고 수천 년 전에 특히 생산에서, 그전의
오랜 기간에 비하면 상당한 수준이지만 현재 일어나는 변화에 비하면
아주 미미한 수준의 변화를 낳은 최초의 충격이 있었다. 끝으로 흔히
산업혁명이라 불리는(18세기 말~19세기 초) 사건과 함께 단절, 즉 강
력한 가속화가 시작되었다.

또 가장 깊은 곳에, 즉 인구, 활동, 생산의 성장의 이면에 적어도 그
만큼 중요한 과정이 있다. 인간 욕구가 늘어나고 다양해진다는 사실이

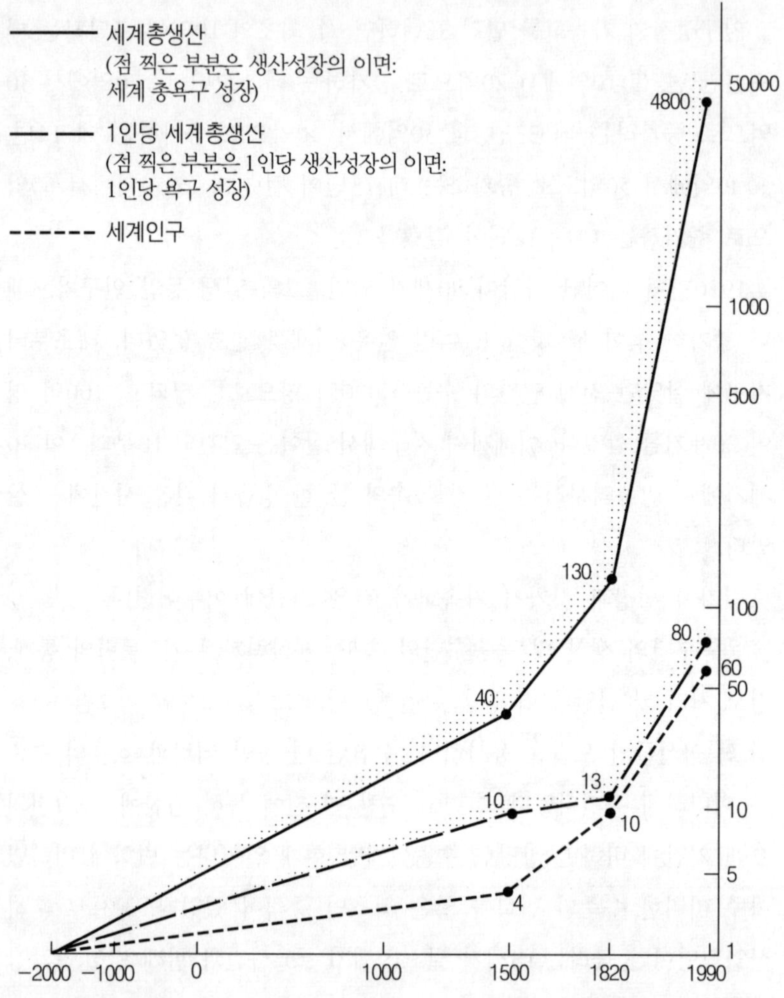

〈그림 3-2〉 세계총생산 및 인구 변화추이(1500, 1820, 1990년)
－거대문명시대를 기준으로

기원전 2000년과 비교해서 1인당 세계총생산은 1820년 13배, 1990년 80배 증가한 것으로 추정된다.
출처: 3장의 주 1) 및 주 61) 참조.

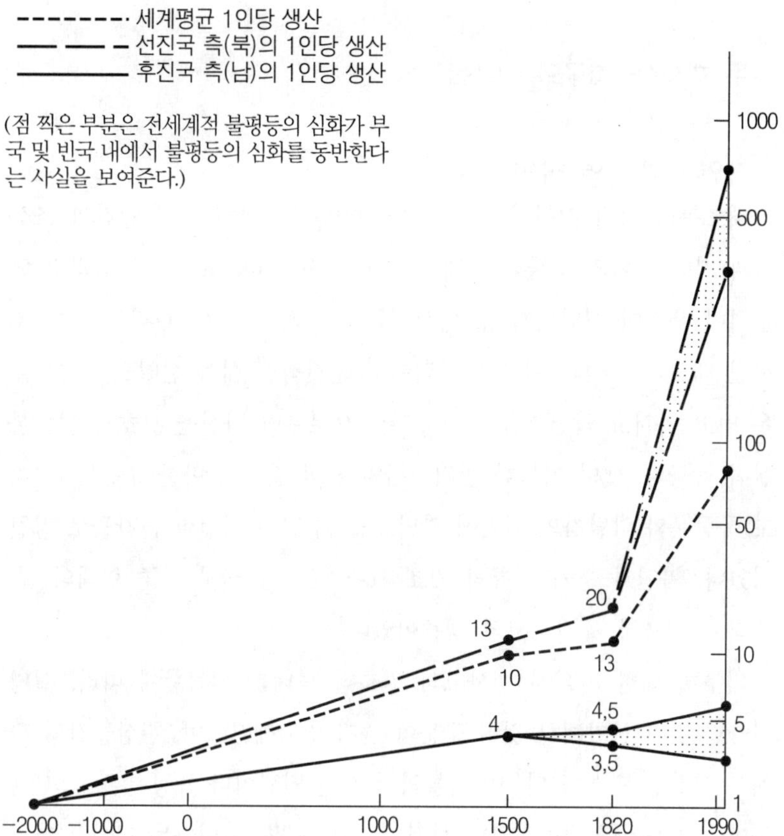

<그림 3-3> 참조.
출처: Bairoch(1994), p.143 이하; Krelle(dir.) (1989); Maddison(1995), pp.20-21 & annexes; 세계은행(1992), pp.212-213.

바로 그것이다.[2]

이중 재생산 시대: (1)인류 이전과 초기 인류의 기나긴 시간

두 재생산: 지구와 인간들

자연과 초자연 사이

태초부터 다시 시작한다면, 200~300만 년 전에 살던 인간의 조상들과 자연 사이의 동물적 관계를 상상할 수 있다. 그것은 충만하고 단순하며 생각이 개입되지 않은 관계였다. 그들은 자아의 깊은 곳에 도사린 태고의 기억과 함께 일차적이고 순간적인 삶을 살았으며, 그 삶은 먹고 마시고 악천후를 피하고 위험으로부터 자신을 보호하려는 본질적 욕구와, 햇빛 가득한 빈터에서의 휴식 같은 안락한 순간들, 그리고 폭풍우와 약탈자의 위협에 맞닥뜨릴 때 같은 위험한 순간들로 점철되었다. 자연과 초기 인류의 기초적 관계는 집단 및 가족 형태의 삶, 그리고 원초적 동기로서의 생존이었다.

외부에 대한 의식에서 사고의 원초적 형태를 획득함에 따라, 설명 가능한 것과 불가해한 것의 구분이 좀더 명확해졌으며, 현상들간의 관계가 설정될 수 있었다. 또 하늘의 특정한 빛깔이나 특정한 동물의 행동이 예기하거나 두려워하던 사건의 전조가 될 수 있다는 것이 집단기억으로 자리잡았다. 그러나 설명할 수 없는 것의 영역은 무한했다. 나뭇잎이 바스락거리는 소리에서 폭풍우까지, 날이 밝는 것에서 밤이 오

---

2) 이 책의 6장 참조

는 것까지, 생로병사 일체가 설명할 수 없는 것 투성이였다. 결국 '초자연'이라는 것을 만들어냄으로써 인간의 불안감은 그 폭이 훨씬 줄어들고 제한되게 되었다.

인간은 한 세대나 백년, 천년을 거치며 정기, 신령, 정령, 숲과 숲의 요정, 산의 요정, 땅의 신령, 목신(牧神)과 복수의 신, 신성과 악마 등으로 초자연적인 힘을 형상화했다. 이는 비기독교 문명권의 오래된 실체들로서, 아직도 아이들을 위한 신화와 설화 속에 살고 있다. 철학자 베르그송에 따르면, 그것들은 "인간의 타고난 상상력에서 거의 직접적으로 비롯된 것이며, 또 자연스럽게 채택되었다. 또 그것들이 생겨나게 된 필요성의 윤곽을 정확히 그려주고 있다."[3]

풍요의 시대?

불의 지배, 일문일어(一文一語, 즉 경계, 위협, 요구 같은 단순한 메시지를 한 단어로 표현하는 것), 타제석기의 시대와 분절언어, 다양한 도구의 시대 사이에서 우리는 — 발견된 몇 가지 흔적과 수렵·채취 단계의 종족과의 유사성으로부터 — 다음과 같이 상상할 수 있다. 소규모의 인간집단들이 기후 좋고 식물이 잘 자라는 지역을 선택했다. 욕구는 생명유지에 꼭 필요한 것들과 관계된 것이었다. 어떤 곳에는 최소한의 생존수단만이 있었고, 다른 곳에는 풍부한 생존수단이 있었다. 어려운 시기도 있었고, 풍성한 시기도 있었다. 수렵이나 채집을 하던 사람들은 생활필수품을 찾는 방법을 알고 있었다. 기동성이 있었던 그들은 필요하면 좀더 멀리 이동할 줄도 알았다.

마셜 살린스는 좀더 정확하다. 그는 구석기시대를 비참한 시대로 이해하기를 거부했다. 수천 년 후 신석기혁명에 가치를 부여하는 데 집

---

3) Bergson(1962), p.210.

착하는 많은 인류학자들은 구석기시대를 이해하는 데 최저생계나 빈곤, 삶의 고통, 삶의 불안감 등의 개념을 사용한다. 그러나 살린스에 따르면 그런 것들은 구석기시대를 이해하는 데 적절한 개념이 아니다.[4)]

살린스는 수렵·채집하던 사람들에 대한 근래의 많은 관찰을 통해 자기 주장을 예증한다. 인간의 욕구가 제한될 경우, 궁핍 속에서 사는 것이 곧 빈곤을 뜻하지는 않는다. 그는 "절대적 궁핍에도 불구하고 수렵하는 사람들은 풍요를 경험한다"는 역설을 지지한다.

식량 찾기? "수렵·채집을 하던 주민들은 우리보다 일을 적게 했다. …(중략)… 그들에게 식량 찾기는 간헐적인 활동이었다. …(중략)… 그들은 아주 많은 여가를 즐겼으며, 어떤 유형의 사회보다도 1인당 하루 수면시간이 길었다." 따라서 "구석기시대의 특징적인 삶의 리듬은 하루나 이틀간의 노동과 번갈아 야영지를 한가로이 배회하는 하루 혹은 이틀간의 휴식이었다."

가진 것이 너무 적다고? 사냥하는 사람이나 비정착민에 대해서는 "부는 그에게 하나의 짐이다"라고 말할 수 있다. 왜냐하면 로이드 워너가 지적했듯이, "최고의 가치는 이동의 자유"[5)]이기 때문이다. 얼마 안되는 식료품 저장? 살린스는 세 가지 요소로 이를 설명한다. 먼저 자기자신과 미래에 대한 신뢰(내일도 식량을 구할 수 있을 것이라는), 거주지역의 자원을 감소시키지 않으려는 배려, 그리고 이동성을 침해받지 않으려는 선택이 그것이다.

이러한 궁핍 속의 풍요는 엄격한 규칙에 따른다. "인간의 물질적 욕구는 유한하고 가짓수가 적어야 하며, 본질적으로 이러한 욕구에 적합

---

4) Sahlins(1976), p.37 이하.
5) Sahlins, ibid., p.51에 인용.

한 기술적 수단들은 변하지 않아야 한다." 무리와 구성원에 관해 말하자면, "필수불가결하지 않은 것은 없애야 한다. …(중략)… 그래서 생겨난 것이 노인 제거, 유아 살해, 수유(授乳)기간의 성적 금욕." 결국 살린스에 따르면 구석기시대의 풍요는 "엄격한 인구정책과 금욕주의 경제"라는 두 기둥에 의존한다.

자연과 더불어 살기

어쩌면 자연에 의해 심각하게 타격을 입은 구석기시대의 특정한 무리들이 지상낙원 혹은 잃어버린 낙원에 대한 기억을 남겼을 수도 있다. 분명 '자연과 더불어 사는'(자연과 싸우면서가 아니라 자연을 존중하면서 사는) 지혜는 이 시대에 뿌리를 내렸을 것이다.

기원전 3세기 중국의 순황(荀況, 순자)은 자연과 더불어 사는 지혜를 다음과 같이 표현했다.

> "하늘은 스스로의 존재 이유가 있고, 땅은 자원을 가지고 있다. 인간은 정치적 질서를 가지며, 하늘과 땅과 인간은 삼위일체를 이룬다. 하늘과 땅을 침해하면서 삼위일체의 근거를 존중하지 않는다면, 인간은 과오를 범하는 것이다."[6]

1854년 인디언 추장 시애틀은 자신의 부족들이 살았던 땅을 팔라는 제안에 대한 답장으로 미국의 대통령에게 보낸 편지에서, 다른 식으로 자연과 더불어 사는 지혜를 표현했다. "백인이 우리의 풍습을 이해하지 못한다는 것을 우리는 알고 있습니다. 백인에게 어떤 사그마한 땅덩이는 다른 어떤 자그마한 땅덩이와 별반 차이가 없습니다. 왜냐하면 그들은 밤중에 들이닥쳐 땅으로부터 자신들이 필요한 것을 얻는 이방

---

6) Debeir et al.(1986), p.7에 인용.

인이기 때문입니다. 땅은 그들의 형제가 아니라 적입니다. 그들은 땅을 점령하고 나면 더욱 멀리 떠나갑니다. …(중략)… 그들의 욕망은 땅을 게걸스럽게 삼키며, 그들 뒤에는 사막만이 남습니다.”

 “우리는 적어도 땅이 사람에게 속한 것이 아니라 사람이 땅에 속한다는 것만큼은 압니다. 우리는 그것을 안다. 모든 사물은 가족을 이어주는 피처럼 서로 관련이 있습니다. 모든 사물은 서로 관계됩니다.”

 “땅에서 일어나는 모든 일은 땅의 아들한테도 일어납니다. 생명의 실을 짜는 것은 사람이 아닙니다. 사람은 단지 한 가닥의 실일 뿐입니다. 사람이 실에 대해서 하는 모든 일은 결국 자기자신에게 하는 것입니다.”[7]

 그러나 인간사회는 자연과 더불어 사는 지혜를 존중하지 않았다.

언어와 문화

 수십만 년 전 인간이 불을 지배하게 된 뒤로, 동물사회와 인간사회의 큰 차이점은 무엇보다도 분절언어의 발명에서 나타났다. 분절언어의 발명과 함께 사물, 사실, 타인, 자신에 대한 표상, 정보의 저장과 전달, 암기 등에서 새로운 지평이 열렸다. 앙드레 부르기뇽이 지적하는 것처럼, “언어는 확실히 반성적 의식의 발전과, 정신적 인간화의 마지막 단계인 자의식 탄생의 원인이었다.”[8]

 모랭은 분절언어와 함께 문화의 성립이 가능해졌다고 역설한다. 문화는 “한 사회에 고유한 지식, 수완, 규칙, 규범으로 구성된 정보유산이며…… 본래적으로 사회적인 정보자본이고, 조직적 복잡성과 고대

---

7) 인디언 추장 시애틀이 워싱턴의 위대한 백인 추장, 프랭클린 피어스(Franklin Pierce) 미국 대통령에게 1854년 보낸 편지(in Perrin, 1988, p.118, pp.119-120).
8) Bourguignon(1989), p.256.

인간사회에 고유한 개체성의 발생-재생의 원천"[9]이다.

언어와 문화는 새로운 진보를 가능하게 하고, 자기재생산 능력의 새로운 복잡성을 초래한다. 그러나 이러한 변화는 아주 오랜 기간에 걸쳐 이루어졌음을 잊어서는 안된다. 재잘거림에서 소통과 표현의 기초적 형태, 즉 일문일어로의 이행은 약 40만 년 내지 30만 년 전에 일어났다. 매우 다양한 상황에 맞추어 쓸 수 있는 다양화된 분절언어를 사용하게 된 것은[10] 4만 년 내지 3만 년 전, 즉 '신석기 혁명'이 일어나기 2만 년 전 그리고 최초의 거대문명 발생 2만 5,000년 전의 일이다.

이중 재생산 시대: (2) 원시사회와 원시문명

아담과 이브가 금단의 열매를 따먹은 뒤, 여호와께서 아담에게 이르시되,

"네가 네 아내의 말을 듣고 내가 너더러 먹지 말라 한 나무 실과를 먹었은즉, 땅은 너로 인하여 저주를 받고 너는 종신토록 수고하여야 그 소산을 먹으리라. 땅이 네게 가시덤불과 엉겅퀴를 낼 것이라. 너의 먹을 것은 밭의 채소인즉, 너의 얼굴에 땀이 흘러야 식물을 먹고, 필경은 흙으로 돌아가리니 그 속에서 네가 취함을 입었음이라."[11]

금단의 열매의 본질에 대한 논쟁은 접어두고, 사회의 커다란 부분에 대해 그들의 '삶'이 단순한 '생존' 수준으로 제한되도록 강요하는 것

---

9) Morin(1980), p.245.
10) Chomsky(1970), p.27.
11) *La Sainte Bible*(1956), pp.11-12(대한성공회, 『성경전서』, 제3장, 1956, p.4 인용 — 옮긴이 주).

은 권력 및 재산의 논리가 차지한 힘, 즉 무거운 공물징수라고 우리는 생각한다.

권력의 출현

'신석기혁명'으로 인한 충격은 수천 년을 거쳐 이루어졌다. 원시촌락에의 정착, 농업, 목축, 금속가공, 최초의 노동분업과 그와 관련된 교환의 급증, 주택·취락·도시건설, 문자, 권력 등과 함께 사회의 재생산은 복잡해졌다.

무인(武人), 신성한 왕, 신분제도가 사회의 대부분을 지배했다. 최초의 거대문명이 꽃피었다. 유일신과 함께 거대종교가 자리잡았다. "한정된 영토에 대한 합법적 구속력의 독점"[12]으로 정의되는 정치권력은 사회의 재생산에 적극적으로 개입하는 다양한 국가형태를 통해 발휘되었다.[13]

8,000년 전, 세 대륙의 근거지에서 시작된 이러한 변화는 인간, 인간사회, 인류를 크게 변화시켰다. 물론 중국, 메소포타미아, 인도, 이집트, 그리스, 바빌로니아 등지에서 꽃피었던 거대문명에서처럼, 노동분업과 권력관계를 경험한 많은 원시사회에서 군주와 신의 관계는 권력과 생산대중의 관계처럼 매우 다양했다. 어디서나 권력 주변에는 군주의 하사(下賜)와 지출을 통해 부가 형성되었다.

그렇게 하여 새로운 사회가 나타났다. 한 극에는 권력, 주권자 그리고 원시형태 국가의 관리자가 있었고, 다른 극에는 생산대중, 농민, 장인, 날품팔이꾼이 있었는데, 그들의 노동은 지배자의 — 주권자의 대리인 혹은 때로는 소유주, 무역상의 — 요구를 만족시키고 자신들의 최저

---

12) Dumont(1979), p.195.
13) Morin(1980), p.246 이하.

생계를 확보할 수 있어야만 했다. 재산과 부를 추구하는 재산가와 상인들이 세번째 극에 있었다.

권력의 서열관계, 노동분업, 전문화는 이미 이러한 사회의 특징이 되었다. 그러나 사회의 구조를 결정하는 가장 중요한 관계는 공물징수에 있었던 것 같다. 공물은 노동·현물·금속화폐 등 다양한 형태로 여러 경로를 통해 징수되었다.[14] 또 그런 과정을 통해 최초의 부의 축적, 사원·궁궐의 건설, 관개·배수체계의 실현, 도로·운하·방어수단의 건설, 무사집단과 시종들의 유지 등이 가능해졌다.

기원전 4세기 인도에서, 최초의 정치적 저작 중의 하나를 집필한 카우틸리아는, 군주에게 무엇보다도 중요한 것은 창고에 필요한 자원을 확보해두는 것이라고 지적했다. 그리고 군주가 정복을 통해 얻을 수 없는 것은 생산적 노동과 사유재산으로부터 취할 수밖에 없으며, "만일 군대가 돈을 획득하고 보관하는 수단이라면, 돈은 돈과 군대를 갖게 하는 수단이다. 모든 것을 획득하는 수단으로서, 돈은 없어서는 안 될 가장 필수적인 것이다"[15]라고 카우틸리아는 적고 있다. "모든 것은 우선적으로 재정에 달려 있다. 그렇기 때문에 왕은 무엇보다도 재정에 깊은 관심을 갖는다."[16]

카우틸리아는 농민의 수확, 목축업자, 여러 유형의 상인들과 장인, 부자, 일반 서민, 이교도 집단, 모반자들로부터 다양하게 징수를 하도록 관리들을 다루는 것에 대해 명확하게 지적해놓았다. 그의 관심사는 줄곧 국고를 언제나 풍족하게 할 것과 그 원천을 고갈시키지 말 것, 이 두 가지였다. 바로 여기에 공물사회관계의 본질이 있다.

---

14) 이 점에 대해서는 사미르 아민(Samir Amin)의 공물생산양식(mode de production tributaire)에 대한 분석을 상기할 것.

15) Kautilya(1971), p.82.

16) Kautilya(1971), p.123.

공물과 최저생계

정복과 징수, 이 두 가지는 주요한 부의 원천이었다. 전자가 좀더 불확실하고 위험한 반면, 후자는 좀더 확실하고 정규적이다.

생산이 증가하는 만큼 징수는 더욱 용이해진다. 많은 주권자들은 생산을 장려하기 위해 경작지의 효율적 조직, 종자의 효율적 관리, 배수·관개, 제방과 도로의 보수 유지, 산림관리 등 여러 가지 수단을 동원한다. 어떤 지배자는 모든 것을 직접 해결하려고 했으며, 또다른 지배자들은 관리인과 충복으로 하여금 그들의 이름으로 징수체계를 만들고 거둬들이는 것을 용인했고 때로는 그 대리인들도 스스로 부를 축적할 수 있었다. 권력의 주변에서는 새로운 활동들이 발전했다. 무역상, 금·은 세공업자 그리고 많은 장인들이 공물의 일부를 받으면서—물론 때로는 공물을 바쳐야 하지만—부를 축적했다.

이러한 공물관계로부터 두 가지의 중대한 문제가 발생한다. 즉 군주의 처지에서는 권력·힘·풍요의 기반인 공물을 받는 것이고, 생산대중의 처지에서는 최저생계를 확보하는 것이다.

기원전 6세기 중국에서, 노자는 군주의 책임을 강조했다.

> "천하에 금기가 많으면 백성들이 더욱 가난해지고, …(중략)… 백성들이 굶주리고 있다. 위정자가 많은 세금으로 괴롭히기 때문에 백성들이 굶주리는 것이다."[17]

기원전 4세기에서 3세기로 넘어가는 전환점에, 공자(孔子)의 제자인 맹자(孟子)도 같은 맥락에서 군주의 책임을 강조했다.

---

17) 노자, op.cit., p.144, p.166.

"만일 그대가 계절마다 강제노역으로 빼앗지 않고 농부들의 일에 전혀 간섭하지 않는다면, 수확량은 소비량을 능가할 것이다. 만일 그대가 백성들의 논과 밭이 잘 경작되도록 다스리고, 수확물의 10분의 1만 요구하면서 세금을 경감한다면, 백성들은 안락함과 평안함을 누릴 것이다."[18]

카우틸리아는 다음과 같은 조언을 했다.

"우리는 정원에서 잘 익은 열매만 딴다. 세금을 징수할 때도 마찬가지다. 과일이든 세금이든 무르익기 전에 거두는 것을 피해야 한다. 그렇지 않으면 그 원천이 고갈되고 큰 어려움이 닥치게 될 것이다."[19]

생산대중은 보통 냉혹한 자연과 엄격한 국가권력 사이에 붙잡혀 있었다. 아주 열악한 생활조건에서부터 상당한 정도의 안락함에 이르기까지, 사회의 유형과 자연조건 그리고 시대와 연도에 따라 생산대중이 처한 상황은 매우 달랐다. 그러나 생활여건은 대체로 매우 열악했다고 추측할 수 있다. 불평등사회가 일반화되면서 인류의 상당 부분이 언제나 최저생계 유지에 급급해야만 하는 빈곤의 시대로 빠져들었다.

막스 베버는 '생존(subsistance)'이라는 단어를 "적정한 욕구의 충족을 지향하는 경제"[20] — 우리가 가계경제 혹은 공동체경제라고 불렀던 것과 일치한다 — 를 설명하기 위해 사용했다. 이 책에서는 같은 단어를 약간 다르게 사용한다. 생산의 일부를 생산자로부터 빼앗는 사회(공물사회, 자본주의사회, 국가통제사회)에서 '생존하는 데 필요한 수단'을 얻기 위해, 즉 '양질의 삶'을 가능케 하는 부와 혜택을 얻지 못한 채, 가족의 단순재생산을 확보하기 위해 노동과 활동의 대부분을

---

18) Meng-Tseu(맹자), Wolff(1988), p.15에 인용.
19) Kautilya, op. cit., p.96.
20) Weber(1991), p.14.

할애할 수밖에 없는 생산자 범주의 논리를 가리키는 데 사용한다. 따라서 '생존한다(subsister)'는 것은 완전한 의미에서 삶을 영위하는 것이 아니라, 살아남을 수단의 확보를 위해 일상적으로 노심초사하는, 구속받는 삶을 사는 것이다.

노동분업과 교환

권력의 성립 및 부의 출현과 함께, 최초의 노동분업은 도시국가 및 왕국이 성립되면서 이루어졌다. 플라톤은 기원전 4세기 그리스와 관련하여 이같은 사실을 완벽하게 설명했다.[21]

"도시국가가 등장하게 된 것은…… 각 개인이 자급자족할 수 없고, 수많은 물건들에 대해 욕구를 가지게 된 상황에서였다."

이 첫 명제로부터 플라톤은 끈기있게 이리저리 이야기를 풀어나가면서 농민, 미장이, 직조공, "제화공과 그밖의 장인"을 등장시킨다. 사람들은 오직 하나의 직업에 종사할 때 "일을 더 잘하게 된다"는 것을 플라톤은 부각시킨다. 그에 따라 "목수, 대장장이, 다른 많은 유사한 직공들"과 "소치는 목동, 양치는 목동, 그리고 또다른 부류의 목동들"이 있어야 할 필요성을 이해할 수 있다. 그러나 도시국가는 재화를 수입하고 수출할 필요가 있다. "우리는 상인, …(중략)… 항해에 종사하는 많은 사람들을 필요로 한다." 그리고 모든 사람들이 서로 원활하게 교환을 할 수 있어야 하므로, "광장과 화폐를 가질 필요"가 있다. 그에 따라 "광장에 상주하는" 상인들, "도시마다 옮겨다니는" 도매상인, 노역을 하면서 돈을 벌기 위해 "자신의 노동력을 파는" 봉급생활자 등이 나타난다.

"우리의 도시국가는 충분히 확장되어 이제 완벽하지 않은가?

---

21) Platon(1988), pp.117-123.

─아마도 그런 것 같군요.

─그렇다면 어디에서 정의(正義)와 부정(不正)을 찾을 수 있는가?"

정의와 부정을 찾기 위해서는 향연과 부, 사치를 도입하고, 시인, 음악가, 배우, 무용가, 극장업자, 여성용 장신구 제조업자, 하인, 교육자, 유모, 가정부, 하녀, 미용사, 식모, 요리사, 양돈업자, 의사 등을 끌어들여야 한다. "그러면 지금까지 주민들을 먹여살리는 데 부족함이 없던 나라가 너무 작아지고 불충분해질 것이다." 부가 생겨나면 도시국가에는 "상비군"이 필요하게 된다.

노동분업은 전문화의 이점에 근거를 두고 있으며, 교환을 의미한다. 그러나 노동분업은 부의 축적에 기여하기도 한다. 그에 따라 부를 지킬 수 있는 군대가 필요해지는 것이다.

본질적 욕구와 비본질적 욕구

지난 6,000~7,000년 동안 다양한 권력체계 아래서 발전한 많은 사회의 경우가 플라톤의 묘사와 일치한다. 한쪽 극점에는 노동, 다른 극점에는 국가권력과 부가 있는 것이다.

전문화를 통해 좀더 큰 소망과 욕망이 충족되는 반면에, 대부분의 예속된 노동으로부터 공물이 징수되었다. 생산대중의 상당 부분이 최저생계, 즉 생존에 필수적인 욕구를 만족시키는 데 골몰했다. 그러나 부와 권력이 있는 극점 쪽에서는 새로운 욕구가 엄청나게 다양화되는 것을 목격할 수 있었다.

따라서 플라톤은 아주 논리적으로 욕망의 문제에 도달했다.[22] 욕망은 경제학자들이 관례적으로 욕구라 일컫는 것을 포함한다. 물론 욕망이 욕구로 환원되는 것은 아니다. 플라톤은 필수적 욕망(예를 들어

22) Ibid., p.318 이하, p.333 이하.

"건강과 힘의 유지에 필요한 만큼 먹으려는" 욕망)과, 과잉 욕망("그것을 넘어 진귀한 요리로 향하는" 욕망)을 뚜렷하게 구분했다. 또 과잉 욕망 중에서 정당한 것과 규칙을 벗어난 부당한 것을 구분하려 했다.

플라톤보다 2세기 전에, 중국에서 노자(老子)도 같은 문제에 부딪혔다. 노자는 『도덕경』에서, 작은 나라의 국민들이 기본적인 욕구를 채울 수 있기를, 그렇지 않다면 가진 것에 만족할 수 있기를 염원했다.

> "사람들이 음식을 달게 여기며 먹도록 하고
> 옷을 아름답게 생각하며 입도록 하고
> 거처를 편안하게 생각하며 살도록 하고
> 풍속을 즐기도록 하십시오."[23]

노자는 또한 욕망의 지배와 탐욕을 고발했다.

> "지족(知足)을 모르는 것보다 더 큰 재화(災禍)는 없고,
> 얻겠다는 탐욕보다 더 큰 허물은 없다.
> 그러므로 지족의 경지로 만족하는 것이 참되고 영원한 만족이다."[24]

4세기 후반, 중국의 철학자 수이 힝(Sui Hing)도 욕망의 절제를 변호했다.

> "만일 사람들이 도에 넘치는 것들을 보지 않는다면, 자신이 가지고 있는 것에 만족할 것이다. 욕망이 없다면, 사람들은 만족할 것이다. 스스로 만족할 줄 아는 자는 항상 부자다."[25]

---

23) 노자(1982), p.170.
24) 노자(1982), p.130.
25) Sui Hing, Wolff (1988), p.15에 인용.
　4세기 중국 죽림칠현의 하나였던 향수(向秀)를 가리키는 듯함 ― 옮긴이 주.

아주 오래 전부터 인간과 사회에 대해 고민한 사상가들은 인간의 욕구와 욕망이 얼마나 확장될 수 있는가를 깨닫고 있었다. 그에 따라 잠재적으로 무한한 욕구를 가진 권력 및 부의 극(極)과, 욕구가 엄격히 제한된 노동의 극 사이에 심각한 단절이 생긴다. 전자에는 안락과 세련과 사치, 반대로 후자에는 최저생계와 결핍이 따른다.

이러한 기초 위에서 사회는 수천 년 동안 순환적인 방식으로 재생산되었다. 실제로 진보하기도 하고 후퇴하기도 하면서, 이른바 장기적 변환이 이루어졌다. 그 장기적 변환으로부터 다양하고 가속적인 변화의 시대가 시작되었다.

삼중 재생산 시대: 새로운 구조화의 역학

자본주의, 자본주의들

어느 누구도 단절이 있었음을 지적하지 못했다. 자신과 가족의 재산을 늘리기 위해 거래에 종사하는 부유한 도매상인과, 이미 실현된 이윤을 축적해가면서 사업발전을 위한 역량을 증대시키기 위한 거래에 종사하는 도매상인, 이 둘 사이에는 시도, 모색, 진전, 후퇴로 점철된 장기간에 걸친 이행은 분명히 있었지만, 뚜렷한 단절은 없다. 그러나 이러한 변화가 완결되었을 때, 그것은 결정적인 사건이었음이 드러난다.

인도, 중국, 지중해, 아랍-이슬람 세계 등지에서는 엄청난 개인적 부와 이윤이 많은 거래, 그리고 거대한 수익의 원천인 대담한 상업활동이 이미 존재했다. 또 지식, 학자, 장인, 기술, 발명이 있었으며, 권력과 군대가 있었다. 요컨대, 역사의 고찰을 통해 알 수 있듯이 거대한 유라시아 대륙 서쪽 반도의 몇몇 중심지에서, 즉 현대의 강력한 변화의 중심지에서 시작된 도약을 가능케 하는 모든 요소가 이미 존재했다. 한편, 막스 베버와 페르낭 브로델은 고대의 자본주의 형태를 확인한 바 있다.

베버에 따르면 "단순히 고립된 사업이 아니라 항구적인 활동을 겨냥한 자본주의적 기업과 기업가는 아주 오래 전부터 세계 도처에 퍼져 있었다."[26] 그러나 이러한 주장은 대개 자본주의에 대한 베버식의 넓은 뜻의 정의, 즉 매우 포괄적인 정의에 기인한다. 광의의 자본주의는 영리를 추구하는 경제활동 전반을 포함한다.[27]

브로델은 좀더 신중하다. "잠재적인 하나의 자본주의가 거대한 역사의 새벽부터 윤곽이 잡히고, 수세기 동안 발전했다. …(중략)… 오래 전에 자본주의의 징조가 있었다. 도시와 교환의 비약, 노동시장의 출현, 고밀도 사회, 화폐의 확산, 생산 증가, 원거리 무역 혹은 국제시장……"[28]

우리가 자본주의라는 이름으로 지칭하고 명명하고 연구하는 것은 서기 1500년경에 인간을 땅과 생물의 소유주로 설정한 유대-기독교 문명세계의 한 지역에서 형성되었다. 그것은 우선 도시국가, 즉 거래가 활발하고 부와 지식이 축적된 지역과 관계를 갖는 항구도시에서 자

---

26) Weber(1990), p.14.

27) 베버에 따르면, "영리를 추구하는 활동은 화폐계산(calcul monétaire)의 특수한 형태 —자본계정(compte capital) —와 어깨를 나란히 한다"(1995, t.1, p.137). 자본주의 경제는 "자본의 계산에 의해 방향지어진다는"(ibid., p.165) 점이 특징이다. 이러한 광의의 정의에 따라—필자는 이같은 정의에 따르지 않는다—수공업에서 생산적인 활동 전반이 "'소규모의 자본주의 기업'으로 고려되어야 한다. 가내기업은 분권화된 자본주의 기업이다"(ibid., p.165)라고 베버는 주장한다.

28) Braudel(1979), vol.3, p.558.

신의 존재를 뚜렷이 나타냈다.

속권(俗權, pouvoir temporel)와 교권(敎權, pouvoir spirituel)이 대립하고 있었다. 자본주의는 속권과 교권에서 벗어나 있는 틈새지역에서 힘을 발휘했다. 그렇다고는 해도, 훗날 각국의 공장주나 실업가들이 국가로부터 혜택을 입었던 것처럼, 각 항구도시의 도매상인들은 국가제도의 지원으로부터 혜택을 입었다.

14~16세기에 주로 베니스, 앙베르,[29] 제노바, 암스테르담에서 상업자본주의는 최초의 발전을 경험했다. 당시 이윤의 원천은 생산이 아니라 상업에 있었다. 브로델은 상업자본주의가 시장, 특히 원거리 무역과 함께 발전하는 과정을 설명하고 있다. 원거리 무역에서는 기업가정신이 온전히 작용했으며, 무척 위험했지만 성공할 경우에 예상되는 이윤은 매우 컸다.[30]

매뉴팩처 자본주의[31]는 17~18세기에 특히 세계로 개방된 중간규모 국가인 네덜란드와 영국에서 자리를 잡았다. 당시에 자본주의는 생산공간에 침투하기는 했지만, 생산형태나 기술은 과거의 것이었다. 농민 가족의 농한기 노동과 소규모 작업장처럼 여기저기 분산되었건 커다란 건물 속에 집중되었건, 매뉴팩처는 급료 압박, 작업시간 연장, 노동강도 강화 등에 의해 노동비용의 절감을 가능케 했다.[32]

산업자본주의는 18세기와 19세기의 전환기에 잉글랜드에서 자리를 잡았으며, 영국 전체와 서유럽 몇 나라, 뒤이어 독일, 미국, 그밖의 나

---

29) 벨기에 묵무의 도시. 안트베르펜이라고도 함 — 옮긴이 수.
30) Braudel(1979), vol.3; Braudel(1985), p.58 이하.
31) 공장제 수공업이 지배적인 생산방식이었던 시기를 가리킴 — 옮긴이 주.
32) 마르크스에 따르면, 매뉴팩처에서 자본에 대한 노동의 예속은 형식적인 것이었다(1971, p.202). 그에 의하면, 매뉴팩처는 아직은 "진정한 의미에서의 자본주의 생산양식"(p.205)이 아니었다.

라들에서 발전했다. 임금제도와 "노동의 자본에 대한 실질적 예속"과 함께, 자본주의는 생산과정 전체를 구상하고 이용하는 새로운 방식으로서 구체화되었다. '자본주의 생산양식',[33] 상품, 상대적 잉여가치, 축적, 신용, 확대재생산 그리고 공황[34]에 대한 마르크스의 분석은 위와 같은 사실을 설명해준다. 이윤이나 공황과 관련지은 기업가, 혁신, 신용에 대한 슘페터의 분석[35]도 위의 사실을 부분적으로 보충설명한다.

마르크스는 "자본주의적 생산양식이 지배하는 사회의 부를 …(중략)… '상품의 방대한 집적'으로"[36] 보았다. 그리고 실질적으로 자본주의 상품은 1970년대까지 주로 물적 재화였다. 그러나 이 점에서도 최근 중대한 전환이 시작되었는데, 이는 기업이 과학·기술의 새로운 발전을 통제·동원함으로써 생겨난 새로운 충격에 의한 것이다.

이렇게 자본주의는 지구, 생명, 인류와 마찬가지로 하나면서 동시에 다수이다. 활동영역의 확장을 가능케 하는 이윤동기의 실현에서 드러나는 자본주의의 단일성, 그리고 여러 단계(상품자본주의, 매뉴팩처 자본주의, 산업자본주의, 기술자본주의)를 거치는 자본주의의 다면성, 국민적·문화적 뿌리가 다양한 데서 나오는 자본주의의 다양성.

그런데 자본주의가 하나의 사회논리로서 인간사회의 재생산에 개입하기 시작한 것은 기껏해야 약 5세기 전부터다.[37] 제한적인 확장에서 '산업혁명'에 이르기까지, 자본주의의 지배력은 점차 넓어졌다. 자본주의는 19세기에 이루어진 서유럽 몇 나라의 산업화, 그리고 20세기

---

33) Ibid., p.205.
34) Marx(1963, 1968).
35) Schumpeter(1935), p.319 이하.
36) Marx(1963), p.561.
37) Beaud(1990) 참조.

신생국의 몇몇 세대의 산업화에서 주요한 사회·경제적 기둥이었다. 20세기 말, 자본주의는 현대의 최대 경쟁자인 총체적 국가주의에 대해 결정적인 승리를 거두었다.[38]

강력한 자기재생산 능력

자본주의는 상품경제 전반에 침투하면서, 페르낭 브로델이 지적한 것처럼 상품경제의 제3영역을 구성한다.

제1영역은 단순한 (화폐 혹은 비화폐) 교환의 영역이다. 단순교환은 소수의 재화를 대상으로 하며, 우연히 획득한 재화나 가처분 잉여에 관한 것일 수 있다. 그리고 단순교환은 대부분의 경우 가계·공동체적 자기생산(autoproduction), 공물·국가적 관계, 신생 소상품 생산 등 자기완결성을 지닌 생산형태의 변두리에 위치한다.

제2영역은 시장경제의 영역이다. 생산활동은 시장판매를 겨냥하여 조직되며, 시장을 통해 수요와 욕구가 규칙적으로 충족된다. 시장, 구매자와 판매자의 관계, 그리고 가격이 전체적 균형에 도달하는 데 결정적인 역할을 한다. 어떤 사람들에게는 최저생계수단 확보가, 다른 사람들에게는 안락한 생활이, 또다른 사람들에게는 부의 추구가 지배적인 동기가 된다.

자본주의는 제3영역을 구성한다. 상품생산과 상품교역에 매진하는 자본주의를 근본적으로 특징짓는 것은 활동영역을 확대하기 위한 이윤추구이다.

마르크스는 이윤논리가 어떻게 생산과정의 확대재생산과 자본주의 사회관계의 핵심인 축적과정의 근거를 이루는가를 처음으로 부각시켰다. 마르크스는 또 확대생산과 확대재생산의 역학이 의미하는 시장확

---

38) Beaud(1985a) 참조.

대와 신시장 추구, 신시장 창출에 대해서도 명백하게 설명했다.

마르크스 이후, 슘페터는 혁신(innovation)이야말로 주요한 역사적 단절, 즉 고대사회를 특징짓는 정태적 재생산에서 자본주의사회를 특징짓는 역동적 재생산으로의 이행의 근원임을 보여주었다. 슘페터에 따르면, 자본주의에 선행했던 생산적 일관성은 사계절의 변화나 구약의 풍요시대와 궁핍시대의 이야기처럼 원칙적으로 순환적인 것이었다. 한편 자본주의는 역동성, 혁신, 성장, 생산·생활 방식의 혼란, 번영, 공황으로 요약된다.[39]

자본주의에서 생산된 상품은 잠재적 잉여가치를 지니며, 판매에 의해 실현된 잠재적 잉여가치는 이윤이 된다. 생산·상업·금융장치에 재투입된 이윤은 상품의 영역, 상품의 흐름 그리고 앞의 장치를 확대시킨다. 이같은 다양한 혁신은 순환의 주기마다 새로운 충격을 가져온다. 이렇게 경제과정에 재투입되도록 예정된, 이윤추구와 분리될 수 없는 삼중의 역학―축적, 혁신, 상품영역 확대―이 자본주의를 특징짓는다.

항구적인 '창조적 파괴'[40] 과정―즉 다른 생산형태, 과거의 활동, 과거의 사회형태, 자원의 파괴이자 동시에 새로운 활동, 새로운 시장, 새로운 욕구의 창조―을 야기함으로써, 삼중의 역학은 구조를 만들어간다. 상품세계는 어떤 이들의 노동해야 할 필요, 다른 이들의 창조의 욕망, 모든 구매력을 보유한 사람들이 살아가고 소유하고 만들고 지불하고 소비할 욕구를 자양분으로 삼는다. 그리고 이러한 상품세계에 참여하는 개인, 행위자, 제도를 통합하는 경향이 있다는 점에서 삼중의 역학은 포괄적이다.

---

39) Schumpeter(1935) 참조.
40) Schumpeter(1984), p.113 이하.

그로부터 역사적으로 알려진 모든 다른 사회-경제논리와 비교할 때 자본주의의 근본을 이루는 특수성이 나온다. 실제로 오직 자본주의만이 강력한 자기재생산 능력을 가지며, 그로부터 우리는 우리가 목격하는 점차 심화되는 경제와 사회의 분리를 이해할 수 있다. 인간사회의 자기재생산 능력이 인간사회가 지구를 필요로 하지 않음을 뜻하지는 않듯이, 자본주의의 자기재생산 능력이 자본주의가 사회와 아무런 관계도 없음을 의미하지는 않는다. 자본주의는 항상 구매력, 지불능력이 있는 당장의 수요 또는 기대수요를 필요로 한다. 그러나 이러한 수요가 어디에서 발견되는가, 누구에 의해 표현되는가, 무엇을 지향하는가는 중요하지 않다. 뿐만 아니라 기업들이 오랫동안 자국의 소비자 ─ 공공기관 혹은 개인 ─ 와 밀접한 관련을 맺어왔더라도, 세계화로 인해 그 관계는 점차 느슨해지는 경향이 있다.

이익을 개인과 가족의 부를 축적하는 동인으로 이해하지 않고, 이익창출을 가능케 하는 과정의 강화 및 확장의 단순한 수단으로 이해하는 것은 근본적으로 혁신적이거나 혁명적인 것으로 보이지는 않았을 것이다. 그러나 그것은 경제영역에서, 인간사회의 새로운 모습을 낳은 현대의 변이와 가속화의 촉매였다.

인간사회의 세 가지 본질적 영역인 권력, 재산, 최저생계는 존속한다. 그러나 여기에 축적을 위한 이윤추구라는 제4영역이 추가되었다. 그것은 기계적·산술적인 축적이 아니라, 유기체의 삶의 충동과 마찬가지로 기업에 깊이 뿌리박은 하나의 축적전략이다. 그것은 재산과 권력의 추구에 의해 생기가 돌게 되는 관리자 팀이 지휘하는 전략이다. 그것은 구축된 역학관계, 제어된 능력과 수완, 그리고 실현된 이윤에 기초한 전략이다. 또 새로운 판로, 새로운 틈새시장, 새로운 시장 ─ 확장 가능하고 변형·창조 가능한 (상품화) 시장을 포함한다 ─ 이며, 결국 실현해야 할 새로운 이윤을 추구하는 전략이다. 나아가 특히 혁신을 통해 독점적 상황을 추구함으로써 경쟁의 늪을 피하려는 전략이다.

따라서 자본주의는 생산의 하부구조에 들어가 있는 '생산양식'으로 이해될 수 없으며, 단순한 '경제체계'[41]로 이해될 수도 없다. 왜냐하면 자본주의는 단번에 사회적·정치적·이념적 차원에 각인되기 때문이다. 자본주의는 의도하고 계획하고 선택할 수 있는 행위자가 아니다. 자본주의는 무수히 많은 행위자들에 의해 지탱되는 복잡한 사회논리이다.[42] 그것은 역동성, 뒤엉킴, 나선, 폐색, 또 어느 누구도 의도하지 않은, 그러나 무수히 많은 사람들이 기여하여 돌발한 공황으로 나타난다. 자본주의는 영토로 나뉘면서 동시에 세계적인 사회적 총체를 낳는 사회논리이다.

가속화의 톱니바퀴

지구 전체에 불어닥치는 태풍[43]

최초의 산들바람은 거의 감지할 수 없었다.

그 바람은 5~6세기 전, 상업활동의 바스락거리는 소리 속에 조용히

---

41) 필자의 입장은 대략 브로델과 일치한다. 브로델에 의하면, 자본주의는 '체계'도 '경제체계'도 아니다. 실제로 "자본주의는 사회질서 속에서 산다. …(중략)… 자본주의는 대항자 혹은 공모자로서 희대의 방해꾼인 국가와 — 오래 전부터 — (거의) 대등하다. …(중략)… 또한 자본주의는 사회조직을 튼튼하게 하는 문화적 지원을 이용한다. …(중략)… 자본주의는 자본주의를 지킴으로써 스스로를 지키는 지배계급을 지탱해준다"(Braudel, 1979, vol.3, p.540).

42) '사회논리' 개념에 대해서는 제2장의 인류에 관한 부분을 참조.

43) 『로베르 사전』(1964)에 따르면, typhon이라는 단어는 두 가지 어원을 가질 수 있는데, 하나는 중국어 — t'ai fung '큰 바람' —, 다른 하나는 희랍어 — tuphon '회오리바람' — 이다. (vol.Ⅳ, p.892)

시작되었다. 도매상인은 어려움에 처해 있는 농민들로부터 앞으로 거둘 수확물을 싼 값에 미리 사들였고, 부유한 상인은 비싼 값어치를 지닌 제품으로 원거리 상업활동에 나섰다. 그들의 머리 속에는 기대이윤이 실현되자마자 실현된 이윤으로 새로운 영리활동을 개시한다는 전망이 자리잡고 있었다.

도매상인들은 장인들에게 물품을 공급하고 주문했으며 그들 사이에 경쟁을 유발시켰다. 도매상인들은 품질에 대해서는 엄격했고 가격에 대해서는 인색했다. 그들은 또 군주로부터 보호와 특권을 획득했다. 부유한 상인단체는 원거리 무역에 대한 독점권을 획득했다.

어떤 의미에서는 전혀 새로운 것이 없었다. 이와 비슷한 행위는 여러 문명에서 오래 전부터 있어왔다. 그러나 다른 의미에서는 모든 것이 변했다. 군주의 위대함과 개인·가족의 부의 축적을 위해서가 아니라, 좀더 많은 교환과 좀더 많은 생산을 가능케 하는 이윤을 위한 교환과 생산의 동기는 (기업가라는 주요한 인물과, 시장과 분리 불가능하고 국가와 어느 정도 직접적으로 연결된 조직형태인 기업과 더불어) 현대의 결정적인 동기가 되었다.

국가의 형성 및 확립도 이에 한몫을 했다. 물론 과거의 많은 제국과 왕국이 배수·관개시설을 조직했고 도시를 정비했으며 도로와 운하를 건설했다. 그러나 17~18세기의 서유럽 국가들은 그 이상의 역할을 했다. 내국 관세 및 물품 입시세(入市稅) 철폐, 항구 및 보루 건설, 외국인·적대국·경쟁국에 대항한 함대 및 군대의 보수 유지, 방랑자 금지법, 버려진 아이들과 걸인들에 대한 강제노동 부과, 동업조합체계 파괴, 빈민법, 국가화폐 주조권을 가진 은행 창설 등이 그것이다. 상품교환의 영역은 확장되었으며, 능력이나 직업과의 관계를 파괴하면서 임노동관계가 확대되었다. 지속적인 국가개입으로 국내시장의 조건이 형성되었으며, 그 안에서 아직은 주로 농업 및 공장제수공업 중심의 국민 생산이 발전할 수 있었다. 그러나 18세기 후반에는 이미 자본주의적 국민생산이 지배적으로 자리잡았다.

"농업기업에서 자기의 자본을 유리하게 사용하고자 하는", "거대자본을 소유한", "경작기업인"을 언급하는 튀르고의 얘기를 들어보자. 그는 경작기업인의 운명을 "제조기업인"의 운명과 비교한다.

"제조기업인과 마찬가지로, 경작기업인은 육신만을 소유하며 노동력을 선대하고 임금을 획득하는 모든 종류의 노동자들을 관리하고 부양해야 한다. 제조기업인과 마찬가지로, 경작기업인은 자기 자본, 즉 연간 초기투자의 회수 이외에 ① 자신의 노동을 투하하지 않고서 자기 자본으로 획득할 수 있는 소득과 동일한 이윤, ② 자신의 노동·위험·능력에 대한 임금과 가격, ③ 자신의 산업에 사용된 재화, 수명을 다한 가축, 마모된 도구 등에 대한 연간 감가상각분을 획득해야 한다."[44] 기업의 논리가 여기 이미 잘 서술되어 있다.

기계화, 물·석탄 에너지 사용, 그리고 증기기관 덕분에 축적의 역학은 (섬유, 야금술, 기계 등) 새로운 활동의 발전에 활기를 불어넣었다. 국내시장은 확대되었고 외국에 새로운 시장이 열렸다. 국제교역이 활발해졌다. 철도와 기차는 초기 자본주의에 새로운 활력을 주었으며 다른 지역에도 자본주의가 등장하여 강화될 수 있게 했다. 그리고 증기선 제조, 대운하 건설, 부품 표준화에 따른 군비의 갱신, 원거리 통신, 화학 등이 뒤따랐다.

다음으로 석유, 휘발유 엔진, 그리고 제1차세계대전이 자동차산업과 항공산업에 결정적인 자극을 주었다. 점점 더 많은 가정에서 가질 수

---

44) Turgot(1970), p.158.

있는 소비재이면서, 다른 한편으로는 자연경관과 도시의 면모를 일신하고 교역, 여가, 삶의 방식을 새롭게 하는 운송수단으로서 자동차는 자본주의에 새로운 힘을 주었다.

1939~1945년의 제2차세계대전은 무장과 파괴 그리고 재건과 현대화의 어마어마한 일터를 제공함으로써, 1930년대에 침체를 겪고 있던 경제를 회생시켰다. 그와 더불어 계산·정보의 전자처리, 화학약품, 원자력 이용에도 커다란 발전을 가져왔다. 전후(戰後), 북반구의 선진국들에서는 소비사회 — 풍요사회 또는 '위대한 30년'이라고도 일컬어지는 사회—가 일반화되었다. 반면 남반구의 후진국들은 전쟁을 겪거나, 독립과 개발에 대한 열망, 기반을 갖추려는 노력을 보였으며, 인구의 일부만이 현대적 소비생활을 누릴 수 있게 된 데에 비해 나머지 대다수의 국민들은 집안이나 지역, 대도시의 중심부, 나아가 선진국에 건너가 저임금 노동에 종사하는 실정 등 북쪽과는 대조적인 모습을 보였다. 국가주의체제는 성장의 경주에서 좋은 결과를 얻었으나, 경주를 끝까지 추구할 수 없어 종국에는 붕괴되거나 수정되었다. 차츰 많은 나라들이 현대화·산업화를 위해 자본주의의 길을 채택했다. 자본주의는 승리했다.

그러나 이미 정보의 저장 및 전달의 신기술, 생명공학, 유전자 기술, 그리고 물, 에너지, 공해 및 환경파괴를 제어해야 할 필요와 함께, 기존의 산업생산 공간을 넘어 축적을 재가동시키는 새롭고도 강력한 상승적 힘이 형성되었다.

우리의 세상은 이렇게 굴러가고 있다. ① 많은 것을 소유한 재 재화와 에너지를 아낌없이 소비하는 자들의, 좀더 많은 것을 소유·소비하려는 열망, ② 많은 사람들 중 일부가 가진 바람직한 수준에 도달하려는 욕망과 또다른 대부분의 사람들이 가지고 있는 절대적 최소 수준에라도 도달해야겠다는 욕구, ③ 국가, 대기업, 기술자·과학자 집단의 좀더 크고, 좀더 성능 좋고, 좀더 파괴적이고, 좀더 놀라운 것에 대한 억누를 수 없는 충동, ④ 지식, 자산, 금융수단, 기술과학적(technoscientifique)[45] 역량의 끊임없는 확대. 어느쪽으로 보나 끝이 없다. 한계가 없고 목표와 우선순위에 대한 성찰이 없으며 그 목적이 인간적인 기획의 수단에 의해 평가되지도 않고 있다.

이렇게 우리의 사회는, 강력한 가속화 속에 중대한 문제들이 해결되지 않은 채, 무수히 많은 존재하는 것들은 희생되고 — 어떤 신도, 어떤 이상향도 이러한 희생에 의미를 부여하지 못한다 — 장래에 대한 위협과 위험이 점점 쌓여가는 채로 미래를 향해 내던져져 있다.

자본주의와 가속화

경제학자 프랑수아 라슐린은 과거 지향의 전통사회와 미래 지향의 현대사회를 대립시킨다. 그에 따르면, 자본주의 논리에는 "오직 미래의 부만 있을 뿐이다." 그리고 사회는 "현재가 있기 위해 끊임없이 미래 속에 투영되어야만 한다."[46] 실제로 자본주의에서 이윤추구는 — 몇 주 후든, 몇 개월 후든, 몇 년 후든 상관없이 — 미래의 판매와 관련해서만 의미를 지니는 축적에 이른다.

물론 고대사회도 역시 미래를 염려했으며, 미래에 대해 대비할 줄 알았다. 그러나 무엇보다도 과거의 경험에 비추어서 그러했다. 자본주의 논리에서는 모든 것이 끊임없이 미래 속에 투영되고, 예측되고 예

---

45) '기술과학의(technoscientifique)'라는 형용사는 '기술과학(technoscience)', 즉 그 목적을 생산영역에 두고 있는 과학과 관련된 것을 의미한다. 별로 매끄럽지 못한 표현이다. '기술과학의'는 '기술과학론의(technoscientologique)'와 마찬가지로 편차(모호성의 원천)를 가져올 수 있다.

46) Rachline(1993), p.21.

상되어야 한다.

투자? 물질적이든 비물질적이든 투자는 축적의 지주(支柱)이며 연구·생산·판매 능력의 증대와 효율성 제고를 가능케 한다. 따라서 투자는 전적으로 미래를 지향한다. 케인스는 기업가들의 예상과 투자결정을 '고용·이자 및 화폐의 일반이론'의 중심에 놓았다. 왜냐하면 경제활동 수준과 고용수준은 투자결정에 의존하기 때문이다.

혁신? 투자만큼이나 혁신도 미래를 지향한다. 혁신은 과거에 의해 밝혀지는 작업이 아니다. 그러므로 혁신은 주로 미래를 걸고 하는 내기가 된다.

상품화, 혁신, 투자는 명백하게 서로 밀접한 관련이 있다. 공통적으로 모두 미래를 지향해야 한다. 상품화, 혁신, 투자는 수 개월, 수 년, 수십 년에 걸쳐 결말이 나는 계획과 도박, 투기와의 관계에서만 오늘의 연구·노동·노력에 대해 의미를 부여한다. 그것들은 우리 눈앞에 펼쳐지는 가속화에 크게 기여하면서 미래로 이끄는 일종의 엔진들이다.

세 가지 '연료'가 위의 엔진들에 공급된다. 즉 신용, 욕구 창출, 불평등의 역학이 그것이다.

가장 쉽게 눈에 띄는 것은 생산자 금융, 투자·연구 금융, 소비자 금융 등의 신용이다.

욕구 창출—발명, 새로운 사실을 알리는 정보, 활성화, 선동 등—은 좀더 근본적이다. 인간의 욕구는 거의 확장될 수 없다는 관념이 오랫동안 사람들의 머리 속에 확고하게 자리잡았으며, 아직도 그러하다. 그러나 성반대로 인간의 욕구는 확장 가능할 뿐만 아니라 거의 무제한적이다.

결국 자본주의의 효율성은 부분적으로 불평등에 근거를 두는 동시에 불평등을 재생산하는 독점-경쟁의 쌍과 상관관계가 있다. 창조적 파괴가 불균형을 낳는 것도 마찬가지고, 하청업체 중에서 가장 효율적인 기업을 찾는 것도 마찬가지 결과를 낳는다. 이 모든 것이 불평등의 역학에 기여한다.

화폐창출의 원천인 신용은 본질적으로 불평등하다. 부자에게만 대출이 이루어질 뿐만 아니라, 가장 유리한 조건이 주어진다. 욕구의 창출 — 재화와 서비스를 소유하려는 열망 속에 욕망이 구체화된 것 — 은 충분한 구매력을 가진 자와 갖지 못한 자 간의 심각한 불평등을 반영한다. 욕구의 창출과 불평등은 모두 미래에 축을 두고 있다는 점을 상기할 필요가 있다.

새로운 소비수준, 새로운 환상, 새로운 욕망에의 경주가 끊이지 않도록 하기 위해 — 심각한 좌절을 대가로 치러가며 — 기업은 불평등의 역학을 이용한다.

이러한 요소들의 집합은 미래를 지향하는 역학에 충격을 주며, 가속화에 기여한다. 마찬가지로, 자본주의를 구성하며 자본주의 역학을 끊임없이 촉진시키는 독점-경쟁의 쌍[47]도 이에 기여한다. 노르베르트 엘리아스는 자본주의의 형성과 왕권의 정착이 독점의 영향하에서 이루어졌음을 지적하고 있다.[48] 그는 또 "물리적 강제의 독점, 경제적 생산수단의 독점, 경제적 소비수단의 독점이 — 조직되었건 조직되지 않았건 — 서로 떼어놓을 수 없이 연결되어 있음"을 강조하고 있다.

같은 의미에서, 브로델도 16~18세기 자본주의의 특성을 강조하고 있다.[49] 그에 따르면, 19~20세기에도 이같은 특성은 여전히 발견된

---

47) 경쟁은 종종 독점적 차원을 가지며, 독점은 대부분의 경우 어떤 형식으로든 경쟁 속에 있다. 이러한 사실은 사정을 약간은 복잡하게 만들지만, 경쟁-독점의 쌍의 타당성을 전혀 침해하지 않는다.

48) Elias(1996), p.83 이하.

49) Braudel(1979), vol.3, p.545 이하; Braudel(1985), pp.115-116.

다. 자본주의는 독과점적이며, 독과점적 상황을 끊임없이 추구한다. 바로 이 특성에 기초하여 브로델은 "다양한 형태의 자본주의와 '시장경제'"50)를 구분한다. 시장경제는 "오늘날 어떤 학자들에 의해 경쟁부문이라 불려지는 것"51)과 일치한다.

"정상에는 독점이 있으며, 하부에는 중소기업에 국한된 경쟁이 있다." 그리고 그 사이에 "자본주의 밑에 위치한 유사 자본주의와 모순되는, 자본주의의 활발한 변증법"이 있다. 이러한 특성은 20세기 말에도 완전하게 재발견된다. 브로델이 명확히 지적한 것처럼, 거대기업은 "자신보다 작은 단위의 기업을 필요로 하는데…… 그 이유는 다소 보잘것없는, 그러나 모든 사회의 생존을 위해 불가피한, 그리고 자본주의가 개의치 않는 많은 작업들을 그리로 떠넘기기 위해서이다." 또 거대기업들이 특별한 생산·과업을 위임하기 위해서도 그들이 필요하다. "이러한 하청업체의 사슬은 물론 자본주의에 의존한다. 그러나 그것은 소규모 기업의 일정 부문을 구성할 뿐이다." 1990년대에 들어서 그것은 강조되고 증가한다.

노르베르트 엘리아스에 의하면 "경제적 자유경쟁은 독점적 질서의 반대임에 만족하지 않는다. 자유경쟁은 자신의 내부에 스스로를 초월하고 독점적 질서에 접합될 필요성을 잉태하고 있다."52) 그 반대도 역시 옳은 것 같다.

기업가 정신이 왕성하고 창조적이며 혁신적인 자본주의는 독점적이다. 따라서 수익성이 아주 높다. 그러나 독점자본주의는 높은 수익성으로 인해 두 가지 위험에 직면하게 된다. 모방자와 경쟁자를 자극하

---

50) Braudel(1979), vol.3, p.545.
51) Ibid., p.545; 계속되는 인용문에 대해서는 pp.545-547.
52) Elias(1996), p.317.

는 외적인 위험과, 획득된 위치에 안주하려는 내적인 위험이 그것이다. 그렇게 자본주의는 경쟁적 영역과 독점적 영역에 각인된다. 자본주의의 핵은 독점이다. 그러나 끊임없이 재생되는—독점적 영역과 경쟁적 영역 간—흐름은 각 영역을 다른 영역에 기초하여 부양한다. 혁신을 통해 경쟁으로부터 도피할 수 있으나, 그것도 잠시뿐이다.

이렇게 축적·혁신·상품화의 역학과 함께, 그리고 신용, 욕구의 창출, 불평등의 다양한 상호작용과 함께, 독점-경쟁의 쌍은 미래를 향한 자본주의의 경주를 끊임없이 활성화하고 강화하는 데 기여한다.

그로부터 지금의 변화의 많은 부분이 설명된다.

자본주의와 과학

그러나 모든 것을 자본주의로 환원시키는 것은 지나치게 일면적이다. 이데올로기적 태도와 유대-기독교 유럽의 윤리적 태도도 분명 작용했다. 막스 베버는 자본주의의 출현에 기여했던 태도들이 기독교에 뿌리를 두고 있다는 사실을 부각시켰다.[53]

에너지 사용이라는 전혀 다른 영역에 대해, 알랭 그라는 자신의 시도의 위험성을 강조하면서도, '에너지 순환에도 좋은 것과 나쁜 것이 있다'는 믿음에 대해 동양과 서양의 이율배반을 명확히 했다. "동양은 '에너지는 자유로워야 하고 순환해야 한다'는 원칙을 가지고 있다. … (중략)… 반대로 근대 서양은 에너지가 저장되어 있는 물질을 찾는다. 근대 서양은 그 에너지를 사용한 다음 곧 상실하고, 에너지의 변천을 무시하고, 에너지가 계속해서 작용할 수 있다는 것을 이해하지 못한다."[54] 알랭 그라는 이러한 중앙집중적인 개념을 19세기 산업중심지

---

53) Weber(1905).
54) Gras(1993), pp.19-20.

창조와 거인증 성향에 연결시킨다. 여기에 기계공업의 집중과 특정 국가, 특히 프랑스에서 분권화된 에너지 사용을 위한 중앙집중적('원자력 에너지') 생산을 덧붙일 수 있을 것이다. 그러나 이 분야에서 그 경계는 과연 서양과 동양일까? 오히려 일원적 전통을 가진 국가와 다원적 국가의 경계는 아닐까? 그리고 그것은 중앙집중적 혹은 지방분권적 권력개념과 본질적으로 연결된 것은 아닐까?[55]

과학과 기술은 지난 수세기 동안의 강력한 가속화에 확실히 기여한 바 있다. 물리학에서 획득한 '몇 가지 보편적인 지식'을 언급하면서, 데카르트는 1637년 다음과 같이 설명했다.

"내가 그것들(몇 가지 보편적 지식)을 숨긴 채 지니고만 있다면, 우리 안에 들어 있는 만큼의 일반적 재화(bien général)를 모든 사람들에게 베풀어주어야 한다는 원칙에 크게 어긋나는 일이다. 그것들은 삶에 아주 유용한 지식에 도달하는 것이 가능하다는 것을 보여주었다. 또 학교에서 가르치는 사변철학 대신에, 하나의 실천을 찾을 수 있다. 그리하여 장인들의 다양한 직업을 아는 만큼 불, 물, 공기, 별, 하늘, 그리고 우리 주변에 있는 모든 물체들의 힘과 작용도 명확하게 알면서, 우리는 모든 물체의 고유한 사용처에 동일한 방식으로 보편적 지식들을 사용할 수 있다. 우리는 자연의 지배자이자 소유자가 될 것이다. 그것은 단순히 아무런 어려움 없이 대지의 열매와 모든 대지의 편안함을 향유하게 하는 무수히 많은 인위적 수단의 고안을 갈망하는 것이 아니라, 무엇보다도 이승의 삶에서 가장 중요한 동시에 모든 선의 근본인 건강의 보존을 위한 것이다."[56]

'자연의 지배자이자 소유자' —지난 수세기 동안 서양의 움직임 전체의 중심에 있었던 것이 바로 이 이상(理想) 아니었던가? 1992년 리우 환경회의 폐회에 맞춰 과학자들이 발표한 이른바 하이델베르크 선

---

55) Tocqueville(1981), vol.1, p.150 이하.
56) Descartes(1952), p.168.

언문의 핵심에도 그것이 자리하고 있음을 다시 읽을 수 있다.[57] "21세기가 다가오는 이 시점에 과학과 산업의 진보에 대항하는 비이성적 이데올로기의 출현을 목격하고" 불안해진 과학자들은 이렇게 선언한다. "인류의 발전은 항상 자연이 인류에게 봉사하게끔 함으로써 이루어져왔다. 인류가 자연에 봉사해온 것이 아니다. …(중략)… 지구를 위협하는 가장 큰 악은 무지와 억압이지 과학, 기술, 산업이 아니다."

그렇다면 과학과 무지 사이에는 아무것도 없는가? 과학이라는 표딱지가 붙지 않은 지식은 없는가? 성찰, 윤리적 판단, 사고, 더 나아가 양식(良識)을 위한 자리는 없는가? 확신과 믿음은 어떤가? 그리고—누구든지 인식할 수 있는 사항인데—한 장을 넘지 않는 그 글 속에 과학과 산업의 관계맺기가 다음과 같이 두 번 이루어지고 있다. '과학의 진보와 산업의 진보', '과학, 기술 그리고 산업'.

과학과 산업은 인간에게 '경제, 사회의 발전'과 '우리의 공동유산인 지구의 보존'을 보장해준다. 이 말은 19세기 중반의 비유가 지닌, 약간 과장된 웅장함을 풍긴다. 그러나 본질은 거기에 있지 않다. 이 표현에서 드러난 과학과 산업의 관계맺기는 어떤 의미에서는 과학과 생산의 '새로운 결합'을 의미한다. 최근 수세기 동안 생산과 과학은 그 성격과 내용이 근본적으로 변했다.

16~18세기의 과학도 생산에 이해관계를 갖고 있었지만, 생산에 예속되지는 않았다. 그러나 20세기 말에 와서는 과학의 점점 많은 부분이 자본주의의 새로운 시대에 힘있는 거대집단들의 주문과 재정적 뒷받침, 그리고 전략에 의존하게 되었다. 그 양극단 사이에 19세기 중반에서 20세기 중반에 이르는 과도기가 있었다.

---

57) 언론의 많은 기사들이 이 과학자들의 호소가 산업집단에서, 특히 생명공학으로부터 지지를 얻었음을 지적했다.

1972년에 발표된 사회학자 뤼시앵 카르픽의 논문은 이 주제에 관해 아주 시사적이다. 그에 따르면, '발견의 과학'이 오랫동안 세상을 지배했다. "자연으로부터 떨어져, 학자는 자연의 법칙을 드러내는 데 전념했다. …(중략)… 이해할 수 없는, 그러나 질서 있는 세계 앞에 독립적이고 자유로운 존재의 독특한 관계야말로 '발견의 과학'을 정의해준다."[58] 과학의 결과는 물론 생산에 기여할 수도 있다. 그러나 한편으로 학자의 작업은 생산에 예속되지도 않았으며 생산에 의해 목적성이 부여되지도 않았다. 다른 한편으로, 생산에 관해서는 엔지니어의 기술적 지식이 중요했다. 따라서 과학과 기술적 지식의 공존과 함께 '생산지식'은 이원적이었다.

그러나 19세기 중반부터 과학을 "산업의 토대 자체에" 위치시키는, 그리고 "지식지향적 과학"에서 "시장지향적 과학", 즉 "조직화된 변형의 과학"으로 이행시키는 경향의 변화가 시작되었다.

1970년대 초, "고전적 에너지, 야금술, 자동차산업 등, 산업의 대부분은 여전히 이원적(발견의 과학+기술) 생산지식에 의해 지배되었다. 변형의 과학은 주로 화학, 제약, 전자산업의 분야에서 나타난다. 그리고 예를 들어 고체물리학을 이용하는 산업에 대해서도 유효하다. 끝으로 변형의 과학은 의학, 생물학 같은 새로운 영역에 영향을 미친다." 이것이 카르픽의 평가이다. 그뒤 1990년대에 '조직화된 변형의 과학'은 어디서나 생산을 위해 동원된다. 특히 첨단기술부문(항공, 생명공학, 전자기술, 정보), 나아가 점차적으로 농업에서 의사결정 컨설팅에 이르기까지, 섬유에서 보선에 이르기까지 모든 활동영역에서.

"생산지식은 일원화된다." 아니 적어도 일원화되는 경향이 있다. 카

---

58) Karpik(1972), p.9.

르픽에 따르면, 위에서 언급한 과학과 산업의 새로운 결합은 산업자본주의에서 '기술자본주의'로의 이행의 기초가 된다.

18~19세기에 과학이 고유의 영역에서 고유의 리듬으로 달성한 성과의 유용한 부분이 자본주의의 가속능력을 강화시켰다. 그러나 100년 전부터는 점진적으로, 특히 수십 년 전부터 실업인·기술자 집단이 과학자 팀에 적극적으로 참여하게 되었다. 그리하여 점차 기업의 전략에 따라 연구의 방향이 정해진다. 자본주의의 역학이 미래시장, 미래의 지불능력 있는 수요, 미래의 이윤을 위한 수단들의 점증하는 동원에 기초를 두고 있는 만큼, 자본주의는 미래의 엄청난 창조적 힘, 즉 현대의 변이의 두번째 주요한 원천인 과학연구와 협력관계에 있으며, 많은 경우에 과학연구에 종속되어 있다.

자본주의와 국가

국가도 역시 제 역할을 했다. 국가자본주의 형성시 국가의 중요성에 대해서는 이미 언급한 바 있다. 더욱이 모든 나라에서 특정 활동—산업, 상업, 은행, 금융—에 대한 국가 지원은 한때 결정적이었다. 두 차례의 세계대전을 거치면서, 국가의 영향력과 활동은 확장됐다. 오늘날 미국에서 한국까지, 일본에서 독일까지, 프랑스에서 브라질까지, 비록 방식과 담론은 다를망정 국가는 여전히 주요한 역할을 수행하고 있다.

구체적으로, 그리고 역사적으로 '자본주의'라는 단어가 가리키는 동인과 관계, 그리고 역동성의 복합체는 국민국가의 틀 속에서 발전했고 그 국민국가의 국경은 근대국가[59]의 성립과 더불어 확정되었다. 한 나

---

59) 이성적·근대적 국가에 관해서는 Weber(1991), p.333 이하, p.356 이하 참조. '정당한 폭력', '폭력의 독점'과 관련지어 국가를 특징짓는 데 관해서는 Weber (1995), t.1, p.99 참조

라의 기업들과 '그들의' 모국 그리고 국가자본주의들(영국자본주의, 미국자본주의, 일본자본주의 등)과 국가들 간의 다양한 관계들이 국민국가의 틀 속에서 짜여졌다. 이러한 관계들은 견고하면서 복잡하다. 보호주의나 자유무역, 거대기업과의 관계 그리고 경쟁, 특정한 기초부문 또는 첨단부문의 활성화, 교역과 그 세계적 확산 활동을 위한 지원 등, 어느 것에 관해서든 나라별·시기별로 분석을 해야 한다. 다음과 같은 규칙이 나타난다고 할 수 있다. 세계 혹은 세계의 일부에서 하나의 국가자본주의가 강화되고 뚜렷이 나타날 때, 관련 국가에서 국가와 중요한 자본주의적 행위자들(기업 혹은 그룹, 은행, 금융기관) 사이에 강력하고 효율적인 관계가 정립된다는 것이다.

그러나 국가는 허약한 자본주의를 '대신해서' 행동하기도 했다. 이 점에 관해, 프랑스는 본보기가 된다. 공공토목사업, 왕실 직영 공장, 독점, 특혜 등을 통해 새로운 활동에 활기를 불어넣는 콜베르식 중상주의(colbertisme)로부터 주로 대형 공공사업계획, 거대국영기업에 의해 유도된, 제2차세계대전 후의 강력한 근대화 노력에 이르기까지 강한 연속성이 있다. 그렇다고 해도, 민간부문의 활력이 발휘되는 시기에는 국가가 동반자·지원자로서의 좀더 겸손한 역할로 되돌아갔다.

이념, 정치, 사회, 경제의 다차원적 폐색이 폭발적 상황을 야기시켰던 나라에서는 국가가 자본주의를 완전히 대체하려 했다. 1917년 러시아가 최초로 그 길을 열었으며, 1949년 중국이 두번째 길을 열었다. 이같은 두 경우에서, 사회주의 원칙은 강력한 동원수단이었으며, 나중에 이념적·정치적 봉쇄수단이 되었다. 또한 국가는 경제와 사회를 통제하고 조직하고 지휘했다.[60] 이들 나라는 처음 수십년간 극심한 억압

---

60) Beaud(1985a) 참조.

의 대가를 치르면서 놀라운 결과에 도달했다. 지지자나 적대자를 막론하고 어떤 이들은 이러한 총체적 국가주의가 자본주의를 대체할 수 있으리라고 믿을 정도였다. 그러나 엄청난 사회적·초국가적 문제들을 국가가 지휘하기란 이미 아주 어려운 일이었으며, 전략지대에서 자본주의 국가들을 물리치기 위해 성장과 근대화를 추진시키는 것도 불가능한 임무였음이 드러났다. 소련은 포기했으며 해체되었다. 한편 중국은 점진적으로 시장, 자율적 기업, 외국기업과의 협력을 자신의 경제에 끌어들이고 있다.

자본주의 국가를 다시 검토해보자. 국가는 국가자본주의에 대해 거의 항상 후원자나 관대한 맏형 혹은 엄격한 후견인이었다. 국가는 정복과 식민지 건설, 전쟁준비, 기반 설비 노력, 근대화, 과학적 연구 지원, 교육의 보편화, 국가적 번영, 평화주의 등 자신의 미래관을 가지고 있었다. 예외적인 경우를 제외하면, 보호자는 항상 계획을 (계획의 구상에서 실천에 이르기까지) 갖고 있었다. 국가는 산업자본주의의 발전에 동행했다. 그 과정에서 국가는 노동계급에 대해 노골적으로 억압적인 입장에서 좀더 개량주의적이고 타협적인 입장으로 전환했으며, 마지막에는 여러 나라에서 복지의 공평한 배분을 보장하는 사회보장의 조정자가 되었다.

국가는 자본주의의 형성만큼이나 중요한 또다른 변화의 장이었다. 그 변화란 민주주의의 출현이다. 자본주의의 형성과 민주주의의 출현이 동시에 이루어졌다는 것은 명확한 사실이다. 양자간에 관계가 있다는 것도 명확한 사실이다. 그러나 그 관계는 복잡하고 모순적이었다. 자본주의와 민주주의가 동일한 진화의 양면 — 하나는 경제적인 것, 다른 하나는 정치적인 것 — 이라고 결론짓는 데는 비판의 여지가 아주 많다. 물론 초기 자본주의가 형성됨에 따라 유산자와 유력자의 민주주의가 형성된 경우가 많다. 그리고 산업자본주의의 성숙단계에서 확장된 민주주의는 민족공동체 안에 (민족공동체 안에서 자리를 찾는 데 많은 어려움을 겪었던) 노동자계급을 통합시키는 데 공헌했다. 이런 배경에서 노동당은 중요한 사회적 입법권(législation sociale)을 획득했으며, 국가자본주의로 하여금 대다수 민중의 복지에 봉사하도록 하는 단기간의 사회적 타협을 위한 교섭에 기여할 수 있었다. 이와 관련해서 사회민주주의적 타협은 가장 완성된 형태였다.

그러나 지난 역사와 마찬가지로, 지금도 자본주의는 권위주의적이거나 독재적인, 고압적이고 억압적인 정치체제의 지원을 받아 발전한다. 자본주의가 후기산업사회의 궤도로 접어든 곳에서는 개인주의 및 새로운 사회적 재조직이 진전된다. 하지만 어디서나 민주주의는 쇠퇴하는 것 같다. 돈이 점점 지배하게 되고 노동계가 해체되는 현상은 명백히 이러한 추세를 부추기고 있으며, 세계화의 거대한 움직임 속에서 국민국가의 통일성이 상실되는 것도 이에 상당히 영향을 미치고 있다.

결론적으로 말해서, 지난 수세기 동안의 가속화에 결정적인 역할을 수행한 것은 자본주의의 역학이다. 자본주의의 역학은 국가자본주의가 국가로부터 받은 다양한 형태의 지원뿐만 아니라, 거대기업의 전략이 이끄는 과학의 성과의 체계적인 동원에 힘입었다.

현대의 가속화

서기 1500년을 전후하여 거대한 유라시아 대륙의 서쪽 끝에서 하나의 굴곡이 시작되었다. 그것은 지구와 인류 역사상 중대한 변이의 시초이자, 서로 연결된 강력한 가속화의 시초였음이 드러났다.

생산부문에서는 농업, 목축, 도시국가, 장인계급, 교환, 국가의 초기 형태 등이 생겨나면서 최초의 도약이 이루어졌고, 15세기부터 상업자본주의와 매뉴팩처 자본주의의 형성과 함께 동·서유럽에서 리듬의 단절이 시작되었다. 18세기와 19세기의 전환점에서는 산업자본주의의 등장, 화석에너지(무엇보다도 석탄에너지) 활용, 기계화, 동력화, 근대국가의 형성 및 확립과 함께 앞에 말한 단절이 뚜렷해졌다. 1820년에서 1990년까지의 200년도 안되는 기간에 1인당 생산은 6배나 증가했다(<그림 3-2> 참조).[61] 그러나 겉으로 드러난 평균적 성장 밑에는 심각한 격차가 감추어져 있다. 오늘날 볼 수 있는 부국과 빈국 사이의 불평등은 대체로 최근 2세기 동안 형성된 것이다(<그림 3-3> 참조).

인구증가를 감안하면 그 성장의 속도는 줄어들게 된다. 세계총생산은 1500~1820년에 3배, 1820~1990년에 36배 증가했다. 그 성장은 동시에 지불능력 있는 욕구의 성장이었다. 그러나 지불능력 없는 욕구까지 포함시킨 총욕구의 성장은 분명 훨씬 큰 폭이었을 것이다.

생산성장에 따라 재생 가능한 또는 재생 불가능한 에너지 및 원료의 채취, 소비, 쓰레기 및 오염, 인간의 이동속도, 동력 통제, 무기의 파괴력, 정보량 보유 및 전달도 늘어났다(<그림 3-4>).

초기 인류에게는 아주 오랫동안, 보행이 지상에서 유일한 이동방식이었다. 이동속도는 대략 시속 5킬로미터 정도였다. 그러다가 목축을 하면서 사람들은 점차 당나귀나 말, 낙타 등을 이용하게 되었으며, 바퀴를 만들어 동물로 하여금 수레를 끌도록 하게 되었다. 도로 사정에 따라 동물이 끄는 가벼운 수레는 시속 8~12킬로미터의 속력을 낼 수 있었다. 그러나 19세기 들어 석탄, 석유 등 화석에너지를 사용하게 되

---

61) 출처: 1980년의 달러 기준으로 1775~1975년의 1인당 세계생산에 대한 평가는 Krelle(dir.)(1989); 1990년의 달러 기준으로 1500년과 1820년의 세계생산 및 1인당 세계생산에 대한 평가는 Maddison(1995, p.17); 1990년의 달러 기준으로 인구 53억에 대한 1990년 수치는 세계은행(1992, p.213)에 따른 것이다. 1500년 이전의 수치는 필자의 평가치이다.

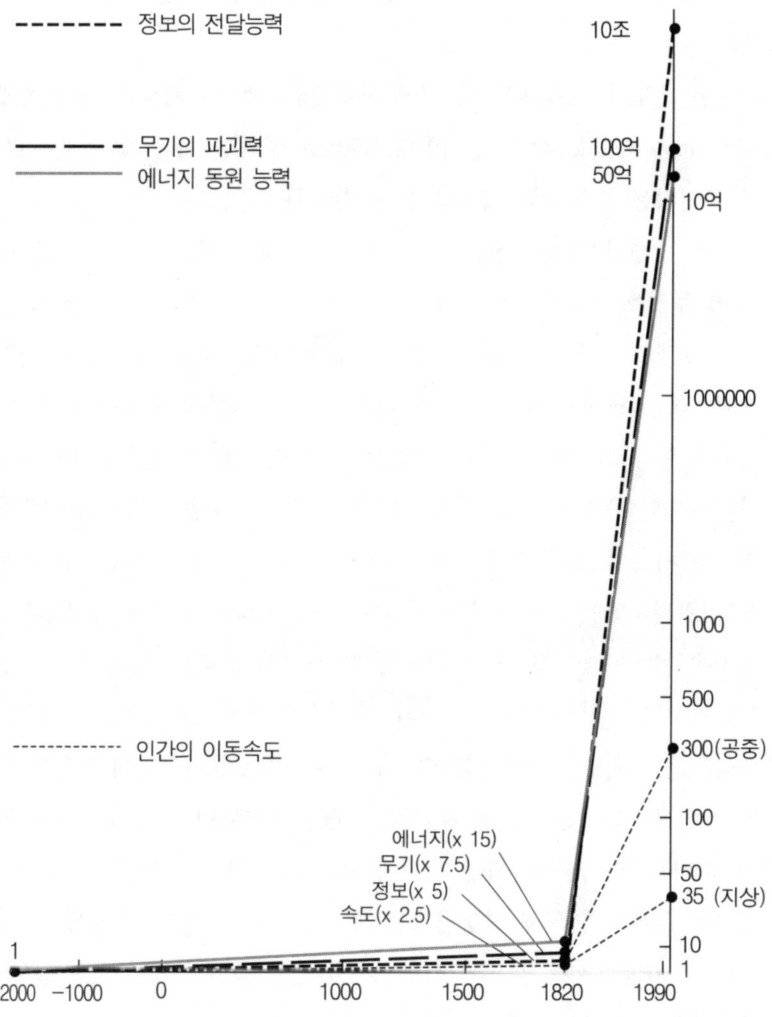

기원전 2000년과 비교해서 인간의 (지상) 이동속도는 1820년 2.5배, 1990년 35배 증가한 것으로 추정된다.
출처: 3장의 주 62) ～ 64) 참조.

고 기계를 만들게 되면서 중대한 단절이 시작되었다. 이제껏 달성된 최고속도는 논외로 하더라도, 인간의 이동속도는 기차가 생기고 자동차가 생기면서 10∼25배 빨라졌고, 비행기가 생겨나면서 50∼100배 빨라졌다.

이동 속도가 느릴 때에도 그에 아랑곳없이 여러 제국과 세계-경제(économies-mondes)는 형성되었다. 빠르고 강력한 이동 및 운송수단의 보편화는 오늘날의 세계화의 한 기초가 되었다.

새로 발생한 문제(교통혼잡, 역이나 공항에 진입하는 문제)들을 넘어서, 무엇보다도 중요한 사실은 지금까지 상대적으로 동질적이었던 시간-공간의 관계가 이제는 근본적으로 이질적으로 되었다는 점이다. 이제부터는 세계를 표상하는 두 가지 방식을 염두에 두어야 한다. 주파해야 할 거리, 그리고 일정 거리를 주파하는 데 필요한 시간이 그것이다. 이제 '가까운 거리', '먼 거리'라는 개념은 운송의 수단과 여행자의 경제사정에 크게 의존한다. 지난 수세기 동안 우리가 명확한 표상을 정립해놓았던 지구공간은 이제 새로이 변형되지 않을 수 없다.

가속화는 인간에 의한 동력의 통제와도 관련된다.[62] 아주 오랫동안 인간의 주된 동력은 인간 자신과 동물의 근력(筋力)이었다. 그뒤로는 수력과 풍력을 이용하게 되었다. 그리하여 인간이 자유롭게 활용할 수 있는 힘은 크게 늘어났다. 계급의 구분이 엄격했던 사회의 권력자—왕, 파라오, 황제—는 특정 시기에 피라미드, 사원, 궁전 등의 대규모 공사를 실행하기 위해 엄청난 인원과 동물들을 동원할 수 있었다. 그러나 이 부분에서도 석유와 석탄, 아탄(亞炭) 등 화석에너지를 활용하게 되면서 비로소 결정적인 단절이 일어났다.

---

62) Meyer(1974), p.35; Debeir, Deléage & Hémery(1986); Gras(1993).

화석에너지의 사용은 학자, 기업, 국가의 연합에 의해 가능했다. 그리고 이 에너지의 사용으로 말미암아 점증하는 에너지의 국부적·중앙집중적 동원, 산업, 기관차, 모터를 이용한 항해, 자동차, 비행기, 도시성장, 최초의 거대기술체계(철도, 전기 생산 및 분배) 등이 가능하게 되었다. 원자력 에너지를 사용하게 됨에 따라 인간사회가 마음대로 쓸 수 있는 동력은 더욱 늘어나게 되었다. 에너지 능력이 이제는 수십억 배로 증가하였다.

세계가 격변하는 이 시기에 에너지는 핵심적인 사안이다. 에너지 사용은 현대적 생활방식의 기초이다. 인류의 1/5이 현대적 생활방식에 접근해 있으며, 나머지 4/5도 이를 갈망하고 있다. 원자력은 잠재적으로 엄청난 위험을 포함하고 있으며 유독성이 매우 높고 수명이 아주 긴 방사성 폐기물을 생산·방출한다. 그리고 화석에너지 사용은 갖가지 오염(공기, 물, 해양)을 낳고, 기상질서 변화의 원인이 되는 온실효과도 낳는다.

화석에너지의 전세계적 소비는 1800∼1860년에 10배 이상, 1860∼1913년에 역시 10배 이상, 1913∼1990년에 거의 10배나 증가했다. 간단히 말해서 1800년에서 1990년 사이에 1,000배나 증가한 것이다.[63] 에너지의 대부분을 소비하는 산업국이 이제라도 결단을 내려 수단을 강구하면 에너지 사용을 줄일 수 있다. 그러나 근대화가 진행중인 국가들에서는 지금 세대뿐만 아니라 다음 세대에도 에너지 소비의 잠재적 증가는 엄청난 규모일 것이다. 이것은 지구생태계의 평형에 중

---

63) 석탄 100만 톤을 기준으로 화석에너지의 생산은 1800년 10.6, 1860년 126, 1913년 1,335, 1990년 1만 875로 증가했다(Bouda Etemad, 「19세기와 20세기 전세계 에너지 생산의 지리적·산물별 구조 통계적 개관(Structure géo-graphique et par produits de la production mondiale d'énergie aux XIXe et XXe siècles. Un survol statistique」, *Revue de l'énergie*, 1992. 10, p.695).

대한 문제이다.

무기의 파괴력은 활과 칼을 사용하던 시대에서부터 제1차세계대전에 사용된 70밀리 포에 이르기까지 1,000배나 증가했다. 오늘날에는 핵무기의 등장으로 제1차세계대전 때와 비교하더라도 그 파괴력은 수백만 배나 증가했다.[64]

그러나 가속화는 정보의 전달에서 가장 급격하다. 몸짓이나 연기, 소리 같은 신호는 한정된 영역의 제한된 정보 운반자였다. 그후 사신(使臣)이나 메시지(구두, 서신) 전달자가 파견됨으로써 원거리 의사소통이 개선되었는데, 이 부문에서도 역시 19세기에 들어 전보, 전화, 라디오, 텔레비전 등으로 말미암아 비약이 있었다. 그리고 정보의 처리 및 전달에서 현재 변화(특히 디지털화)가 일어나면서 새로운 강력한 충격이 나타나고 있다.

정보전달 능력은 1850년 두 통신원 간에 신호전달을 가능케 한 모스 전신기에서 1930~1980년(팩스에 의한 문서전체 전달) 사이에 만 배나 증가했으며, 1980년에서 1990년(정보망을 통한 컴퓨터 통신) 사이에도 만 배 증가했고, 1990년에서 1995~1997년('정보고속도로'를 통한 모든 통신주체들간의 컴퓨터통신) 사이에도 역시 만 배나 증가했다.

모든 영역에서―그리고 다른 많은 영역으로 위와 같은 고찰을 확대할 수 있다―19세기부터 하나의 중대한 변화가 발생했는데, 그것은 대개의 경우 연쇄적인 가속적 변화들을 초래하고 있다. 이러한 가속화는 삼중(지구, 인류, 자본주의) 재생산 시대의 근본적인 특수성을 설명해준다.

지식, 기술, 좀더 나은 삶을 위한 노력, 도전에 기꺼이 응하려는 자

---

64) J. P. Perry Robinson; Gras(1993), p.39에 인용.

세 등이 이러한 변화 속에서 역할을 수행했다. 그러나 새로운 사회논리, 새로운 생산·조직·권력형태, 새로운 동기야말로 결정적 요인이었다. 과학적·기술적 진보를 이용하고 국가에 기대면서 확장된 자본주의는 위와 같은 급격한 변화를 가져온 가장 주요한 동인이었다. 지금부터 이 세계의 발전과 문제점들, 그리고 핵심사안을 이해하기 위해서는 자본주의의 자기재생산 능력을 염두에 두지 않을 수 없다.

경제와 화폐의 지배

상품영역은 끝없이 확장되고 화폐관계는 강화된다. 빈민문제, 궁핍문제, 실업문제, 차별문제, 자원·환경 훼손문제는 심각해지고, 국가의 불행에 직면하여 수많은 정치가·통치자들은 속수무책이라고 고백한다. 무기력증. 성장률에 대한 집착. 여호와의 분노나 제우스의 벼락보다도 무서운 금융시장의 '심판'에 대한 공포.

오늘날 세계의 거의 모든 것이 돈, 수익성, 시장, 지출의 범주 속에 들어가는 경향이 있다. 사회는 점점 더 경제에 예속되고 있다.

경제에 예속되는 사회

세 가지 숙명

태초부터 인간공동체는 원초적 숙명에 의해 좌우되었다: 지속되는 흉년, 기상이변, 자연의 재앙. 의지할 수 있는 것이라고는 오로지 신령과 신뿐이었다. 신령과 신의 불만이나 변덕, 혹은 분노가 불행의 근원인 것 같았다.

농업과 목축, 정착 및 집단생활, 가내공업과 교환, 그리고 잉여의 발생은 이러한 원초적 숙명을 아예 없애주지는 못했지만 그 무게를 많이 덜어주었다. 옛날에는 비록 기술적 수단이 보잘것없고 노동생산성도 낮았지만, 자연은 어느 정도 관대했고 농민과 장인들의 욕구도 제한되어 있었다. 그러나 성직자, 권력자 및 그 대리인에 의해 이루어진 대규모의 징수로 생산자의 재원은 줄어들었고, 다수의 대중은 결핍과 불안정, 강제노역을 감수해야 했다. 더욱이 사회가 다양화되면서 이같은 징수에 유산자들에 의한 부의 착취가 추가되었다.

이제 수천년간 생산대중이 겪어야 했던 두번째 숙명을 이해할 수 있다. '네 이마에 땀이 흘러야 살지어다.' 그것은 강자와 부자의 욕구가 커지는 만큼 더욱더 혹독해지는 법칙이었다. '철의 법칙' 혹은 '생산의 숙명'이라고 할 수 있는.

지난 수세기 동안 시장의 영역은 확장되고 보편화되었다. 기술력은 크게 강화되었다. 자본주의의 급격한 도약과 함께 사회는 근본적으로 변했으며 경제는 자신의 사회적 근원으로부터 자율성을 획득하는 방향으로 나아가고 있다.

하나의 강력한 사회·경제적 기계장치가 자리잡았다. 그것은 다양화되고 집적된, 그러나 어디에도 중심이 없는 기계장치다. 그 기계장치는 계급화되었으나 다양한 형태를 띠고 있으며, 본질적으로 기업의 수익성을 책임지는 소수 지배계층에 의해 압도된다. 또 구매력, 재산에 대한 욕망, 새로운 것을 찾는 달음질, 권력에의 의지에 의해 생기를 얻는다. 그것은 늘 새로 생성되는 빈곤이라는 부식토에서 부(富)를 일으켜세우고, 갖가지 활동을 창출하기도 파괴하기도 하며, 과거의 생산·

연대·재분배 체계를 붕괴시키고 사회의 누더기 혹은 사회 전체를 방치한다.

과거의 최저생계체계가 파괴됨에 따라 사회의 재생산은 근대경제에 의존하게 되었다. 그러나 근대경제는 자신의 재생산을 위해 화폐자산을 소유한 사회 또는 그 일부만을 고려할 뿐이다. 자율성이 강화되면서, 경제는 사회 전체의 온전한 재생산을 보장하지 않는다. 경제는 자신의 충동, 리듬, 곡절, 법칙을 사회에 강요하고 있다.

우리는 이렇듯 아주 중요한 현상에 직면하게 되었다. 자유와 책임의 시대로 진입하지 못한 사회는—원초적 숙명과 생산의 숙명을 거쳐—세번째 유형의 숙명, 즉 '경제적 숙명'에 예속되고 있다.

'생산의 숙명'과 대조적으로 '경제적 숙명'은 막강한 지식과 기술수단을 보유한 사회에서 나타나고 있다. 그것은 다음과 같은 세 가지 이유 때문이다.

첫째, 인구 증가 때문이라기보다는 인구 중 일부분의 욕구가 끊임없이 증가하기 때문이다.

둘째, 우리를 지배하는 경제의 창조적 힘이란 맹목적으로 파괴적이고, 경제의 논리는 항상 좀더 많은 부(지불능력 있는 욕구의 충족)와 한층 더한 빈곤(지불능력 없는 욕구의 미충족)을 야기하기 때문이다.

셋째, 각 영역이 명확히 구분된 사회들에서 실현된 생산물의 점점 많은 부분이 이 사회와는 분리된, 그리고 책임을 다하지 않는 기업과 소수 지배계층 혹은 계급에 의해 독점되기 때문이다.

새로운 '경제적 숙명'

오늘날 우리가 '경제'라고 일컫는 것은 수천년간 사회의 시녀였다. 그런데 몇 세기 전부터 사회는 점차적으로 경제에 예속되고 있다. 이와 같은 새로운 상황은 상품활동 영역의 확장, 자본주의의 지배 확대, 경제의 세계화라는 세 가지 과정에 뿌리를 두고 있다. 이러한 세 가지 과정은 서로 다르면서 동시에 서로 밀접하게 연관되어 있다.

상품활동은 수천 년 전부터 우리 사회에 존재했으며, 다수를 점하는 자본주의 이전의 거대문명(중국, 인도, 아랍-이슬람 세계 등)에서는 아주 높은 수준에 도달했다. 서유럽의 자본주의 발생지에서, 자본주의의 발전과 함께 상품활동은 강력하고 활기찬 도약을 경험했다. 상품활동의 도약은 점차적인 사회의 금전화를 동반했다.

서구사회의 '거대한 변환'에 대한 분석에서, 칼 폴라니는 '시장경제' 시대로의 진입을 수반하는 경제와 사회의 관계 변화를 통찰력 있게 끄집어냈다. 폴라니에 따르면, "자기조절적 시장(marché autorégulateur)"의 일반화에 의해 전통사회가 붕괴되고, 시장이 상품을 넘어 토지, 노동, 화폐에까지 확장되면, "사회는 시장의 보조자로서 관리된다. 경제가 사회관계 속에 끼워넣어지는 것이 아니라 사회관계가 경제체제 속에 끼워넣어진다."[1] "체제의 원천이자 모태"[2]가 된 자기조절적 시장은 인간·사회관계를 화폐관계로 환원시킨다.

폴라니의 근본을 꿰뚫는 직관은 현대적 현실을 이해하는 데 있어 여전히 본질적이다. 그러나 시장이 행하는 역할의 중요성에도 불구하고, 현대경제를 주로 '시장'경제로 규정하는 것은 심각한 오해와 중대한 오류를 낳을 소지가 있다. 사람들은 말했다. 자본주의를 벗어난 시장경제가 있을 수 있다고. 자본주의가 생겨나기 전에는 장인, 예술가, 번영하는 도시의 상인들이 그러했고, 자본주의하에서도 자본주의 논리의 힘이 지배하지 않는 (지리적 혹은 사회적) 영역에서 그러하다고. 그리

---

1) Polanyi(1983), p.88.
2) Ibid., p.21.

고 아마 자본주의 이후에도 그럴 것이라고.

더구나 자본주의적 사회·경제 기계장치는 두 가지 영역에서 파악되어야 한다. 경쟁이 작용하는 시장자본주의 영역 그리고 과점적 게임과 전략이 지배하는 독점자본주의 영역이 그것이다. 양자간에 꽉 막힌 장벽은 없으며, 오히려 항구적인 움직임이 있다. '슘페터적' 기업가·집단은 독점적 공간에 머물기 위해, 혹은 경쟁의 공간을 모면하기 위해 혁신한다. 그리고 반대로 혜택의 우위를 유지하는 데 성공하지 못한 기업가들과 집단들은 시장의 영역, 즉 경쟁 속으로 다시 떨어진다.

시장은 결코 동질적이 아니다. 시장은 여러 (경쟁적, 과점적, 독점적) 형태를 가지며, 이질적인 (국부적 공간에서 세계적 공간까지) 공간 속에 접합된다. 시장에서 표출되는 역학관계도 하나의 (혹은 소수의) 구매자에 대한 다수의 판매자, 다수의 판매자와 다수의 구매자, 하나의 (혹은 소수의) 강력한 판매자에 대한 — 매개체가 있거나 없는 — 다수의 구매자 혹은 무수히 많은 소비자 등으로 다양하다.

자본주의의 특징은 항상 강력한 행위주체들의 지배를 받았다는 것이다. 오늘날 거대기업들은 그 어느 때보다 막강하다. 그들은 '자신의' 국가 및 몇몇 대국과 직접적으로 교섭하며, 중소국가는 거의 존중하지 않는다. 그들은 독점적 우위를 유지하기 위해, 그리고 새로운 독점적 우위를 창출하기 위해 끊임없이 노력한다. 공상과학소설의 멍청한 괴물들과는 달리, 그들은 서로간에 최후까지 전투를 벌이지 않는다. 그들은 서로 다양한 관계를 맺는다. 어떤 시장은 공유하고 다른 시장에서는 서로 경합하며 (연구개발과 고비용·고위험 프로젝트에서) 서로 협력하면서도 한편으로는 염탐하고, 어떤 영역에서는 평화적으로 공존하면서도 다른 영역에서는 서로 심하게 경쟁한다.

이러한 거대기업들은 모두 다국적기업이다. 그들은 농산물, 보건,

정보·통신, 우주항공, 운송, 여가, 문화 등 모든 중요한 부문들을 지배한다.

보잉과 에어버스는 대형항공기 생산부문에서 공모자이면서 동시에 경쟁자이다. 청량음료 분야에서는 코카콜라가 펩시 및 기타 음료회사와 경쟁하고 있다. 농·생화학기업은 대량사육 제품을 만드는 데 기여하였고 이제는 유전학적·화학적으로 조작된 동식물을 만드는 데 온힘을 다하고 있다. 거대기업들간의 교섭에 따라 멀티미디어, 컴퓨터, 디지털 송수신기 등의 신제품 투입에 대한 세계적 표준이 정해진다. 유닉스 사에 통합된 몇몇 거대 정보통신 기업들과 마이크로소프트 사 간에 2000년대 정보체계의 표준에 대한 정의가 내려진다.

모든 세계적 상품과 욕구-시장-상품의 새로운 조합을 구성하는 세계적 과정의 배후에는 협상과 협력을 아는 거인들의 투쟁이 전개되고 있다. 산업자본주의의 대기업과는 대조적으로, 거대기업들의 야망은 더 이상 거대한 규모의 공장에 거대한 생산단위들을 집중시키는 것이 아니다. 오늘날 거대기업들은 '전략적 중심부' 주위에 복잡한 은하계를 구성하는 경향이 있다. 그곳에는 다양한 규모의 자회사와 법률적으로 독립된 기업들(그들과 다양한 관계가 설정될 수 있다), 연구팀(민간, 대학, 공공), 개인병원이나 종합병원, 공공기관 혹은 국가기구의 한 부분 등이 있다.

현대사회는 점점 더 엄청난 다국적·세계적 기계장치에 예속되고 있는데, 그것은 무수히 많은 힘·협력·교환 관계로 구성되며, 한편으로는 통일성이 결여되었으면서도 다른 한편으로는 강대국 및 소수의 강력한 국제기구와 관계를 갖는 수백 개의 거대기업들에 의해 지배된다. 그리고 우리와 우리가 속한 나라들이 그러한 엄청난 기계장치에 점점 더 의존하게 된다.

이제부터 사회가 겪게 될 많은 해악은 이같은 다국적·세계적 기계 장치의 작용에서 비롯된다. 물론 그 기능이 제대로 이루어지지 않을 때도 마찬가지다. 그 예로 특정 활동의 쇠퇴와 소멸, 빈민층 형성, 기업폐쇄, 판로 상실, 신제품과 신공정 출현 등을 들 수 있다. 그리고 바로 그 기계장치 속에서 이름 모를 밀가루에 의한 새로운 질병, 유전자 조작에 의한 불의의 재난, 증권가의 '사고'에 기인한 퇴직연금의 파탄 등과 같은 미래의 재앙이 준비되고 있다. 책임자도 없고 명확하게 확인되는 연계도 없어, 운명을 탓할 수밖에 없는 경제의 새로운 숙명이 기다릴지도 모른다.

허위에 찬 시장 이데올로기

현대의 경제를 시장경제라는 용어로 표현하는 것은 앞에서 본 것처럼 현실에 대해 부적절한 이미지를 준다. 더욱이 그것은 갖가지 의미 변화에 의해, 시장경제야말로 다양한 가능성 중에서 가장 우월한 혹은 가장 덜 열등한 것이라고 생각하게 할 공산이 있다.

여기에는 약 1세기 전에 경제학자들이 우리에게 듣기 좋은 이론적 동화를 제공했다는 사실도 작용한다. 그들은 완벽한 정보를 가진 '극대화 주체'의 세계를 가정하여, 순수하고 완전한 시장체계에서 주체들 간의 무수히 많은 관계들이 일반균형이라는 (혹자의 눈에는) 더할 나위 없이 행복한 상태를 보장한다는 이론을 수립했다. 좀더 보강된 이론에 따르면, 균형과 최적 상태가 동시에 보장된다는 것이다.

그후로 일단의 경제학자들, 특히 대학교수들이 (어떤 학자들은 일반 균형이론의 엄밀하고 명확한 수학체계의 틀 속에서,[3] 또다른 학자들 은 항상 명확하게 확인되지는 않지만 일반균형이론의 윤곽에 대한 다

---

3) Beaud & Dostaler(1993) 참조.

양한 접근에서) 위의 주제에 대해 주석을 달고 공들여 다듬고 윤색했다. 이로써 핵심만을 말하자면, 자유주의 옹호자 부대는 서구경제가 현재 대체로 최적 상태를 보장한다고 주장할 수 있게 되었다.

시장의 유용성 자체가 문제 되는 것은 아니다. 20세기의 위대한 자유주의 경제학자 프리드리히 하이에크가 "시장질서"는 "우리가 다른 어떤 방식으로 소유할 수 있는 것보다 광범하고 다양한 재화(물건 혹은 서비스)를 소유할 수 있는 기회"를 넓혀준다[4]고 주장했을 때, 이는 틀린 말이 아니다. 시장은 분명 인간에게 언어 혹은 계산만큼이나 유용하다. 따라서 시장은 사회가 구성하는 "전체의 자생적 질서" 속에서 자신의 자리를 확보해야 한다.[5] 여기까지는 이성 및 논의 가능한 것의 영역이다.

그러나 언어나 계산과 마찬가지로, 시장은 사회적 도구에 불과하다. 그것은 사회의 작동에 참여한다. 그리고 불평등한 사회에서 시장은 각 개인에게 불평등한 방식으로 "다양한 재화를 소유할" 수 있게 해준다. 시장은 그 자체로는 아무런 공평성이나 연대성을 보장하지 못한다. 따라서 이러한 요소들을 무시한 최적 상태는 존재하지 않는다는 점을 생각한다면, 시장이 자체적으로 최적 상태를 보장해주는 것처럼 묘사될 수는 없다.

또 시장의 성격이 어떻든간에, 시장의 한계와 단점을 무시할 수 없다. 막스 베버는 사회에 대한 체계적 연구의 기초 위에서 아주 일찍부터 다음과 같은 특징을 끄집어냈다. "모든 합리적 사회활동의 원형으로서 시장교환에 의한 사회형성은 이제 우리가 지금까지 언급했던 모든 공동체 형태와 대립된다."[6] 사실 공동체 형태는 "언제나 인격적 화

---

4) Hayek(1995), vol.2, p.129.
5) Hayek(1995), vol.1, p.54.

합을 전제로 한다."[7] 그러나 "자신의 법칙성에 그대로 내맡겨진다면, 시장은 오직 사물만을 존중할 뿐, 인간과 박애 혹은 연민의 의무, 그리고 인격공동체에 고유한 본원적 인간관계를 전혀 존중하지 않는다."[8] 그런데 다음을 하나의 명백한 진실로서 내세우려는 경향을 가진 강력한 흐름이 있다. 즉 "오직 사물만을 존중할 뿐, 인간은 전혀 존중하지 않는" 조정양식이 보편화된다면, 그것은 인류를 위해 더 좋은 것이라는 주장 말이다. 20세기는 이미 근본적으로 국가통제적인 위계조직의 사회를 경험했다. 그로 인한 재난은 엄청난 것이었다. 이제 이와 대조적인 경험 — 오직 시장만이 지배하는 사회 — 이 퍼져나가도록 내버려 둔다면 이미 겪은 재난에 필적할 만한 재난이 초래되는 것은 아닐까?

현대의 경제를 단순히 '시장경제'로 규정하는 것은 잘못이다. 실제로 현대경제는 여러 형태를 띠며 복잡하다. 거대기업, 기구, 국가가 중대한 역할을 수행하고 있으며, 교환관계 외에 갈등관계, 협력관계, 연대관계, 지배관계 등이 중요한 자리를 차지하고 있다. 만일 현대경제가 통일성과 동시에 유연성을 가지며, 극도의 복잡성 속에서도 적응력을 갖고 있다면, 그것은 현대경제가 위계, 계약, 연대, 시장이라는 네 가지 유형의 조정의 결합에 의존하기 때문이다. 지각 있는 사람이라면 누구나, 사회를 단 하나의 차원으로 환원시키면서 우리가 이상적인 사회로 나아가고 있다고 생각하지는 않을 것이다.

무수히 많은 행위주체들의 선택의 조절을 보장하기 위해, 자원의 올바른 배분에 기초하는 시장은 대체될 수 없는 도구이다. 그러나 실업, 부패, 환경피괴, 마약, 폭력문제 등을 최선의 방법으로 잘 해결하기 위

---

6) Weber(1995), t.2, p.410.

7) Ibid., p.412.

8) Ibid., p.411.

해 시장 메커니즘에 일임할 수도 있다고 생각하도록 방치하는 것은 일종의 사기다. 시장에 모든 것을 맡겨두면 우리 시대의 주요한 해악들이 점차 치유될 것이라고 주장하는 것은 위험천만한 발상이다.

금지된 단어?

르망9)에서 열린 제8회 ≪르 몽드≫ 지 주최 포럼 — '우리는 무엇에 대해 책임이 있는가?'라는 물음을 주제로 한 행사 — 보고서에서 언론인 도미니크 동브르는 다음과 같이 말하고 있다.

> "참석회원 중 한 사람이 주제발표의 전반적인 내용에 대해 반박하고 나섰다. 그에 따르면, 책임보다는 이윤을 앞세우는 자본주의 체계가 존재한다는 본질적 사실을 사람들이 잊고 있다는 것이었다. 이에 대해, 자본주의가 이윤추구 과정에서 반드시 죄를 범하는 것만은 아니라고 알랭-제라르 슬라마는 반박했다. 이윤을 내고 싶어하는 어느 정직한 기업가가 반드시 그 이유 때문에 자신이 고용한 직원들이나 고객을 위험에 빠뜨릴 용의가 있다고 할 수는 없다."10)

그러나 참석한 회원의 지적은 정당한 것이었다. 그 지적의 내용은 다음과 같다. 자본주의는 이윤을 지향하는 혁신·생산·판매의 논리에 의해 구조화된다. 그 스스로에게 내맡기면, 자본주의는 새로운 성장과 생산을 동반하면서 노동자, 소비자, 환경 등에 대해 불행한 결과를 초래할 수 있다. 그래서 '야만적 자본주의'라는 호칭이 나오게 된다. 오직 (임금노동자, 소비자, 생태학자의) 집단행동과 법적 규제, 그리고 (기업 집단 전체가 각 기업에 강요하는 제약으로 인해) 부수적으로 상당수 기업가들의 노력만이 자본주의의 부정적 영향을 제한하고 완화

---

9) 프랑스 사르트(Sarthe) 도의 도청 소재지 — 옮긴이 주.
10) *Le Monde*, 1996. 10. 27~28, p.12.

시킬 수 있다.

반대로, 보고된 그대로라면 슬라마의 답변은 편향되고 피상적인 것으로 보인다. 그러나 "좌중의 우렁찬 박수를 받았다"고 도미니크 동브르는 덧붙이고 있다. "이런 식의 주고받기는 세태의 변천을 반영한다. 20년 전이라면, 분명 자본주의의 '무책임'에 대한 고발자가 이토록 고립되지는 않았을 것"이라고 그는 논평한다.

이런 사실을 기뻐해야 할까? 분명 자본주의는 150년 전부터 노동운동의 제1의 표적이었다. 또 1960년대에는 경우에 따라 지나치기까지 한 고발의 대상이었다. 그러나 200년 전부터 자본주의는 변호, 침묵의 비호 등 여러 형태를 띤 이념적 보호의 대상이기도 했다. 자본주의의 실체는 그 존재 자체를 은폐하려는 명칭, 즉 '경제', '시장경제', '자유주의경제', '자유경쟁경제' 혹은 '자유기업경제' 같은 표현들로 뒤덮여 있다. 오늘날도 여전히 실체로서의 자본주의를 부정하는 쪽에 기여하는 다양한 담론들의 결합을 우리는 목격한다. 많은 비판적 저자들은 더 이상 감히 자본주의라고 부르지도 못하고 세계화, 자유주의, 나아가 신자유주의 등을 비난하고 있다.

나는 기억하고 있다. 1965년, 제5차 개발계획 준비를 위한 지역고용 분과위원회의 젊은 보고자였던 나는, 토론중에 자본주의 논리를 환기시킨 데 대해 프랑스 경영자 전국평의회(CNPF: Conseil national du patronat français)의 대표자로부터 호되게 면박을 당했다. "용서할 수 없소! 그것은 순수하게 기술적이어야 할 개발계획의 작업 속에 이데올로기나 정치를 개입시키는 짓이오!"

또 기억나는 일이 있다. 1982년 무렵, 대통령선거를 위한 좌파연합의 후보자가 선출된 직후였고 내 책 『자본주의의 역사』가 출간된 뒤였다. 특별히 좌파인물은 아니었던 한 방송사의 경제전문가가 자본주의의 긴 역사를 심층적으로 다루는 프로그램을 함께 준비하기 위해 나를 찾아왔다. 흥미 있는 기획이었고, 프로그램의 개요를 잡기 위해 우리는 함께 작업을 했다. 며칠 후 나는 비교적 좌파에 가까운 프로그램 책임자로부터 초대를 받았다. 그와 나는 서로 이웃한 마을 출신인지라 어렴풋하게나마 서로를 알고 있었다. 그는 친절하게 맞아주었으며 자기네 채널에서 함께 작업을 하게 되어 매우 즐겁다고 말했다. 그리고 본론으로 들어갔다. "그런데, 다른 단어를 찾아봐야겠소, 자본주의? 논쟁거리가 된단 말이오. 텔레비전에서 그건 용납되지 않아요. 글쎄, 모르겠는데 경제적인 것, 산업적인 것…… 이런 식으로 말해야 하지 않을까요?" 나로서는 정말 수긍할 수 없었고, 그래서 그 작업에서 손을 뗐다.

또다른, 작지만 의미심장한 일이 생겼다. 결코 마르크스주의자로 볼 수 없는 미국의 경제학자 올리버 윌리엄슨의 저작이 최근 프랑스어로 번역되었다. 행동주의 학파의 본원지에서 학업을 마친 윌리엄슨은 신제도주의 경제학의 발전에 크게 공헌했다. 저작의 원제목은 『자본주의 경제제도(The Economic Institutions of Capitalism)』였는데 프랑스어로 번역된 제목은 『경제제도(Les Institutions de L'économie)』였다.

'자본주의'라는 단어에 대해서는 여러 형태의 검열이 존재한다. 이 검열에는 명확하고도 쉽게 식별할 수 있는 차원이 하나 있다. 이 시대의 중요한 실상을 명확하게 드러내주는 이 용어의 사용을 대부분의 경영자들과 기업, 그리고 정계 인사들이 거부한다는 사실이 그것이다. 마찬가지로, 경제학자들 가운데서도 주도세력은 결코 이 단어를 사용하지 않는다.

검열은 또 애매모호한 측면도 갖고 있다. 자본주의라는 단어는 '자본주의여, 저승에나 가라!'거나 '자본주의 만세!' 식의 논쟁적인 저작 속에서는 완벽하게 용인되고 있다. 그러나 분석도구나 개념으로 쓰일 때 자본주의라는 단어는 어딘지 거북하고 수상쩍은 느낌을 불러일으킨다. 세계 속에서 자본주의적 현실이 차지하는 중요성이 점차 커지고 있음을 고려하여 언론이 자본주의적 현실에 대해 매우 많이, 그리고 나날이 일상적으로 언급하고 있다는 것을 생각하면 이는 더욱 기이한 일이 아닐 수 없다. 언론이 일상적으로 언급하는 자본주의적 현실의 예를 들면 주식시세, 기업의 (분기별, 반기별, 연간) 성과, 상환, 공개매수, 민영화, 경쟁력, 환시세, 물가, 생산, 고용, 실업, 회사와 그룹의 사활, 구조조정 등 많고 많다.

요컨대 자본주의라는 단어에 대한 검열에는 아마 숨겨진 차원이 있을 것이다. 성이나 죽음이 그렇듯이, 자본주의에 대해서도 금기가 있다. 신을 돈으로 대체한 것에 대한 남모를 수치심인가? 부와 빈곤, 충족감과 박탈감, 효율성과 무책임을 모두 포함하고 있는 현실에 이름붙이기를 거부하는 것인가? 나는 정확히 알 수가 없다.

내가 아는 것은, 자본주의라는 단어가 계속해서 사람들을 거북하게 만든다는 것이다. 그러나 이 단어가 고발되고 변호되고 은폐되며 이에 관한 단편적 정보가 늘어만가는 틈바구니에서도, 분석과 고찰을 위해 자본주의라는 단어를 사용하지 않을 수 없다. 왜냐하면 핵무기나 새로운 과학의 진보와 더불어, 자본주의는 세계의 진화와 미래에 가장 큰 영향을 미치는 현실이기 때문이다.

세계화 소용돌이 속의 국가, 기업, 사회

사회가 경제에 예속되는 현상은 예속을 고착화하는 다른 변화에 의해 더욱 강화된다. 역사상 처음으로 국가, 기업, 사회는 경제의 세계화, 금융의 세계화의 소용돌이 속에 포섭되고 휩쓸리고 갇혀버렸다.

국가자본주의

선반 위에 '자본주의 체계'를 포함하는 체계 일습이 갖추어져 있는 경제·사회적 개념의 상점이란 존재하지 않는다. 수만 년을 미지의 세계 속에서 기다린 뒤, 유라시아 대륙의 서쪽 끝에 와서 구현되어 점차적으로 세계를 포위해나가는 '자본주의'라는 실체도 존재하지 않는다. 사정은 간단하면서도 복잡하다.

모든 사회적 실체는 역사적이다. 사회적 실체의 다양성 속에서 관찰자는 정연하고 규칙적인 행위의 연계를 발견할 수 있다. 그런데 이러한 행위의 연계는 몇 가지의 동기 및 목적성과 연결되어 있으며, 다양한 사회의 재생산이 이루어지는 방식, 즉 사회논리를 특징짓는다. 언어, 계산, 시장과 마찬가지로, 사회논리는 역사 속에서 인간, 집단, 제도의 끊임없는 교류를 통해 오래도록 무르익었다.

이것은 자본주의 논리에도 유효하다. 여기서 말하는 자본주의는 역사적 실체, 즉 역사 속에서 관찰 가능한 사회적 실체를 일컫는 방식을 말한다. 어떤 이론가는 물론 다소 형식화된 모델 속에서 역사적 실체의 (논리적) 일관성을 체계화할 수 있다. 그것은 현상의 이해를 도울 수 있다. 그러나 현상의 실존에 대해서는 아무것도 덧붙이지 못한다.

사회, 정치와 마찬가지로, 경제에 대해서도 역사적 고찰이 우선이다. 그런데 경제에 대한 역사적 고찰에서 다음과 같은 사실이 뚜렷이 부각된다. 자본주의 논리의 성숙과 확립은 근대 국민국가의 성립과 밀접한 관계를 가지면서 이루어졌다. 16세기에서 20세기까지, 오늘날 우리가 자본주의라고 칭하는 것은 국가자본주의 형태로 구성되고 강화되고 강요되었다.

일부 국민국가의 틀 속에서 국가시장을 기반으로 하고 국민국가의 지원을 받아 자본주의 논리는 침투하고 확장하기 좋은 공간을 발견했다. 이 논리는 '자본주의 국가경제' 혹은 '국가자본주의'라고 규정될 수 있는 소수의 '국가경제' 속에서 지배적이 되었다. 형성될 때부터 오늘날까지, 자본주의의 역사는 국가자본주의들의 연속적 세대와 국가자본주의들간의 경쟁, 연합, 반목, 교착을 감안한 역사일 수밖에 없다.11)

각 시대마다 국가의 테두리는 외래 자본주의의 압력과 침략으로부터 스스로를 보호하기 위한 특권적 공간이었으며, 동시에 자본주의, 자본주의와 국가통제의 혼합, 집단주의적 경제의 구성을 조장하기 위한 특권적 공간이었다.

구체적으로, 하나의 '국가자본주의'는 '자신의' 국민국가 틀 속에서 구성될 때 '자신의' 나라의 자원과 인력을 사용하고 그 나라 사회의 지불능력 있는 욕구에 응하는 방향으로 나아간다. 그러나 사회가 주로 자신의 영토에 뿌리를 박고 있는 반면, '국가자본주의'는 경우와 시대에 따라 확장된 조달·판로를 찾아, 다른 자원을 사용하고 다른 지불능력 있는 욕구에 호소하면서, 그것이 형성된 국가적 틀을 넘어 전개되고 발전하게 된다. 무역, 국제교환은 오랫동안 국가자본주의의 (자신의

---

11) Beaud(1990) 참조. 월러스틴(Wallerstein)(특히 1980a)의 주장과 반대되는 입장에서 필자는 위의 사실을 상기시킨다. 그에 따르면, 자본주의는 단번에 세계적인 것이다. 또 15~19세기 그리고 19~20세기에 운송·통신기술은 너무도 큰 변화를 겪었기 때문에, 이를테면 15세기 말, 19세기 말, 20세기 말에 세계화는 근본적으로 상이한 내용과 성격을 갖고 있다는 사실을 강조할 필요가 있다.

영토를 넘는) 주요한 전개형태로 남아 있다.

결국 ① 자본주의는 역사적으로 구성되었으며 국가자본주의 형태로 발전했고, ② 자본주의에 고유한 확대재생산 능력은 국가자본주의로 하여금 그것이 발생한 사회로부터 자율성을 갖게 했다.

오직 역사적 분석만이 왜 특정 시대, 특정 나라에서, 국가자본주의가 그것이 형성된 국민국가로부터 (국가, 국가시장, 좀더 넓게는 그 나라의 사회로부터) 분리되기 힘든가를 이해할 수 있게 해준다.[12] 또한 오직 역사적 분석만이 왜 다른 시대 다른 나라에서, 국가자본주의의 자기재생산 능력이 좀더 또는 덜 근본적으로 국가자본주의를 '자신의' 나라, '자신의' 사회, '자신의' 국민국가로부터 분리되도록 이끄는가를 이해할 수 있게 해준다.[13]

경제의 자율화와 사회의 경제에 대한 종속을 심화시키는 이러한 운동은 현재 진행되고 있는 세계화 과정과 함께 더욱 강화된다.

세계화

근래 2~3세기 동안, 많은 저자들이 국가경제와 그 보족적 역할을 하는 국제경제에 고찰의 초점을 두는 것을 아주 자연스럽게 여겼다. 오늘날 많은 저자들이 —어떤 이들은 수십년간 자신들이 국가경제와 국제경제에 대해 저술하고 강의한 것을 잊을 정도로— '세계화'를 부각시키는 것을 그와 마찬가지로 당연한 것으로 여긴다. 이렇게 관념은 시류가 바뀌면 급선회한다. 풍향계를 잘 살펴보면 사정은 간단하다. 1990년대, 세계화는 수많은 사람을 엄습했다. 하지만 대체 어떤 세계

---

12) 예를 들어, 우리는 19세기 말과 20세기의 1960년대까지의 미국자본주의와 오늘날 아시아의 자본주의를 생각해볼 수 있다.
13) 이러한 분석틀을 통해 Reich(1991, 1993)의 저작을 읽어야 한다.

화란 말인가? 세계화의 이미지와 상징은 급변하고 있다.

　우선 운송, 전기통신에서의 새로운 기술적 변화는 명백한 사실이다. 자료의 디지털화는 모든 기호, 문자, 이미지, 음향의 잠재적 매체인 비트(bit)의 급격한 확산을 초래했다. 정보, 통신, 문화적 사건의 범람, 그리고 원격 송출과 멀티미디어의 대대적인 조작의 시작이 이를 증언해주고 있다. 현지 시장에서 실시간으로 업무에 종사하는 무수히 많은 금융기관 직원들도 그 증거가 된다.

　무한한 가능성이 열려 있다. 극도로 전문화된 과학자, 편집광적인 정보수집가, 모든 부문의 애호가들이 이제부터는 직접 만나지 않고서도 접촉할 수 있게 되었다. 그러나 각 개인이 개인에게 말하고 모든 사람과 소통할 수 있는 ‘지구촌’의 이미지에 실체를 주는 것은 아무것도 없다. 그것은 고지식하게 남의 말을 잘 믿는 사람들의 꿈을 키워주며, 불행한 외톨이들로 하여금 상대방과의 사이에 개재한 화면을 통해 ‘진실한 관계’를 찾아 헤매도록 부추기는 속임수 객설일 뿐이다.

　전혀 다른 범주에서, ‘육체’·에너지·화학작용을 이용하는 오늘날의 인간활동과 생물학적 작용을 이용하는 미래의 인간활동이 지구의 재생산에 심각한 타격을 주는 것에서도 역시 세계화는 발견된다. 기술적 복잡성과 높은 비용으로 인해 생산·판매전략의 점점 더 많은 부분이 단번에 다수의 대륙을 포함하는 규모로 구상되고 시행된다는 점도 세계화의 한 측면이다. 그 이상으로, 세계화라는 단어는 아주 모순적인 이데올로기의 부담을 지고 있다. 그것은 몇 가지의 희망과 동시에 헤아릴 수 없는 환상과 수많은 고통의 원천이며, 인간들을 안심시키면서도 불안하게 하고 이롭고도 불길하며, 한편으로 잠재력, 혜택, 해악, 위협을 담고 있다.

　실제로 약속과 환상의 이면처럼, 기술적 변이의 이면에는 동기와 사회논리가 있다. 인공위성, 새로운 전지구적 네트워크(정보 고속도로), 문화의 폭발적 성공, 친절한 인터넷 조직자 등의 이면에는 엄청난 사안들이 걸려 있다. 이 점에서도 자본주의 역학의 분석은 현재 진행되고 있는 세계화의 심오한 영역을 포착할 수 있게 해준다.

국가자본주의의 역사적 역할

위에서 대략의 윤곽이 잡힌 연계를 다시 정리해보자. 자본주의 논리는 국가자본주의 내에서 힘을 얻고 활기를 띠었다. 확대재생산의 필요성 때문에, 자본주의 논리는 하나의 사회적 전체와 국민국가의 국경 속에 머물러 있을 수 없다. 역사는 이같은 사실을 입증해주고 있다. 국가자본주의는 경제·금융적 국제교역을 통해, 뒤이어 다국적기업의 증가와, 오늘날에는 (특히 화폐, 금융부문에서) '전지구적인' 과정의 출현과 함께 빠른 속도로 자신의 국민국가의 테두리를 벗어나고 있다.

실제로 우리가 대륙화를 — 대륙화를 통해 다음 반세기의 자본주의 규모에 걸맞은 새로운 '국가 공간들'이 형성된다 — 염두에 두지 않는다면, 세계화의 본질은 가장 강력한 국가자본주의가 세계적 차원으로 확장되는 여러 모습까지 포괄한다. 국가자본주의의 세계적 차원의 확장은 (교환, 신용, 지불의) 국제화, (기업, 은행, 금융기관의) 다국적화 그리고 (화폐, 금융, 문화의) 전지구화 등, 그동안 수많은 분석대상이 되었던 세 가지 과정을 통해 이루어진다.

국제화는 16세기에서 제2차세계대전에 이르기까지 국가자본주의 확장의 가장 주요한 형태를 이루었다. 시스몽디가 1819년 '전세계적 시장(marché de tout l'univers)'을 언급했고, 그로부터 20년쯤 후에 마르크스가 '세계시장(marché mondial)'을 언급했다는 사실이 착각을 불러일으켜서는 안된다. 당시에 지배적이었던 것은 소수 유럽 경제의

(국제무역, 국제금융, 국제투자 등) 국제활동의 발전이었다.

19세기 말의 '대불황'은 새로운 시장찾기, 보호주의, 산업·금융의 집중화, 해외투자, 국제금융을 촉발했으며, 그리하여 마침내 세계의 분할과 새로운 기술시대로의 진입이 이루어졌다. 영·미 식민주의자의 깃발처럼 쓰였던 용어를 빌려, 홉슨과 힐퍼딩은 이러한 새로운 실체를 '제국주의'라고 불렀다.

제2차세계대전 이후, 즉 미국의 패권과 소련의 강력한 상승, 탈식민지화로 특징지어지는 시대에, 심화된 집중화의 바탕 위에 생산과 은행의 다국적화가 전개되었다. 마찬가지로 국가자본주의에 이끌린 다국적화는 세계화의 제2차원이 된다.

다국적기업은 자본주의 세계화의 주요동인으로서 1960년대에 나타났다.[14] 당시 사람들은 고유하게 국제적인 것(서로 다른 두 국가영토에 위치한 두 개의 독립적인 행위주체간의 관계)과 고유하게 다국적인 것(상이한 다수의 국가영토에 위치하는 자회사와 하부 자회사로 구성된 거대한 기업의 영역 속에 이루어지는 거래와 조정)을 여전히 명확하게 구분할 수 있었다.

오늘날에는 복합지대가 형성되었다. 좀더 큰 유연성을 추구하기 위해, 기업들은 모든 범주의 파트너와의 거래·협력에서 유연한 형태를 증대시켰다. 하청, 파트너십과 공동생산 합의, 합작사업, 기술 라이선스 인가 등이 그것이다. 따라서 다국적기업보다 더욱 중요한 것은 하나의 전략적 센터와 몇몇 구조를 부여하는 중심지, 그리고 다소 지속적으로 결합된 다른 요소들을 동반한 가변기하의 성격을 띤 다국적 네트워크다.

---

14) Michalet(1985) 참조.

국제화 과정 및 다국적화 과정 전체는 세계화의 첫번째 발현인 상호 의존성 강화에 기여했다. 경쟁·교환관계에 의해서, 외국기업에 대한 직접적인 예속에 의해서, 외국기업과의 비공식적 결합의 효과에 의해서, 그리고 이러한 상이한 관계의 다양하고 끊임없이 갱신되는 연쇄에 의해서, 좀더 많은 영토에서 점점 더 높은 비율의 활동이 세계의 다른 곳에서 취해진 결정의 효과 ─ 때로는 유인효과(effets d'entraînement) 나 역류효과(effets de remous))[15] ─ 에 예속되게 된다.

세계화의 세번째 차원인 전지구화는 특히 화폐·금융의 범주에서 구체화되었다.

금융부문의 자립성

이른바 화폐·금융부문은 고정환율에 기초한 국제통화체계의 포기 및 각국의 규제완화, 환거래 및 금융·증권거래 활동의 증가, 그리고 전기통신 및 정보처리 신기술과 함께 발전했다. 전기통신 및 정보처리 신기술 덕분에 세계 어느 곳에서나 실시간으로 작업할 수 있게 되었으며, 시장변동 상황과 투자결정 컨설팅에 대한 정보프로그램도 활용할 수 있게 되었다. 뿐만 아니라, 더욱 정교하고 난삽한 신'금융상품'을 구상하여 유통시킬 수 있게 되었다. 즉 경영과 금융투기에 공급되는 상품의 종류를 극도로 다양화하는 새로운 시장창출이 가능해진 것이다.

화폐·금융부문은 강력하게 팽창하고 있다. 더욱더 섬세해지는 재정거래, 이자율과 환율에 대한 끝없는 투기, 미래·격차·옵션에 대한 갈수록 난삽해지는 게임 등이 그것이다. 케인스 시대에는 화폐·금융·주식시장 거래량이 상품교역량의 2배였던 반면, 오늘날에는 수십 배에

---

15) 이러한 개념들은 뮈르달(Gunnar Myrdal)의 개념들을 차용한 것이다.

달한다.[16] 일일거래량은 현기증이 날 정도로 방대한 수치를 기록하고 있다. 특히 돌발사태에 이동 가능한 금융자산은 초대형 중앙은행의 지불준비금에 비추어볼 때 어마어마한 규모이다.[17]

어떤 의미에서 화폐·금융부문은 현대의 '전지구화' 경향을 거의 이상적으로 구현한다. 마치 4대 원소와 에테르의 관계처럼, 화폐·금융부문은 상품·화폐·금융·주식시장의 두께와 비교해보면 마치 미세하고 기화하는 제5의 원소와 같다. 모든 것은 결국 제5의 원소에 순응한다. 지난 20~30년간 화폐·금융부문에 큰 충격을 주었던 위기가 견제되고 소화되었다는 사실이 우리에게 안도감을 줄 수도 있다. 그러나 이것이 미래에 대한 어떤 보장을 해주지는 못한다. 무수히 많은 행위주체들이 최대한 모면하려고 발버둥치면서 공동의 대재앙을 키우는, 전세계적인 거대 공황의 연쇄는 여전히 가능한 영역에 있다. 그것은 교환, 생산, 경제, 사회에 심각한 타격을 줄 것이다.

비록 화폐·금융부문이 생산·상품경제의 작동으로부터 크게 자립적인 것처럼 보이지만, 그것은 또한 세계화가 내포하는 국제결제 증가와 거대한 자본주의 국가, 그리고 두각을 나타내는 신흥국가에서의 수요·공급 증가의 결과물이다. 화폐·금융부문은 한편으로 국가의 대규모 적자와 대규모 투자계획에 따른 자금조달의 필요성, 다른 한편으로 자신의 나라를 망치면서 부를 축적한 소수 지배계층 및 독재자,[18] 그리고

---

16) 외환시장에서 화폐의 매입·매출 거래량을 상품을 동반하는 세계상품무역과 관계된 교역량으로 나눈 비율은 1979년 6, 1986년 20, 1995년 57이었다 (Beaud, 1989, pp.128-129; Chesnais, 1996; 세계은행, 1996).
17) 총외환거래량은 1995년의 경우 하루 1조 3,000억 달러에 달했다(Chesnais, 1996, p.35). 반면에 재화 및 서비스의 세계무역량은 1994년에 연간 6조 3,000억 달러였다(세계은행, 1996).
18) 1980년대에 심각한 부채를 안고 있던 제3세계 13개국의 경우, 자본유출에 해당하는 해외자산 추정액은 대외채무액의 40~50%에 달했다(UNCTAD,

모든 마피아와 밀매업자의 재정담당자 등과 같은 개인·집단 저축자들의, 앞의 필요성과 대칭을 이루는 투자욕구에 근거한다. 여기에는 당연히 위험을 최소화하면서 최대의 수익을 추구하는 수많은 관리자들의 지속적인 관심이 따른다. 그러나 투기자들이 항구적으로 매복하고 있다.

각국의 통화, 외환계정, 공공재정, 경제·사회정책, 다국적기업·관리자·투기자들의 금융전략간의 복잡한 관계에 의해 가동되는 화폐·금융부문은 엄청난 경제·사회적 파장을 동반하는 혼란에 휘말릴 수 있다.[19] 지난 수십년간의 역사가 이를 증명해주고 있다.

결국 세계화과정은 상호의존성을 심화시키면서 새로운 경제적 운명의 위협을 강화시킨다. 역사상 전혀 새로운 상황이 전개된다. 사회는 더욱더 경제에 의존하게 되었으며, 국가, 기업, 일국영토 내의 활동은 어느 누구도 제어할 수 없는 생산·거래·화폐·금융의 여러 다국적·세계적 네트워크의 긴장과 동요에 의존하게 되었다. 극단적으로 도식화하면, ① 한편으로 지배계층, 국가, 생산대중간의 상호의존 장소인 일국의 영토에 한정된 (생산, 은행, 화폐, 금융의) 체계를 특징으로 하는 '경제·사회적 구체제(ancien régime)'의 붕괴와, ② 다른 한편으로 전체에 대한 책임을 지는 어떠한 구조도 존재하지 않는 (생산, 거래, 화폐, 금융의) 상호의존의 뒤엉킴을 특징으로 하는 '경제·사회적 신체계(nouveau régime)'의 출현으로 볼 수 있다.

1993, p.66).

[19] 세 번에 걸친 심각한 위기가 이를 증언해주고 있다. 1987년 여름 미국의 증권시장 위기, 1993년 유럽통화체계의 화폐에 대한 투기적 공략, 1994년 멕시코의 통화위기 및 증권시장 위기가 그것이다. 낙관주의자들은 항상 최악의 상황을 피할 수 있다고 생각할 것이며, 비관주의자들은 또다시 제방이 허물어질 것이라고 걱정할 것이다.

거대기업의 비중

페르낭 브로델은 자신이 관찰했던 경제 속에서, 시장영역과 대기업이 군림하는 자본주의 영역을 구분했다. 마찬가지로 세계화에 대해서도, 무수히 많은 중소 경제주체들에게 열려 있는 국제화·다국적화의 영역과 거대기업, 거대기업의 네트워크, 거대기업의 은하계를 동반하는 과점자본주의의 영역을 구분할 필요가 있다.

세계화의 가장 주요한 역학은 사실상 거대기업의 사업이다. 세계총생산에 대한 세계 200대 기업의 매출액 비중은 1960년 17%, 1984년 24%, 1995년 31%였다.[20] 200대 기업들이 구성하는 다국적기업 전체를 고려하면, 이러한 거대기업들은 세계총생산 및 세계총교역량의 절반 이상(절반에서 2/3 사이)을 실현 또는 지배한다.

1995년, 세계 '500대 기업'은[21] (산업 및 서비스에서) 3,500만 명[22] 이상을 고용하고 있으며, 자산은 32조 달러를 상회했다. 또 매출액은 11조 4,000억 달러에 달했고, 3,200억 달러 이상의 이윤을 실현했다.[23] '500대 기업'의 이윤은 소득수준이 낮은 43개국(중국, 인도 제외)의 총생산 합계를 ― 10억 이상의 인구에 3,040억 달러 ― 초과했다.[24] '500대 기업'의 매출액은 세계총생산의 절반 가량(47%)에 해당하고,[25] 저소득(인도, 중국 포함) 또는 중간소득 107개국[26] 총생산 합계(45억 이상의 인구에 5조 1,330억 달러)의 2배 이상이었다.[27]

---

20) Beaud(1989), p.59; *(The) Fortune Global 500*(1996); 세계은행(1995) 참조.

21) *(The) Fortune Globale 500*(1996).

22) 프랑스의 경제활동 인구는 2,600만, 독일의 경제활동 인구는 4,200만 명이었다(세계은행, 1995, p.231).

23) *(The) Fortune Globale 500*(1996), p.72.

24) 세계은행(1995), p.182.

25) *(The) Fortune Globale 500*(1996); 세계은행(1995) 참조.

26) 저소득 45개국과 중간소득 62개국.

27) 세계은행(1995), pp.182-183.

각각의 '세계적' 제품 및 '세계적' 시장에 대해, 대규모의 전략적 선택은 3~12개 기업에 의해 주도된다. 모두 200~300개 기업. 그리고 소수의 독과점기업들이 선도상품의 '세계화'를 이끈다.

세계화는 지불능력 없는 욕구를 무시한 채, 본질적으로 소득·구매력이 있는 국민들의 지도를 뒤덮는다. 그러나 현지의 생산·상품체계를 붕괴시킬 수 있는 세계화의 역효과는 그런 지도에 국한되지 않는다. 세계화는 우선 무엇보다도 2~3억의 소비자들에 관계되지만, 가까운 미래의 소비·생산·삶의 방식을 훨씬 큰 규모로 규정할 것이다. 물론, 현지의 기업정신이 개입할 수 있는 '틈새시장'이나 미개척시장, 의외의 돌발상황 등은 여전히 있다. 그러나 이미 핵심적인 10~15개 부문은, 거의 대부분 거대한 국가자본주의에 뿌리를 둔 거대기업의 활동 아래 틀이 짜여졌다.

앞에서 언급한 500대 기업의 거의 전부(94%)가 서유럽 및 북미, 그리고 일본의 기업들이다.[28] 말할 것도 없이, 거대기업들은 우리 시대의 주된 전략적 행위주체들이다. 거대기업들의 새로운 다국적 조직형태(기업, 네트워크, 은하계)는 그들로 하여금 세계의 격차를 더욱 잘 이용할 수 있게 한다. 가장 엄격한 책임과 규제를 피하면서도 모국의 주문과 지원을 획득하고, 신흥국가의 주문과 소비·투자 신시장의 혜택을 보며, 환경을 오염시키는 생산과 열악한 노동조건 및 저임금에 의한 생산에 대해서는 적합한 제공자를 물색하는 수고를 파트너에게 떠넘긴다.

각 부문에서 거대기업의 수는 적다. 거대기업의 가시공간 및 행동공간은 엄격하게 짜여져 있으며(제품, 시장, 경쟁자, 이윤), 윤리적 혹은

---

28) 서유럽 170개 기업, 북미 159개 기업, 일본 141개 기업(*(The) Fortune Globale 500*, 1996 참조).

인간적 감정에 대해서는―경우에 따라 '홍보'를 위한 경우는 제외하고―전혀 자리를 내주지 않는다. 거대기업들은 내일의 시장을 쇄신할 수 있는 상품들을 구상하기 위해 신기술의 제어를 하나의 주요한 전략으로 삼고 있다.

19세기와 20세기의 1960년대까지는 거대한 국가자본주의의 시대였고, 21세기는 소수의 거대기업에 의해 지배되는 다대륙·다국적 자본주의 시대가 될 것이다. 이것이 세계의 격변의 또 하나의 차원이다.

강대국의 자유주의

현재 진행되고 있는 세계화는 자유주의의 영향 아래 놓여 있다. 세계적인 금융기관에서 경영자측의 투쟁분파에 이르기까지 어떤 주체들은 자유주의를 깃발로 내세우고 있으며, 제국주의 및 신식민주의와 투쟁했던 다른 주체들은 자유주의를 새로운 악마로 보고 있다.

앵글로-색슨 세계에서는 두 가지의 커다란 자유주의 입장이 서로 대치하고 있다. 첫째는 리카도에서 하이에크에 이르기까지, 충분한 경쟁이 지배하는 한에서 시장을 신뢰하는 '고전적 자유주의'이다. 이 경우에 국가는 명확한 제한범위 내에서 몇 가지 임무를 완수할 뿐이다. 고전적 자유주의는 '교의적 자유주의(libéralisme doctrinaire)'라는 변질된 형태를 갖는데, 이는 '최소 국가', '자유방임', '부를 축적하라' 등의 단순한 슬로건으로 압축 표현된다. 둘째는 (개량적·민주적이며 보수주의와 근본적으로 대립되는) '현명하고 책임 있는 자유주의'로서, 볼셰비즘과 나치즘이라는 이중의 위협에 직면하여 시상경제와 민주주의를 구하기 위해 상당히 급진적인 국가의 대책을 제안했던 『일반이론』에서의 케인스에 의해 제법 구현되었다.

최근 서구에서 행해진 모든 자유주의 정책 가운데 전(前) 영국 수상

대처의 정책이 '교의적인' 형태에 가장 가깝다. 이는 국가개입 영역 및 공공부문 축소, 민영화, 규제완화, 사회보장 축소, 노조탄압 등으로 나타났다. 전(前) 미국 대통령 레이건의 정책은 사회보장지출 대량 감축, 감세, 재정적자 대폭 증가 등으로 훨씬 더 이상야릇한 것이었다. 레이건 이후로 연방 지출은 지속적으로 높은 수준을 유지했으며, 미국의 이해를 옹호하는 것이 세계무역에 대한 모든 협상의 가장 강력한 축이었다. 그리고 점차적으로 자유주의적 담론을 바탕으로, 국가이해 옹호, 경쟁력 지상명령, '전략적 무역정책'을 내세우는 신중상주의(néomercantilisme), 즉 경제적 신민족주의가 확립되었다. 이것은 일종의 최강자의 자유주의다.

유럽의 경우, 자유주의적 관점은 이데올로기 논쟁에서 폭넓게 통용되고 있으며, 고위 행정부에 침투했고, 좌익의 담론에까지도 배어들었다. 그럼에도 불구하고 국가개입은 여전히 여러 형태로 이루어진다. 견고하게 확립된 조합주의(corporatisme)는 크게 위협받지 않고 있으며, 일단 지켜진 사회적 획득물은 존중되었다. 따라서 통상적으로 단계적인 '수선과 흠집'에 의해 자유주의적 굴절이 구체화되었다. 전체적으로 보아, 자유주의적 굴절은 제한적인 것이었다. 그 이유로는 조합조직의 압력, 노동계의 저항, 그리고 대처 정부를 제외한 어떤 정부도 노동관계와 사회보장을 지배했던 원리와 제도에 대해 급진적이고 체계적으로 위협하는 정책을 펴지 않았다는 점 등을 들 수 있다.

아시아의 경우, 자유주의 교의는 불가피한 대외적 담론에 통합되었다. 특정 부문에서는 무자비한 경쟁이 있을 수 있다. 그러나 가속성장의 혜택을 입은 모든 나라에서, 국가, 몇몇 가문, 몇몇 그룹의 결속된 행위가 결정적이었다. 중국의 경우, 국가기구 구성요소(특히 군부), 가문 그리고 마피아 조직망의 역할이 중요했다.

이러한 일반적인 문맥 속에서 두 가지의 '침묵'이 지적되어야 할 것이다. 첫째로, '고전적' 자유주의의 계명과는 반대로, 자유주의의 새로운 유행에는 국가의 역할과 책임에 대한—또는 복수국가적·국제적인, 새로운 국가형태에 대한—명확한 재규정이 따라주지 않았다.

둘째로, 어떤 의미에서 아마도 유럽공동체(그리고 연합)의 테두리 안을 빼놓고는, 그 어디에서도 과거의 거대한 '자유주의 정책'의 주요한 요소를 구성했던 진정한 안티트러스트 정책이 실행되지 않았다. 그것은 오늘날 거대기업의 엄청난 비중을 볼 때 모순적인 것이다.

1980~1990년대 자유주의를 보면 몇 가지 특징이 도출된다. '작은 국가'에 대한 '교의적'이고 때로는 독단적이기까지 한 요구에 대해 국가의 탈개입이나 탈규제 조치에서도 하나의 거대한 실용주의가 대응했다. 징수의 경감은 주로 자본에서 수익을 얻는 층과 고소득계층에게 혜택을 주었다. 거대한 그룹의 집중과 권력은 결코 위협받지 않았다. 반대로, 세계적 경쟁의 맥락 속에서 각 나라는 '자신의' 거대기업을 지원하는 방향으로 나아갔다. 전세계적 차원에서 경쟁력 지상주의와[29] 국가들의 '유인력(attractivité)' 경쟁[30]을 동반하면서, 그때부터는 단지 기업뿐만 아니라 국가, 영토, 사회도 경쟁에 들어갔다.[31]

결국 가장 영향력이 큰 것은 세계화다. 경쟁의 다양화를 초래하고 외부적 제약을 심화시키면서, 세계화는 각 나라에서 규제완화에 대한 요구를 강화시켰다. 세계화는 규제완화를 위한 새로운 국가적 조치를 정당화하는 데 이용되었으며, 가장 냉혹한 경영측 분파로 하여금 전후의 여러 차원의 사회적 타협에 대한 근본적인 비판을 용이하게 했다.

---

29) Group of Lisbon(1993).
30) Michalet(1994).
31) 1995년 1월 30일 GEMDEV(세계경제, 제3세계, 개발을 논하는 과학적 이익
   집단) 세미나의 주제.

결국 세계화는 노동계의 대부분에 대해 제시된 대안(대량실업, 임노동 특히 저임금 노동의 유연성)의 불가피성을 정당화시켰다.

자유주의-세계화의 쌍은 전세계에서 증폭된 희생을 사회의 가장 무기력한 부분이 감당하도록 하기 위해, 그리고 기업, 기업가, 자본가를 짓누르는 제약을 줄이기 위해 이용되었다. 주요한 자본주의 국가에서 임금과 고용에 대한 압박, 국가의 부를 약탈하고 국제원조를 착복한 소수 지배계층과 독재자들은 위협받지 않는 반면 비효율적 정책과 잘못된 관리에 의해 균형을 상실한 제3세계 국가들의 민중에게 구조조정 프로그램을 통해 강제된 구매력의 격감, 사회적 차원을 제대로 고려하지 않은 채 착수된 개혁으로 인해 동구권 국가 대중의 가장 취약한 부문의 생활수준 하락 등이 그것을 보여준다.

자유주의 주제의 독단적인 주장은 미리 장애물을 없애고 터를 닦게끔 해주었다. 실용주의는 가장 중요한 장애물을 우회하고 불확실한 대치상황을 피하게 했을 뿐만 아니라 대그룹의 집중과 지배의 유지를 가능케 했다. 결국 1980~1990년대의 자유주의는 현실적인 차원을 갖고 있었다. 그것은 가장 강력한 행위주체들의 행동의 장과 활동의 자유를 확장해주는 것이다. 이같은 가장 강력한 행위주체들이란 세계를 지배하는 국가들과 중간수준의 힘을 지닌 강성국가들, 거대기업과 그들의 경영자 및 주요 주주들, 대규모의 국제금융 조작자, 그리고 국가의 약화 및 위기로 인해 방치된 자유로운 행동의 장마다 범람하는 마피아와 거대한 범죄조직 등을 가리킨다.

말로는 교의적이고 행동으로는 실용주의적인 현금의 자유주의는 약자를 소홀히 하고 강자를 지원하는 뚜렷한 편향을 띠고 있다. 그것은 "강자에게는 좀더 자유를"이라는 문구로 특징지어질 수 있다. 그런데 이미 말했듯이, 세계에서 강자들이 이토록 강했던 적은 없었다. 수단과 권력의 집중이 이토록 심했던 적은 없었다.

결론적으로 말해서, 1980~1990년대의 자유주의 공세는 사회의 경제에 대한 예속과 국가경제의 다국적·세계적 자본주의에의 종속성을 심화시키는 데 분명히 기여했다. 반면 이 공세는 현재 지배적인 수백 개 거대기업의 세력을 침식하기는커녕 오히려 공고히 하는 데 기여했다.

격차의 심화

세계화라는 용어는 기만적일 수 있다. 왜냐하면 이 말이 상기시키는 것은 주로 세계적 차원에서의 규격화, 나아가 획일화 경향이기 때문이다. 코카콜라·맥도날드·CNN 방송(세 가지의 미국산 '제품'), 몇몇 국제적인 대형 호텔 체인, 휴대전화의 유행 등은 이같은 경향을 증언해주고 있다. 좀더 근본적으로 보면, 규격화·획일화 경향은 (거대기업간의 미래제품 범주에 대한 협의에 따른) 세계적 표준체계로부터 기인한다.

그러나 세계화는 상호의존의 증가로 나타나기도 하며, 차이와 격차를 심화시키기도 한다. 각각의 개인 생산자는 납품업자와 고객의 망속에 포섭되어 있다. 이러한 망은 중간규모의 기업에 대해서는 촘촘해지고, 하나의 생산구역이나 혹은 한 나라에 대해서는 여럿으로 늘어난다. 1995년 말 프랑스의 철도망 마비, 1996년 말 원거리 트럭 운전사들의 파업이 유럽의 다른 여러 나라들에 대해 많은 곤란을 주었다는 사실이 이를 증언해준다.

그러나 무엇보다도 상호의존으로 인해 각 과정은 (직·간접적, 어떤 경우에는 부정적 혹은 긍정적인) 여러 가지 효과의 연쇄를 초래한다. 즉 한 곳에서는 전통적인 최저생계 활동이 붕괴되고, 다른 곳에서는 생산 및 고용에 대한 유인효과가 나타난다. 많은 나라의 소비자들이, 파업과 노조가 금지된 나라에서 저임금 노동이 집약적으로 고용된 '덕분에', 저렴한 첨단기술 제품을 찾아 구매할 수 있다. 투자를 촉진하고 고용을 창출하면서, 새로운 활동이 출현한다. 그러나 경쟁적인 활동이 다른 곳에서 생겨나 어렵게 만든다: 기업폐쇄, 실업증가. 빈곤화와 부유화는 서로 얽히고, 조화롭지 않은 세계의 운명은 좀더 나은 미래에 대한 기대와 절망의 끊임없이 갱신되는 혼합 속에서 짜여진다.

세계화는 직·간접적으로 거의 모든 인간에게 영향을 줄 수 있지만, 그들 중 단지 15억 명만이 생산자, 저축자, 소비자로서 참여한다. 세계화는, 가장 저렴한 가격으로 다섯 대륙의 제품에 접근할 수 있는 소득을 가진 2~3억 명의 사람들에게 (어느 월요일 일자리가 없어졌다는 것을 알게 되는 다국적기업의 간부가 아니라면) 유리한 것처럼 보인다. 현지 고용주로부터 고용 제안을 받은 가난한 나라의 농촌지역 젊은이들에게도 세계화는 긍정적인 것처럼 보일 수 있다. 그러나 과연 얼마동안이나 그럴까?

불평등하고 격차가 심한 세계에서, 상호의존 게임은 대조적·이질적·갈등적인 변화로, 그리고 결국에는 세계의 불평등과 격차의 심화로 나타난다.

언뜻 보기에 거대한 자본주의 3극(유럽, 일본, 미국) 전체의 강력한 행위주체 ─ 강대국, 거대기업, 화폐·금융시장의 대규모 조작자 ─들은 세계화로부터 이익을 얻기에 가장 좋은 위치에 있다. 그러나 강대국들은 책임지고 있는 영토 내의 현실(국가경제, 화폐, 사회, 환경)과, 세계적인 대결에서 지원해야만 하는 기업 및 그룹의 다국적·세계적 역학 간의 불균형 심화로 인해 아직 그들 앞에 놓여 있는 어려움에 대처하지 못하고 있다. 한편, 거대한 금융 조작자들은 어디까지 나아가도 되는 것인지, 또는 어느 만큼 신중해도 되는 것인지를 알아야 하는 딜레마에 늘 봉착하고 있다.

또한 다른 자본주의 국민국가들, 세계의 다른 방대한 지역의 국가들, 특히 역동적인 국가들의 경우는 매우 다양하고 이러한 나라들의 거대 국유기업과 주요 경제부문에도 큰 다양성이 존재한다. 그들에 대한 세계화의 영향은 몇 가지의 핵심적인 요소에 크게 의존한다. ① 국가와 사회 간의 통일성 정도, ② 국가를 지휘하는 지배계층의 국가 미래에 대한 투자능력, ③ 세계화의 소용돌이 속에 국가, 지배적 가문, 대기업들의 나라를 위한 전략을 정의하고 실행할 수 있는 능력이 그것이다.

끝으로, 취약하거나 약화된, 빈곤하거나 빈곤해진 세계시장과 어느 정도 연결된 다양한 지역들이 있는데 여기에는 어느 정도 정합적인 사회와 어느 정도 효율적인 국가들이 있다. 지배자들의 과시적인 부가 황량한 도시지구의 현대판 룸펜과 공존하며, 혹독한 가난의 참상이 인위적으로 조성된 관광단지 바로 옆에 있는 경우도 있다. 이런 곳에서는 산림·광산·에너지·농촌에 대한 무자비한 개발의 흉터를 발견할 수 있다. 물론 모든 것이 어느 정도 순조롭게 진행되는 마을이나 나라, 지역도 있다.

전체적으로 보면, 결국 경계선은 세계화 속에서 전략을 가진 자와 갖지 못한 자 사이에 그어진다. 파도와 소용돌이는 같을 수도 있다. 그러나 전자(전략을 가진 자)는 유리한 흐름과 기회를 찾는 데 성공하는 반면, 후자(전략을 갖지 못한 자)는 갈팡질팡하고, 이끌리고, 아단법석을 떨고, 수없이 뒤집힌다. 그리고 세계화는 불평등과 격차를 심화시키는 데 기여한다.

화폐와 상품의 군림

돈은 왕이다

중국정부가 개인이 돈을 버는 것을 어느 정도 허용하기 시작하던 1980년대에 중국에서 있었던 일이다. 자그마한 호수 근처에서 중국 여중생들이 도움을 청했다. 그들의 학우 한 명이 익사하기 직전이었다. 물에 빠진 소녀를 구해달라는 재촉을 받고 한 남자가 중얼거렸다. '얼마 줄 거야?'

같은 시기의 북아프리카. 소년들은 두세 차례 국경을 넘나들며 물건을 암거래하여 자신들의 아버지가 1년간 노동해서 버는 것보다 훨씬 더 많이 벌어들였다.

1980년대와 1990년대의 전환점에서 신흥부자와 가게 앞에 줄을 서야 하는 사람들이 공존했던 모스크바. 아이들은 줄 속에서 몇 차례의 중개를 통해 그들 부모(혹은 선생)가 한 달간 일해서 버는 것보다 더 많이 번다.

일본. 텔레비전은 시청자들의 '눈길을 끌기' 위해 새로운 것을 고안하는 것밖에 모른다. 호주의 사막에서 4분간의 피아노 연주회를 여는 데 100만 달러가 지출되었다.

이탈리아. 페도필(pédophiles),[32] 강간범, 성적 학대를 저지른 범죄자들이 카메라 앞에서 자신의 범행을 이야기하는 대가로 '채널 5'로부터 거액을 받는다.

미국. 자금조달을 위해 정치가들은 무엇이든 닥치는 대로 이용한다. 클린턴 행정부에서, 민주당에 대한 75만 달러의 기부는 백악관의 하룻밤 초대에 상당한다.

---

32) 소년·소녀에 성욕을 느끼는 변태자 — 옮긴이 주.

러시아. "하나의 거대한 규칙이 이제 확고하게 정착했다. …(중략)…
투표용지에서 법원판결이나 대중매체의 호의에 이르기까지, 공무원과
전문 살인청부업자까지, 모든 것을 돈으로 살 수 있다는 규칙이다."[33]

프랑스 지난 수십년간, 눈사태와 심각한 범람의 위험이 있는 위험
지대들이 건축 가능한 곳으로 발표되었다(그리고 실제로 건물들이 들
어섰다).

유명한 '포르뮐 앵(Formule 1)'이라는 자동차경주의 챔피언 자크 빌
뇌브는 선언했다. "이것은 하나의 악순환이다. 경쟁력을 갖추기 위해
서는 하도 많은 돈이 필요하기 때문에, 예산 물색과 후원자에게 환불
해야 할 채권이 종종 나머지 모든 것을 압도한다."[34]

언론계. 주제에 따라, 외설스러운 정도 혹은 추문을 일으키는 정도
에 따라, 상투적인 문구가 수천에서 수백만 프랑에 협상된다.

의료계. 수익성의 제약에 지나치게 속박되어 있어, 의사-환자 관계
는 이제 히포크라테스의 이상과는 별로 관련이 없다. 뇌물 받는 외과
의사, 범용(générique)약제 확산에 대한 프랑스 제약회사의 저항, 독성
에 대해 의심이 가지만 경제적 동기에 따라 계속 팔리는 제품들. 퀘벡
시의 한 여의사는 보건의학과 질병의학을 대조시킨다. 그녀에 따르면,
질병의학은 실험실에서 의사에 이르기까지 돈에 의해 지배를 받는 치
료체계의 핵심이다.[35]

1996년 6월 국제통화기금(IMF)에서 나온 한 연구에 따르면, (마약·
무기밀매, 매춘, 부패 등) 불법적으로 획득된 화폐의 연간 추정 세탁액
수는 5,000억 달러로 세세총생산의 2%에 이른다.[36] 에르베 드 카르무

---

33) *Le Monde*, 1996. 11. 24~25.
34) *Le Monde*, 1996. 9. 15~16.
35) Guylaine Lanctôt, *La Mafia médicale*, Coaticook, Voici la Clef, 1994.
36) *Le Monde*, 1996. 7. 31.

아에 따르면, 화폐의 세계적 순환에 매년 유입되는 마약소득 액수는 5,000억 달러에 이른다. "이러한 추정치는 비록 엄청나지만 십중팔구 실제에 못미칠 것이다. …(중략)… 이같은 막대한 액수에 대하여, 은행부문은 많은 경우 구멍이 숭숭 나 있는 형국이다."[37] 은행가의 완곡한 어법인가?

손자에게 '주인공이 돈'인 K의 이야기를 들려주기 전에, 할아버지는 이렇게 미리 알려준다. "오늘날 돈은 벌거숭이란다. 어떤 이데올로기도 어떤 사회운동도 돈에 옷을 입히지 않아. 단지 돈을 위한 돈이지."[38] 사회의 미래에 대해 깊이 고찰하면서, 외젠 앙리케즈는 좀더 많은 것을 언급하고 있다. "신과 왕의 살해는 초월적 성스러움에 종말을 고했으며, 속화(俗化)된 성스러움, 즉 돈의 출현을 가능케 했다. 돈이라는 기호의 특징은 인간의 삶에 내재하며 ─ 돈은 인간들 가까이에 있으며, 인간들 사이에서, 심지어 인간들 속에서 순환한다 ─ 동시에 모든 것을 지배하는 원리가 된다는 점에서 초월적이라는 것이다."[39]

'속화된 성스러움'으로서의 돈. 어려움에 처한 사람들의 불행, 궁핍, 고뇌를 구제하기보다 돈을 찬양하고 돈에 봉사하고 돈의 가치를 증진시키고 돈을 숭배하는 데 사람들은 더 많은 지혜와 기술적 수단과 자원을 바친다.

기준으로서의 돈. 냉혹한 논리, 시장의 법칙, 개인간의 경쟁, 국제적 경쟁 속에서 패배자들은 자신만을 탓할 수밖에 없다. 그들은 너무 늙고, 너무 나약하고, 무능력하고, 자격 없음이 드러난 것 아니겠는가? 왜냐하면 어느 누구도 그들의 살 길을 막았다는 비난을 받을 수 없기

---

37) Carmoy(1995), p.221.
38) Vassilikos(1994), p.16.
39) Enriquez(1983), pp.316-317.

때문이다. 아무도 책임이 없으며, 누구에게도 잘못이 없다.

모든 것을 지배하는 원리인 돈. 부유한 집안은 가족 중 한 사람을 구하기 위해 신장이식 비용을 지불할 수 있다. 그들은 가난한 나라의 가난한 농부가 자기 가족을 몇 달 동안 먹여살리기 위해 신장을 팔았다는 것을 모른다. 대부분의 경우, 분명 그들이 농부를 직접 만났더라면 그의 신장을 떼어 받지는 못했을 것이다.

정치운동 및 정당 자금조달, 정치영역·공공영역·민간영역 사이의 계급의 순환, 공공기금 및 보조금의 전환(때로 횡령), 혼합경제사회, 파트너십, 후원, 재단, 연합. 신성화된 돈은 모든 얽힘, 다양한 동기와 행동방식의 혼합, 수많은 불명확한 상황들, 도덕에 대한 유혹·일탈·모독, 그리고 규칙 및 법에 대한 무수한 침해를 가능케 한다.

스캔들, 조사, 범죄에 대한 신문소설이 단편적으로나마 보여주듯이, 공공부문과 사적 이해관계, 정계, 마피아, 범죄집단, 재계, 스포츠계, 연예계, 대중매체 등이 왕 노릇을 하는 돈의 지팡이 아래 서로 중첩되고 상호침투한다. 거의 모든 곳에서, 민주주의는 다음과 같은 조건을 필요로 한다. 민주주의의 원리와 규칙이 복원되어야 하며, 유권자나 시민처럼 책임 있는 기관들이 민주주의의 원리와 규칙을 존중하도록 강요할 수 있는 용기를 되찾아야 한다는 것이다. "돈 앞에서 입을 헤벌리고 있는 그대는 부끄럽지도 않은가? 자, 우주를 곰곰이 보라. 그대는 아무것도 소유하지 않으면서 모든 것을 주는 무소유의 신들을 보게 될 것이네."[40] 철학자 세네카의 일갈이다. 그러나 세네카도 자신이 누릴 수 있을 때는 호사도 사치도 마다하지 않았다.

우리 조상들은 절대권력을 후퇴시키거나 전복시켰다. 우리의 조부

---

40) Sénèque(1962), p.674.

모와 부모들은 산업자본주의 사회의 테두리 안에서 민주주의적·사회적으로 큰 진보를 이루었다. 우리는 신기술과 함께 해방의 새로운 장에 대한 가능성을 갖고 있다. 그러나 보다시피 우리는 한 세대도 지나기 전에, 돈이라는 새로운 절대군주와 함께, 모든 사회생활을 지배하는 상품화의 덫에 걸렸다. 그리고 돈의 지배를 내재화함에 따라, 자유의 회복과 저항을 조직할 수 있는 능력은 그만큼 약해졌다. 우리의 추론 속에 일차원적 경제의 계산적 환원을 차츰차츰 통합시켜가면서 말이다.

계산적 환원

이것은 아마도 보험업자가 시작했을 것이다. 그들은 생명의 '가격', 다리와 시력의 '가격'을 매겨야 하지 않겠는가? 전후(戰後)에 엔지니어들은 같은 방향을 추구했다. 위험한 십자로를 정비하는 것이 형편에 맞는지를 결정하기 위해서는 인간생명의 값을 매겨야 하지 않겠는가?[41)]

최근에 와서 세계은행의 한 중견 경제학자는 이 문제를 좀더 밀고나갔다. 1992년 초, 앵글로-색슨 언론은 진상을 고발하기 위해 서머스의 의견서 요약문을 발표했다. "세계은행은 환경을 오염시키는 산업이 후진국으로 이전되도록 조장해야 하지 않겠는가? …(중략)… 아프리카의 인구밀도가 낮은 나라들은 대부분 오염이 덜 되었다고 나는 생각한다. …(중략)… 건강을 해치는 오염의 비용계산은 발병률·사망률 증가로 인해 소진된 이윤에 달려 있다. 이런 관점에서…… 독성이 있는 대량

---

41) 여기서 선택 및 선택방법의 필요성을 부정하자는 것은 아니다. 그러나 우리는 선택·토론·결정의 질은 모든 것을 화폐관계로 환원시킴으로써 이익을 보지 못한다고 생각한다.

의 폐기물은 임금이 가장 낮은 곳에 방출해야 한다는 경제논리는 불가피하다."[42] 서머스는 이같은 요약문이 가져다주는 보잘것없는 명성보다—그가 요약문을 '풍자적'인 것으로 제시하면서 정당화하려고 시도했던 것보다—더 가치 있는 사람인 것 같다.[43]

풍자적이든 '서투르든', 그의 의견서는 진실을 보여준다. 정치적인 것, 윤리적인 것, 이상적인 것이 과소평가되는 시대에는 경제적인 것이 가장 주요한 준거로서 강요된다. 왜냐하면 궁극적인 목적의 선택을 뒷받침할 수 있는 가치와 개인·집단의 의지가 침식될 때, 특정한 결정, 망설임 그리고 무책임에 합리성이라는 옷을 씌워주는 경제적 계산—돈이라는 확실한 척도—이 남는다. 그런데 지난 수십년간, 대학가의 경제학 영역에서 새로운 태도가 나타나 확립되었다. 전통적으로 경제학 영역의 밖에 위치했던 문제들에 대해 경제적 계산을 응용하는 것이다.

그것은 인적 자본과 정보 등 전통적으로 경제학의 영역과 근접해 있는 새로운 영역으로 신고전파적 분석이 (모든 행위주체들에게 공통적인 것으로 간주되는 신고전파의 계산적 합리성과 함께) 확장되면서 시작되었다. 인간을 지우고 개인을 축소시키면서, '인적 자본'[44] 개념은 오직 표준 경제적 계산의 기초 위에 교육, 수련, 건강에 관한 분석을 가능케 했다. 정보가 제공하는 이익과, 정보의 탐색 및 획득에 따르는 비용의 쌍으로 경제주체의 정보를 환원함에 따라, 경제주체의 정보도

---

42) *The Economist*, 1992. 2. 8; *Financial Times*, 1992. 2. 10; *Courrier international*, 1992. 2. 20. 참조.

43) James M. Poterba, "In Honor of Lawrence H. Summers, Winner of the John Bates Clark Medal," *Journal of Economic Perspective*, vol.9, 1995, n°1, pp.165-182.

44) 특히 Jacob Mincer, Theodore W. Schultz, Gary Becker에 의해 수립되었다 (Beaud et Dostaler 1993, p.159 이하 참조).

마찬가지로 오직 표준 경제적 계산의 기초 위에서만 분석이 가능해졌다.[45]

경제주체의 계산적 합리성 공준이라는 환원적 접근방법의 응용을 아주 넓은 범주의 인간행위에까지 확대시킨 개리 베커와 제이콥 민서에 의해 중대한 진전이 이루어졌다. 그들에 따르면, 범죄행위마저 기대편익과 비용(붙잡혀서 처벌받을 위험)을 비교하는 합리적 계산의 단순한 결과물이다. 마찬가지로 결혼결정, 출산결정, 이혼결정, 가계 내 역할분할 결정 등이 비용과 편익에 대한 합리적 비교의 결과물로서 단순하게 분석될 수 있다.

개리 베커의 말을 들어보자. "추상적인 수준에서, 사랑 및 성행위 혹은 특별한 개인과의 잦은 친밀한 접촉 등과 같은 감정적 관계들은 상업화할 수 없는 특수한 가내상품으로 간주될 수 있다. 그리고 상품수요에 대한 (이 책) 제1부에서 (다루어진) 분석에 크게 덧붙일 것이 없다."[46] 따라서 "결혼의 기대효용이 독신상태의 기대효용 혹은 좀더 적당한 동반자에 대한 추가적인 탐색으로부터 얻는 기대효용보다 클 때"[47] 한 개인은 결혼한다. "동반자를 탐색할 때, 남성과 여성은 경쟁하므로, 우리는 결혼시장이 존재한다고 가정할 수 있다."[48] 그리하여 경제학의 광명 덕택으로 심리학자, 사회학자, 소설가들이 모호하게만 만들었던 이 영역이 해명된다. "결혼으로부터 얻어지는 이득은 상품 가능성뿐만 아니라 아마도 비상품 생산성에 영향을 미칠 아름다움, 지성, 교육과 같은 특성에도 달려 있다. …(중략)… 그것은 예를 들면 왜

---

45) George J. Stigler의 선구적 작업과 함께.
46) Gary Becker, 『인간행동에 대한 경제학적 접근(The Economic Approach to Human Behavior)』, University of Chicago Press, 1976, p.233.
47) Ibid., p.10
48) Ibid., p.206

덜 매력적이고 덜 지적인 사람들이 좀더 매력적이고 지적인 사람들보다 결혼하기 어려운지를 설명하는 데 십중팔구 도움을 줄 것이다."[49]

여기에서 문제가 되는 것은, 진지하다고 평판이 난 뛰어난 경제학자들의 세계 속에서 특이하고 부수적인 호기심이나 우스꽝스러운 모방이 아니다. 첫째, 베커는 1992년 — 일반적으로 그리고 부당하게 '노벨상'으로 불리는 — 알프레드 노벨을 기리는 경제학상을 받았다. 그럼으로써 베커는 경제학을 대표하는 초일류의 대열에 올라섰다. 둘째, '가족의 신경제학'[50] 또는 죄와 벌의 경제학[51] 같은 전문분야의 발전은 훨씬 폭넓은 사상운동의 성질을 띠게 되었다. 경제인(homo oeconomicus)에 기초한 분석과 오직 비용·편익 계산에만 기초한 선택이 잠재적으로 인간 의사결정의 모든 영역으로 확대되는 사상운동 말이다.[52] 간단히 말해서 모든 것은 하나의 교환으로, 따라서 초보적인 경제적 계산으로 환원될 수 있다. 설거지를 하는 아버지나 어머니를 도울 것인가 말 것인가, 도둑질을 할 것인가 말 것인가, 이웃을 귀찮게 할 것인가 말 것인가, 인자한 모습을 보일 것인가 아니면 무관심한 모

---

49) Ibid., p.214

50) Gary Becker, *A Treatise on the Family*, Cambridge, Massachusetts, Harvard University Press, 1981.

51) Gary Becker, "Crime and Punishment: An Economic Approach," *Journal of Political Economy*, vol.76, 1968, pp.196-217; Gary Becker, William M. Landes (dir.), *Essays in the Economics of Crime and Punishment*, New York, Columbia University Press, 1974; I. Herlich, "The Deterrent Effect of Criminal Law Enforcement," *Journal of Legal Studies*, vol.1, 1972, pp.259-276 참조.

52) J. Hirshleifer가 지적하는 것처럼, 이같은 유형의 접근방법과 함께, "오직 하나의 사회과학이 존재한다. 경제학에 제국주의적인 침투력을 부여하는 것은 경제학의 분석적 범주(희소성, 비용, 선호, 기회)가 진정 보편적으로 응용될 수 있다는 점이다. …(중략)… 그렇게 경제학은 사회과학의 보편적 문법을 이룬다"("The Expanding Domain of Economics," *American Economic Review*, vol.75, n°6, 1985, p.53).

습을 보일 것인가 하는 이 모든 딜레마는 비용·편익 계산으로 다루어
질 수 있다. 사회적 총체의 모든 차원은 경제학이 다룰 줄 아는 기초
적인 관계들로 환원될 수 있다는 것이 심층에 깔린 사상이다. 이는 복
잡성 부정의 좋은 예이다.

셋째, 상품·화폐관계의 망이 강화되고 조밀해지면서, 자유주의 이데
올로기가 다시 우세해지는 시대에 이러한 유형의 분석은 더욱 발전했
다. 사회는 단지 시장일 뿐이고, 각각의 의사결정은 비용·편익 비교로
부터 도출될 수 있으며, 모든 것은 매매되고, 오직 돈만이 중요하다는
관념을 널리 퍼뜨리는 데 이 분석은 기여했다.

"나는 내 인생 전부를 걸어 경제학자가 되려고 했다. 그러나 양식
(良識)이 나로 하여금 완벽한 경제학자가 되는 것을 방해했다"라는 제
임스 미드의 언명을 기억한다면, (양식 혹은 도덕적 판단에 의해) 각각
의 현상, 각각의 의사결정을 오직 일차원적 경제의 환원적 계산의 잣
대로 평가하도록 종용하는 접근방법을 거부하는 사람들이 많을 것으
로 기대할 수 있을 것이다. 특히 경제, 시장, 화폐가 모든 것을 점령하
고 모든 것을 지배하는 방향으로 나아가는 시대에.

상품의 군림

한 아이와 아버지가 들판을 산책하고 있다. 갑자기 아이가 뭔가 걱
정스러운 듯 멈춰서더니 묻는다. '아빠, 누구에게 돈을 내야죠?'

놀이공원, 거리당 요금을 받는 평지(平地) 스키장, 유료 해변…… 돈
을 내지 않아도 되는 대자연 속에서의 인간활동은 점차 줄어들고 있
다. 예전에 샘물은 공짜였다. 도회지에서나 물장수들이 아침 일찍 배
달을 했다. 오늘날 식수생산은 정식 경제활동이 되었다. 수돗물도 생
산된 상품으로서, 더 이상 공짜가 아니다. 그리고 광천수나 생수의 판

매는 세계의 모든 풍요로운 군도에까지 퍼져나갔다. 반면, 빈민가에서 수질이 의심스러운 물에 대한 수도꼭지 검사는 공갈단이 활개치는 기회가 되었다.

같은 시간에 현대적 관광과 어떤 형태의 관개는 물을 낭비하고 있다. 어떤 기업과 국가들은 무엇보다도 필수적인 물이 귀해지는 일을 직접 겪고 있는 주민의 심각한 피해를 전혀 아랑곳하지 않는다. 그러나 남아시아, 중동, 아프리카 끝자락이나 사헬 지구에 있는 촌락과 빈민가에서는 누구나 다음과 같은 광고판을 찾아볼 수 있을 것이다. "물: 유조선으로 수출한 연간 700만 톤의 생수. 마실 물을 공급받고자 하는 지방, 마을, 기업은 연락 바람……"[53] 하기야 이런 것이 있으면 무엇하나. 어차피 물은 그들 차지가 아닌 것을.

공기에 대해서도 비슷한 변화가 시작되었다. 은연중에 공기상품이 자리잡고 있다. 도시에서 정화된 공기를 얻을 수 있게 해주는 시설, 에어컨이 설치된 건축물의 점차적인 증가, 몇몇 모형이 예시해주는 '인공도시' 기획 등이 그것이다. 멕시코 중심부에는 산소흡입기가 이미 설치되어, 달러당 몇 모금의 산소를 마실 수 있다.

한편, 각종 분쟁 당시 설치된 대인지뢰는 분쟁이 끝난 후에도 오래도록 참혹한 피해를 주고 있다. 현재 대략 1억 1,000만 개의 지뢰가 세계 전역에 흩어져 있다. 지뢰 1발당 20프랑이므로, 지뢰판매 당시의 실제 매출액은 대략 22억 프랑으로 추정된다. 설치된 지뢰 한 발을 제거하는 데는 약 4,000프랑이 든다. 즉 4,400억 프랑의 잠재적 시장이 존재하는 것이다.[54] 인도주의자들은 지뢰금지 협상이 지체되는 데 대해 분노하고 있다. 지뢰생산 기업은 지뢰제거를 위한 국제공개시장에

---

53) *Far Eastern Economic Review*, 1995. 12. 7.
54) *Le Monde*, 1996. 1. 17.

참여하지 못하도록 하라는 것이 도덕주의자들의 요구이다.

보건위생의 예를 들어보자. 전에는 언제나 의사와 약사에게 값을 지불해야 했다. 그러나 심층적으로 모든 것이 변했다. 복잡하고 값비싼 기술을 사용함에 따라, 치료체계는 점점 더 매출증대와 투자 감가상각, 수익성 보장의 의무에 구속을 받고 있다.

파리 지역의 한 외과의료원은 최근 정확하고 철저한 분석회계 시스템을 구축했다. 그에 따라 말기 식도암에 걸린 환자들에 대한 치료비용이 매우 많이 든다는 사실이 분명해졌다. "심사숙고 끝에, 말기 식도암 환자들이 다른 곳에서 치료를 받을 수 있다는 사실을 감안해서, 우리는 더 이상 체계적으로 환자를 수용하지 않기로 결정했다"고 이 의료원의 책임자는 선언했다.[55] 히포크라테스 선서와 효율적인 경영요구 사이의 딜레마는 분석회계를 통해 종결될 수 있다.

인도에서는 신장이식 건수가 1983년 60건, 1988년 500건, 1994년 4,000건으로 조사되었다.[56] 뭄바이(봄베이)의 경우, 1994년 신장이식 수혜자에게는 10만 프랑이 청구된 반면에 '기증자'는 200프랑을 받았다.[57]

이탈리아의 불법 조직을 통해 유고슬라비아 내전 사망자의 눈이 밀매되고, 라틴아메리카의 병원 또는 양로원, 그리고 아시아의 전문화된 조직을 통해 각막과 장기가 밀매되었음이 드러났다. 매춘, 마약, 무기에 이어, 현재 다양한 형태로 급격하게 불어나는 조직적 범죄는 새로

---

55) *Le Monde*, 1993. 12. 30에 인용.

56) *Down to Earth*, 1995. 3. 31, p.7.

57) 1995년 4월 4일 프랑스 TV 채널 아르테(Arte)의 방송프로그램 '트랑지트(Transit)'. 프랑스 라디오 방송 프랑스-앵포(France-Info)에서 (1993년 11월 18일) 방송된 캐나다 다큐멘터리에 의하면, 1993년 한 해에 모스크바의 외과의사에 의해 약 600개의 신장이 팔렸으며, 가격은 신장 1개당 2만 2,000달러였다.

운 수익성 높은 시장을 발견했다.[58] 그리하여 일부 국제기구는 우려를 표명하기 시작했다.

약 150년 전에 마르크스가 예고했던 것처럼, 상품의 지배는 확대되고 강화된다. 그러나 19세기에 사람들이 예측할 수 있었던 것처럼, 그리고 소비사회와 함께 20세기에 사람들이 목격할 수 있는 것처럼, 단순히 물적 상품의 증가와 '축적'을 통해서만 상품의 지배가 확대·강화되는 것은 아니다. 뿐만 아니라, 기술과학의 후원을 기반으로 가처분 구매력의 확대를 받을 것이라는 전망 속에서, 극도로 다양한—필수불가결한 것에서부터 전혀 쓸데없는 것까지—상품개념을 통해서도 역시 상품의 지배가 확대·강화된다.

우리가 이같은 과정을 일정한 거리를 두고 주목한다면, 상이한 소비 영역의 확대와 부흥을 넘어, 인간 삶의 상이한 순간들과 사회의 다양한 기능, 그리고 지구 재생산의 여러 측면의 상품화가 바로 신상품 폭증의 계기가 됨을 알 수 있다. 한마디로 인간, 사회, 지구의 상품화인 것이다.

새로운 전체주의?

아무것도 변한 것은 없다고 말할 수 있다. 교환은 태곳적부터 있어

---

58) 마리-모니크 로뱅의 영화(<장기 도둑(Voleurs d'organes)>)과 책(『밀매에 대한 설문(Enquête sur un trafic)』, Paris, Bayard, 1996)은 강력한 반발과 거부반응을 불러일으켰다. 프랑스 국립과학연구원(CNRS)의 연구원 베로니크 캉피옹-뱅상이 정리한 비판적 문헌에 따르면, "장기거래와 밀매는 가난한 사람들의 '자발적인' 장기판매와 사망자 착취를 통해 기능하고 있음을 우리는 알고 있다. 장기거래와 밀매는 인도와 중국에서 잦은 것으로 입증되었는데, 중국의 경우 사형수의 몸을 착취하는 경우도 있다. 다른 나라에서도 산발적 형태로 존재한다." 그러나 그녀는 "비밀 장기이식을 위해 범행을 저지르는 많은 외과의사들이 가담한 강력한 마피아에 의한 유아학살"(*Le monde*, 1996. 5. 14) 주장은 입증되지 않은 소문이라고 지적한다.

온 일이 아니던가? 수고할 가치가 있는 일과 없는 일에 대한 각 개인의 평가도 마찬가지다. 그리고 화폐, 상품판매 및 구매는 노동분업이 실현되던 최초의 사회와 함께 탄생하지 않았던가? 그래, 그때부터 지금까지 무슨 새로운 일이 있는가?

새로운 것은, 구매와 재산의 열쇠 그리고 최저생계 및 삶의 유지의 열쇠인 돈이 유일한 보편적 가치로 바뀌고 있다는 사실이다. 여기서는 다신교의 신 또는 일신교의 신, 군주 또는 왕, 가족 또는 공동체, 선(善), 올바름, 민족 또는 조국, 종교, 지식, 진보, 공화정, 민주주의, 사회주의 등, 과거 사회를 지배했던 가치들에 대해 논하자는 것이 아니다. 또 이러한 가치들이 사라졌다고 주장하려는 것도 아니다. 다만 적어도 많은 사회의 넓은 영역에서 그것들이 마모된 듯 약화되었다고 주장하는 것이다. 그럼으로써 돈에 좀더 많은 공간이 주어졌다.

물론 수천 년 전부터 화폐는 불평등 계층사회에서 주요한 역할을 맡아왔다. 오늘날 화폐는 사회의 재생산 및 구조파괴·구조개선의 과정 속에 그 중심적 위치를 차지하는 경향이 있으며, 동시에 지배적인 능동적 원리가 되는 경향이 있다. 비상품 재생산 공간(가내 또는 가족, 집단, 공동체, 공공, 국가공간)들은 점점 축소되고 있다. (자본주의적이건 아니건) 상품관계도 끊임없이 새로운 장으로 확장되면서 더욱더 사회 전체 즉 인류의 재생산에 필수적인 것이 되었다.

제2차세계대전 말기에 호르크하이머와 아도르노는 다음과 같이 지적했다.

"미국에서는 인간과 경제적 운명 간에 아무런 차이가 없다. 모든 인간은 그의 재산, 소득, 지위, 전망이 표상하는 것에 불과하다. 인간의 의식 속에서, 경제적 가면은 그것이 은폐하는 개성의 본질과 완벽하게 일치한다. 각 개인은 그가 버는 만큼 가치를 가지며, 각 개인은 그의 가치만큼 번다. …(중략)… 그들(미국인들)은 자신들의 상품가치에 의해 스스로를 평가하며, 자본주의 경제에서 자신들이 처한 상황으로부터 자신의 존재를 배운다."[59]

그로부터 50년이 지난 지금, 세계의 거의 모든 곳에서 점점 더 많은 인간들에 대해 이 말을 적용할 수 있지 않은가?

호르크하이머와 아도르노는 다음과 같은 사실도 깨닫고 있었다. "경제적 합리성, 즉 그토록 찬양받던 최소 수단의 원리는 경제의 최후 단위, 즉 인간을 기업만큼이나 끊임없이 개편한다."[60] 그들은 다양한 주제에 대해 파시스트 전체주의와 상품 전체주의의 유사성을 환기시킨다. 도덕성의 소거, 물건처럼 취급되는 인간들, 계산적 사고의 절대우세 등이 그것이다. 더 나아가 그들은 1930~1940년대의 전체주의 현상(히틀러 숭배, 유태인 배척주의, 파시즘)이 다가올 커다란 파도의 시작에 불과하다는 견해까지도 여러 차례 되풀이하여 제시했다. 파시즘에 관해 그들은 다음과 같이 쓰고 있다. "파시즘의 패배가 눈사태와 같은 거대한 파시스트 운동을 멈추게 하지는 못할 것이다. …(중략)… 모든 것은 마치 오래 전부터 최악을 선택한 것처럼 진행되고 있다."[61]

산업자본주의와 소비사회가 한창 번영을 구가하던 1960년대에, 마르쿠제는 '일차원적 사회'에 대한 분석을 전개했다. "(일차원적 사회의) 가장 중요한 특성은 아주 물질적이고 현실적인 토대 위에서, 즉 독점자본주의를 재생산하는 욕구를 지도하고 충족시키는 토대 위에서 이루어지는 피지배계급의 통합이다."[62] 그는 여기서 특히 "거짓된 일

---

59) Horkheimer et Adorno, 1996, p.220.
60) Ibid., p.210.
61) Ibid., p.235.
62) Marcuse(1968b), p.42.

반이해(intérêt général)라는 이름 아래 욕구를 조작함으로써 기능하는, 공포정치에 기초하지 않은 경제-기술적 획일화"[63] 형태를 갖는 전체주의의 위험을 명시적으로 보았다.

전체주의? 여기서 문제 되는 것은 히틀러 치하의 독일이나 스탈린 치하의 소련에서 발전했던, 총통 혹은 민중의 아버지와 같은 인물, 정치-사찰 독재, 선동, 대중의 지지와 대중 테러의 혼합을 갖춘 정치적 전체주의가 결코 아니다. 오직 환원적이면서 동시에 포괄적·총체적인 (englobant/totalisant) 체계,[64] "구조적으로 사회의 모든 기능을 포괄하는 체계"라는 의미에서의 전체주의가 문제 되는 것이다.[65]

물론 우리가 전체주의 사회 속에 살고 있지는 않다. 그러나 우리는 전체주의로 향하는 내리막길에 있는 것이 아닐까? 환원주의적 계산, 통상적인 최상의 기준으로서의 화폐 등에서 보이는 환원적 체계. 화폐관계, 상품관계, 경제적 계산의 보편화와 상품소비의 폭증 등에서 보이는 포괄적·총체적 체계. 그리고 '사회의 모든 기능을' 포괄하는 체계를 그 예로 들 수 있다. 여기서는 도처에서 끊임없이 다시 시작되고, 다시 활기를 띠고, 팽창하는 자본주의의 맹목적인 역학이 강제되는 한편, 모든 다른 사회·생산형태들은 점차적으로 해체 또는 파괴된다.

화폐와 상품의 유통, 사람들 사이의 화폐관계, 화폐가치 및 경제 계산의 이데올로기, 이 모든 것들이 우리의 머리, 일상생활, 사회 속에서 동시에 진전되고 있다. "돈은 돈을 취급하는 자들의 욕망에 순응하는 추상체이다. 돈은 돈을 자극하는 사회구조의 모든 틈새와 톱니바퀴 사이로 스며든다. 꽃병에 부어진 물이 꽃병의 모든 굴곡에 따라 모양이

---

63) Marcuse(1968a), p.29.

64) Arendt(1972) & préface de Paul Ricoeur à Arendt(1993) 참조.

65) Martin Malia, 「러시아 전체주의의 붕괴(L'écroulement du totalitarisme en Russie)」(entretien), *Esprit*, 1996. 1-2., p.52.

생겨나듯이, 돈 자체는 아무 죄가 없다"[66]라고 정신분석학자 세르주 비더만은 지적했다.

그런데 현대의 사회·경제적 기계장치는 무수히 많은 새로운 틈을 열었으며, 그 틈새로 상품·화폐관계가 자리잡았다. 그에 따라 일차원적 세계의 위험과 표면적으로는 화폐와 상품에 의해, 그리고 심층적으로는 거대기업들에 의해 지배되는 새로운 전체주의의 위험이 탄생했다. 앞서 전체주의가 정착했던 때와 마찬가지로, 사회적 구조파괴는 원자화된 대중을 낳았다. 대중은 지지를 표명하는 분파와, 승인과 체념 사이에 붙들린 분파로 분할되었다. 많은 지식인들은 체계의 힘에 매혹되었다. 그리고 나치즘이 자연에, 스탈린주의가 역사에 의거했던 것처럼, 자본주의의 이념을 받드는 이들은 시장에 의거한다.

위로부터 폭넓게 선전되고 강제된 과거의 전체주의는 (열정과 두려움이 섞인 채로) 개인적으로 지지하는 대중의 일부분을 포함시켰다. 현재 우리를 위협하는 전체주의는 (마치 공상과학영화의 특이한 생명체처럼) 우리 개개인의 내부에 스며들어 번성하고 있다. 그러나 거대기업들의 전략과 그들이 전달해주는 에너지에 의해, 전체주의는 통일성과 역동성을 가지게 되었다.

하나의 새로운 전체주의가 우리 사회를 위협하고 있다. 그것은 아직 확고하게 자리잡지는 못하고 있다. 아직은 저항지대가 존재한다. 전체주의는 아마 아직은 억제될 수 있을 것이다. 그러나 우리가 억제하기를 원해야만 하며, 효율적인 전략을 찾아내야만 하고, 전략을 실행에 옮겨야만 한다.

---

66) Viderman(1992), p.119.

새로운 유형의 전지구적 갈등

정체상태에 대한 꿈

1848년, 경제학자이자 철학자였던 영국의 존 스튜어트 밀은 산업과 인구의 진보를 고찰하면서 다음과 같이 언급했다.

"인간의 정상적인 상태는 곤궁에서 벗어나기 위해 끊임없이 투쟁하는 것이며, 서로 짓밟고, 팔꿈치로 치고, 짓누르고, 경합하는 것이고, 현실사회의 모습인 충돌이 단순히 산업발전의 불쾌한 하나의 단계가 아니라 인류에게 가장 소망스러운 운명이라고 믿는 사람들이 제시하는 삶의 이상향을 솔직히 나는 달갑게 생각하지 않는다."[67]

노자와 비슷하게, 밀은 계속 말한다.

"인간본성에 맞는 최선의 상태는 아무도 부자가 아니며, 아무도 좀더 부유해지기를 갈망하지 않으며, 앞지르기 위해 서두르는 타인들의 노력 때문에 순서가 뒤집혀질 것에 대해 아무도 두려워하지 않는 상태이다. … (중략)… 이미 필요 이상으로 부유해진 개인들이 자신들에게 부의 상징 이외에 거의 아무런 쾌락도 가져다주지 못하는 사물을 소비할 수 있는 능력을 배가시키는 것에 대해 왜 기뻐해야 하는지, 또 매년 더욱 많은 개인들이 중산층에서 부유층으로 이동하는 것에 대해 왜 기뻐해야 하는지 그 이유를 나는 모르겠다."[68]

밀은 인간적 진보의 새로운 단계, 즉 정체상태에 대한 전망이 방긋이 열리는 것을 보았다. 정체상태는 "더 나은 부의 분배", "재산의 평등에 우호적인 교육체계", 신중함, "개인의 검소" 등에 근거를 둔다.[69]

---

67) Mill(1873), vol.2, p.304.
68) Ibid., p.305.
69) Ibid., P.306.

정체상태에서 "인간적 진보"는 새로운 흐름을 가지게 된다. "인간의
영혼이 더 이상 부의 획득을 위한 관심으로 가득 차 있지 않다면, 모
든 유형의 도덕적 수양과 도덕·사회적 진보를 위한, 이제껏 없었던 충
분한 공간이 남게 될 것이다. 또한 삶의 방식을 개선하기 위해 필요한
만큼의 공간이 남게 될 것이며, 삶의 방식이 실제로 개선될 가능성이
좀더 많아질 것이다."[70] 이런 틀 속에서, 밀에게는, 기계의 개선 및 고
안은 인간의 "노동시간 축소"와 "일상적 피로"의 감소를 가능케 할 것
으로 보였다.

더욱이 정체상태에서는 자연을 존중하는 일도 보장될 것이다. 실제
로 "인간을 위한 곡식생산에 적당한 토지라면 한 뼘도 남김없이 모조
리 경작되고, …(중략)… 모든 산울타리, 모든 쓸모없는 나무들이 뿌리
째 뽑히고, 덤불이나 야생화가 농업개량이라는 이름 아래 뽑히지 않은
채 자리잡을 수 있는 여지가 거의 없는, 즉 자연의 자생적 활동에 내
맡겨진 것이 전혀 남아 있지 않은 세상을 생각하는 것은 별로 기쁘지
않다." 그리고 밀은 다음과 같은 소망을 밝힌다. "어쩔 수 없이 정체상
태에 처할 수밖에 없게 되기 전에 미리 앞서서, 후대의 사람들이 정체
상태에 만족하기를 나는 진심으로 희망한다."[71]

비록 신경 피로가 매우 심해지고, 옛 제3세계의 몇몇 나라들 또는
부유한 나라의 비밀 작업장에서 노동시간은 여전히 높게 유지되고 있
지만, 밀의 기대 가운데 한 가지인 노동시간의 축소와 몇몇 과업들의
고통 경감은 상당히 폭넓게 이루어졌다. 그러나 밀의 많은 우려는 현
실이 되어 드러나고 있다. 기계화 농업과 도시화 사이에서 대부분의
자연공간이 파괴되었으며, 존속하는 자연공간도 갖가지 오염과 자연공

---

70) Ibid., p.307.
71) Ibid., p.307.

간으로부터 혜택을 구하려는 사람들이 무리지어 드나들면서 훼손되었다. 국가간 그리고 국가 내부에서도 불평등은 심화되었다. 개인, 기업, 정치가, 정부는 다양한 충돌 속에서 끊임없이 투쟁한다.

기본적 욕구가 충족되고, 인간적 진보가 주로 지성, 미, 윤리의 범주에서 이루어질 수 있는 정체상태에 대한 갈망, 그리고 그에 대한 뿌리깊은 실망. 밀은 산업화 세계가 보기 드문 좋은 기회를 앞에 두고 있다는 것을 제대로 인식하고 있었다. 생산의 구속으로부터 벗어남에 따라, 좀더 나은 삶을 영위하고 생산적 과업에 보다 적은 시간을 할애할 수 있게 되었다. 그래서 각 개인은 자신의 안락과 자기발전을 위해 좀더 많은 시간을 가질 수 있게 되었다.

찬란한 분기점! 슬프게도 인간적 진보의 길은 선택되지 않았다. 물론 교육, 수련, 여가·예술·문화에의 접근에서는 진보가 이루어졌다. 그러나 우리 사회는 결국 경제적 필연성의 길로 접어들었다. 그것은 (부유한 계급 그리고 중산층을 위한) 욕구의 폭증, 끊임없는 불평등 재생산, 상품·화폐관계의 지배력 증가를 동반한다. 상품·화폐관계의 지배력은 차츰 늘어나, 오늘날 교육·보건·문화·정보·여가에 대한 접근이 갈수록 상품에 의해 이루어질 정도가 되었다.

걱정스러운 역학

문제는 극히 어려우면서도 아주 간단하다.

▪ 세계인구는 200년 만에 6배 증가했다.

▪ 같은 기간에 중산층 또는 유복한 가정의 욕구는 더 많이 늘어났다.[72)]

---

72) 이는 19세기 초의 서유럽과 20세기 말의 북아메리카를 비교하는 것으로 충분하다.

▪ 사회들간의 극심한 불평등과 사회 내의 극심한 불평등과 함께, 세계는 아주 높은 수준의 불평등에 처했다.

▪ 어떤 문제와 부딪치더라도, 모든 사회는 그에 대한 주요한 응답으로 경제성장을 내세운다.

▪ 그러나 주로 구매력 보유자의 수요를 겨냥한 경제성장은 새로운 욕구, 새로운 빈곤, 새로운 좌절 그리고 결국에는 성장의 새로운 필요를 창출한다.

▪ 마찬가지로, 부유한 나라들의 성장은 그들을 따라잡으려는 나라들에서 성장의 새로운 필요를, 빈곤한 나라들에서는 성장의 추가적인 필요를 창출한다.

▪ 이런 모든 성장은 채취, 쓰레기, 오염, 생물과 지구에 대한 침해의 증가로 나타난다.

▪ 그렇게 하여 오염방지, 토양과 필수적 자원들(물, 숲, 고기 등)의 복원, (화학적, 생물학적, 방사능의) 새로운 위험에 대한 방비 등 새로운 욕구가 창출된다.

▪ 요약하면, 재화와 급여에 대한 접근은 인류의 특정 소수집단에 대해서는 확대되는 반면, 다른 소수집단의 생활조건은 나빠진다. 또한 지구파괴는 심화되고 있다.

▪ 끝으로 인간과 지구, 부유한 사회와 빈곤한 사회, 사회와 경제 사이에 모순이 심화되고 있다.

이같은 모든 것은 '재생산 갈등'이라는 새로운 유형의 전지구적 갈등시대로의 신입을 가리키는 깃으로 생각해볼 수 있다.

▪ 세계를 구성하는 세 가지의 거대한 총체, 즉 지구, 인류, 자본주의 사이의 재생산 갈등.

▪ 이러한 틀 속에서 사회들과 영토화된 경제들 간의 재생산 갈등이

있다.

이러한 갈등 속에는 거대 다국적기업, (종교, 과학, 종파 또는 마피아의) 초국적 네트워크, 이주와 이산의 전통을 가진 주민들 등 다른 행위주체들도 참여한다.

재생산 갈등

중대한 '재생산 갈등'의 출현은 분명 세계의 격변의 중요한 한 측면이다.

첫번째 갈등은 인류 재생산과 지구 재생산 사이의 갈등이다. 그것은 국지적 오염, 지역적 황폐화(큰 지역 또는 작은 지역, 하천 유역, 호수 또는 내해 영역, 대양지대) 그리고 전지구적 불균형 등으로 가장 쉽게 확인된다. 그리고 인간활동에 기인한 지구 재생산의 변질은 이미 부메랑이 되어 돌아오고 있다. 황무지화, 토질 황폐화, 수자원 파괴 및 오염, 삼림자원 및 수산자원의 대대적 파괴 등은 사회의 재생산을 불가능하게 하거나 아주 어렵게 만든다.

두번째 갈등은 자본주의 재생산과 인류 재생산 사이의 갈등이다. 우선, 자본주의의 발전은 항상 과거의 생산형태 및 삶의 방식의 파괴를 동반한다. 한 나라에서, 그것은 '자국' 자본주의 확대의 부정적 효과와 관계된 것일 수도 있고, 또 외국에서 비롯된 활동의 이식 및 외국 생산품 침투의 결과와 관계될 수도 있다.

다음으로, 만일 자본주의 재생산이 (자본주의 발전의 배경이 되는) 사회의 재생산과 관계가 있다면, 주로 구매력 보유계층과 유용노동 제공자와 관계가 있다. 따라서 극심한 불평등 사회에서, 자본주의는 유산계급 및 국가의 지출과 가용노동의 제한된 부분만으로도 '작동'될 수 있다.

끝으로, 다국적화·세계화와 함께, 선진적인 국가자본주의는 자국 사회로부터 점차적으로 자립화하는 경향이 있다. 즉 자국 사회의 재생산과의 관계가 점점 약해진다.

자본주의는 국가, 금융자원을 처분하는 기구들, 구매력을 보유한 사회계급 또는 계층과의 관계 속에 진전된다. 반면, 다수의 대중이 불행, 궁핍, 소외 속에 방치되고 있다. 그들의 노동은 사용되지 않으며, 지불능력 없는 그들의 욕구는 고려되지 않고 있다.

세번째 갈등은 자본주의 (그리고 자본주의의 활동 및 생산품과 관계있는 인류의 일부) 재생산과 지구 재생산 사이의 갈등이다.

극단적으로 도식화해서, 서구의 2세기에 걸친 산업발전과정에서 수많은 대규모 환경파괴의 원인은 즉각적인 수익성 논리라고 말할 수 있다. 국가통제체제는 종종 더 나쁜 결과를 낳았다. 아시아에서 강제적으로 진행된 몇몇 산업화는 좀더 빠르게, 좀더 나쁜 결과를 낳고 있는 것 같다. 자각과 규제는 소수의 국가에서 최악의 사태를 막게 해주었다. 그러나 세계에는 아무런 규칙도 통제도 없는 공간이 너무도 많아서, 광범위한 환경악화를 우려할 수밖에 없다.

한편, 환경훼손의 정도가 아주 커서, 금융자산을 보유하고 있는 나라에서는 환경훼손 예방과 복원이 하나의 시장이 되었다. 전쟁에 의한 파괴와 재건축은, 오염과 오염제거처럼 각기 나름대로 특정 기업의 이해와 상응한다. 그리고 사람들이 환경훼손을 예방하고 금지하기보다는 오히려 그것을 개선할 줄 알기 때문에 환경훼손을 용인할 위험성이 있다.

끝으로, 새로운 기술진보와 함께, 화학농업과 같은 낡은 산업오염은 결국 후퇴하게 되었다. 생명공학과 유전공학의 진보와 함께 자각되기 시작했듯이, 각종 위험은 이제 새로운 형태를 띠게 된다.

이렇게 멀리 물러서서 보면, 수만 년에 걸쳐 지구의 여기저기에서 인간사회가 점차로 형성되었다. 수천 년 사이에 인간사회는 창조·생산·변환능력을 발전시켰다. 인간사회가 국지적으로 동식물군을 훼손하기는 했지만, 결코 인간사회의 재생산이 지구 재생산을 위협하지는 않았다. 반대로 인류 재생산의 새로운 조건은 지구 재생산 과정을 불안정하게 하고 약화시킨다. 그 심층에는 자본주의의 강력한 기계장치의 재생산이 있다. 자본주의 논리는 환경훼손뿐만 아니라, 지구에 사는 모든 이들의 복지는 말할 것도 없고 최저생계 유지마저도 고려하지 않는다.

결론적으로 보면, 세계의 여러 다른 사회에서 목격할 수 있는 복합적인 위기 —사회간 관계의 위기 특히 북측의 선진국 사회와 남측의 후진국 사회 간 관계의 위기 및 환경위기 —는 좀더 근본적인 현상, 즉 세 가지 중대한 '재생산 갈등'의 출현이라는, 세계의 격변의 본질적 차원의 징후라고 볼 수 있다.

5

재생산 갈등

지구와 인류 전체는 마치 이 시대의 숙명인 양 힘을 떨치는 경제에 의해 좌우되고 있다.

구매력 보유자들의 욕망에 비위를 맞추고 그들의 수요를 충족시키는 데 전념하는 경제는, 같은 움직임 속에서 풍요·부·실망·불행을 동시에 야기하며, 고용하고 해고하며, 먹여살리고, 부자로 만들기도 하고, 망하게 하고 소외시키기도 한다.

경제의 우선순위는 윤리가 지시하는 우선순위와는 판이하게 다르다. 경제의 목표는 휴머니즘의 목표를 도외시한다. 막스 베버의 표현에 따르면, 경제는 오직 돈만을 중시할 뿐, 인간은 개의치 않는다.

시련을 겪는 사회

균열

맬서스는 그가 쓴 『인구론』(1798년) 초판에서, 인구의 빠른 증가(맬서스의 추정에 따르면 인구는 25년마다 두 배 증가한다)와 생계수단, 생산의 저성장 간의 격차에 대해 우려를 표명했다. 그리고 그는 다음과 같이 경고했다.

> "이미 누군가가 소유하고 있는 세상에 태어난 사람은, 만일 정당하게 요구할 수 있는 생계수단을 부모에게서 얻지 못한다면, 그리고 사회가 그의 노동을 필요로 하지 않는다면, 일체의 식량을 요구할 권리가 없다. 사실상 그는 여분의 인간이다. 자연의 거대한 향연에서 그의 몫은 마련되어 있지 않다. 자연은 그에게 사라질 것을 명한다."[1]

이 경고는 재판(再版)부터는 빠져 있다.

맬서스는 거의 모든 점에서 틀렸다. 세계인구는 1927~1974년의 47년 동안, 또 1960~1999년의 39년 동안에 두 배나 증가했다. 그것은 25년마다 두 배 증가한다는 것과는 다행스럽게도 거리가 멀다. 만일 25년마다 인구가 두 배씩 증가했다면, 1800년의 10억에서 2000년에는 2,560억이 되었을 것이다. 생계수단 생산은 크게 증가했다. 따라서 맬서스의 학설은 농업생산성이 낮고 정체되어 있는 옛 제3세계의 몇몇 지역에서만 명백한 타당성을 찾을 수 있다. 하지만 그것도 논쟁의 대상이 되고 있다.

그러나 맬서스의 우려는 묘하게도 우리 시대에 현실로 나타나고 있

---

1) Malthus, 1845; 『문명의 역사(Histoire des civilisations)』, vol.5, 1953-1957, p.526에 인용.

다. 얼마나 많은 이들이 '자연의 향연에서 여분의' 인간인가? 얼마나 많은 이들이 자본주의적 풍요의 축제에서 '여분'의 인간인가? 그리고 부유한 나라에서 자기의 노동이 '사회에 쓸모 없는 것'이고, 자기의 먹을 몫이 없는 사람들이 얼마나 많은가?

그러나 그것은 맬서스가 언급한 자연법칙의 결과는 아니다. 오늘날 이런 결과를 낳은 것은 불평등의 역학, 부자들의 탐욕스런 이기주의, 구매력 보유자들의 욕구 폭증, 부를 생산하는 강력한 사회적 기계장치의 지불능력 없는 욕구에 대한 무관심 등의 사회적 역학이다.

경제학을 직업으로 삼는 사람들이 모두 그렇듯이, 맬서스도 욕구의 증가를 소홀히 했다. 부자의 욕구가 늘어나고, 덜 부유한 자들의 욕구가 늘어나고, 덜 가난한 자들의 욕구가 늘어나며, 마침내 모든 이들의 욕구가 늘어나는 현상을 말이다. 인구증가보다 엄청나게 빠른 욕구의 성장은 인구증가와 맞물려, 생산의 증가에도 불구하고 빈곤의 확대와 악화를 초래했다. 일찍이 호르크하이머와 아도르노가 예상했던 것처럼, "극빈을 모조리 없애버릴 수 있는 가능성이 높아짐에 따라, 능력과 무능력의 반대항으로서의 극빈은 엄청난 비율을 차지하게 된다."[2]

사실대로 인정하기를 거부하는 사람이 많겠지만, 북반구 선진국들의 과소비는 적도지역의 삼림 및 수자원 파괴와 관계가 있으며, 또 세계의 풍요와 아프리카의 참상 및 아수라장은 분명히 무관하지 않다. 그것은 단순하고 명확한 착취관계도 아니고 '자본주의 최후단계로서의 제국주의'의 가증스러운 지배도 아니며, 구조를 생성하는 동시에 파괴하는 관계들의 혼삽이나. 그리고 그 혼잡 속에서 많은 사람들이 이익을 얻고 무수히 많은 사람들이 손해를 본다.

---

2) Horkheimer & Adorno(1996), p.54.

　이런 관계들 중에서, 화폐관계는 사람들 사이를 연결시키는 동시에 분열시킨다. 수만 명의 아주 부유한 강자들과 수십억의 약자들 사이의 연결과 균열은 소비사회를 향유하는 수억, 이에 접근하려는 수억, 그 파편과 화면상의 이미지만 경험하는 수십억, 그리고 역사의 혼돈과 인간들의 광기에 의해 자원도, 땅도, 물도, 불도, 공간도 빼앗겨버린 자들간의 연결과 균열 등으로 나타난다.

　연결시키면서 동시에 균열을 초래하는 화폐관계, 그것은 단지 세계적 차원에서만 진실이 아니라 각 나라와 대소간의 수많은 인구밀집지대, 그리고 인간의 다양한 집단들에 대해서도 진실이다. 화폐에 의한 연결과 균열은 (가깝거나 먼) 역사의 다른 유산들과도 접합된다. 세계를 구성하고 동시에 분열시키는 국민국가의 유산과 다수의 국가로 분열된 또는 분열되어 국가를 이루지 못한 민족들의 유산, 종족집단의 유산, 종교의 유산, 과거 세습계급의 유산, 그리고 오늘날 각계(과학, 금융, 미술, 연극, 스포츠, 대중매체)의 유산, 무수히 많은 소사회, 씨족, 도당, 갱의 유산 등이 그것이다.

가난한 나라의 빈곤

　모두가 알고 있다. 우리는 텔레비전 화면을 통해, 아프리카의 좁은 길을 따라 야영지의 비탈이나 벌판에 셀 수도 없이 드러누운, 피골이 상접한 몸들을 보았다. 어떤 이들은 미약한 몸짓과 힘없는 눈빛을 보이며, 또 어떤 이들은 탈진하여 움직이지도 못하고 있다. 죽었는지 살았는지? 우리는 불도저가 시체를 그러모아 트럭에 싣거나 구덩이에 퍼넣는 것을 보았다. 알랭 레네의 단편영화 <밤과 안개>에서는 또다른 영상이 나타났다. 헛간, 거대한 구덩이, 야영지의 둑에 널린 피골이 상접한 시체더미, 임종의 두려움에 굳어버린 몸짓, 그리고 나치 강제수용체계의 조직적인 집단학살의 참혹함.

결코 이런 일은 없을 것이라고 나도 생각했었다. 그뒤로 중국과 캄보디아에서 집단학살이 있었다. 오늘날은 죽음을 선고받고 공포에 떨며, 조종되고, 자원을 박탈당하고, 동요하는, 그리고 조만간 기아와 갈증, 비위생, 질병에 의해 죽어갈 무수한 대중이 있다. 물론 이것이 전체주의 세력의 결정이 계획에 따라 실행된 일은 아니다. 그러나 이러한 일을 당하는 공포는 전체주의에 의한 경우보다 더 크지도 더 작지도 않다. 그것은 전혀 다른 공포다.

지난 여러 세기 동안 정복자 유럽이 보여준 뿌리깊은 인종주의와 자신들의 문명보급 임무에 대한 믿음, 그리고 야만족이나 열등한 인간들 — 하기야 이들이 인간이기나 했던가? — 에게 자신들이 진보를 가져다준다는 확신을 어찌 문제삼지 않을 수 있겠는가? 이러한 믿음과 확신은 당시의 학살과 약탈 그리고 도를 지나친 부의 추구와 불가분의 관계에 있다.

식민지와 탈식민지, 근대성 파편의 (일시적이고 미세한) 강제 삽입 또는 이식, 유사 국가와 복사된 근대화의 강제에 의해 생겨난 상처의 심각성을 어찌 깨닫지 못하는가?

역사 속에 굳건히 뿌리박은 근본적 통일성을 가진 몇몇 사회들은 이러한 상처를 받고도 살아남아, 회복되었거나 회복되는 중이다. 하지만 좀더 취약하고 무기력하고 남을 잘 믿거나 어리숙한 다른 사회들은 치명적인 상처를 입었다. 또다른 사회들은 안정성을 상실하고 붕괴되었다. 그 나머지는 돈의 흐름과 부(富)의 착취, 그리고 기업, 새로운 권력, 국가의 터무니없는 결정, 시장의 맹목적인 메커니즘, 이런 야만성의 몫이 되었다.

대부분의 서구 정치지도자들의 우호적인 방조 아래 파렴치하게 부를 축적한, 여러 얼굴을 가진 독재자들도 고발해야 한다. 또한 권력의 영역에서 부를 축적한 소수 지배계층과 수단과 권력을 남용하는 다국적기업도 고발해야 한다. 여기에는 경제적 기계장치의 거역할 수 없는 논리가 있다.

페루에서 돌아온 지리학자 올리비에 돌퓌스[3]는 내게 이런 말을 해주었다. 국유화되었다가 다시 민영화된 옛 사유지에 사탕수수를 재배해오던 페루 중·북부지방의 한 계곡에 수천 헥타르에 걸친 농업기업이 설립되었다. 20~30년 전만 해도 상당한 부를 축적했던 한 농민은 다시 무일푼이 되었다. 그는 사탕수수를 자르는 기계를 조종했던가? 기업은 기계화를 포기했다. 요즘에는 비용이 너무 많이 들기 때문이다. 기업은 날품팔이 일꾼 고용을 선호한다. 농민들이 기대할 수 있는 유일한 노동은 벌채용 큰 칼로 법정 최저임금 이하를 받고 사탕수수를 자르는 것뿐이다.

그는 호경기에 집을 구입했던가? 기업의 대리인들이 그를 찾아왔다. "당신 집은 당신 거요. 그건 부정할 수 없지. 당신은 권리증서를 가지고 있소, 좋아. 그러나 당신 집이 들어서 있는 땅은 당신 게 아니오. 우리 것이지. 그건 부정할 수 없소. 우리도 권리증서를 가지고 있거든. 그런데 이 지대는 모두 경작을 하도록 예정되어 있는 땅이오. 당신은 지금부터 한 달 안에 집을 허물어야 하오. 안 그러면 우리가 헐어버리겠소."

수억의 인간들에게 조상의 땅은 더 이상 그들의 것이 아니며, 또다른 수억의 인간들에게도 조상의 땅은 더 이상 욕구에 부응할 만큼 충

---

3) Olivier Dollfus, 지리학자. 프랑스 파리 제7대학 교수. 저서로 『세계화(La mondialisation)』(파리, 시앙스포 출판부 펴냄, 1997. 한국어판 최혜란 역, 한울 펴냄, 1998) 등 다수가 있다 ― 옮긴이 주.

분하지 않다. 장래성 있는 일모작(국영 또는 민영)의 발전, 도시화, 대규모 댐 건설로 없어진 다품종 식량 경작, 촌락의 쇠퇴, 토질 황폐화, 황무지화, 집산화. 여기에서 절대적 빈곤이 심화되어, 물, 땅, 땔감용 나무, 필수적인 생활수단, 식량의 결핍 등이 나타난다.

절대적 빈곤은 최저생계의 원점이다. 그것은 극단적으로는 최저생계 수준의 미달과 쇠퇴, 죽음을 동반한다. 이러한 과정은 그것이 전개되는 형태와 규모 면에서 새로운 것이다. 사실 과거의 사회는 아무리 불평등하더라도 가장 가난한 자들을 위한 삶 또는 생존의 형태나 재분배 방식, 그리고 연대(連帶)의 방식이 생겨날 수 있는 여지를 남겨두었다. 유럽에서 자본주의의 발전 초기에 농민들은 자기 땅에서 쫓겨났으며 장인들은 몰락했다. 그러나 당국 및 지도적 위치에 있는 계층은 '그들의' 빈민들을 비록 무척 냉혹하게나마 돌봐야 했다. 그러나 오늘날 부를 생산하는 초대형 기계(méga-machine)는 세계적인 규모의 불행과 빈곤을 만들어낸다.

세계적 상품관계의 소용돌이와 강력한 지배자들(독재자, 소수 지배계층, 다국적 그룹)이 강요한 혹독한 변화에 의해 급격히 빈곤해진 가난한 사회의 무수히 많은 빈민들에게 무슨 일이 일어날 것인가? 환상을 퍼뜨리는 몇몇 사람들이 새시대의 마을로서 제시하는 전지구적 상품의 정글 속에서, 땅도 물도 없고 학교교육도 받지 못한 사람들에게 어떤 공간이 남겨질 것인가? 문제를 윤리적 차원에서 고려하기를 거부하거나, 우선 편하고 보자는 생각에서 또는 이념 때문에 이러한 문제들을 회피하는 사람들은 알아야 한다. 빈곤과 불행의 바다가 확장되도록 방치하는 것은 엄청난 불안전지대의 생성에 기여하는 것이며, 체제완전보존주의자(intégriste)들, 지역 폭력단, 마피아, 그리고 새로운 협잡꾼들에게 비옥한 토양을 제공하는 것일 뿐임을.

더구나 이러한 절대적 빈곤은 욕구의 폭증과 연결된 상대적 빈곤과 겹친다. 수천년간 대다수 대중의 욕구는 물, 식량, 의복, 주거 등 본질적인 것에 국한되었다. 대지의 너그러움, 권력자들의 착취 정도, 전쟁 또는 평화, 계절 또는 해에 따라 사람들은 생계를 유지할 만한 수단을 갖기도 하고 잃기도 했다. 이러한 사회의 빈민, 부랑자들은 마실 국물 한 사발과 누워 잠잘 곳을 찾았다. 이러한 빈곤은 사라지지 않았으며, 사회적 붕괴와 전쟁 그리고 자유주의의 새로운 물결과 함께 급격하게 다시 나타났다.

오늘날 욕구는 다양화되었고, 화폐관계는 보편화되었다. 상품은 마냥 으스대고 있다. 새로운 빈곤의 형태가 퍼지고 있다. 옛 제3세계의 거대도시에서는, 현대판 룸펜(텔레비전을 갖춘 빈민촌의 오막살이 집)에서부터, 현관 아래 잠자리로 깔아놓은 마분지 상자에 이르기까지 빈곤의 온갖 모습을 접할 수 있다.

소수 지배계층은 끝간 데 없이 부를 축적하고, 극히 소수 집단은 현대적 삶의 방식에 접근하려 하는 반면, 빈곤의 두 영역인 절대적 빈곤과 상대적 빈곤은 확대되고 있다.

부유한 나라의 빈곤

자유주의적 자본주의가 극도로 강화되고 상품적 가치가 삶의 모든 분야로 확대되면 사회의 미래가 위태로워진다. 휴머니스트인 어느 대학교수가 이렇게 주장하면 주목받지 못할 수 있다. 그러니 1990년대의 이름난 국제적 투기꾼 조지 소로스의 의견을 들어보자.

"나는 세계 금융시장에서 돈을 벌었다. 그러나 이제는 자유주의적 자본주의가 극도로 강화되고 삶의 모든 영역으로 상품적 가치가 확대되는 현상이 개방된 민주주의사회의 미래를 위태롭게 하지 않을까 걱정된다."[4]

'월가의 도사'라는 사람의 입에서 나온 이러한 경계의 말은 남의 이야기를 들으려 하지 않는 이 세계에서 더욱 큰 반향을 불러일으키지 않을까?

빈민문제는 19세기 후반 유럽에서 박애주의자와 휴머니스트들의 마음을 깊이 사로잡았다. 프랑스의 경제학자 샤를 지드는 세 가지 유형, 즉 "노동력을 갖지 못한" 자, "노동의 의지를 갖지 못한" 자, "노동수단을 발견하지 못한" 자로 극빈자들을 구분했다.[5]

"개인적·자연적·우연적 원인과 관계 있는 빈민"은 "잘 조직된 보험 및 구제 체계에 의해 사라져야 한다"라고 그는 쓰고 있다.[6] 지드는 "기계의 발명 혹은 과잉생산에 기인하는 실업과, 대량생산 및 국제경쟁의 변화에 기인하는 경제공황은 분명 우리 시대의 특징적인 현상이며 우리의 부모 세대는 알지 못했던 현상이다"라고 진단했다. 그리고 그는 이렇게 결론지었다. "그러나 인류를 절대적으로 절망시키지 않기 위해, (그러한 원인의) 가장 활동적인 (적어도) 몇 가지는 시간이 지남에 따라 완화될 것이라고 믿어야 한다."[7]

그로부터 1세기 후, 1930년대의 대공황과 전후 저개발은 그만두고라도, 세계를 관찰해보면 이러한 원인들이 결코 완화되지 않았음을 알 수 있다. 물론 전후 산업사회에서 성장과 복지국가는 비록 모든 이를 위한 천국을 만들지는 못했지만 빈곤은 감소시켰다. 그러나 성장의 둔

---

4) George Soros, 「적(敵)은 자본주의다(L'ennemi, c'est le capitalisme)」, *Le Nouvel Observateur*, 1997. 1. 30~2. 5, p.78.
5) Gide(1898), p.406.
6) Gide(1898), p.413.
7) Gide(1898), p.413.

화와 신자유주의는 극단적 형태로까지 빈곤을 되살아나게 했다. 공식 통계에 따르면, 1993년 선진산업국의 실업자 수는 3,700만 명으로 나타났다.[8]

경제학자 레스터 서로에 따르면, 미국에서 실업자나 일하기를 포기한 자, 열악한 고용조건[9]을 수용한 자는 경제활동인구의 1/4~1/3에 이른다.[10] 유난히 추웠던 1995년에서 1996년에 걸친 겨울에는 집없는 사람들이 약 70만 명으로 추산되었다.[11] 1980년에서 1992년 사이에 버림받거나 학대받는 아이들의 수는 100만에서 약 300만 명으로 늘어났다.[12]

영국에서 자유주의적 처방은 생산·번영의 회복과 동시에 빈곤의 확대를 가져왔다. 1994년 현재 가계의 1/4과 어린이의 1/3이 빈곤 속에 살고 있다.[13] 공공서비스가 축소되면서, 실업과 소외는 타격을 입은 범주의 사람들에 대해 교육, 거주, 보건 같은 조건의 심각한 훼손으로 나타났다.

프랑스에서 대량실업의 장기적 정착과 고용 불안정의 체계적 심화는 새로운 빈곤의 물결[14]과 현대사회의 조난자—직업이 없고, 거처

---

8) UNDP(1996), p.217.

9) 불안정하고 급료가 적은 파트타임직.

10) 즉 이는 3,000~4,000만 명(Thurow, 1996, pp.54-59)인데, 1993년 공식통계에 따르면 870만 명이었다(UNDP, 1996, p.217).

11) *Le Monde*, 1996. 1. 14~15.

12) *International Herald Tribune*, 1995. 10. 8~10.

13) Government Statistical Service, 『평균수입 이하의 가계(Households Below Average Income)』, 1994; *Le Monde*, 1994. 7. 30에 인용.

14) 프랑스의 대통령 자크 시라크는 대통령 후보일 때 사회적 균열을 이렇게 고발했다. "500만 명의 프랑스 국민이 불안정 속에서 산다. 수십만의 젊은이들이 자기 희망을 키우는 데 필요한 수단들을 찾고 있으나 모두 허사다. 빈민들은 더욱 빈곤해지고 있으며, 저임금은 오르지 않고 있다"(J. Chirac, *La France pour tous*, Paris, Nil, 1994, p.10).

가 없고, 연고가 없고 결국에는 대개의 경우 스스로 살아남을 수 있는 능력이 없는—의 출현을 초래했다. 소득·비용연구소(CERC: Centre d'étude des revenues et coûts)는 노동상태와 경제적 빈곤의 관계를 명확하게 정립했다.[15) 또한 실업과 경제적 빈곤, 취약성, 주변화(marginalisation) 사이의 관계도 부각시켰다.[16)

불평등과 함께 강력한 이해관계가 세계를 지배한다. 그리고 자영업자, 임노동자, 퇴직자들이 직면하는 것은 바로 시장운동과 화폐관계라는 새로운 운명이다. 특정 경제활동의 파멸로 인한 지역의 피폐, 위로부터 내려진 기관폐쇄 조치, 기업의 매각 및 청산, 수확물 구매 여부에 대한 갑작스러운 결정 등등. 사장이 대규모 해고를 통고하는 경우에는 그 기업의 주식시세가 오른다. 그리고 미국에서 실업률이 감소하면 월가는 얼굴을 찌푸린다.

부유한 나라의 도시와 교외에서, 해고된 간부들은 별장과 자동차, 전화로 인한 빚에 허덕이며 파산할 위기에 처해 있다. 여러 집단과 패거리들이 자기들에게 자리를 내주지 않는 사회에 피해를 주면서 살아가는 법을 배웠다. 헛간, 이동주택, 잘 정돈된 조촐한 아파트에서 노인과 젊은이들이 해마다 기아와 추위로 죽어가고 있다.

전화선 절단, 부동산 혹은 저택 압류, 은행예금 압류. 어떤 사람들은 이로부터 벗어나고, 어떤 이들은 차츰 침몰한다. 해고된 간부(노동자,

---

15) '빈민' 또는 '극빈자'는 안정적이고 위협받지 않는 직업을 가진 자의 5.6%, 안정적이고 위협받는 직업을 가진 자의 12.4%, 불안정한 직업을 가진 자의 19.4%, 2년 이하 실업자의 26.6%, 2년 이상 실업자의 40.2%를 차지한다(CERC, 1993, p.iii).

16) 주변인이 될 위험은 경제활동인구(실업자 포함)의 3.4%에 바로 연관되거나, 연관될 가능성이 높다. 2년 이상 된 실업자의 경우 65.2%가 주변인이 될 위험이 있다(CERC, 1993, p.93). 1966년 드골 장군에 의해 설립된 CERC는 1994년 5월 발라뒤르(Balladur) 정부에 의해 해체되었다.

기술자, 지배인 등)가 밤중에 자살하기 전에 처자식을 살해했다는 소식이 때때로 사회면에 실려 파장을 일으킨다. 그것은 절망의 마지막 길이다. 그러나 그뿐, 늪의 표면에 동심원이 그려지다 차츰 사라지고 만다.

여기에도 역시 빈곤의 여러 갈래가 있다. 50년 전처럼 "사회적으로 저질러진 곤경을 치유될 수 있는 개인적인 곤경으로 바꾸기 위해, 이웃이나 (사회복지 사업의) 여성 가정방문원, 자원봉사 의사, 자택에 있는 철학자 등이 따뜻한 마음을 가진 채 너그럽게 각 개인의 주변에 개입한다."17) 주변화의 원심력에 위협을 받는 우리 사회는 자신의 주변을 치료하는 데 전념한다. 그러나 우리 사회는 바로 심장부에서부터 타격을 입고 있다.

부와 빈곤: 동전의 양면?

'부자와 가난한 자는 늘 있게 마련이었다.' 말 그대로 그리고 일차적으로 볼 때 이 상투어구는 반박하기 어려운, 분명한 사실을 언명하고 있다. 석기시대 사회나 목가적인 평등공동체의 검소한 풍요를 떠올리지 않는 한 그렇다. 분명한 사실일 뿐 아니라 이 말은 부자와 가난한 자가 미래에도 언제나 존재할 것임을 의미한다. 그것은 이기주의와 부정을 정당화하고 세계의 불행에 순응하는 통상적인 방편이다. 또한 현대의 빈곤에 대해 질문하는 것을 거부하는 수단이기도 하다. 그런데 현대의 빈곤은 과거의 그것과는 전혀 차원이 다르다.

전통사회에서 빈곤은 주로 노동효율성의 저조함, 그리고 빈약한 생산물을 세습적 특권계급이 거두어가는 일에서 비롯되었다. 지금도 빈곤은 여전히 '개발도상국'의 넓은 농촌지대를 특징짓는 낮은 생산성

---

17) Horkheimer & Adorno(1996), p.159.

수준에 의해 일부 설명된다. 이러한 빈곤은 인구증가와 자원의 불균형, 그리고 현재의 변이에 의해 야기되는 욕구의 팽창이라는 두 가지 방식으로 악화된다.

그러나 효율적인 기술과 높은 노동생산성을 특징으로 하는 나라와 지역에서는 빈곤의 원인이 다르다. 첫째, 생산성이 낮은 생산부문 혹은 생산단위를 끊임없이 어렵게 만드는 파괴적 창조과정이 있다. 둘째, 산업 및 금융 그룹, 국가, 관료계층, 기술관료층, 엘리트계층, 소수지배계층 등에 의해 이루어지는 다양한 징수가 있다. 셋째, (잡힐 듯하면서도 잡히지 않는) 안락한 삶을 향한 경주를 안타까운 고통으로 변환시키는 새로운 욕구창출의 강력한 역학이 있다. 이렇듯 부를 생산하는 사회적 기계장치는 바로 그 자신의 확장과정 자체에서 빈곤을 창출한다.

전통사회에서는 권력자·유산자 집단과 이럭저럭 최저생계수단을 확보하는 데 성공한 대중 사이에 경계선이 그어진다. 물론 어쩔 수 없이 구걸과 방황을 해야만 하는 '땅도 재산도 없는' 주변적인 사람들도 있었다. 우리 사회에서는 언제나 그렇듯이 소수의 권력자와 유산자들이 있다. 그러나 나머지 대중 속에는 화폐관계의 일반화에 따른, 다른 경계가 존재한다. 자신의 욕구·욕망을 충족시키는 데 어느 정도 성공한 화폐자산 보유자와, 화폐자산이 없어 자신의 근본적 욕구를 충족시키지 못하고 주변화되고 배제되는 사람들 사이의 경계가 그것이다.

요컨대 현재의 세계에서는 오직 소수의 사회만이 현대 경제의 끊임없는 변이에 적응하기를 강요받으면서 현대 경제와 상호침투하며 살아간다. 광범위한 계층의 사람들은 늘 새로워지는 엄청난 상품에 접하고, 다른 층은 결핍과 좌절을 겪는다. 다른 사회들은 단절된 채 버려진 것처럼 보이지만, 사실은 그들도 다양한 방식으로 세계 자본주의 발전의 역류효과를 겪는다. 또다른 사회들은, 부유한 세계와 연결된 도시와 활동의 단편, 광범위한 도시·농촌지대의 주변화와 함께 심각한 불균형을 보여주고 있다. 끝으로 또다른 사회들은 산업화, 근대화, 현대경제로 진입하기 위해, 또 소비물결에 접근하기 위해 자원, 부, 그리고 모든 잠재력을 동원하면서 집중적인 노력을 전개하고 있다. 물론 이런 노력의 비용과 결과물은 불평등하게 배분된다.

참조할 기준이 없어지고, 규칙은 잊혀지거나 위반되며, 인간 재생산의 기본적 장소인 가족과 집단도 서로 어긋나 엉망이 된다. 공통의 가치이며 최상의 존재인 돈만 표면에 뜬다. 돌고도는 돈, 어디든 존재하는 매개자, 보편적 언어, 모든 것의 잠재적 근원, 꼭 있어야 하는 연결끈. 그러나 연결 속에 균열이 있다.

불평등과 성장의 톱니바퀴

사람들은 엄청난 재산을 모으고 이루 말할 수 없이 많은 수입을 올린다. 이와 반대편에서는, 많은 가족이 또다시 돈도, 생산수단도 없는 상태가 되었다. 현재의 불평등은 수치상으로 측정 가능한 수준을 넘어 무한대로 치닫는 경향이 있다.

불평등의 실태

세계은행이 발표한 수치에 따르면, 1994년 국가별 1인당 연평균소득은 르완다, 모잠비크, 에티오피아가 80~100달러, 스위스가 3만 7,930달러를 기록했다. 격차는 대략 1 대 400.[18] 달리 말하면, 스위스

---

18) 세계은행(1996), pp.220-221.

<표 5-1> 인도, 브라질, 미국의 불평등

(소득 또는 소비에서 각 1/5*이 차지하는 몫)

	인도(1992년)	브라질(1989년)	미국(1985년)
I(가장 부유한 층)	43%	67%	42%
II(중상류층)	21%	16%	25%
III(중류층)	16%	9%	17%
IV(중하류층)	12%	5%	11%
V(가장 가난한 층)	8%	2%	5%

출처: 세계은행(1996), pp.228-229.
* 1인당(혹은 가구당) 소득수준(혹은 소비수준)을 기준으로 인구를 5등분한 것임.

의 1인당 '1일' 평균소득이 에티오피아의 1인당 '1년' 평균소득보다 많다.[19]

이러한 국가간 불평등은 각국 자체의 불평등에 의해 더욱 증폭된다.

세계은행의 수치에 따르면, 국민 중 가장 가난한 1/5은 총소득(혹은 소비)의 아주 작은 몫을 차지할 뿐이다. 저소득 국가에서는 2~10%, 중간소득 국가에서는 2~12%, 고소득 국가에서는 4~9%.

반대로 국민중 가장 부유한 1/5은 총소득(혹은 소비)의 아주 큰 몫을 차지한다. 저소득 국가에서는 39~62%, 중간소득 국가에서는 31~68%, 고소득 국가에서는 36~49%.[20]

각 범주에서 브라질과 미국은 특히 불평등한 것으로 나타난다(<표 5-1>).

국가간 불평등과 각국 내에서의 불평등은 증폭되면서 서로 결합된

---

19) 역사적 지속기간이나 공간에 있어 근본적으로 다른 사회구성체들(formations sociales)간의 비교는 극복하기 힘든 방법론적 난관에 봉착한다. 그러나 상품화·화폐화 과정이 근본적으로 사회 전체를 변환시키는 세계에서, 생산 또는 소득의 지표는 의미심장한 크기의 순서를 드러나게 해준다.
20) 세계은행(1996), pp.228-229.

다. '불평등의 세계 분포도'는 1989년 UNDP(국제연합개발계획)에 의해 측정되고 그려졌다. 가장 가난한 1/5에서 가장 부유한 1/5까지(아래에서 위로) 각각의 1/5을 고려해보면, 세계인구 전체에 대해 다음과 같이 나타난다.

- 전세계 인구의 가장 가난한 20%는 세계소득의 1.5%를 차지하고,
- 전세계 인구의 가장 부유한 20%는 세계소득의 82.5%를 차지한다.[21]

전세계적 차원에서 세계인구의 가장 부유한 1/5은 가장 가난한 1/5이 버는 것보다 55배나 큰 몫을 벌어들인다. 가장 부유한 1/5은 대략 10억 명에 이른다. 거기에는 물론 지구상의 모든 국가에서 막대한 재산과 높은 소득을 보유한 자들이 포함된다. 또한 부유한 국가에서 유복하고 안락하게 사는 계급 전반과 다른 국가들에서 서구적 표준에 따라 사는 집단과 계층도 포함된다. 또다른 10억 인구를 나타내는 가장 가난한 1/5은 대략 저소득 국가에 사는 30억 주민에 포함된다.

UNDP의 최근 계산에 따르면 불평등은 심화되고 있다. 인류의 가장 가난한 1/5이 세계소득에서 차지하는 몫은 1969년 2.3%에서 1994년 1.1%가 되었다. 같은 기간에 가장 부유한 1/5이 차지하는 몫은 69%에서 86%가 되었다(<그림 5-1> 참조).

이러한 계산은 거대한 덩어리 전체를 대상으로 한다는 점에서 의미가 있다. 하지만 극단적인 경우는 보여주지 못한다. 만일 우리가 극단적인 개별 상황에 대해 말하게 되면, 어떤 의미에서는 현실에 더 가까이 다가서게 되겠지만 통계적 분석이 요구하는 길에서는 멀어지게 된다. 그렇게 될망정 한번 들여다보자.[22]

---

21) UNDP(1992), p.40.
22) 19세기 말, 지드(Charles Gide)는 미국에서 어떤 부류는 재산이 10억 프랑이

<그림 5-1> 1989년 세계의 불평등
(소득수준에 의해 분류된 세계인구의 각 1/5당 세계총생산 배분(%))

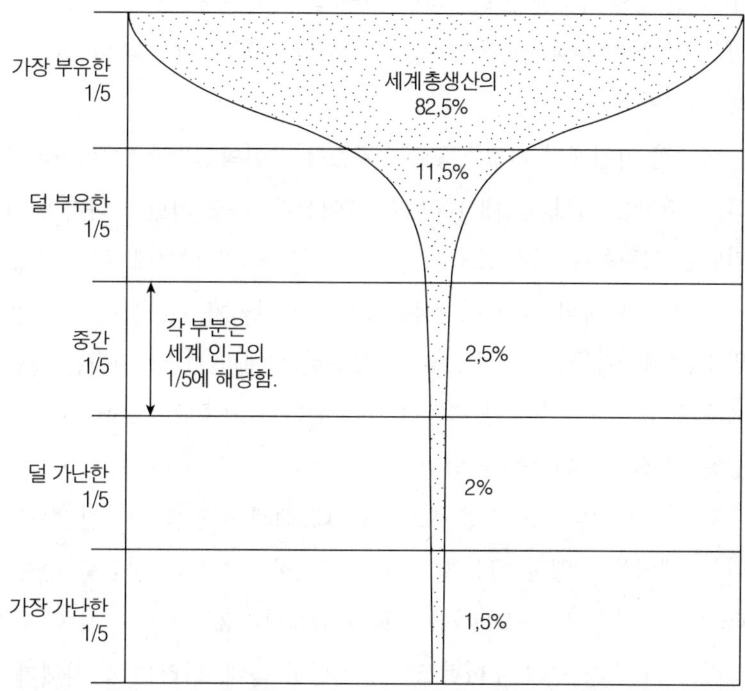

'점 찍은 부분'은 1989년 세계총생산과 5개 범주 간의 배분을 나타낸다.
출처: UNDP(1992), pp.39-40.

뉴욕 브루클린의 비밀작업장에서 시간당 65센트를 버는 노동자와[23]

1995년 1,780만 달러의 소득을 올린 IBM 사장 간의[24] 격차는 (노동

넘는다는 것을 발견했다. 그것은 "4~5만의 가족을 먹여살릴 수 있는 소득에
해당하는 재산을 한 개인이 소유하고 있다는 것이나. 그러나 수십억의 재산을
가진 부류의 경우에 어느 누구도 그들 스스로가 지성이나 능력면에서 동시대
사람들의 평균보다 5만 배나 더 크다고는 감히 주장하지 못할 것이다"(Gide,
1898, pp.400-401).
23) *Le Monde*, 1996. 7. 26.
24) *International Herald Tribune*, 1996. 3. 16~17.

자의 노동시간에 따라) 1대 1만 내지 1대 1만 5,000이다. 1996년의 경우 만일 금융이득을 고려한다면, 미국의 기업경영자들의 소득은 수천만 달러에 이르며, 심지어 1억 달러를 넘는다.25) 이 경우의 격차는 1대 수십만이다.

세계적 차원에서 최고소득과 최저소득 사이의 격차는 어마어마하게 크다. 격차는 쉽사리 1대 100만을 넘어선다. 가장 가난한 나라의 가장 가난한 사람들은 연간 소득이 몇 달러에 지나지 않는데, 봉급 수준이 가장 높은 미국의 회사 사장들은 1,000만 달러가 기본이다.26) 세계의 막대한 재산가들은 그만두고라도, 부유한 세계의 고소득자들은 가난한 세계의 수많은—수십만, 수백만—빈털터리 가족들이 소비하는 것을 합친 만큼의 화폐소득을 얻고 있다.

양극단 사이의 격차만을 고려하는 데 대해 이의를 제기할 수도 있다. 구매력을 반영한 계산을 환율에 기초한 계산보다 선호할 수도 있다. 몇 년 전부터 UNDP가 설정한 인간개발지표를 내세울 수도 있다. 그러나 이 수치는 그 무미건조함과 야만성 속에, 밝히는 것 자체가 거북스런 일이 될 만큼의 불평등 정도를 나타내고 있다. 그럼에도 문제되는 것은 무한대를 향해 치닫는 불평등 속에 들어가는 측정 가능한 격차인 것이다. 따라서 이것은 인류의 균열에 관한 문제, 어쩌면 이미 발생한 골절에 관한 문제인지도 모른다.

남반구의 후진국과 북반구의 선진국을 관통하는, 그리고 이제는 거의 모든 나라를 관통하는 하나의 단층이, 사회 '위에' 군림하는 특권을 부여받은 소수집단과, 궁핍과 배제의 운명 속에 점점 더 늘어나는 수많은 대중을 나누어놓는다. 나머지는 나라별로 자신의 자원을 지키고

---

25) *Business Week,* 1997. 4. 21.
26) *Fortune,* 1990. 4. 23; *Le Monde,* 1990. 9. 7; *Newsweek,* 1996. 2. 26.

자신의 생활방식을 개선할 희망 속에서, 또는 그것들을 박탈당할지도 모른다는 불안 속에서 살고 있다. 상호의존이 강화되고 인구가 증가하는 세계에서, 이렇게 극심한 불평등은 가히 폭발적이다. 이런 불평등이 지속된다면, 그것은 일종의 세계적 분리주의의 틀 속에서나 가능할 것이다. 사실 우리는 이미 세계적 분리주의의 기본적인 요소들이 자리 잡고 있음을 볼 수 있다.[27] 이러한 인류가 과연 우리가 바라던 모습의 인류란 말인가?

좀더 구체적으로 보자면, 세계의 중요한 문제들에 대한 숙고는, 행동전략을 정의하기 위한 모든 노력과 마찬가지로, 우리 시대의 결정적인 문제, 즉 세계의 그리고 대부분의 사회의 근본적이고 견딜 수 없는 불평등을 끌어안지 않는다면 아무런 의미도 없다.

톱니바퀴

마셜 살린스에 따르면, 마르크스는 데스튀트 드 트라시(Destutt de Tracy)[28]의 사상을 논박하면서 "가난한 나라에서 사람들은 편안한" 반면, 부유한 나라에서 "사람들은 일반적으로 가난하다"고 인정했다.[29] 이 역설은 19세기의 상황에 제법 잘 부합했다.

'부유한 사회'들은 산업화 과정에 있었다. 수많은 활동들이 불안정해졌거나 파괴되었다. 산업에 동원된 프롤레타리아는 아주 열악한 임금조건에 예속되었다. 많은 사람들이 가난했다. 가난한 사회는 그래도 생계활동이 여전히 유지되던 사회였다. 그래서 많은 사람들이 편안하

---

27) 이 책의 7장 참조.

28) Antoine Louis Claude, comte de Destutt de Tracy(1754~1836), 프랑스의 철학자. 이른바 '이데올로그'의 우두머리로서 심리학적 유물론을 주창함. 저서로 『이데올로기의 요소들』, 『논리학』, 『의지론』 등이 있다 — 옮긴이 주.

29) Sahlins(1976), p.38에 인용.

다고 느낄 수도 있었다. 오늘날 부유한 나라에도 아직 가난한 사람들이 있다. 그러나 가난한 나라에는, 스스로 점점 더 가난해진다고 느끼는 빈민들이 많아지고 있다.

인구증가, 욕구증가, 세계의 불평등이 결합된다. 이러한 결합은 과거로의 복귀를 일절 불가능하게 하며, 실제로 모든 사회에서 경제성장의 필요를 끌어낸다. 성장의 필요는 이를테면 경제에 대한 사회의 예속을 고착시키며, 우리가 앞에서 '경제적 숙명'이라고 지칭한 것을 역사적 필연으로 전환시키는 데 기여한다.

인구증가의 경우, 1927년 20억에서 1999년 60억으로 늘어났는데, 이같은 증가의 대부분은 옛 제3세계 지역에서 일어났다.

욕구의 성장은 어떤가? 새로운 생활방식이 150년 만에 서구사회에 자리잡았고, 세계의 다른 지역에서도 부와 권력의 영역은 거의 예외 없이 확장되었다. 새로운 생활방식은 거의 모든 나라에서 중산층과 봉급생활자의 규범이 되었다. 또한 그것은 세계에서 가장 가난한 이들, 특히 젊은 층을 매혹시킨다. 이러한 사실은 현재 다소 격렬하지만 좀체 충족되지 않는 엄청난 욕구가 존재하며, 따라서 현재의 기술수준에 비추어볼 때 환경훼손을 심각하게 심화시키는 성장의 엄청난 잠재적 필요가 존재함을 의미한다. 그러나 동시에 이러한 생활방식의 혜택을 입는 이들 중에 누가 감히 다른 사람들 — 오늘날 45억, 미래에는 60억, 80억, 100억 — 은 이에 접근할 자격이 없다고 말할 수 있겠는가?

자동차의 예를 들어보자. 자동차는 1920년대, 그리고 1950~1970년대에는 대량생산방식에 기반을 둔 성장의 숭배의 대상이 되었던 제품이다. 자동차는 세계를 가로질러 찬란한 새로운 수십 년을 앞에 두고 있다(<표5-2>).

자동차만이 아니다. 가계장비, 도시장비, 철도, 공항, 전화, 멀티미디

<표 5-2> 자동차 총량(1913~2020년)

(단위: 100만 대)

44개국 (1913~1973년)[a]			
연도	미국	기타 17개 선진국	제3세계 26개국	총계
1913	1.2	0.3	-	1.5
1950	40.3	8.6	1.7	50.6
1973	102.0	103.9	13.4	219.3
세계 전체 (1985~2020년)[b]			
연도	북미	기타 선진국	구 제3세계	총계
1985	140	192	43	375
2020	165[c]	367[c]	685[c]	1,217[c]

a: Maddison, 1995, p.76.
b: Benjamin Dessus & François Pharabod, 「지속 가능한 발전을 위한 에너지 시스템은 어떤 것인가?」 CNRS-PIRSEM 자료, Paris, 출간 연도 미상.
c: 예상치.

어, 보건, 문화 등을 생각해보자. 어디서나 '성장의 지상명령'이 강요된다. 격렬한 혼란이 없다면, 경제성장이 아직도 수십년간은 역사적 필연일 것이다. 그리고 강력한 의도적 행동이 없거나 대대적인 굴절이 없는 한, 성장의 유형은 우리가 잘 아는 것일 터이다. 그것은 부와 빈곤을 동시에 낳고, 욕구를 격화시키고, 환경을 훼손시키며, 나아가 새로운 결핍, 새로운 어려움, 새로운 성장의 필요를 낳는다.

끝없는 경주?

가난한 나라에서, 소수 지배계층은 되도록 빨리 최대한의 부를 축적하기 위해 애쓰고 있는 반면, 무수히 많은 사람들은 가장 기본적인 수준에 도달하기를, 그리고 궁핍으로부터 벗어나기를 갈망하고 있다. 이른바 '떠오르는' 나라(신흥국가)에서, 국민의 점점 더 많은 부분이 부유한 선진국의 생활방식에 도달하기를 갈망하는 반면, 돈은 지배계급

속에서만 다량으로 돌아다닌다. 그러나 부유한 선진국들에서, 성장은 오직 새로운 욕구를 불러일으킴으로써만, 즉 끊임없이 생활방식을 변화시키는 한에서만 유지될 수 있다.

더욱이 실업과 되살아난 빈곤에 직면하여 가장 부유한 국가, 지배계급, 기업, 금융가 집단은 성장을 주요한 전망으로 제시한다. 1992년 미국 대통령 선거전에서, 빌 클린턴 후보는 미국사회의 병폐를 치유하기 위해 2005년까지 국민총생산을 2배로 늘릴 것을 약속했다. 그리고 1996년 그의 재선을 가능케 했던 선거운동 주요 공약들 중 하나는 현재와 미래를 잇는 다리를 건설하자는 것이었다. 제안된 내용의 핵심은 '성장과 생활수준 향상 전략'30)이었다.

이런 식으로 이번에도 역시, 성장은 주로 높은 구매력을 가진 계급·계층의 새로운 욕구 창출과 생활방식의 변화를 통해 이루어질 것이다. 성장은 빈곤을 퇴치하기는커녕 빈곤의 악순환을 동반한다.

부유하건 부유하기를 갈망하건, 사회는 마치 부를 생산·분배·파괴하는 경제적 기계장치의 끝없는 톱니바퀴에 물려 있는 것 같다. 그것은 지구라는 행성 전체에 걸친, 즉 동시에 국지적이고 국가적이며 다국적이고 세계적인 기계장치이다. 또한 거의 인류 전체와 관계된 기계장치로서, 그 속에서 각 개인은 행위주체, 수혜자 그리고·또는 피해자로서 하나의 바퀴일 따름이다. 수많은 피해자 그리고 엄청난 혜택을 입는 극소수의 사람들. 그러나 피해자이자 동시에 수혜자인 많은 계급과 계층이 존속하기 위해서는 전체의 작동에 참여하는 것 외에는 다른 선택의 여지가 없다.

이 거대한 기계장치를 찬양하는 이들의 눈에는 그것이 창출하는 부

---

30) 미국 상무부(US Department of Commerce)(1995), p.15 이하.

와 일자리만 보이는 반면, 그것을 경멸하는 이들의 눈에는 그것이 빚어내는 실직상태와 절망만 보인다. 이 두 측면은 서로 떼어놓고 생각할 수 없다.

그것은 인간과 사회로 이루어진 기계장치로서, 수십 년 전에는 국가적 차원에서 전쟁준비 혹은 사회·민주적 타협의 틀 속에서 제어될 수 있었다. 그러나 오늘날 기계장치의 다국적·세계적 역학은 모든 제어로부터 벗어난 듯하다.

경쟁은 사람들을 분발시킨다. 그러나 경쟁의 속박은 육중하다. 그로부터 벗어나기 위해 혁신은 새로운 제품, 새로운 공정, 새로운 시장에 힘입어 독점적 영역의 회복을 가능케 한다. 시장은 포화상태가 되고 구매력 보유자의 욕구는 무디어진다. 부득이한 경우에는 기술과학에 도움을 청하여 욕구를 일깨워야 하며, 새로운 욕구를 창출해야 한다.

새로운 시장, 새로운 성장, 새로운 욕구, 새로운 상품, 새로운 빈곤, 새로운 좌절, 새로운 실업자. 따라서 또 새로운 성장, 새로운 욕구, 새로운 상품, 새로운 시장 등이 요구된다. 필요로부터 자유로운 인간에게 인간성의 다른 차원들을 발전시킬 수 있는 가능성을 가져다주는 정체상태와는 정반대로, 우리는 돈을 위해 돈을 찾는, 최저생계를 위해 돈을 찾는, 생존을 위해 생존을 찾는 끝없는 경주에 끌려들어가고 있다.

경제가 사회를 지배함에 따라, 세계의 불평등과 불평등의 역학은 성장의 끝없는 사슬을 불가피하게 만든다. 그리고 불평등이 극심한 세계와 사회 속에서, 경제의 역학은 빈곤, 실업, 배제를 재생산하고 종종 악화시킨다.

위기의 지구

런던의 국립식물원(Kew Gardens)은 지구 식물의 장기간의 진화를 보여주고 있다. 현대의 식물을 전시한 방에 들어서기 전에 다음과 같이 적힌 게시판이 눈에 뜨인다. "30만 년도 채 되지 않은 기간 동안에, 인류는 자연이 수십억 년에 걸쳐 건설한 것을 뒤흔들어놓았다."[31) 실제로 이런 심각한 변화의 큰 부분이 지난 300년 동안에 일어났으며, 지구 전체에 걸쳐 지난 반세기 동안에 가장 급격히 이루어졌다.

지구와 사회

태양광선이 빛을 주면 물리-화학적 순환이 일어나고, 그에 이어 물리-화학-생물적 순환이 이루어지면서 지구는 수십억 년에 걸쳐 스스로 재생산을 해왔다. 이는 지속적인 차원의 재생산이지만 항등적 재생산은 아니다. 왜냐하면 재생산이 단절, 변이, 그리고 주요한 진화의 지주(支柱)였기 때문이다. 생명체의 과잉과 번식은 때로 주위를 황폐하게 만들거나 스스로를 망가뜨리기도 하는데, 이것은 다양한 자기조절 과정에 의해 완화되었다.

그 수가 적고 활용 역량에도 한계가 있기에, 인간사회는 지속적인 재생산 속에 편입되었다. 주변과 자원을 훼손시킨 사회가 치르는 대가는 쇠락, 다른 영토의 탐색 혹은 멸망이었다. 거의 항상 균형은 회복되었으며, 축적된 지식, 욕구의 절제, 인구 규제 등이 이에 기여했다. 인간이 벌이는 일의 규모와 인간이 저지르는 훼손의 심각성이야 어떻든,

---

31) Vincent Tardieu, 「식물은 35억 년 걸려 지구를 식민지화했다(Les végétaux ont mis 3,5 milliards d'années pour coloniser la planète」, *Le Monde,* 1995. 7. 13에 인용.

인간은 연약한 존재로서 자기를 먹여살리는 무서운 지구에 의존하는 상태였다.

2,000년 전부터, 그리고 5~6세기 전부터 특히 뚜렷하게 리듬이 끊겼다. 상호의존적 과정들은 서로를 부추기면서 급격한 가속화로 나아갔다. 첫째, 지식의 확장과 심화 그리고 기계화, 동력화, 데이터의 전자처리에 의해 증폭된 기술능력의 강화, 둘째, 교환의 증가와 강화, 노동분업, 생산성 향상, 생산·징수·폐기물의 증가, 셋째, 인구증가와 욕구의 증폭 등이 그것이다. 이런 가속화는 현기증을 일으킨다. 200년 만에 모든 것은 그 차원이 달라졌다. 비록 아직도 인간이 지구의 변덕과 분노를 감내하는 경우가 있지만, 조화롭지 못하고 불평등한 사회의 역학을 통해 인간은 지구의 생명과 직결된 균형을 깨뜨린다.[32]

자본주의를 주범으로 지목할 수 있다. 200년 전부터, 각 기업의 즉각적인 수익성 전망하에 일체의 활동이 펼쳐지면서 따라붙은 것이 경제학자들이 그럴듯하게 이름붙인 '외부불경제(déséconomie externe)'이다. 자원낭비, 자연경관의 심각한 파괴나 변질, 유해한 폐기물의 축적, 그리고 갖가지 오염을 들 수 있다. 그것은 나라마다 다르기는 하지만 입법이나 규제의 노력이 있었음에도 불구하고 여러 형태로 계속된다.

온갖 유형(산업, 농업, 에너지, 운송, 상업, 건설, 관광)의 기업뿐만 아니라 도시, 공무원, 군대도 역시 오염의 원인이다. 좀더 넓게 보면 국가주의도 고발돼야만 한다. '따라잡기'나 산업화 혹은 발전을 향한 경주 속에서, 국가주도의 계획과 생산도 마찬가지로 환경에 내한 심각하고도 막대한 침해 원인이 되었다. 그것은 '소비에트 모델'의 틀 안에

---

32) 특히 Beaud, et al.(dir.)(1993), 제1부 '인간과 지구' 참조.

서나 옛 제3세계 독재자들의 엄격한 감독하에서도 마찬가지였다.

저소득 국가의 몇몇 지역에서 주민들은 극도로 궁핍하게 살고 있다. 본질적 욕구가 충족되지 않고 있다. 인구증가는 주변환경의 과도한 착취(과도한 방목, 집약적 농업, 땔감 구하기)와 자원(삼림, 물, 토양)파괴를 초래했고, 미래에 대한 심각한 장애를 낳았다. (안데스, 동남아시아 등의) 특정한 산악지대에서 삼림벌채에 따른 토양훼손은 돌이킬 수 없는 것일 수도 있다. (적도, 아프리카 등의) 다른 곳에서는 황무지화로 인한 피해가 확대되고 있으며, 거꾸로 이런 피해가 황무지화를 더욱 촉진시킬 수도 있다.

이렇게 '현대적' 생활방식과 관련된 무책임하고도 근시안적인 채취, 버리기, 낭비 때문만이 아니라, 또다른 곳에서는 궁핍과 필수자원 부족 상태에 그대로 방치된 주민들의 생존을 위한 노력 때문에 지구는 막대한 위험에 처하게 되었다.

몇십 년 전부터, 부유한 민주주의 국가들뿐만 아니라 많은 비민주주의 국가, 저소득 혹은 중간소득 국가들이 '환경친화적'인 법과 규제를 채택했다. 이런 법과 규제들은 생산활동이 환경에 미치는 부정적인 외부효과를 줄이는 데 목표를 둔다. 그것은 적어도 초기에는 어쨌든 기업의 추가비용으로 나타난다. 이런 제약에 직면해서 어떤 기업들은 혁신적인 환경친화적 방안을 미리 생각하고 착수한다.[33] 다른 기업들은 (다소 엄격하게) 규제를 준수한다. 또다른 기업들은 이런 규제들로부터 다양한 방식으로 빠져나간다. 공장폐쇄나 실업을 위협수단으로 삼은 공갈·협박, '알아서 처리하는' 하청업자나 납품업자에 대한 의존,

---

33) 예를 들어, 그 생산이 거의 환경을 오염시키지 않고, 사용은 에너지 절약적이면서 동시에 환경을 거의 오염시키지 않고, 수명이 다하면 거의 완전히 재활용될 수 있는 자동차에 대한 구상 같은 것이다.

'환경규제가 미미한' 국가로 공장을 옮기는 행태나 이런 나라의 납품 업자들과 거래하는 일 등이 그런 예이다.

따라서 거대기업의 겉치레나 '홍보'를 너무 쉽게 믿어서는 안된다. 버젓한 외관을 갖추고 모범적으로 돌아가는 기업이나 자연과 자연존 중의 이미지를 가꾸는 재단 등은 흔히 직·간접적으로 불길하고 파괴 적인 관행 전반을 숨기고 있다. 이는 상당히 많은 모순을 낳는다. 포도 농사를 짓는 이들—그 가운데 어떤 이들은 화학처리를 남용한다—은 먼지와 연기를 두려워하고, (병과 플라스틱 포장이 넘쳐나게 만드는) 광천수 제조기업은 그들의 수원(水源)이 오염되지 않을까 감시하며, 도시와 부동산 개발업자는 자신들의 개발이 훼손시키곤 하는 자연경 관을 남들은 존중해주기를 바란다.

결국 환경문제를 악화시키는 방향으로 이끄는 힘들은 강력하고 뿌 리가 깊다. 어떤 이들은 부정할 수 없는 인구의 증가를 문제삼는 것으 로 그친다. 그러나 욕구의 팽창, 모든 사회가 연루되어버린 성장의 톱 니바퀴, 그리고 나라들 사이나 나라 안의 심각한 불평등이 좀더 중요 한 역할을 한다. 우리 사회는 '성장을 향해 전진하기 때문에' 성장의 필요성이 점점 더 커지는 반면, 지구는 우리의 성장을 견디어내기가 점점 더 힘들어진다.

이렇게 인간사회의 재생산과 지구의 재생산 사이에 그야말로 갈등 이 시작되었다. 지난 수십년간, 갈등의 최초 징후가 점점 더 강하게 나 타났다. 1980년대 후반부터 많은 사람들이 지구가 위험에 처해 있다 고 선언했다.[34] 그러나 1990년대 상반기에, 사안에 균형을 맞춘 견정

---

34) 지구를 '올해의 행성'으로 삼아 특집으로 다룬 1989년 1월 2일자 ≪타임≫ 지는 표지에 "위험에 처한 지구(Endangered Earth)"라는 표현을 썼다("Planet of the Year," *Time*, 1989. 1. 2).

이 이루어지지 않았다. 갈등은 앞으로 수십년간 확대·악화되는 방향으로 나갈 수밖에 없는 실정이다.

절박함과 필요성, 그리고 탐욕의 압박에 직면해서, 지구는 돌이킬 수 없을 만큼 훼손될 가능성이 매우 크며, 그와 함께 미래의 후손들도 똑같이 심각한 타격을 받을 것이다. 오늘날 『요한계시록』의 한 구절이 야릇하게도 반향을 불러일으킨다. "땅을 망치는 자들, 그들은 망하게 되리라."

새로운 시장

모든 영역으로 시장이 보편화되고 자본주의가 확장되어가는 운동 속에서, 환경훼손은—질병, 고독, 고통, 불안전, 식수 부족과 마찬가지로—사업을 벌일 수 있는 기회가 되었다. 환경파괴는 많은 기업들에게 수익성 있는 시장의 원천이 될 수 있다. 식수정화에 이어 쓰레기 재처리, 토양오염 제거, 옛 산업지역의 정화, 건물의 석면 제거 등도 돈벌이가 되는 활동이 되었다.

식수에 대해 살펴보면, 일반 가옥에 이르는 수도배관을 통한 식수공급(공공 또는 민영) 서비스에서 점차 대량으로 정화된 식수의 (유료) 공급 서비스로 이행되고 있다. 수질악화와 기준강화로 인해 식수의 공급가격은 상승하는 경향이 있다. 쓰레기와 산업지구로 말하자면, 지불능력 있는 수요가 있거나 또는 아직 표출되지 않은 기준과 규제가 잠재적 시장을 만들어내고, 그 시장에 지불능력을 갖춘 수요가 표출되기도 하고 되지 않기도 한다. 석면에 관해 말하자면, 프랑스에서 석면 제거작업과 관련한 매출액은 1,000~1,500억 프랑에 이를 것이며, 앞으로도 석면 제거활동에 대한 지원이 있어야 할 것이다.

전쟁으로 인한 파괴와 재건의 순환과 마찬가지로, 오염과 오염 제거의 사슬에서도 지구나 인간사회 양쪽 모두 얻는 것이 없다. 오직 기업만이 이윤을 얻는다. '지속 가능한' 기술문명의 기초가 되는 것은 예방, 그리고 환경을 해치지 않는 생산·운송·주거 방식의 정착이다. 게다가 이런 방향은 새로운 시장 전망을 열어주며, 이미 몇몇 기업이 그 새로운 전망 속에 자리잡고 있다. 그러나 아무것도 결정된 것은 없다. 사람들이 취하는 여러 행동에 많은 것이 달려 있겠지만, 개인은 서로 다른 여러 태도 사이에서 갈피를 못 잡고 분열되기 일쑤이다. (가격과 질에 관심을 보이는, 그러나 환경에 대해서는 굳이 관심을 보이지는 않는) 소비자로서의 태도, (건강에 집착하는) 가족구성원으로서의 태도, (쾌적한 삶의 틀을 갈망하는) 시민으로서의 태도, (고속도로와 주차장을 요구하는) 자동차 운전자로서의 태도, 환경오염자로서의 태도, 환경보호주의자로서의 태도 등이 그것이다. 그리고 어떤 태도가 우세할지 단정하기란 어렵다.

환경에 해악을 끼치는 방식으로 생산하고 환경오염을 일으키는 제품을 제조하면서, 여러 형태로 계속해서 비용최소화를 추구하는 기업들이 존재한다. 또한 환경오염문제와 건강문제를 과소평가하는 전문가들이 존재한다. 뿐만 아니라 언젠가 '이 모든 문제를 해결'할 수 있으리라는 생각을 유포시키는 기술자·과학자들도 존재한다. 그러나 그들은 얼마만큼의 비용을, 그리고 어떤 위험을 감수해야 하는지에 대해서는 일언반구도 없다.

어떤 경우에는 환경을 오염시키는 기업과 오염을 제거하는 기업 사이에 이해가 맞아떨이길 수도 있다. 가정 쓰레기의 주요 원인인 각종 제품의 포장 및 과대포장의 경우가 그렇다. 어떤 나라에서는, 정부가 소비재 생산업자 및 배송업자에게 포장 및 과대포장을 줄여 꼭 필요한 최소수준을 엄격히 지킬 것을 강요한다. 프랑스 같은 경우에, 규제는 좀더 느슨하다. 이 나라에서는 포장용품·과대포장용품 제조자나 쓰레기 처리 기업도 이득을 본다.

이제는 모든 것에 이해관계가 걸려 있다. 핵발전(核發電) 기업이 신문에 전면광고를 내어 온실효과 문제에 대해 짐짓 흥분해도, 사람들은 쉽사리 속지 않는다. 그러나 같은 기업이 방사능 폐기물이나 방사능 위험에 대해 전혀 언급하지 않은 채 전기자동차를 방사능 낙진이 없는 자동차로 소개할 경우, 어떤 이들은 속아넘어갈 위험이 있다. 축산업자들이 프랑스 서부 브르타뉴 지방에서 환경, 특히 하천을 심하게 오염시킨 후, 장소를 옮겨 중부 고원지대(Massif central)에 정착할 계획을 세운다면, 이는 걱정할 만한 일이다. 그리고 유럽위원회가 식수를 위한 납[鉛] 도관 전체를 다른 금속으로 교체하도록 의무화하는 방침을 세운다면 — 유럽 전역에 걸쳐 2,200억 프랑의 시장이 형성되는데, 그중 절반을 프랑스가 차지한다 — 사람들은 의혹을 품을 수 있다. 왜냐하면 첫째, 플라스틱 업계(특히 독일)가 이러한 방침과 관련하여 로비를 강력하게 펼쳤고, 둘째, 납을 다른 금속으로 대체하는 도관 공사의 중장기적 행태가 잘 알려져 있지 않기 때문이다.[35] 어쩌면 몇십 년 지나 다시 교체해야 할지도 모를 일이다.

여기서 지구가 얻는 것은 무엇인가? 그리고 인간사회가 얻는 것은 무엇인가?

자각

1970년 4월 22일 미국: 최초의 지구의 날(Earth Day)

1972년 스톡홀름: 환경문제 관련 유엔 1차 국제회담

1979년 제네바: 인간 및 기후 관련 1차 국제회담

---

35) *Le Monde*, 1996. 12. 13.

1985년 빈: 오존층 보존을 위한 협약

1987년 몬트리얼: 오존층 보존 의정서

1987년 환경과 개발에 관한 세계위원회 보고: 우리 공동의 미래

1989년 헤이그: 24개국 국가원수 및 정부수반의 선언 '우리의 나라, 그것은 지구다'

1989~1990년: 오존층 보존을 위한 1차 런던 회담, 헬싱키 회담, 2차 런던 회담

1992년 리우데자네이루: 환경 및 개발문제 관련 유엔 회담, 기후변화 관련 협약

1995년 베를린: 온실효과 관련 회담

1997년 교토: 오존층 관련 회담, 특히 탄산가스 배출 관련 의정서 채택

역사적 규모와 지적·제도적 무게를 고려할 때, 전지구적 환경위험에 대응한 국제사회의 자각과 움직임은 신속했다.

그러나 다르게 얘기할 수도 있다.

오존층에 대한 위협

수천 년 전부터, '오존층'[36]은 자외선을 차단해주고 있다. 그럼으로써 오존층은 플랑크톤에서부터 수많은 식물과 동물에 이르기까지 다양한 형태의 생명체의 출현과 재생산을 가능하게 하는 데 기여했다.

오존층의 취약성을 고려하여 처음으로 우려가 표명된 것은 1960년대 초음속 민간항공기 계획에 대해서였다. 1974년 ≪네이처≫지의 한

---

36) 오존층이란 실제로 1~4만m 상공의 대기속에 오존 분자가 낮은 밀도로 존재하는 층을 말한다.

논문에서 두 명의 화학자[37]는 염화불산화메탄(chlorofluorométhanes)에 포함되어 있는 염소가 오존 분자를 파괴할 수 있음을 폭로했다. 이는 상당히 빠르게 염화불산화탄소(CFC: chlorofluorocarbone, 일명 프레온가스) 족까지 확대되었다. CFC는 1950년대에 안전하고 위험성이 없다는 장점 덕분에 화학산업분야에서 개발된 제품이다. 그러자 세계 최대 생산자인 뒤퐁(DuPont) 사가 선도하는 미국 화학산업은 즉각 그러한 학설에 대한 공격을 개시했다.

'오존층'의 꾸준한 '침식'을 보여주는 관측과 생태학자들의 차츰 더 강해지는 압박에 따라, 몇몇 나라의 정부는 적절한 조치를 취했다. 그러나 1985년 남극대륙 상공에 '오존층 구멍'(이미 낮은 오존의 밀도가 더욱 줄어든 상태)이 있다는 것이 확인되자 과학자들뿐만 아니라 언론에서도 심각한 심리적 충격을 받았다. 1987년 CFC의 주요 생산국과 소비국이 조인한 몬트리얼 의정서는 1989년부터 CFC 생산 및 소비량을 동결하고 점차 축소시킬 예정이었다. 그러나 아주 일찍부터 대체제품 연구를 개시한 뒤 긍정적 결과에 힘입어 기술적 우위의 혜택을 입고 있던 뒤퐁 사는 1988년 몬트리얼 의정서에 따른 기한을 단축시키고, 20세기 말까지 CFC 생산을 중단할 의향이 있음을 선언했다. 그 뒤로 가속화 조치가 이어졌다. 기한 연기를 위한 조작에도 불구하고, 미국과 유럽의 다른 기업들도 이에 동조할 수밖에 없었다. 새로운 생산방식에 의존하게 되면 초과비용이 발생할 것이므로 남측 후진국들 중 큰 나라들이 반대의견을 제기했는데, 이는 1989년에 열린 세 차례의 회담을 통해 점차적으로 참작되었다. 다양한 범주의 CFC 생산중지 기한은 후진국들에 유리한, 다음 두 가지 양보사항과 함께 채택되었다.

---

37) 미국의 프랭크 롤런드(Frank S. Rowland)와 멕시코의 마리오 몰리나(Mario Molina)는 선구적인 이 작업으로 1995년 노벨화학상을 수상했다.

즉 기한 날짜 전반에 대해 10년의 추가 기간을 두고, 신기술과 관련된 추가비용을 부담하기 위한 재정적 지원을 한다는 것이다.

그렇다고 해서 위험 요소가 제거된 것은 아니다. 첫째, CFC 분자는 매우 안정적이어서 높은 고도에서만 자외선 방사효과로 인해 분해된다. "1950년 이래로 생산된 CFC의 35%만이 1992년에 들어 성층권에 도달했다"[38]고 한 전문가는 추정하고 있다. CFC의 생산이 중단되더라도 오존층 파괴는 수십년간 계속될 것이다.

둘째, 옛 제3세계 국가들은 그들에게 허용된 연장 기간내에 CFC를 생산하고, 때로는 CFC의 생산능력을 새로 창출하거나 확대한다. 더 심각한 것은, 여러 가지 징후에 따르면, 선진국의 (자국에서는 이미 채택된 기한에 구속을 받는) 특정 기업들이 후진국들의 CFC 생산과 (하부 자회사나 파트너를 통해) 연결되어 있다는 점이다.

셋째, 몇몇 CFC의 대체물도 역시 오존층에 해롭다는 의혹을 받고 있으며, 오존층에 해로운 다른 (염산이나 브롬 계열) 제품들도 줄을 잇는다.

이렇게 문제의 인식이 유달리 신속했음에도 불구하고, 오존층은 여전히 위험에 처해 있다. 어떤 의미에서는 그야말로 연구 대상이라 할 수 있다. 첫째, 현대 인류의 활동은 지구 본래의 상태를 아주 정확한 부문에서 공격한다. 즉 오존층을 훼손시키는 것이다. 그리고 그것은 (피부암 유발이나 안구 훼손 등으로) 인류를 포함한 각종 생명체를 위험에 빠트린다.

둘째, 환경보호운동측과 환경문제에 민감한 몇몇 국가들이 상당히 빨리 이 문제를 책임성 있게 제기했다. 그러나 결정적인 것은 경제적

---

38) Gérard Mégie, 「지연효과와 제방효과(Effets retard et effets de digue)」 in Beaud, et al. (dir.), 1993, pp.92-93; Mégie(1992).

사안들이었다. 대량생산자들의 첫 반응은—뒤퐁 사와 그들의 (미국, 영국, 프랑스 등) 국가조직들의 지원과 함께—문제를 부인하는 것이었다. 그러나 뒤퐁 사는 대체제품에 힘입어 기술적 우위를 재점령할 수 있는 위치를 되찾자마자 입장을 바꾸어 CFC를 신속히 금지하자는 편을 적극 지지하게 되었다. 그리하여 산업 전선은 얼마간 와해되었다.

셋째, 남-북은 즉시 결정적으로 갈렸다. 남측 후진국 중 큰 나라들은 북측 선진국들에 대해 아주 쉽게 이렇게 말할 수 있었다. '피해의 원인은 바로 당신들의 CFC이다. 제약과 개선을 위한 추가부담으로 나타나는 결과를 우리가 감당할 수는 없다. 뿐만 아니라 개선은 이미 쉬운 문제가 아니다.' 그러나 사태가 얄궂은 아이러니의 색조를 띠게 되는 것은, 선진국의 기업들이 위험하기로 악명 높은 제품들의 생산을 다른 방식으로 지속하기 위해, 후진국에게 용인된 편의시설들을 이용하는 경우이다.

중첩된 재생산 갈등은 ① 생명체와 인류에 위험을 동반하는 풍요로운 사회, 몇몇 대기업 그리고 지구 사이의 재생산 갈등, ② 기업간 재생산 갈등, ③ 후진국 중 큰 나라들과 선진국들 사이의 재생산 갈등, 그리고 후진국 사회와 지구 간에 앞으로 생기게 될 재생산 갈등으로 나타난다.

기후변화?

기후변화에 따른 위험이라는 문제는 역시 근본적인 사안이기는 하지만, 그 양상이 상당히 다르다. 지구는 '자연 온실효과'의 혜택을 입는다. 일단 태양으로부터 받아들여진 광선은 지구표면과 대양에서 반사되고, 대기중의 구름층과 가스층이 이 빛을 다시 지구 쪽으로 되쏜다. 그것은 식물군과 동물군, 인류의 발전을 가능케 한 기후와 온도체계의 확립에 기여했다.

산업화와 화석에너지의 대량활용 이후로, 인간의 활동은 가스방출로 나타났다. 가스방출은 온실효과를 심화시키는 데 기여했다. 전문가의 용어를 빌리면 "인류에 기인한 추가적 온실효과"[39]를 야기시킨다.

19세기 말부터 여러 과학자들에 의해 예측 또는 예언되었던 온실효과의 심화는 1970년대부터 체계적인 연구대상이 되었다. 의견의 불일치에도 불구하고, 1980년에서 1995년 사이에 하나의 진단에 대한 합의가 이루어졌으며, 관련 과학자 집단의 거의 모두가 이에 동조했다. 그것은 최근 인류의 활동이 온실효과를 심화시키는 데 기여했다는 것이다. 지금부터 오는 2100년 사이에 지구의 평균온도 상승폭은 1℃~3.5℃일 것이며, 특히 2℃ 상승할 가능성이 가장 높다. 같은 기간에 해수면 상승폭은 15~95cm에 이를 것이며, 가능성이 가장 높은 수치는 50cm이다. 물로 둘러싸인 섬들과 인구밀도가 높은 거대한 삼각주 평야 저지대의 경우에 이는 더욱 우려할 만한 수치이다.

이러한 기후변화는 기후진화의 장기적 운동 속에 포섭된다.[40] 따라서 정확하게 판별하기는 어렵다.[41] 또한 이상기후 현상의 증가도 동반할 것이다. 기후변화의 지역별 영향은 이질적이고 — 집중호우나 가뭄이 늘고 기온이 상대적으로 상승하는 등 — 아직도 제대로 예측할 수는 없는 상태다.

작은 섬나라와 아시아의 가난한 나라(방글라데시, 베트남 등)가 가

---

39) 바로 '인류에 기인한 추가적 온실효과'를 통싱적으로 '온실효과'라고 부른다. 인류에 기인한 '온실효과를 발생시키는 가스들' 중에서, 어떤 것들은 이미 지구의 생화학 순환 속에 존재하고(이산화탄소 CO_2, 메탄 CH_4, 이산화질소 N_2O), 또 어떤 것들은 존재하지 않는다(특히 CFC와 그 대체물).

40) Duplessy & Morel(1990).

41) Roqueplo(1993).

장 심각하게 위협받고 있다. 그러나 이런 나라들은 국제사회에서 거의 영향력이 없다. 미국에서 자동차 및 정유업계의 로비는 석유소비를 줄이려는 모든 생각들을 무의미하게 만들었다. 페르시아 만의 산유국들도 마찬가지다. 그리고 (중국, 인도, 남아프리카공화국 등의) 석탄생산국들은 화석연료 소비에 가해지는 모든 제한에 대해 반대하고 어쨌든 남측 후진국의 입장을 지지한다. 1992년 리우데자네이루에서는 아무런 강제적 규정도 결정되지 않았다. 그것은 1995년 베를린에서도 마찬가지였다. 따라서 1997년 교토 회담에서 논의가 다시 이루어진다.

19세기 중반 무렵, 위대한 영국 경제학자 스탠리 제번스는 20세기 중반에 석탄이 심각하게 부족할 것이라고 예고했다. 얼마 후에 어떤 사람들은 도시에서 말이 끄는 수레의 운행이 늘어나는 것을 우려했고, 런던이 말똥에 뒤덮일 것이라고 예견했다. 이런 오류에 빠지지는 말자. 분명 새로운 에너지가 사용될 것이다. 그러나 마찬가지로 분명 지난 반세기 동안 우리가 방출한, 그리고 앞으로도 수십년간 방출할, 온실효과를 심화시키는 대량의 가스는 온난화와 그에 따른 모든 기후변화를 초래할 것이다. 그 사실 자체가 그리 극적인 것은 아닐 수도 있겠지만, 긴장의 수많은 원천과 현실의 어려움이 겹치게 되면, 기후변화는 세계의 이런저런 지역의 어려움을 분명 악화시킬 것이다.

여기서도 역시 중첩된 재생산 갈등이 빚어진다. 선진국들의 소비사회, 기업, 화석에너지 생산국 그리고 지구 간의 재생산 갈등 말이다. 그것은 몇몇 사회운동과 생태학적으로 민감한 몇몇 국가, 그리고 가장 두드러지게 위협받는 국가에 의해서만 (핵발전 기업들의 거추장스러운 지지를 받으며) 금지되고 있다. 그러나 현재까지 인류에 기인한 온실효과의 대부분에 책임이 있는 선진국 전체와 앞으로 수십년간 강력한 온실효과의 주된 요인이 될 수 있는 후진국 전체 사이의 갈등도 역시 존재한다.

예방원칙(principe de précaution)[42]은 거의 영향력이 없다. 소수의 강력한 이익집단이 일부 강대국의 지원을 받아 지금까지 힘을 발휘해 왔다. 불쌍한 지구여!

남북문제

오존층과 온실효과, 이 두 영역에서도 다른 많은 영역에서와 마찬가지로 남북간의 문제는 결정적이다.

선진국들은 명백히 채취, 환경오염, 환경불균형의 주범이었다. 대략 20여 년 전부터, 무엇보다도 환경보호주의운동의 압력하에 선진국들은 가장 격심한 환경파괴 행위를 줄이기 시작했으며, 산업자본주의가 퇴조하고 특정한 활동이 옛 제3세계 국가들로 옮겨가면서 환경파괴를 줄이는 일은 쉬워졌다. 기술자본주의는 환경오염도가 낮은 것으로 나타나고 있다. 물론 우리는 신기술의 특정한 결과, 특히 생명과 소재의 조작에 대해서는 우려하고 있다. 따라서 선진국들은 산업시대의 환경오염에 따른 폐해와 기술시대의 새로운 생산방식에 기인하는 미래의 위험에 대해 이중적 책임을 지고 있다.

그러나 앞으로 수십년간은 불안정을 초래하는 과정의 주된 부분이 후진국들에서— 근면한 인구가 넘쳐나고, 새로운 성장, 도시화, 근대화가 진행되고 소비사회에 대한 선망이 강해지면서— 전개될 것이다. 이들 나라의 지도자들은 지금까지 부유한 나라들의 무관심과 이기주의에 의해 균형이 흔들려온 지구를 보호하기 위해 역동적으로 추진되는 개발을 억제하거나 누그러뜨릴 용의가 없다.

또한 비록 억제되고 있는 것처럼 보이지만, 선진국들에 의한 환경오

---

42) Godard(dir.)(1997) 참조.

염은 여전히 대대적으로 이루어지고 있다. 나아가 후진국에서 발생하는 환경오염의 일부도 사실 어떻게 보면 선진국 기업들의 책임이다. 남측의 가난한 나라들에 대한 도시·산업·화학·핵 폐기물의 '수출', 환경오염을 일으키거나 위험스러운 활동을 다른 곳으로 이전하는 행위, 그리고 선진국에서는 금지된 제품을 판매한다거나 금지된 생산방식을 이용한다거나 하는 일들이 그런 예이다.

그러나 문제의 핵심은 다른 데 있다. '현대적' 소비·생활방식은 지금의 형태로 '유지될' 수 없다. 현대적 소비·생활방식은 현재 그것을 누리고 있는 나라에서 영구히 존속할 수 없으며, 그것을 꿈꾸고 원하는 세계의 모든 사람들에게 확대될 수도 없다. 하지만 세계의 모든 나라에서 모든 사회계층·계급은 그쪽 방향으로 나아가고 있거나 그것을 갈망하고 있다.

이에 대해서는 단 하나의 예만 들어보아도 논증이 된다. 석유를 기준으로 보면 고소득 국가의 주민들은 1인당 평균 5.2톤을 소비한다. 반면에 중간소득 국가의 주민들은 1.6톤, 중국과 인도의 주민들은 174킬로그램을 소비한다.[43] 만일 모든 사람들이 선진국 주민들만큼 소비한다면, 연간 세계 석유소비량은 290억 톤이 될 것이다. 이는 실제 세계 석유소비량의 거의 4배에 이른다.

그럴 경우 부유한 나라들은 물론 후진국들의 성장도 유지될 수 없다. 사실 후진국들의 성장은 부유한 나라들의 성장을 모방한 것이다.

---

43) 동일한 현실을 묘사하는 다른 방식, 즉 세계의 불평등을 파악하는 다른 방식이 있다. 고소득 국가의 주민 8억 5,000만 명(세계인구의 14%)은 1994년에 전세계의 상용화(商用化)된 에너지의 절반 이상(54%)을 소비했다. 이에 반해, 중간소득 국가의 주민 16억 명(세계인구의 28.6%)은 30.8%를 소비하고, 중국과 인도의 주민 21억 명(세계인구의 37.5%)은 12.3%를 소비했다(세계은행, 1996, pp.220-221, pp.234-235).

그러나 선진국들이 자신들의 생활방식을 새삼 문제삼을 용의가 없듯이, 후진국들은 성장을 포기할 용의가 없다. 1990년대에는 새로운 방향을 선택하고 그것을 시행에 옮겼어야 한다. 주요한 금융·산업·기술·과학적 자원을 보유하고 있는 고소득 국가들은 또다른 소비·생활방식을 장려하기 위해 필요한 노력을 경주했어야 한다. 또한 위험을 제한하고 에너지를 절약하고 수십 년 후에 좀더 나은 상태의 지구를 남겨주기 위해 에너지 효율이 높은 재료로 만든 장비에 대한 세계적 장기 전략을 구상하고 제안했어야 한다. 그들이 지구에 끼친 피해에 대한 보상 명목으로든, 아니면 그저 그들의 재정적 능력으로 보든 간에, 부유한 나라들은 대부분의 비용을 부담했어야 한다. 이것이 1992년 리우 회담 당시 열려 있던 전망 가운데 하나였다. 그러나 정치가, 정부각료, 대기업 경영자, 거대한 국제기구는 이에 대한 아무런 전망도 용기도 갖지 못했다.

결과가 복합적이고 불확실한, 지구 전체와 관련되는 문제에 직면해서는 예방원칙이 우위를 차지했어야 한다. 그러나 특정 기업이나 특정 국가들, 그리고 수천만 혹은 수억의 소비자들의 이익이 우위를 차지했으며, 그 결과 아무것도 하지 못했다. 20세기에 우리의 국가들은 두 번씩이나 전쟁을 위해 생산력의 40%를 몇 달 사이에 동원한 경험이 있다. 그렇다면 지구, 생명체 그리고 인간의 미래를 위해 그 절반이라도 동원할 수는 없는가?

큰 재앙이 일어나야 하는 것일까? 불행히도 그런 일이 일어난다면, 우리가 지러야 할 몫은 상상할 수 없을 만큼 무거울 것이며, 그에 대한 반응은 다음과 같이 될 위험성이 아주 크다. 각자 알아서 살아남기!

중대한 사안들

계몽시대의 과학자이자 철학자인 콩도르세는 1793년 다음과 같이 썼다.

> "인류의 위대한 진화의 시대가 가까워온다고 모든 것이 우리에게 말한다. …(중략)… 계몽의 현상태는 인류가 행복할 것이라고 보장한다. 하지만 그러려면 우리의 모든 힘을 이용할 줄 알아야 한다는 조건이 붙는 것 아닐까?"[1]

확실히 우리는 '우리의 모든 힘을 이용할 줄' 몰랐다. 우리는 우리의 힘을 잘못 이용했으며, 오늘날 전개되고 있는 혼란에 방향을 잡아주기 위해 그 힘을 사용해야만 한다.

여기에서 관건이 되는 것은 불평등 문제다. 첫째, 앞에서도 본 바와 같이, 불평등의 수준은 극단에 이르렀다. 둘째, 불평등 문제는 현대의 모든 문제에, 그리고 문제의 해결에까지 파급된다. 물론 거의 모든 인

---

1) Condorcet(1988), p.89.

간사회는 불평등했다. 그러나 상당수의 구성원에게 생존 방도를 찾는 길을 지속적으로 봉쇄하면서 제구실을 한 사회는 없었다. 그런데 오늘날, 경제적 기계장치가 확대되면서 사회구성체들과 그 생산능력이 파괴되었으며, 그에 따라 수많은 인간들이 생계수단을 잃고 말았다. 모든 불평등 사회는 연대(連帶)의 체계와 재분배 체계를 발전시켰다. 우리 사회는 과거의 사회가 구축했던 이 체계들을 약화시키거나 파괴하고 있다.

요컨대 과거의 불평등은 대부분 상품·화폐 관계의 확장이 제한된 사회 속의 문제였다. 빈민들은 물, 나무 등의 자유재와 목장, 산림 등의 공공재에 접근할 수 있었으며, 생계수단의 대부분을 시장 외부에서 생산할 수 있었다. 상품관계의 보편화와 함께, 이 모든 것 ─ 자유재와 공공재, 자기생계유지(autosubsistance) ─ 이 사라지는 경향이 있다. 불평등의 본질이 변했다. 불평등은, 경제적 기계장치의 발전과 작동에 참여하는 다양한 대중 속에서 끊임없이 격차를 재생산하는, 이 장치의 작동의 한 부분이 된다. 불평등은 풍요·소비 사회와 주변화된 사회의 단편들 사이에 균열을 초래한다. 그리고 극단적으로는 돈에 근거한 차별의 위험을 동반한다.

어떤 의미에서 투기꾼 조지 소로스와 성 요셉 수도회의 수녀들은 서로 통하는 바가 있다. 조지 소로스는 투기꾼들이 벌 수 있는 과도한 액수를 고발한다. "노동자의 임금과 비교해보면, 나처럼 돈으로 이렇게 많은 돈을 벌 수 있다는 사실 속에는 무언가 추잡한 점이 있음을 나는 인정한다."[2] 성 요셉 수도회의 수녀들은, 미국의 조합조직인 NLC(National Labor Committee, 전미노동자위원회)와 똑같이, 포로프

---

2) Soros(1996), p.33.

랭스3)에 있는 디즈니 사의 하청업체가 지불하는 저임금과 기업 회장의 소득 사이에 존재하는 어마어마한 격차를 고발한다.4)

앞으로 수십년간 불평등은 더욱 악화될 수 있다. 그러나 또한 줄어들 수도 있다. 그것은 각 사회에서와 마찬가지로 전세계적 차원에서도 결정적인 사안이다. 사회의 질서가 보장되는 방식, 환경문제가 해결되는 방식, 그리고 세계의 정합성이 재확립되는 방식은 선택에 달려 있다.

자본주의와 기술과학의 새로운 결합

새로운 변이

사람들은 포디즘의 위기, 탈산업화의 위기에 대해 말했다. 또 어떤 사람들은 3차 산업혁명을 언급했다. 콜린 클라크 이후, 어떤 사람들은 우리가 3차산업의 시대에 들어섰다고 평가했다.5) 또다른 사람들은 서비스, 비물질, 정보, 또는 지식을 강조했다.6) 이러한 해석들은 각기 현실의 한 단면을 밝혀준다. 그러나 그 어느 것도 본질에 이르지는 못한다.

산업국, 선진자본주의 국가들은 분명히 산업시대로부터 이탈하고 있는 중이다. 1950년에서 1992년 사이에, 총고용에서 산업이 차지하

---

3) Port-au-Prince, 아이티의 수도 — 옮긴이 주.

4) NLC에 따르면, "디즈니 시 회장 마이클 아이스너(Michael Eisner)는 1993년 2억 300만 달러를 벌었는데, 이는 아이티인 노동자 1인당 임금의 32만 5,000배이다"(*Le Monde*, 1997. 1. 28.).

5) Clark(1960).

6) 이 주제들은 수많은 논쟁대상이 되었지만 여기서는 다루지 않겠다. 다음 책에서 다룰 예정이다.

는 비중은 미국의 경우 33.6%에서 23.3%로, 영국의 경우 44.9%에서 26.2%로, 네덜란드의 경우 40.2%에서 24.3%로 떨어졌다.[7] 농업의 경우와 마찬가지로, 서구사회에서 산업의 위치는 고용에서나 생산에서나 제2선으로 떨어지고 있는 중이다. 그러나 현재 진행되고 있는 변화는 그와 차원이 다르다.

고대와 18~19세기에 있었던 단계에 뒤이어[8] 노동분업과 상품화의 새로운 단계가 시작되었다. 노동분업과 상품화는 이제 인간 자신의 생존과 복지, 기업의 발전, 정보·의사결정 체계의 작동, 그리고 정치·도시체계·환경문제의 관리 활동 전반과 관련이 있다. 이런 모든 부문에서 대부분 최근의 기술적 진보를 활용하는, 더욱더 특수하고 정교한 활동들이 나타나고 발전한다.

동시에 이미 행해지고 있는 대부분의 활동들도 — 농업에서 운송까지, 각종 산업에서 다양한 3차산업 활동(보건, 문화, 정보, 여가, 관리 등)까지 — 심각한 변화를 경험한다. 어디서나 (소재, 에너지, 생명체, 전자기학, 특히 정보의 저장과 전달 등에 관한) 새로운 과학·기술 지식이 동원되고 있다. 또한 최근의 기술과학의 발전 성과를 통합하는 장치들이 늘어나고 있다. 이 장치들은 종종 기술적인 큰 체계와 연결되게 마련이다. 따라서 새로운 변화의 중심이 되는 모습은 (과학에 기초한 새로운 기술적 지식의 통합에 의해 만들어진 신제품, 신장비, 신공정을 수단으로 한) 사회적 활동의 거의 전부 그리고 실질적으로 삶의 모든 (개인적, 가족적, 사회적) 측면의 변화다.

---

7) 프랑스(43.9%에서 28.1%로)와 독일(43.0%에서 37.8%로)에서는 하락폭이 적었다. 같은 시기에 산업고용의 비중이 일본에서는 (22.6%에서 34.6%로) 증가했으며, 중국에서는 (7.0%에서 22.0%로) 더욱 급격히 증가했다. Maddison (1995), p.38과 비교.

8) Smith(1991); Durkheim(1994) 참조.

어떤 사람들은 이를 3차 산업혁명이라고 진단한다. 1차 산업혁명은 (석탄, 야금술, 기계화, 증기기관으로) 매뉴팩처 자본주의에서 19세기 산업자본주의로의 이행의 근거를 이루었다. 그리고 2차 산업혁명은 (전기와 석유 그리고 전기모터 및 내연기관, 원거리 통신, 무기화학으로) 1917년에서 1987년까지의 '짧은 20세기'를 지배했던 2기 산업자본주의에서 두드러진 특성을 드러냈다.[9] 그리고 실제로 제2차세계대전 직후에 핵, 제트엔진, 전자공학, 정보과학, 화학·생물학의 혁신과 함께 새로운 산업혁명이 시작되었다고 생각할 수 있었다.

사실 변화는 좀더 심층적인 것이었다. 변화는, 물적 재화와 장비 생산에서 하드웨어적 에너지와 기술 동원에 중점을 두었던 산업시대에서 과학-기술이라는 쌍에 의해 지배받는 시대로 넘어가는 데에 기여했다. 기술적 응용을 지향하는 과학, 즉 기술과학이 실제로 현재 진행되고 있는 변이의 중심에 있다. 다만 1960년대 말에 리치타가 본 '과학·기술혁명'[10]처럼, 경제적·사회적 변환과 문화의 진화에 독립적으로 영향을 미치는 힘으로 간주되는 기술과학이 아니라, 1970년대 초반부터 카르픽이 지적했던 것처럼, 대기업에 의해 점점 더 체계적으로 동원되는 기술과학을 말한다.[11] 2기 산업자본주의에서 '기술과학적'[12]이라고 규정되어야 할 자본주의로의 이행은 그렇게 개시되었다. 이를 조금 완화시켜 '신기술적' 또는 간단하게 '기술적'[13]이라고 일컫기도 한다.

---

9) Bonnaud(1992b), p.220.
10) Richta(1974) 참조.
11) Karpik(1972) 참조.
12) 3장의 주 45) 비교.
13) 타제석기를 사용하는 것도 이미 하나의 기술이다. 그러나 산업(industrie)이라는 단어가 18세기에 인간활동에 대한 아주 넓은 의미(농업, 상업)를 가지고 있었고, 19세기에 근대적 의미를 획득한 것처럼, 기술이라는 단어도 넓은 의미를 유지하면서 가장 최신의 기술, 즉 새로운 과학적 지식에 근거를 둔 '첨단기

사실, 전세계적 차원에서 보면 경제발전단계의 격차가 심한 만큼 여러 가지 변화가 동시에 진행되고 있다. 즉 매뉴팩처 활동에서 (자본주의적, 국가통제적) 산업활동으로, 이미 실현된 1차 산업화에서 (자본주의적, 국가통제적) 2차 산업의 정착으로, 마침내 근대산업에서 기술자본주의로. 그렇게 세계의 격차는 더욱 심화된다. 그리하여 거대기업들에게는 항상 좀더 교묘하고 기동성 있는 게임을 펼칠 수 있는 다양한 활동의 장이 주어진다.

기술자본주의

기술자본주의의 핵심에는 항상 신상품이 있다. 그것은 사람들이 손에 넣자마자 완전히 자율적으로 사용할 수 있는 망치, 타자기, 자동차, 컴퓨터처럼 단순한 물적 생산품이 아니고, 타일 닦는 인부, 수리공, 공증인 등에게서 살 수 있는 것처럼 단순한 서비스도 아닌 복잡한 상품이다. 소수의 (거대 또는 최첨단) 기업들이 통제하고 끊임없이 쇄신하는 기술의 결합에 의해 연계된 물적 생산품(들)과 서비스(들)가 그것이다. 그것은 사람들이 각자 따로따로 구입할 수 있는, 그러나 어떤 상품도 나머지 다른 상품 없이는 기능하지 못하는, 또는 이같은 상품들에 대해 구조, 논리, 규범을 강제하는 하나의 거대기술체계 속에 포섭되어야 기능할 수 있는 일련의 상품 전반(하드웨어, 소프트웨어, 통신망 가입, 관련계약 등)일 수도 있다.

(전기, 철도, 전기통신, 항공운송과 같은) 산업시대의 '기술적 대체계(macrosystèmes techniques)'[14]가 길을 열었다. 새로운 '기술적 대체계'는 기술과학에 더욱더 의지하게 될 것이며, 따라서 기술과학을 통

술'에 기초한 새로운 의미를 획득하기 시작했다.
14) Gras(1993) 참조

제하는 그룹과 대기업에 완전히 의존하게 될 것이다. 예를 들어, 보건에 관해서는 수치화된 정보를 통합하고 새로운 서비스를 제공하는 통신망에 연결될 수 있는 장비가 널리 확산되었다. 치료장비와 소프트웨어의 원거리 보수, 환자에 대한 원거리 진단, 그리고 조만간 이루어질 (환자에 대한) 전문가 팀의 원거리 진료 등이 그것이다.

기술자본주의는 새로운 기술의 물결을 초래하고 유지하는 데 기여하며, 또 거꾸로 새로운 기술의 물결이 기술자본주의를 이끌어간다. 복잡계의 관리를 동반하는 정보과학, 수치화의 새로운 전망을 동반하는 원거리 통신, 유전자 제도법과 유전자 치료를 동반하는 생명공학 등이 그러한 기술들로서, 이것들은 수많은 응용분야에서 서로 결합될 수 있으며 또 결합되어야 한다.

따라서 일반화된 기술자본주의의 첨단에 있다는 것은 새로운 기술진보 혹은 그들의 결합에서 우두머리 위치에 있음을 의미한다. 이렇게 여러 가지 방식으로 서로 교차하는 두 개의 전략적 공간이 존재한다. 즉 모기술(母技術) 공간(정보과학, 전기통신, 생물공학 특히 유전공학, 소재과학 등)과, 명시적 혹은 잠재적으로 지불 가능한 수요의 운반인으로서의 시장을 위해 구상된 모기술의 결합공간(우주항공, 정보, 전세계적 대중매체, 보건, 오염방지 등)을 말한다.

두 공간에서, 다양한 방식으로 강대국과 연결된 거대기업만이 기술체계 및 그와 관련된 다양한 상품들의 구상·실현·사용을 위해 기술과학을 동원하고 통제하고 이끌 수 있다. 왜냐하면 이러한 새로운 생산과정과 그것을 포괄하는 새로운 기술적 경쟁은 연구, 장비, 인력양성을 위해 줄곧 더욱 막대한 투자를 요하기 때문이다.

전략적인 부문마다 소수의 기업들이 지배한다. 의료장비 분야는 단 7개의 기업이, 대형 컴퓨터는 10개 기업이 세계생산의 9/10를 차지한

다. 정보서비스는 8개 기업이 세계시장의 54%를 차지한다.[15]

이러한 기업들은 단순히 생산과 시장에만 영향을 주는 것이 아니다. 그들은 연구를 지휘하고 제품을 구상하고 체계를 구조화하고 수요를 창출하며, 심지어 미래의 생활양식과 사회형태까지도 미리 결정한다. 이런 모든 부분에서 기업들은 오직 현존하는 또는 예상되는 지불 가능한 욕구의 목표에 의해 이끌린다. 자본주의와 과학의 이같은 새로운 결합은 일을 빨리빨리 서두르는 쪽으로 가는 성향을 더욱 부각시키고, 구매력을 가진 사람과 갖지 못한 사람 사이의 균열을 심화시킬 위험이 있다.

한계가 없는 자본주의?

물론 산업자본주의는 사라지지 않을 것이다. 연속적 층화(層化)를 통한 인류사회의 거대한 진화 속에서 언제나 그랬던 것처럼, 매뉴팩처 자본주의, 산업자본주의 등 과거의 지층은 단지 쇠퇴할 뿐이다. 반면에 기술자본주의의 새로운 지층은 강화될 것이다.

그와 병행하여 자본주의의 새로운 확장이 일어난다. '보편화된 자본주의'가 출현한 것이다. 이미 '상품의 보편화'라는 부식토가 자리잡았다. 인간의 상품화(보건, 혈액·장기·출산의 거래, 그리고 미래의 모든 개인에 대한 유전자 관리 시장), 사회적 기능의 상품화(교육, 여가, 정보, 지식, 여론관리, 그리고 정치적 결정·긴장·갈등의 관리 시장), 고급 인간활동의 상품화(과학적 연구, 지식·예술작품·저서의 정교화, 그리고 이미 이루어지고 있는 휴머니즘·인간주의적 정서, 원리, 가치 등의 상업적 활용), 자연과의 관계의 상품화(오염방지, 오염을 일으키지 않는 생산과 도시화, 그리고 물·공기·생명체·자연과 지구의 관리 시장)

---

15) Chesnais(1994), pp.73-74, p.149, p.169.

등등.

이러한 영역들 가운데 재생산이 물질세계의 제약에 부딪히지 않는 영역(정보, 문화, 정보와 영상의 처리 및 전달 등)에서는, 인류가 자신의 목표에 위계를 정하고 욕구를 통제했더라면 풍요를 누리는 것은 시간문제였다. 다른 영역들에서는, 민주주의의 새로운 숨결과 새로운 유형의 공공서비스를 바랄 만도 했다. 또다른 영역에서는, 예방원칙이 실행되고 지구에 대한 책임·존중의 태도가 지켜졌더라면 환경훼손과 궁핍을 피할 수 있었을 것이다.

그러나 기업들은 새로운 희소성을 창출하고 욕구를 격화·증대시키고 독점을 강요하는 방법을 알고 있었다. 그리고 거의 모든 삶의 순간 속에서, 우리는 또다시 무수히 많은 그물로 우리 자신을 죄어오는 새로운 소재, 새로운 소프트웨어, 새로운 정보에 대한 욕구, 그리고 새로운 기대, 새로운 희망 속에 포섭되었다. 새로운 의존과 새로운 소외…… 앞에서 이미 보았듯이, 여기서 말하는 '우리'는 세계인구 중 제한된 일부분일 뿐이다. 전세계에 13억 대의 TV 수상기와 6억 8,000만 명의 전화가입자가 있다고 하지만, 단지 2억 대의 TV 수상기에만 케이블이 설치되어 있고(그리고 디지털화된 접속시설에 연결된 수상기는 6,000만 대이다), 컴퓨터 2억 대가 있다지만 그 가운데 3,000만 대 정도가 인터넷에 연결되어 있을 뿐이다.[16]

더구나 대부분의 새로운 활동들은 아직 알려지지 않은 위험요소를 안고 있다. 기술혁신과 기술진보를 향한 달음박질은 대부분의 기업들로 하여금 신중·예방의 원리를 존중하지 않도록 이끌었다 따라서 위험이 구체화되어 기술-산업계가 결국 그것을 인정할 때, 아마도 그 위

---

16) Ignacio Ramonet, 「미디어의 종말(Apocalypse médias)」, *Le Monde deplomatique*, 1997. 4.

험의 원인이었을 기업들은 위험의 해결책을 연구하고 그 해결방책을 팔겠다고 제안할 것이다. 그리고 필요하다면, 이미 다른 기업들이 빚어낸 해악들에 대해서도 새로운 처방을 연구해서 팔겠다고 제안할 것이다.

좀더 넓게 말해, 현대의 온갖 위험은 잘 팔리는 시장을 받쳐주는 역할을 하게 되었다. 따라서 어떤 약품연구소나 기업이 새로운 위험을 알리는 경우에, 우리로서는 그들이 근거 없는 우려를 역이용하려는 것인지 아니면 실제로 위협적인 재앙과 싸우기 위한 것인지를 분간하기가 갈수록 어려워진다.

자본주의는 난관에 봉착할 수도 있었을 바로 그곳에서 새로운 숨결을 찾았다. 기술자본주의는 개인과 사회, 생명체와 지구의 재생산 영역 전반, 그리고 지식, 아름다움, 영적인 것, 관념적인 것, 고통, 고독, 삶과 죽음의 무한한 장 전체를 포위하고 있다. 그리고 현재를 희생시키면서까지 미래에 스스로를 투여하고[17] 지불능력 없는 욕구를 무시하는[18] 자본주의의 이중적 경향이 과거보다 한층 더 거친 방식으로 구체화되고 있다.

---

17) Rachline(1993).

18) 예를 하나 들어보자. 에이즈 바이러스에 감염된 환자의 92%가 이른바 '개발도상' 국가들에 거주하고 있으며, 에이즈에 대한 투쟁수단의 90%가 선진국에서 사용되고 있다(*Libération*, 1996. 7. 8). 달리 말하면, 수천, 수만 달러에 이르는 치료법의 개발이 1인당 연간 공공지출이 몇 달러에 불과한 나라들에서 무슨 의미가 있겠는가?

욕구의 끊임없는 증식

풍요 속의 빈곤

1873년에 태어난 프랑스 시인 샤를 페기는 자신의 어린 시절에 대해 다음과 같이 쓰고 있다.

"당시 사람들은 말하자면 거의 돈을 벌지 못했다. 임금은 상상할 수 없을 정도로 낮았다. 그래도 모든 사람들이 먹고는 살았다. 가장 보잘것없는 집에서도 지금은 잊혀진 일종의 안락함이 있었다. …(중략)… 지금처럼 해가 갈수록 심해지는, 일종의 소름끼치는 경제적 압박은 없었다. 사람들은 돈을 거의 벌지 못했으며, 거의 쓰지도 않았다. 그런데도 누구나 나름대로 살아갔다. 오늘날과 같은 경제적인 목졸림은 없었다. 냉혹하고 엄격하고 규칙적이고 깨끗하고 분명하고 완벽하고 무자비한 과학적 목조르기……, 거기에는 아무것도 나무랄 데가 없으며, 한편 목졸림을 당한 자에게는 분명히 잘못이 있다."[19]

제1차세계대전 이후의 대공황 중에 '경제적 목조르기'가 그야말로 대대적으로 이루어졌다. 그리고 제2차세계대전이 일어났고, 이어 궁핍이 기다리고 있었다.

공황과 전쟁은 검소함을 가르치는 학교였던가? 1940년대 프랑스의 경우, 거의 모든 사람들이 내핍생활을 했다. 화폐는 거의 유통되지 않았으며, 사람들은 아무것도 버리지 않았다. 아이든 어른이든 가진 것이 별로 없었으나, 그래도 무엇이든 소중히 다루었다. 의식주의 욕구는 불가결한 수준으로 축소되었다. 사람들은 가능한 한 지출 없는 해결책을 모색했다. 각각의 지출은 빠듯하게 결정되었다. 거의 모든 사람들이 이렇게 살았다. 개개인은 분명 죽은 친척에 대한 기억, 포로가

---

19) Péguy(1948), p.12.

된 친지에 대한 생각, 또는 단순히 점령군에 대한 무언의 저항으로 지탱했다. 그리고 1950년대를 암담했던 시절에 대한 생생한 기억으로 견뎌냈다.

반세기가 지나, 프랑스는 매우 부유해졌다. 1950년에서 1992년 사이에 1인당 생산량은 세 배 이상 증가했다.[20] 물질적 안락과 운송·통신 수단은 여러 차례에 걸친 변화의 물결을 경험했으며, 대중 속으로 널리 확산되었다. 돈은 넘쳐나는 것같이 보인다. 그러나 인구의 1/4 내지 1/3이 빈곤을 겪고, 안락한 기본생활을 누리지 못하고 있으며, 식비와 위생에 관련된 지출마저도 아껴야 하는 형편이다. 인구의 1/3 내지 1/2이 지금 시기에 보편적으로 인정되는 표준적 생활수준에 도달했으나, 여전히 경제적인 우연에 좌우되고 있다. 따라서 그들은 주변에서 권유받는 구매며 여가·소비에 관련된 지출을 스스로 삼가고 있다. '경제적 목조르기'가 인구의 극소수를 심각한 어려움에 처하게 하는 데 그치는 것이 아니라, 그 뒤에 숨은 위협이 수많은 가족들에게 걱정과 불안을 안겨주는 것이다.

전체적으로 보면 사람들은 옛날보다 안락하게 살고 있다. 하지만 사람들이 더 나은 삶을 살고 있다고 과연 누가 말할 수 있겠는가? 일상의 스트레스, 내일에 대한 불안, 미래의 불확실성은 결핍보다도 더 무겁게 어떤 계층을 압박한다. 그리고 과거 그 어느 때보다도 부유해진 나라에 해묵은 또는 새로운 빈곤이 공존하고 있다.

부유한 서구 전체에 대해서도 마찬가지다. 1500년에서 2000년 사이에 1인당 생산은 50배 이상 증가했다(1500년에서 1820년 사이에 3.5배, 1820년에서 1992년 사이에 14배 이상).[21] 오늘날 이러한 수치들

---

20) Maddison(1995), p.20.
21) Maddison(1995), p.20; 세계은행(1996).

은 일반적인 통계의 하나로서, 전혀 예외적이 아닌 것으로 간주된다. 하지만 인류 역사의 수천 년에 걸친 기나긴 연쇄 속에서 그 수치들은 정녕 예외적인 것이다. 18세기와 19세기의 전환점에서 자유주의 경제학자나 사회개혁자들에게, 그때로부터 200년이 채 지나기 전에 1인당 생산이 10배 이상 증가할 것이라고 누가 공언했다면, 그 말을 한 사람은 심한 불신의 벽에 부딪혔을 것이다. 만약 그래도 고집했다면, 사람들은 각자 마음대로 어떤 이는 풍요의 사회를, 어떤 이는 새로운 인간적 충족 상태의 성취를, 어떤 이는 보편화된 복지가 정착된 상태[22]를 꿈꾸었을 것이다.

그토록 많은 부와 함께, 빈곤의 자리는 더 이상 있을 수 없었다. 그러나 오늘날 우리는 풍요와 함께 빈곤을 안고 있다. 풍요한 사회의 복합적 빈곤 말이다. 그것은 어떤 면에서는 우리 사회가 여전히 불평등하다는 사실과 관계가 있으며, 또다른 면에서는 욕구의 다양화 및 그 증대와 관계가 있다. 왜냐하면 각 개인이 받아들이거나 느끼는 욕구는 필경 1인당 생산만큼, 아니 어쩌면 그보다 빠른 속도로 증가했을 것이기 때문이다.

욕구의 본질과 근원

묘하게도 경제학자들은 (우리 사회에서 중대한) 욕구의 문제를 대부분 기피했다. 하지만 그것은 현재 우세를 보이고 있는 환원주의적 경제학의 주창자들이 깊이 연구했어야 할 문제다. 소비자 선택이 환원주의적 경제학의 중요한 지주(支柱)이고, 선택의 독립성이 중대한 공리

---

22) 리카도(David Ricardo)가 정상상태의 전망을 언급하면서 그것을 경제성장의 둔화에 기인하는 것으로 보았을 때, 그것은 일종의 우려를 표명한 것이었다 (Ricardo, 1992, p.128).

들 중의 하나임을 감안할 때, 환원주의적 경제학 이론가들은 욕구에 흥미를 가져야만 했으며, 생산자가 욕구의 형성에 영향을 줄 수 있는지 여부에 대해서도 고찰해야만 했다. 그러나 그들은 이 점을 회피했다. 환원주의적 경제학의 틀 속에 갇혀 있지 않은 레몽 바르마저 그의 경제학 입문서 서두에서 다음과 같이 설정하고 있다. "욕구의 경제학적 개념은 명확하게 주관적이다. 욕구가 있는지, 또 그것이 어느 정도인지는 오직 개인만이 결정한다."[23]

물론 오스트리아 한계주의의 창시자인 멩거[24]에서 독일-미국계 급진철학자 마르쿠제[25]에 이르기까지, 몇몇 학자들은 진정한 욕구와 거짓 욕구를 구분하려고 시도했다. 그러나 이같은 접근법은 막다른 골목에 이른다. 폴란드계 영국 인류학자인 말리노프스키는 '세 가지 범주(생물학적, 파생적, 통합적)'의[26] 욕구를 구분하면서 좀더 풍부한 길을 열었다. 하지만 애석하게도 이런 유형학은 현대 자본주의사회의 욕구를 설명하기에는 너무 간단한 것 같다. 본질적인 것을 알려면 노자, 플라톤, 마르크스, 베블런으로 돌아가야 한다.

앞에서 보았듯,[27] 플라톤은 필수적 욕망과 과잉적 욕망을 구분하는 단초를 마련했다. 그는 또 과잉적 욕망 중에서 정당한 것과 규칙을 벗어난 부당한 것을 구분했다.[28] 그것은 두 가지 사고의 방향을 열어준다.

하나는 인간 욕구의 확장성으로서, "인간은 욕구의 확장성과 무한성

---

23) Barre(1957), vol.1, p.7.
24) Menger(1923).
25) Marcuse(1968a), p.30.
26) Malinowski(1970), p.147.
27) 이 책 3장의 '본질적 욕구와 비본질적 욕구' 부분을 참조
28) Platon(1988), pp.318-319, p.333 이하.

에 의해 다른 모든 동물들과 구별된다"[29]라고 마르크스는 『자본론』에서 쓰고 있다.

다른 하나는 근본적인(기초적, 필수적, 본질적인) 욕구와 과잉적인(비본질적인, 부당한) 욕구 간의 분류다. 그러나 근본적인 욕구와 과잉적인 욕구에 대한 예를 드는 것이 쉬운 만큼, 모든 욕구를 두 개의 범주 속에 포함시키는 것은 어렵다.

마르크스가 강조한 것처럼, "우리의 욕구와 향유는 사회에 근원을 두고 있다. 따라서 그 척도는 사회 속에 있는 것이지 욕구와 향유를 충족시키는 대상에 있는 것이 아니다. 사회에 기원을 두는 우리의 욕구는 본래 상대적이다."[30] 이러한 사실로부터, 각 개인의 욕구는 "자신의 사회적 위치에 의해 결정된다. 그리고 사회적 위치는 사회조직 전체에 의존한다."[31] 이것이 세번째 사고의 방향이다.

그러나 마르크스의 방대한 연구와 노력에도 불구하고, 마셜 살린스가 지적하는 다음의 사실도 인정해야만 한다. 마르크스가 각 사회에서의 욕구의 상대성을 명확히 한 것처럼,[32] 살린스는 각 사회에 고유한 욕구체계 문제[33]와 욕구체계의 형성 및 변천 문제를 열어두었다. 이런 관점에서, 노르웨이계 미국 제도학파 경제학자인 베블런은 네번째 길을 열고 탐구했다. 즉 각 사회의 욕구체계 구성에서 하나의 계급, 즉 '유한계급'이 중요한 역할을 수행한다는 것이다. 실제로 사람들은 "소비의 다양한 규범을, 신분이나 재산에서 가장 높이 위치한 계급(부와 여가를 소유한 계급)의 행동 및 사고습관에" 결부시키는 경향이 있다.

---

29) Marx(1968), p.1676.
30) Marx(1963), p.217.
31) Ibid., p.18.
32) Shalins(1980), p.170.
33) Ibid., p.214.

"사회가 어떤 생활양식을 존경받는 것으로, 또는 존경을 유발하는 것으로 여길 것인지에 대한 결정은 일반적으로 유한계급에 귀착된다."[34] 따라서 사회의 큰 부분의 경우, "일단 물질적 안락이 확보되면" 선택에 일정한 방향성을 부여하는 것은 "질적으로나 양적으로 남부끄럽지 않을 만한 수준으로 소비되는 물건을 갖추라고 요구하는 관례적 규범에 맞추어 살고 싶어하는 욕망이다."[35]

베블런의 이러한 분석은 비록 오늘날의 현실에 맞게 수정되기는 해야겠지만, 우리 사회의 욕구에 대한 이해에 크게 기여했다. 한편으로 소비규범은 단순히 한 사회, 한 나라의 테두리 안에서만 확산될 뿐 아니라, 몇몇 국가로부터 전세계 차원으로 확산된다. 다른 한편으로, 현재 우리가 몸담은 사회들처럼 좀더 다양화된 사회들의 경우에는, 신분과 재산에서 최상류인 계급과 함께, 규범 확산의 원인이 되는 또다른 사회계층이 있다. 문화·연예·스포츠계에서 대중매체가 만들어낸 스타 집단과, (PC와 인터넷 등) 특정한 욕구와 관련된, 대학 및 과학계의 지식인 계층이 그들이다.

그리고 욕구가 많아지는 데에 기여하는 다른 원인들도 있다.

우선 사회의 변환 자체가 새로운 욕구의 원천이다. 그리고 이것은 성찰의 다섯번째 방향이기도 하다. 필수불가결한 자원의 훼손이나 환경오염, 새로운 위험의 발생 같은 사회의 물적 구조의 변환(예를 들어 거대 규모의 인구밀집지대 형성)은 새로운 욕구를 불러일으킨다. 그리고 새로운 욕구는 기본이 되는 생물학적 욕구만큼이나 강하게 우리에게 강요된다.

다음으로 여섯번째 성찰의 방향으로서, 자본주의는 상품영역의 혁

---

34) Veblen(1970), p.69.
35) Ibid., p.68.

신·확대와 관련된 역학과 신용·광고·통신의 현대적 전략을 통해 욕구의 증식에 기여한다. 그러나 무(無)로부터의 창조라기보다는, 지금까지는 무엇보다도 위에서 언급한 근원들에서 비롯된 욕구의 다양한 광맥을—소비자에게 이런저런 상품을 구매하도록 종용하면서—좀더 잘 캐내는 것이 문제였다. 기술자본주의가 출현하면서 사정은 달라지고 있다. 새로운 상품의 고안을 새로운 욕구의 '발명'과 떼어놓고 생각할 수 없는 경우가 많아질 것이다.

끝으로 일곱번째 성찰의 방향으로서, 이제는 단순히 개인적 소비자에만 매달릴 수 없다. 욕구의 많은 부분을 집단·준공공·공공지출이 차지한다. 협회나 재단, 혼합경제체제의 회사, 지방자치단체, 행정부, 국제기구 등은 그러한 욕구에 부응하는 데 기여할 수 있게 되면 그때부터는 욕구를 드러내거나, 더 나아가 부추기는 데도 기여한다. 그리고 많은 기구들은 자신들이 충족시킬 책임이 있는 욕구가 지속적으로 인정받아야 존재할 수 있다.

욕구창조의 원천 및 과정의 다양성은 욕구가 많아지는 현상을 이해하는 데 도움을 줄 것이다.

욕구의 유형학

시간을 들여 연구할 가치가 거의 없는 실체로 제시되고 간주되기 일쑤인 욕구들은 이와 같이 다양해지고 이질적이고 상대적이며, 그것이 중요한 부분을 이루는 우리 사회들의 모습에 따라 끊임없이 변화하고 다양해지고 확장된다.

또한 욕구는 ① 필요, 요구 더 나아가 강제의 차원(생물학적, 물질적, 사회적), ② 사회적 결정에 의해(따라서 사회 속에서의 지위, 기능, 역할에 의해) 특징지어지는 차원, 그리고 ③ (각 가족과 각 개인에 고유한 역학과 관련된) 개인적 또는 가족적 차원 등 세 가지 차원으로 분류된다. 모든 욕구는 그 원천(들)의 성격이 어떻든, 어느 정도는 이같은 세 가지 차원을 모두 내포하고 있다.

우리는 두 가지의 상이한 시각, 즉 휴머니즘적 시각과 환원주의적 경제학자의 시각을 통해 이 분야에 대한 연구를 진전시킬 수 있다. 휴머니즘적 접근에서는 욕구의 복잡한 세계를 구조화하는 양극의 존재가 자명한 사실로 받아들여진다. 양극이란 근본적이거나 본질적인 욕구의 극과 과잉적이거나 또는 비본질적인 욕구의 극이다. 환원주의적 경제학자의 접근에서는, 오직 지불능력 있는 욕구만을 표현하는 지불능력 있는(즉 화폐지출로 나타날 수 있는) 수요만이 중요하다.

이처럼 지불능력 있는 욕구와 지불능력 없는 욕구의 구분, 근본적 욕구와 과잉적 욕구의 구분, 그리고 양자 사이에 존재하는 무수히 많은 다른 욕구들이라는 두 가지 분류체계가 서로 교차되어야 한다.

욕구를 충족시키기 위한 화폐지출이 이루어질 수 있을 때, 이러한 욕구는 지불능력 있는 욕구가 된다. 반면 재원부족으로 인해 욕구를 충족시키기 위해 화폐지출이 이루어질 수 없을 때, 이러한 욕구는 지불능력 없는 욕구가 된다. 지불능력 없는 욕구 중에서도, 다시 화폐지출 없이 충족될 수 있는 욕구(자유재에 대한 접근, 자가생산)와 충족되지 못한 채 남아 있는 욕구를 구분해야 한다.

기업가, 시장, 자본주의와 마찬가지로, 환원주의적 경제학자에게는 오직 지불능력 있는 욕구만이 중요하다(11+12+13). 지불능력 없는 욕구는 지불능력 있는 욕구의 잠재적 광맥으로서만 (자원의 재배당 또는 구매력 창출이 새로운 화폐적 수요를 일으키는 경우) 가치가 있다.

휴머니스트의 입장에서는 근본적인 욕구가 마땅히 우선적으로 고려되어야 한다(11+21+31). 그리고 영역 31의 욕구(근본적인 그러나 지

<표 6-1> 욕구의 판독장치

	지불능력 있는 욕구	지불능력 없는 욕구	
		화폐지출 없이 충족	불충족
근본적인 욕구의 극	11	21	31
무수히 많은 다른 욕구	12	22	32
비본질적 욕구의 극	13	23	33

불능력 없는)가 충족되지 않은 상태에서, 영역 13의 욕구(비본질적인 그러나 지불능력 있는)가 충족·개발·유지되는 것은 비윤리적으로 보인다. 그러나 상품관계가 보편화되는 세계에서 영역 21이 축소되는 방향으로 나아감에 따라, 영역 31은 확대되는 경향이 있다.

<표 6-1>만 보아도 이미 다음과 같은 오해가 해명된다. 자본주의가 부를 생산하는 강력한 사회적 기계장치를 구성한다는 사실 때문에, 자본주의야말로 욕구를 충족시켜주는 최선의 수단이라고 생각하거나 그렇게 말하는 사람들이 있다. 그러나 그것은 그리 간단치 않다. 근본적으로 자본주의는 지불능력 있는 욕구에만 응할 따름이다. 따라서 불평등이 심한 사회에서, 자본주의는 부유한 소수집단의 지불능력 있는 욕구에 특권을 부여한다. 지불능력 없는 욕구의 영역은 자본주의의 고려 대상 바깥에 있다.

더구나 지불능력 있는 욕구와 지불능력 없는 욕구의 구분은 상품·화폐관계가 지배하는 경제와 관련해서만 제대로 의미를 가진다. 이러한 유형의 경제가 군림하지 않는 사회에서는, <표 6-1>에서 '지불능력 없는' 열(21+22+23)에 들어가는 욕구의 일부분—사냥, 채취, 우물물 또는 샘물 등—이 재화에 대한 직접적인 접근에 의해 또는 (가내, 공동체, 집단생산 등) 비(非)상품적 생산에 의해 충족되었다. 그리고 오늘날 등가의 화폐자원이 창출되지 않은 상태에서 위와 같은 유형의 욕구

충족을 보장해주는 사회구성체의 파괴가 빈곤의 원인들 가운데 하나다. 그에 따라 어떤 방식으로도 응할 수 없는 본질적 욕구(영역 31)의 확대가 이루어진다.

끝으로, 상품화·화폐화된 불평등 사회에서 근본적인 욕구는 사회의 진화를 통해 증대되고 다양화된다. 그렇기 때문에 빈곤한 계층·집단의 '구매력' 증대에도 불구하고, 그들에게는 근본적인 지불능력 없는 욕구의 영역이 증대할 수 있다. 그로부터 상대적 빈곤화의 어떤 형태가 나타난다.

사실 오늘날의 선진국 사회, 아니 좀더 넓게 전세계에는 욕구의 두 가지 역학이 공존한다.

하나는 영향력이나 지위 면에서 우위를 점하는 계층, 구매력을 가진 계급·계층, 그리고 대규모 자원을 소유하는 행정부 또는 기관과 관련되는 지불능력 있는 욕구의 역학으로서, 그것은 사회와 경제적 기계장치의 접합점에 있다는 의미에서 본질적이다.

또다른 하나는 일정한 관성을 가진 채 일반 사회의 그리고 특히 부유한 사회들의 역사 전체에 의존하는 근본적 욕구의 역학으로서, 이것은 서민 또는 빈곤한 계급·계층에게는 본질적이다. 왜냐하면 그들의 일상적인 삶, 안락한 정도, 생계의 어려움, 그리고 불편함·궁핍·배제의 사슬에의 포섭 여부가 근본적인 욕구의 역학에 의존하기 때문이다.

자본주의가 지배하는 사회에서 빈곤이 풍요를 동반하는 이유와, 성장 자체만으로는 빈곤을 퇴치하기가 불가능한 이유가 이런 점에서 잘 설명된다.

그렇지만 어느 것도 결정적으로 고정된 것은 없다. 자본주의 경제에서, 사회민주주의적 타협은 근본적인 욕구 전반을 가능한 한 지불능력이 있게 만들어줌으로써 두 가지 역학을 좀더 잘 충족시키는 데 기여했다. 지불능력을 확보함에 따라 근본적인 욕구는 이제 기업들의 고려 대상이 되었다. 반대로, 현재 진행되고 있는 자유주의의 회생과 불평등의 심화는 두 가지 역학 사이의 불일치를 심화시킨다. 그리하여 부유해지는 사회 속에서 빈곤과 배제가 더욱 심해진다.

욕구의 증가

이 책에서 우리는 여러 번에 걸쳐 욕구의 창출 및 증대에 대해 언급했다. 경제학계에는 이같은 개념들이 전혀 받아들여지지 않고 있는데, 그럼 여기서 좀더 분명하게 설명해보자.

욕구가 늘어나는 원인은 여러 가지다. 어떤 원인들은 단순히 인구성장과 관계되고, 또 어떤 원인들은 생활양식의 변화나 주요 지배계층의 공상·욕망·상상, 그리고 한편으로 각 사회에서 주요 지배계급으로부터 다른 계급으로, 다른 한편으로 세계를 가로질러 주요 지배사회로부터 다른 사회로 확산되는 새로운 규범과 관계된다.

사회의 조직양식과 기능의 변천도 역시 욕구를 야기하거나 증대시키는 데 기여한다. 사회의 물적 구조화도 마찬가지다. 인구밀집지대에서 몇 킬로미터의 거리는 그저 걸어서 이동할 수 있었던 반면, 거리가 수십 킬로미터 단위일 때는, 일이나 다른 모든 사회적 활동에서 기계화된 운송수단이 기본적으로 필요해졌다. 마찬가지로, 주택이 적절한 재료로 기후에 맞게 지어졌을 경우, 사람들은 대체로 1년 내내 주택에 거주할 수 있었다. 그러나 유리창이 달린 면적이 넓은 고층건물을 건설함에 따라 난방, 에어컨, 신선한 공기 공급 등 특수한 욕구가 생겼다.

공간형태의 변화, 규범의 변천, 사회적 삶의 복잡화 역시 상호연결된 방식으로 새로운 욕구 창출에 기여한다. 따라서 1990년대의 실업자들이 재취업을 하려면 전화나 소형 컴퓨터와 프린터, 팩스(또는 전자우편), 자동차 등을 활용할 필요가 있다. 그러나 실업상태가 일정 기간 지속되면 많은 사람들이 이러한 모든 재화를 상실한다.

또한 우리 사회의 성장과 불평등으로 인한 파괴와 위험도 욕구를 낳는다. 불안전은 안전의 욕구를 창출하고(이는 정부의 개입이나 개인적 지출의 원인이 될 수 있다), 지하수층과 하천의 오염은 다른 수질 개선의 피치 못할 욕구를 야기한다. 소음공해로 인해 어쩔 수 없이 방음벽을 설치하거나 건물의 방음에 좀더 신경을 쓰지 않을 수 없게 된다.

더 나아가 과거에 진행되었거나 지금 진행중인 핵 관련 사업들로 말미암아 수십·수백 세대에 걸쳐 핵시설과 무기체계를 보존하고 오염지대와 폐기물 저장고를 관리해야 할 필요성이 절박해진다. 마찬가지로 토양 및 해양의 화학오염, 바이러스의 (분명히 밝혀지지 않는) 재활성화 위험, 적절한 조심성과 참을성 없이 진행되는 유전자 조작으로 인한 '사고' 위험 등도 개인과 사회가 감당해야만 하는 새로운 '욕구'를 낳는다. 따라서 책임감 없이 추진되는 성장은 '반부(反富, anti-richesse)'를 창조한다. 그 비용의 부담은 앞으로 수십 년 동안 영향을 주고 또 다음 세대들에게까지 떠넘겨질 것이다.

기업들도 광고를 통해, 그러나 무엇보다도 상품의 개발과 확산전략을 통해 욕구를 창출·유지·자극하는 데 기여한다. 그것은 기업들이 무(無)에서 욕구를 창출할 수 있음을 의미하지는 않는다. 대부분의 기업들은 위에서 언급한 다양한 경로를 통해 형성되는 욕구 전반에 기초해서 움직인다. 그들은 무엇보다도 구매력 보유자로 하여금 (기업들이 내놓은 상품에 대한) 욕구에 응하도록 하기 위해 자금을 할애하는 결정을 유도한다. 따라서 아주 특별한 '틈새'를 제외하면, 산업자본주의 전략의 핵심은 새로운 욕구의 창출보다는 지불능력 있는 욕구의 형성

및 발전의 수행에 있다.[36)

  그러나 기술자본주의에서는 사정이 다를 수 있다. 실제로 기업과 과
학자 집단이 혁신하고 독점상황을 창조하기 위해 공동으로 작업함에
따라, 신기술상품은 이미 존재했거나 그렇게 느껴지는 욕구에 대한 새
로운 응답이 될 수 있을 뿐만 아니라 아직 상상할 수 없기 때문에 현
재로서는 느껴지지 않는 욕구에 대한 응답일 수도 있다. 따라서 기술
과학적 신상품에 대한 연구 프로젝트는 새로운 욕구를 상상하고 구상
하고 발명하는 프로젝트와 분리될 수 없을 것이다. 여전히 새로운 욕
구는 지불능력을 갖추어야 한다. 따라서 주로 문제 되는 것은 구매력
을 가진 계층·집단이 느끼고 부담할 수 있는 욕구를 생각해내는 일이
다. 그 다음에는 욕구와, 욕구에 부응하기 위한 상품, 그리고 그에 상
응하는 시장이 하나의 과정 속에서 구상되고 정의될 것이다.

  결국 인구·생산·부의 성장과정과, 욕구의 증가 및 다양화가 병존한
다는 것을 인정한다면, 불평등한 세계에서 실현된 성장은 구매력을 증
가시키고 물질적 안락에 좀더 폭넓게 접근하도록 유도할 수 있다. 그
렇지만 빈곤을 크게 퇴치하지는 못하며, 불만족과 빈곤을 심화시키는
경우도 많다.

  들라팔리스의 말처럼, 성장하면서건 정체상태로 '연착륙'하면서건,

---

36) 그러나 우리는 여기서 마르크스가 명확하게 밝힌 모순을 재발견한다. 각 기
   업은 자신의 노동비용을 감소시키려고 하면서, 분배된 구매력도 감소시킨다.
   그러나 기업들 전체의 이익은 많은 구매력이 분배되는 것이며, 그렇게 되면
   지불능력 있는 욕구에 의해 지탱되는 지속적인 수요의 발생이 가능해진다. (대
   기업에게는 대규모의 오래 지속될 수요를 보장받을 수 있는 아주 좋은 기회였
   고, 뒤이은 재전환이 자본주의에 어려움을 주었던) 두 차례의 세계대전 직후
   에, 미국에서의 포드주의적 타협과 그리고 유럽에서의 사회민주주의적 타협은
   세계의 두 지역에서 거대한 건설 및 소비재 산업에 대해 어마어마한 지불능력
   있는 욕구의 '광맥'을 열어주었다. 노동계와 기업주들은 여기에서 각기 이득을
   보았다.

빈곤과 불만족을 퇴치하는 것이 문제라면 불평등 문제가 결정적인 채
로 남는다.

도달할 수 없는 노동의 종말

유토피아에서 현실로: 노동시간의 단축

1833년 인권협회 회원인 재단사 그리뇽은 자신이 작성한 협회 구성
초안에서 다음과 같이 말했다. "우리는 점진적으로 노동시간이 최대
10시간이 되도록 해야만 한다. …(중략)… 많은 사람들이 반대한다고
외칠 것이다. …(중략)… (그리고) 우리의 요구가 지나치다고 생각할
것이다."[37] 이러한 요구의 배후에는 두 원천이 있다. 첫째가 14~16시
간에 이르는 견딜 수 없는 1일 노동시간에 대한 저항이며, 둘째는 필
요한 노동이 인간사회에서 부차적인 자리 이상을 차지할 수 없다는 유
토피아적 전통이다.

영국 재무장관을 지낸 독실한 가톨릭교도 토머스 모어의 『유토피
아』(1516)에 따르면, 하루 6시간의 성실한 노동이면 충분하다. 성 도미
니코회 수도사 캄파넬라가 1602년에 쓴 책 『태양의 도시』에서, 남자
와 여자들은 4시간을 일한다. '잘못된 산업, 즉 분할되고 역겹고 헛된
산업'을 경멸한 푸리에는 19세기 초에 노동조합을 옹호했으며 매일
짧고 다양한, 8회로 분할된 노동을 주장했다.

유토피아적 전통은 마르크스의 사위인 폴 라파르그에게 이어졌다.
그는 『게으를 권리』(1880)의 결론에서 노동계급에게 "가난할 권리에
불과한 노동권(Droit au travail)을 요구하기 위해서가 아니라, 모든 사

---

37) Beaud(1985a), p.43.

람의 하루 3시간 이상의 노동을 금지하는 철의 법을 제정하기 위해”, “분연히” 일어설 것을 권고했다. 그리고 계속해서 “대지, 환희에 전율하는 낡은 대지는 자신의 내부에서 새로운 세계가 도약하는 것을 느낄 것이다. …(중략)… 그러나 자본주의 도덕에 의해 부패된 프롤레타리아에게 어떻게 강인한 결단을 요구할 수 있겠는가?”[38]라고 말했다.

어떤 의미에서, 20세기의 가장 주요한 경제학자인 케인스도 유토피아적 전통에 맞닿는다. 1930년대 초반에 그는 “대규모 전쟁과 대규모 인구증가가 없었다고 가정하면, 경제문제는 해결될 수 있거나 적어도 향후 100년 안에 해결책이 나타날 수 있을 것”[39]이라고 평가하면서, 인간 내부에 존재하는 “노동의 욕구”를 충족시키는 것과 관련하여 “교대제로 하루 3시간, 또는 일주일 15시간의 노동”을 전망했다. 그렇듯 더 이상 생계문제에 부닥치지 않게 되면서, “생겨난 뒤 처음으로, 인간은 자신의 진정하고 영원한 문제에 직면하게 될 것이다. 경제적 구속으로부터 가까스로 얻어낸 자유를 어떻게 사용할 것인가?”

1970년대, 프랑스의 조합주의자들과 지식인들은 아드레(Adret)라는 집단적 이름으로 『1일 2시간 노동하기』라는 책을 출간했다. 그들은 생산 감소, 생산성 향상, 얽매인 노동에서 자유노동으로의 전환, 그리고 경제활동인구의 증가에 따라 하루 두 시간 노동에 도달할 수 있다고 밝히고 있다.[40]

우리는 이와 비슷한 인용문을 얼마든지 나열할 수 있다. 이러한 입장은 본질적인 욕구를 해결하기 위해 훨씬 적게 일할 수 있다는 신념을 표현하고 있다. 그러나 앞에서 이미 보았듯이 150년 전부터 그리고

---

38) Lafargue(1969), p.149.
39) Keynes(1978), p.134.
40) Adret(1977), p.173.

특히 지난 수십 년 사이에 욕구가 급증했다. 그리고 이런 욕구의 지불 능력 있는 부분의 충족을 겨냥한 생산 증대에도 불구하고, 임노동자의 노동시간은 상당히 줄어들었다.

프랑스의 경우, 제조업부문 연평균 노동시간은 1836년 3,300시간에서 19세기 말에 3,000시간 이하로 떨어졌으며, 1913년에는 2,600시간, 1938년에는 1,800시간이 되었다. 제2차세계대전 이후에는 2,000시간 이상으로 다시 증가했으나, 1989년에는 150년 전 수준의 절반 이하인 1,673시간이 되었다. 한편, 농업부문에서는 연간 노동시간이 상대적으로 적게 감소했다. 19세기 전반의 3,000시간 이상에서 1989년에는 2,228시간으로 감소했다.[41]

이러한 변화는 산업자본주의 국가 전반에 대해서도 마찬가지다. 그러한 국가들의 자본주의 발전 역학에서 노동시간 단축은 대부분 투쟁과 시련을 통해 1일 노동시간에서뿐만 아니라 주단위 휴가 및 유급휴가에서도 단계적으로 개선을 획득한 노동운동에 기인한다. 기계화, 동력화, 기술 진보, 자동화는 이러한 이행을 용이하게 만들었다. 그러나 작업강도나 작업속도, 그리고 생산성을 향상시킬 수 있는 방법들이 등

<표 6-2> 취업자 1인당 연간 노동시간

	1870	1938	1992
프랑스	2,945	1,848	1,542
독일	2,941	2,316	1,563
영국	2,984	2,267	1,491
미국	2,964	2,062	1,589
일본	2,945	2,391	1,876

출처: Maddison(1995), p.266.

---

41) Marchand & Thélot(1991), p.190.

장하면서 노동자들은 큰 대가를 치러야 했다. 고도의 과학적 조직화와 특정 직업에 대한 연쇄작업의 엄격한 강제가 그것이다.

고통[42]과 필요: 노동과 자본주의

잊지 말자. 이미 150년 전에 영국에서 그 과정이 상당히 진전되었을 때, 자본주의적 산업화는 프랑스를 변화시키기 시작했다. 산업은 가내수공업과 경쟁관계에 들어갔다. 노동자들의 세계는 부촌(富村)과 멀리 떨어져, 대개는 농민들의 세계에서 비롯되었지만 그것과도 단절을 이루면서 발전했다. 긴 노동시간, 비위생, 영양실조, 유아노동, 질병, 사고 등, 당시 노동자들의 비참함은 여러 차례 묘사되었다. 낭트의 한 의사는 노동자에 대해 다음과 같이 적고 있다.

> "그에게는 산다는 것이 죽지 않는다는 것이다. 자신과 가족이 먹어야 할 빵조각과, 한순간이나마 자신을 고통에 대한 의식으로부터 해방시켜줄 포도주 한 병말고는, 그는 아무것도 바라지도 기대하지도 않는다."[43]

이런 상황에 직면하여, 위협을 느낀 장인들, 교육받은 노동자들, 특히 식자공들은 좀더 나은 세계를 갈망했다. 그들 가운데 앞에서 언급한 재단사 그리뇽은 1833년 작성된 자신의 노동조합 초안이 하루 10시간의 노동시간 외에 "① 일이 없는 시기나 불의의 지출에 대비한 저

---

42) 프랑스어 Travailler(일하다)는 라틴어 tripalaire, 즉 '고문기구(tripalium)로 고문하다(torturer), 고통받게 하다(tourmenter)'에서 유래했다(Dictionnaire Robert, 1964, vol.6, p.825).

43) A. Guépin, *Nantes au XIXe siècle*, 1825; Dolléans(1936), t.1, pp.16-17에 인용.

축을 가능케 하는 임금, ② 건강과 교육에 필요한 휴식시간, ③ 고용주와의 독립적이고 평등한 관계"[44]를 보장해줄 수 있기를 염원했다.

일상의 연대성 속에서, 공장에서, 이웃 사이에서, 상호부조·우애·공제조직체 속에서, 조합·협동운동 속에서, 알려지지 않은 투쟁 또는 역사적인 대규모 파업 속에서, 집단의식, 노동에 대한 긍지, 생산도구에 대한 애착, 그리고 한 계급에 대한 소속의식 등으로 이루어진 노동자 문화가 형성되었다. 노동은 생존의 제1조건이면서(임노동) 여러 이질적인 측면에서 보아 한 계급의 준거이자 공통되는 가치이기도 하다. 사회개혁주의뿐만 아니라 온정적 간섭주의(paternalisme)와 참여가 자리잡은 것도 노동을 준거로 하여 이루어진 일이었다.

노동은 새로운 사회를 만들려는 거의 모든 기획의 핵심에 있다. 낭트의 노동자였던 누아레는 1841년에 다음과 같이 썼다.

"노동은 모든 생산의 유일한 원천이므로, 각 개인은 자신의 노고의 열매를 온전히 가져야 한다. …(중략)… 그것은 우리가 서로 결합하여 스스로 원료를 모으고 준비하고 가공하여 소비하는 쪽에 제공함으로써만 이루어질 수 있다."

프루동은 1857년 『주식투자 지침』에서 당시의 '산업독재'에 '산업민주주의'를 대립시켰다. 그는 산업민주주의를 "노동에 의한 노동의 합자회사, 또는 보편적 공제조합—공황의 종식"으로 규정했다. 『1844년 수고(手稿)』를 쓴 마르크스의 입장에서 보면 공산주의 사회의 상위 단계에서의 "노동은 단순히 삶의 수단일 뿐만 아니라 그 자체로 가장 기본적인 욕구가 될 것이다." 이는 어떤 의미에서는 푸리에의 입장과

---

44) 이 인용문과 다음의 두 인용문은 Beaud(1985a, p.43 이하)에서 재인용.

그리 멀지 않다. 1835~1836년에 팔랑스테르(Phalanstère)[45]의 초안을 작성하면서, 푸리에는 "자연스럽고 매력적이며 진실한 산업(활동)"의 도래를 주장했다. (노동을 도구화하기 위해) 노동자들을 복종시키는 경향이 있는 경제논리를 거부한 사람들이 생산자에 의한 노동을 중심으로 건설될 사회에 대한 희망으로 결집했다.

오늘날 프랑스 사회는 노동계가 여러 가지를 쟁취하고, 산업이 자본주의적으로 발전하고 시장 및 이윤의 논리가 다른 많은 영역(여가, 문화, 정보, 보건, 연구)으로 확장됨에 따라 근본적으로 변했다. 15~30세의 국민들은 공립학교, 무상치료, 사회보장, 노동법, 휴가, 여가, 퇴직 등을 당연한 것으로 여긴다. 그리고 임시직 증가 및 대량실업 추세 속에서 성장했기 때문에, 그들은 제2차세계대전 이후를 '황금시대'라고 일컫는 것을 별로 거리낌없이 받아들인다. 이 시대에서 사람들은 단지 성장, 완전고용, 구매력 향상만을 고려한다. 장 푸라스티에의 '위대한 30년', 조절학파 경제학자들의 '포드주의적 선(善)순환(circle vertueux fordiste)' 등이 그런 예이다.

그러나 '위대한 30년'을 미화하지는 말자. 1960년대 말 전체 노동자의 11%만이 월급을 받았다는 사실을 잊어서는 안된다. 노동자들의 거의 대부분이 (상여금 체계가 가지각색인 상태에서) 시간급 또는 성과급을 받았다. 제조업 노동자들 중에서 30%가 조별로, 10%가 생산라인을 이루어 작업했다.[46] 그리고 자동화는 산업에서나 다양한 3차 서비스 활동에서 비숙련직의 증가를 가져오기 시작했다.

'메트로-불로-노노(Métro-boulot-dodo, 지하철-일-잠).' 프랑스의 68혁명세대들이 이런 표현으로 고발했던 것은, 전망 없는 삶에 고착되는

---

45) 푸리에가 주창한 공동생활단체 — 옮긴이 주.
46) Beaud(1983), p.161 이하.

현실이었다. 당시 이 표현에 담긴 것은, 많은 사람들에게 견딜 수 없는 것이 되어버린 노동에 대한 거부였다. 거대기업의 무자비한 규율에 사로잡힌 간부들,[47] 사고로 인해 막장에 다시 내려가지 못하게 된 것을 해방으로 체험하는 광부("나는 구출되었다. 마치 너도밤나무 숲에서 탈출한 것 같았다"),[48] 소책자를 통해 자신들의 상황을 고발하는 알루미늄 공장노동자들("페시네-노게르 회사의 노동조건은 35~40세의 노동자들을 불구로 만들었다. 젊고 건강한 노동자들은 환상을 품은 채 이 회사에 입사했다. 15년 후, 그들은 기진맥진하고 병들고 쇠약해지고 불구가 되어서야 미망에서 깨어났다"),[49] '지옥 같은 작업속도'에 예속된 섬유산업 노동자들("나는 잠에서 깨는 것이 두려웠다. 나는 불안했다. 나는 혼자말을 했다. 또 시작이군, 내가 견딜 수 있을까? 어제는 충분히 벌지 못했는데, 더욱 노력해야 하는데").[50]

프랑스에서, 파욜과 테일러가 낳은 과학적 노동조직은 그 적용수준이 상당히 높은 정도에 이르렀다. 그리고 1960년대 말부터 1970년대에 걸쳐 국제경쟁이 심화되고 항상 더욱 높은 생산성을 추구하다보니[51] 과학적 노동조직의 활동이 강경화되어 사회적 투쟁에 불을 붙였고, 이는 고용주측의 양보, 자동화, 실업의 증가가 합세한 결과로 조금씩 무마되었다. 또한 급진적인 지식인들은 "과거의 모든 생산·교역 조건의 기초를 전복하고, …(중략)… 노동자를 불구로 만들고 기형화하

---

47) René-Victor Pilhes, 『저주하는 사람(L'imprécateur)』, Paris, Seuil, 1974.

48) Louis Lengrand, 『북도의 광부(Mineur du Nord)』, Paris, Seuil, 1974, p.133.

49) Lengrand, ibid., p.20에 인용.

50) Jean-Pierre Barou, 『길다, 당신을 사랑해, 노동을 타도하라(Gilda je t'aime, à bas le travail!)』, Paris, Les Presses d'aujourd'hui, 1975, pp.14-15.

51) 노동의 생산성 향상은 1949~1973년의 경우는 예외적이었다. 1896~1930년보다 2배 이상, 1821년과 1896년 사이, 그리고 1931년과 1949년 사이보다 4배 이상 높았다(Marchand & Thélot, 1991, p.143 이하).

는 자본주의적 노동분업"을 고발하기 위해 마르크스의 용어를 다시 찾았다. "한 인간을 세분하는 것은…… 그를 살해하는 것이다. …(중략)… 노동의 세분화는 민중을 살해하는 행위이다."[52]

언뜻 보아 프랑스와 유럽에서 이와 유사한 상황은 퇴조를 보였다. 그러나 이는 단지 부분적인 현상일 뿐이며, 게다가 덜 억압적인 생산 조직 양식이 자리잡은 결과이다. 다른 나라들의 경우는 이같은 상황 대신에, 빈곤한 국가와 신흥국가에서 항변도 할 수 없고 아무 권리도 없는 노동력을 얼마든지 사용할 수 있게 해주는 현지화(現地化)가 자리잡는 일이 다반사였다. 아니면 풍요를 구가하는 서구의 한복판에서 '공포의 공장', 비밀작업장, 가내노동이나 품팔이, 그리고 온갖 형태의 비밀노동이 아예 은밀한 지역으로 숨어드는 일도 잦았다. 그렇게 부, 빈곤, 배제, 취약성과 마찬가지로—그리고 이런 요소들도 그대로인 채로—전세계 특히 북반구 선진국의 기업들이 지배하는 생산영역에서, 노동의 과다착취는 가장 거칠고 몰지각한 형태로까지 진전했다. 중국이나 또다른 나라의 감옥 같은 공장에 억류된 자들에서부터 빈민가에서 좌절을 겪고 있는 빈곤한 나라의 시골 청년들에 이르기까지, 그리고 불법이민자들에서부터 취약화와 배제의 극히 불리한 여건에 처한 사람들에 이르기까지, 감히 그 누가 불평할 수 있겠는가?

비비안 포레스테르가 주장한 것과는 반대로, "이른바 노동, 즉 고용의 폐지를 가정하는 전지구적 논리"[53]는 존재하지 않는다. 하지만 자본주의의 역사 속에서 다시 한번 고용파괴와 고용창출이 나란히 존재하는 변이기 이루어지고 있다. 기술과학의 새로운 역할과 연결된 선진

---

52) Gorz (dir.)(1973), p.9에 인용; 스미스(Adam Smith)도 이미 노동분업의 이런 영향을 지적했었다.
53) Forrester(1996), p.14.

국의 탈산업화, 그리고 근대화·산업화 과정과 연결되어 남반구 후진국에서 일어나는 농업형태의 파괴가 그것이다. 오늘날은 필적할 수 없는 힘을 가진 경제권력의 전략과 상황·궤도의 격차에 의해 규칙을 상실해버린 경쟁 게임이 혼란을 낳고 있다. 18~19세기의 유럽과 19~20세기의 미국을 강타했던, 사회적·인간적인 피해를 낳은 야만적 자본주의의 새로운 물결이 오늘날 전세계로 퍼지며 혼란을 일으키고 있다.

노동의 종말: 문제의 핵심

실업과 배제, 활동의 변이, 노동동원형태의 다양화에 직면하여, 1990년대 중반에 노동의 종말 문제가 다시 제기되었다. 더구나 그것은 제법 요란스럽게 제기되었고, 대중매체의 반응도 소란스러웠다. (고용의 변이에 대한 약간은 도전적인 제목을 단)『노동의 종말』이라는 제레미 리프킨의 책과 비비안 포레스테르의『경제적 공포』에서 나타난 몇몇 외침―예를 들어 노동은 "오늘날 실체가 없는 개체이다"라는 표현 등―도 이에 한몫을 했다.

이러한 주장이 무가치한 것은 아니다. 이제 경제적 필요의 몇 세기뿐만 아니라 생산적 필요의 수천 년이 한 장을 마감했다. 그것은 인류발전의 중대한 순간이었다. 사회의 구조화와 개인의 삶 속에서 노동의 위치는 그만큼 중요했다. 프로이트 자신도 이런 사실을 강조했다. 개인은, "노동을 함으로써 인간적 공동체라는 현실의 일부분에 단단히 부착된다. 노동은 개인에게 생계에 필요한 수단을 제공하고 사회 속에서 자신의 존재를 정당화하면서, 그리고 적어도 그만큼 리비도의 근본적 충동을 많이 방출할 기회를 (스스로 또는 자신과 관련된 인간관계에 의해) 제공하면서…… 중요한 결과를 낳는다."[54]

---

54) Freud(1934), pp.18-19.

노동, "실체 없는 개체". 이 주제는 너무 비약이 심해서 별 의미가 없다. 그러나 혼란한 현실 속에서, 그것은 현실적 불안정과 배제라는 고통에 직면한 젊은이, 대학생, 중고생의 어수룩하거나 유순한 마음에 흔적을 남길 위험이 있다.

한나 아렌트는 이미 상품관계에 의해 지배를 받는 사회 속에서 나타나는 기술진보의 영향에 대하여 이와 비슷한 우려를 표명한 바 있다.

> "그것은 노동자들의 사회를 노동의 사슬로부터 해방시킬 것이다. 그러나 노동자들의 사회는 이러한 자유를 획득할 만한 가치가 있는 것으로 만들어주는, 좀더 풍부하고 수준 높은 활동을 전혀 알지 못한다. …(중략)… 우리 앞에 있는 것은 노동 없는 노동자의 사회, 즉 노동자들에게 남아 있는 유일한 활동이 박탈당한 사회에 대한 전망이다. 이보다 더 나쁜 상황은 상상조차 할 수 없다."[55]

그리고 실제로, 오늘날 몇몇 부유한 나라에는 대량실업이 존재한다. 또다른 부유한 나라에서는 노동을 부추기기는커녕 오히려 단념시킬 정도로 낮은 임금이 존재한다. 또한 임시고용이 증가하고 있으며, 많은 피고용자들이 규칙 없는 자본주의의 가장 나쁜 관행으로 회귀하고 있다. 그러나 그 어느 것도 노동의 종말을 의미하지는 않는다. 반대로 본질적으로 문제 되는 것은 현재 진행되고 있는 경제적 변이, 세계화가 제공한 기회, 신기술의 등장을 가능한 한 최대로 이용하려는 고용주측의 강력한 극(極)에 대항한 노동계의 약화이다.

그러나 쇠락을 체념하고 받아들이는 나라를 논외로 한다면, 모든 경제적 변이는 고용의 파괴와 창출을 동시에 가져온다. 마찬가지로, 신기술의 등장에는 언제나 새로운 활동과 새로운 직업을 낳는 노동분업

---

55) Arendt(1993), pp.11-12.

의 심화가 따랐다. 여기에서 노동의 종말을 예상케 하는 것은 아무것도 없다. 반대로, 수십 년 그리고 아마도 여러 세대에 걸쳐 노동이 우리 사회의 중대한 구성요소로 유지될 수밖에 없는 결정적 이유가 적어도 세 가지 있다.

첫째, 상품·화폐관계의 보편화는 각 개인에게 화폐소득의 획득을 의미한다. 그런데 어떤 부유한 나라도 국민 전체(또는 대부분)에 대해 소비 기대와 같은 수준의 정기 연금이나 안정된 소득을 보장해줄 수는 없다. 따라서 노동은 여전히 주된 소득원으로 남는다. 그리고 만일 공식적으로 인가된 부문에서 제공된 일자리가 취업을 원하는 모든 사람을 받아들이는 데 충분하지 않다면, 개인이나 그 가족이 그럭저럭 연명하는 회색지대에서부터 마피아와 불법매매가 횡행하는 암흑지대에까지 걸친 '비공식'부문이 발전하게 된다.

둘째, 앞에서 이미 보았듯이, 생활양식의 변화 및 상품·자본주의의 역학과 관계된 여러 현상들이 욕구의 증폭에 기여한다. 당장이라도 지불능력 있는 욕구에 대해서는 많은 고용과 활동이 부응할 것이다. 그러나 여러 현상들에 의해 야기된 욕구는 지불능력이 없는 한 충족되지 않은 채로 있을 것이며, 어떤 욕구는 새로운 구매력 형성에 기초해서 언젠가 화폐적 수요로 나타날 것이다. 그리고 이에 대해서는 역시 노동과 활동이 부응할 것이다. 지불능력 없고 충족되지 않은 엄청난 양의 욕구와 모든 범주의 욕구의 끊임없는 증가로 볼 때 노동의 종말에 대해 생각한다는 것은 오랫동안 금지사항이다.

셋째, 경제분야에서 한창 떠오르거나 부흥하는 중인 산업화·근대화 과정의 국가나 대륙은 수천만 내지 수억의 노동자들을 동원한다. 대부분의 노동자들은 거의 선택의 여지가 없으며, 많은 노동자들이 — 자신이나 자식들의 — 좀더 나은 삶의 조건에 도달하기 위해 삶의 큰 부분을 희생하는 것도 감수한다.

이런 정황으로 볼 때, 고용창출이 충분하지 않은 나라에서 '노동의 종말'을 이야기하는 것은 오해를 불러일으킬 중대한 위험이 있다. 그리고 비비안 포레스테르처럼 고용부족, 고용종말, 노동종말을 대등한 것으로 간주하는 것은 위험한 혼동이다.[56]

물론 현재의 기술수단으로, 부유한 나라에서 적게 일하면서도 모든 본질적 욕구를 충족시킬 수 있다고 말하는 사람들은 어떤 의미에서는 옳다. 그러나 상품구매가 각각의 욕구에 부응하는 주된 방식이 되고, 이 '삶'뿐 아니라 '최저생계'의 조건이 화폐인 이 세계에서 욕구의 다형(多形)적 성장은 인간과 사회의 경제에 대한 예속을 끊임없이 갱신하고 강화한다.

상품·화폐의 제국이 확장되고, 기본적 자원과 비상품 생산의 파괴를 제한하기 위한 아무런 조치도 취해지지 않으며 더욱 복잡해지는 세계 속에서 위험과 욕구의 증대가 지속되는 이 마당에 노동 종말의 유토피아를 부추기는 것은 위험천만한 일이다. 왜냐하면 우리 사회는 오늘날 이질적이고 불안정한 국가·세계 자본주의의 경제적 기계장치 속에 통합되어 있기 때문이다. 바로 이런 기계장치 속에서 고용과 소득, 편입과 배제, 욕구, 실업, 풍요와 빈곤이 창출되고 배분된다. 인간과 사회는 개입의 여지와 선택 가능성을 유지하고 있다. 그러나 인간과 사회가 포섭된 톱니바퀴 속에서 노동의 필요를 후퇴시키는 대부분의 변화는 그들을 해방시키기는커녕 경제적 필요의 지배력을 심화시킨다.[57]

---

56) Op. cit., p.14.
57) 한나 아렌트는 "근대에 노동으로부터의 해방은 보편적 자유의 시대를 건설하는 데 있어 그것을 실패로 이끌 뿐만 아니라 반대로 모든 인류를 처음으로 필요(nécessité)의 굴레 속으로 몰아넣을 것"이라는 역설과 함께, "필요의 가장 초보적인 수준으로의 회귀" 위험을 예상했다(Arendt, 1993, p.146-147). 필자의

노동의 종말에 대해 진지하게 말하려면, 기술적 수단을 마음대로 이용하게 되면서 아주 짧은 노동시간이라는 토대 위에 풍요의 한 방식이 손만 뻗치면 잡을 수 있는 곳에 있다는 것만으로는 충분치 않다. 다음과 같은 사실들에 대해서도 언급해야 한다. 우리의 욕구를 절제해야 할 뿐만 아니라 욕구의 폭증을 아주 강경하게 통제해야 한다. 기본적인 욕구의 충족을 보장해주는 기초 위에서 불평등의 축소를 위한 지속적인 과정에 돌입해야 한다. 그것은 상품, 화폐관계, 이윤논리의 지배로부터 탈피해야 함을 의미한다.

부유층이나 최상류층은 자원·노동·실업·배제·복지·안전의 불평등한 배분에 토대를 둔 풍요의 혜택을 누리기 때문에, 이러한 길에 참여함으로써 얻을 것은 없고 잃는 것은 많다.

그러나 분기점은 존재한다. 지금의 추세라면, 불평등의 역학과 구매력 보유자를 위한 욕구 창출의 역학과 함께, 우리는 깊게 균열된 세계, 사회로 나아간다. 이러한 진로의 궁극적 전망은 새로운 분리주의다. 또다른 진로는 화폐와 상품에 의해 지배받지 않는, 좀더 인간적인 세계의 길이다. 강요된 노동과 그것을 둘러싼 모든 것들에 할애되는 시간은 아직도 크게 줄어들 수 있으며, 또다른 범주의 활동에 시간을 남겨줄 수 있을 것이다. 그러나 다시 강조하건대, 이는 불평등의 현격한 감소, 욕구 증식의 중단, 상당히 많은 과잉적 욕구의 포기, 낭비의 중단, 자원의 파괴와 훼손의 중단, 기술산업적 미래로의 도피와 관련된 위협 및 위험 증가, 이 모든 것의 중단을 의미한다.

노동에 할애된 시간이 크게 줄어들어 제대로 된 삶의 시간에 좀더 많은 여유가 주어지는 사회로 가는 길이 장미꽃으로 덮여 있다고 생각

의견으로는, 여기서 노동으로부터의 해방은 하나의 폭로에 불과하다. 상품·화폐·자본주의 제국의 일반화가 새로운 경제적 필요의 원인이다.

하면 오산이다. 이 길은 만일 존재한다 해도 험난할 것이다. 그 길을 여는 방법을 알고 그 길에 동참한다 하더라도, 우리가 사는 세상이 힘든 세상이며 앞으로 더욱 힘들어질 것이라는 이유만으로도 그 길은 험난할 것이다. 게다가 그 길에는 수십 년에 걸친 희생이 따를 것이며, (살기 위해 소비하지 않고) 소비하기 위해 사는 자들(개인, 집단, 사회)을 중독으로부터 치료하는 일이 필요할 것이다.

그러나 그 길은 기본적 전망으로서 덜 분열된, 덜 불평등한, 즉 덜 공격적이고 덜 파괴적인 세계를 제시할 것이다. 그리고 궁극적 전망으로서 인간과 인류의 새로운 개화(開花)에 도달할 수 있는 가능성을 제시할 것이다. 선택해야 할 어려운 결정을 목전에 둔 근시안적이고 소심한 권력에게는, 이러한 가능성이 실로 너무나 요원한 배당금이 아닐까.

무한 무책임?

이 시대의 위협

"인간이 자연을 하나의 총체로서 인식하는 순간인 정오(正午)의 질릴 듯한 공포에 상응하는 것이, 오늘날 언제라도 발생할 수 있는 공포이다. 인간들은 출구 없는 이 세계가, 그들 자신이 만들어낸, 그러나 그들이 전혀 손을 쓸 수 없는 하나의 총체에 의해 불바다가 되는 것을 기다리고 있다."[58] 엄청난 기술·금융 수단을 가진 인류는 많은 걱정거리를 극복했으며, 과거의 많은 위협을 제어하게 되었다. 그러나 이제 자신의 새로운 힘에서 생긴 새로운 위험에 직면하고 있다.

---

58) Horkheimer & Adorno(1996), p.45.

오랫동안, 새로운 위험이란 오늘날 무의식의 심연 어딘가에 똬리를 틀고 있는 핵전쟁에 대한 공포였다. 오늘날 가장 유망한 사업가들에게나, 뿔뿔이 흩어져 남의 집 처마 밑에서 잠을 자는 신세로 전락한 가족들에게나 마찬가지로 새로운 위험은 매순간의 불안이다. 부유한 사회는 음식이나 치료의 체계로 말미암은 건강상의 위험이 행여나 현실화될까 불안해하고 있다. 산업화·근대화가 진행중인 가난한 사회는 환경오염, 산업재해, 부실공사, 위험한 재료나 제품의 사용으로 말미암아 생겨나는 건강과 생명에 대한 위협을 발견하기 시작했다.

전쟁과 무력충돌에 의한 무질서의 영향, 부유한 국가에서 장기간 실업과 불안정 상태에 버려진 세대들의 새로운 행동방식, 가난한 나라에서 빈곤·생존투쟁·폭력 속에 자라난 세대들의 새로운 행동방식 등과 관련된 사회적 위험도 존재한다. 또한 민주주의의 변질(공약 불이행, 당선자의 개인적 축재, 공공재원의 횡령, 부패 등)과 관련된 위험도 존재한다.

그리고 여러 해 전부터 국제기구의 책임자들과 전문가들은, 화폐시장과 증권시장에서 있을 수 있는 위기가 불러일으키는 불안이 밖으로 새어나가도록 방치한다. 이 분야를 꿰뚫고 있는 투기꾼 조지 소로스의 입장은 좀더 명시적이다. "금융시장이 붕괴되는 일이 반드시 일어나고, 그 결과 경기침체와 사회동요가 뒤따르게 된다는 사실을 역사는 보여주었다."[59] 그는 계속해서 말한다. "자유방임주의자들이 주장하는 것과는 반대로, 시장은 근본적으로 불안정하다. …(중략)… 우리의 체계는 붕괴될 위험이 있다고 나는 단언한다. …(중략)… 전지구 시장의 붕괴는 결과를 상상할 수 없는 재난일 것이다."[60]

---

59) Soros, 「적(敵)은 자본주의다(L'ennemi, c'est le capitalisme)」, *Le Nouvel Observateur*, 1977. 1. 30~2. 5, p.79.

그리고 핵에서부터 유전자 조작에까지 이르는 신기술에서 비롯되는 위험이 존재한다. 더구나 신기술이 그에 대한 통제가 완벽히 보장될 때까지 실험실에 철저히 격리되지 않는다는 것을 알게 된 지금, 위험은 더욱 크다.

국가이성(raison d'Etat)은 윤리도 예방원칙도 무시한다. 1930~1940년대에 미국에서는 방사능에 대한 반응을 시험하기 위해 인체실험이 이루어졌다. 적어도 800명의 정신장애자, 퇴역 참전병사, 가난하고 교육받지 못한 민간인들이 실험대상으로 이용되었다. 국방부, 원자력부, 하버드 대학교 및 매서추세츠 공과대학(MIT) 팀이 이 연구를 발의하고 실행했다. 연구의 대부분이 의료센터라는 틀 속에서 이루어졌다. 요컨대 과학적 연구를 위해 인간을 사용하는 일을 국가가 허락한 것이다. 마찬가지로 제2차세계대전으로 히로시마와 나가사키에 핵폭탄이 투하된 뒤, 미국은 핵폭발이 인체에 미치는 영향을 측정하기 위해 특히 태평양의 비키니 섬 주변의 민간인을 활용했다. 스탈린 시대의 소련도 마찬가지였으며, 그 규모는 더욱 컸다.

상품의 논리도 역시 윤리를 무시하는 경우가 있다. 의학연구의 진전은 출산영역에서 선택의 폭을 크게 넓혔다. 폐경 여성에게 열린 임신 가능성, 수정란의 유전적 비정상과 유전병에 관한 정보를 목록으로 만들 수 있는 가능성, 그리고 수정란에 대해 유전자 변경을 실행할 수 있는 가능성 등이 그런 예이다. 이미 이에 대한 여성들과 부부들의 수요가 표출되었다. 개인병원은 이러한 수요에 부응하여 공급할 준비를 하고 있나. 만일 기술적으로 기능한 것이 모두 허용된다면, 그리고 수요와 공급으로 표현되는 모든 것이 정당하다면, 인간재생산의 상품양

---

60) Soros(1996), p.29-30, p.37.

식이 자리잡게 될 것이다. 그러나 그것은 태어날 개인과 사회에 대한 다양한 위험을 수반한다.

이미 식물과 동물에 대한 유전자 조작은 전세계를 통하여 제법 큰 규모로 실행되기 시작했다. '혈액감염'과 '광우병' 사건 이후로, 과학·산업·국가적 무책임은 2000년대의 공포와 참극을 준비하고 있다.

(영국과 유럽에서 나타난) 뇌가 해면 모양으로 되는 소의 전염병을 상기해보자. 적은 비용으로 좀더 많은 고기를 생산하기 위해, 기술과학은 그 해답을 제시했다. 전통적인 풀과 사료 대신에 적절히 조합된 분말—비록 그것이 동물의 시체로부터 생산된 것이라 할지라도—을 사용하는 것이다. 몇몇 과점기업들이—그 가운데 어떤 기업들은 이런 해답을 겨냥한 연구를 지원했다—이를 실천에 옮겨, 고객인 축산업자들에게 새로운 장비와 새로운 사료를 내놓았다.

이렇듯이 광범위한 행위자들로 이루어진 사슬 전체를 통합하는 '테크놀로지의 거대체계'가 형성되었다. 축산업자, 도살장, 정육점 고기 (와 그 찌꺼기)의 생산자, 축산용 분말사료 제조업자, 대량사육설비를 구상하고 실현하는 업자, 수의사, 목축업자 등등. 경기(景氣)를 위축시켜서는 안되고 시장을 존중해야 한다는 이중의 제약에 갇혀 있는 정부나 유럽연합의 행정부는, 한편으로는 엄격하고 다른 한편으로는 느슨한 규범의 틀 속에서 문제를 방임한다.

그러다가 문제가 터지면 체계 전반이 문제가 된다. 경계는 더 이상 국가적 차원(예를 들어 프랑스산 고기 대 영국산 고기)이 아니다. 경계는 근대성의 두 개념—자연을 정복하여 자연에 대한 역행도 불사하는 것과, 자연과 상생 및 공동 발전을 도모하는 것—사이를 지난다.

역설적으로, 스스로 만들어낸 위험과 문제에 맞닥뜨려, 자본주의와 기술과학은 적절한 해결책을 오늘 발견하고 내일 당장 실행할 것이라고 약속한다. 그런데 내일이 되면, 통제되지 않은 기술의 사용으로 인한 생수, 토양, 에너지의 심각한 부족, 중대한 피해(방사능·화학 오염, 오존층 파괴, 기상이변 등), 환경·공공보건·식료품·사회문제에 대하여, 세계적 거대그룹들이 새로운 기술과학적 답안을 제시할 것이다. 그러나 이러한 기술과학적 답안을 가지고 문제를 해결할 수 있는 것은 충분한 재원을 보유한 사회집단이나 국가 또는 국제기구뿐이다.

이같이 부조리한 톱니바퀴 속에 갇히지 않는 것이 현명한 일일 것이다. 1958년 앙드레 브르통과 그의 친구 초현실주의자들이 서명한 "물리학자들의 가면을 벗기고, 실험실을 비워버리자"라는 호소를 절망에 빠진 신세대가 곧이곧대로 받아들이게 되기 전에 부조리한 톱니바퀴에서 탈출하는 것이 좀더 현명한 일일 것이다. "오늘날 항구적이고 일반화된 죽음의 위협과 과학을 구분하는 것은 아무것도 없다. …(중략)… 혁명적 사고는…… 반항의 원천에서 새로운 힘을 얻어야 하며, 스스로 암을 키우는 것밖에 모르는 세계 속에서 격정을 분출할 미지의 기회를 되찾아야 한다."61)

무책임

무한 무책임의 고위직을 맡고 있는 당신이, 때때로 가슴 깊은 곳을 뜨끔하게 하는 작은 걱정 — 앞으로 수십 년 후 참혹한 피해와 극심한 결핍으로 인해, 옛날 사람들이 수치스러운 자리라고 했던 죄수석에 당신이 앉게 되면 어쩌나 하는 두려움 — 으로 마음이 편치 못한 것은 백

---

61) André Breton, 『괘종시계 속의 램프(La Lampe dans l'horloge)』, Robert Martin, Paris, 1948; Annie Le Brun, "Unabomber," 1996, 서문에 인용.

번 옳은 일이다. 왜냐하면 다가올 시대는 비극의 위험을 안고 있으며, 더구나 최후의 구세주는 없기 때문이다.

과학? 도대체 어떤 과학? 인간, 지구, 생명에 가해진 폭력의 과학? 영혼을 파괴하는 의식 없는 과학? 폐해 없는 진보를 공언하더니 이제 와서는 지난날 진보가 끼친 폐해를 보상할 진보를 약속하는 과학자들. 하지만 그들은 그러한 진보가 어떤 새로운 폐해를 끼칠지 알지 못하거나, 알면서도 말이 없지 않은가?

국가? 스스로 장악하지 못하는 세계적 역학 속에 갈수록 휘말려들어가는 국내문제에 대해서 국가가 얼마나 무기력한지는 누구나 다 안다. 1989년 국가원수 혹은 정부수반들이 지구 보존을 호소하기 위해 헤이그에 모인 것을 못 보았던가? 그런데 그들은 호소문을 발표하자마자 각자 자기 나라로 돌아가 본연의 업무에 종사하며 석유업자, 핵발전 기업, 생명공학 기업, 멧비둘기 사냥꾼 등을 지나치게 방해하지 않으려고 노심초사했다.

1992년 전세계 국가원수 혹은 정부수반들이 새로 닦인 고속도로를 차로 달리고 비행기로 하늘을 누비고 문서와 영상을 물 쓰듯 사용하는 등 막대한 비용을 들여가며 리우데자네이루에 모인 것을 보지 못했던가? '환경과 개발'이라는 의제는 심오했고, 또 일말의 희망도 엿보였다. 그러나 그들 모두는 상투적인 연설, 공식적인 서명을 하고, 텔레비전에 멋지게 모습을 드러낸 다음 자신들의 궁전으로 돌아갔다. 고액의 보수를 받는 전문가들은 대륙에서 대륙으로 날아다니면서 우리 시대가 만들어낸 종기에 대해 온건하게 논의한다. 그리고 리우 회담이 있은 지 채 1년도 안되어, 지속 가능한 발전을 주창한 브룬틀란트 여사의 나라 노르웨이는 고래사냥의 재개를 지지했다.

국제기구와 비정부기구(NGO)는 무엇을 했는가? 개발에 수십년간을 헌신한 국제기구 및 비정부기구들은 재정지원의 기류가 '지속 가능한 발전'과 인도주의적 발전 쪽으로 바뀌는 것을 느꼈다. 이 기구들도 자신이 맡은 문제들을 가지고 살아나가야 하지 않겠는가? 그러니 줄줄이 예정된 세계 '정상회담'들과 함께 전문가들의 출장여행, 심포지엄, 회합, 보고서 작성 등이 앞으로도 이어질 수 있을 것이다.

다국적기업? 물론 15년 전쯤부터 다국적기업들은 그들의 이미지를 좋게 만들기 위해 눈에 띄게 노력했다. 그들은 심지어 시민, 법치국가, 경쟁이 요구하는 곳에서는 가장 현저하게 드러나는 환경오염을 없애거나 줄이기까지 했다. 일부 다국적기업들은 그들이 파괴하고 있는 자연을 기리기 위한 기금을 만들기도 했다. 그러나 옛 제3세계에는 너무나 많은 다국적기업들이 오염을 유발하는 자회사를 설립했고, 아무런 거리낌없이 하청업체에 의존하고 있으며, 낡은 장비, 유해한 생산공정, 그리고 부유한 나라에서는 금지된 제품들을 판매하고 있다.

세계 자원의 5분의 4를 차지하는 서양은 신(神)과 문명, 진보의 이름으로 지구를 정복하지 않았던가? 서양은 수많은 사회를 침략하여 약탈하고 노예화하고 강제수용소에 보내고 예속시키지 않았던가? 또한 수많은 문화를 해체시키지 않았던가? 오늘날에는 서양 자신조차 돈이라는 새로운 신을 섬기는 노예로 전락했다. 인간의 복지를 무시하면서, 서양은 초심자의 유치하고 변태적인 계산에 내맡겨진 전지구적 카지노에서 화폐, 이자율, 주식시세 관계를 갖고 노는 끝없는 게임에 사로잡혀 있다. 그리고 가난한 세계를 통제하기 위해 극도로 난폭한 소수 지배세층, 극도로 잔인한 독재지들, 굴레 벗은 말처럼 날뛰는 마피아들로부터 협력을 보장받고 있다.

우리 세대의 이기주의에 뿌리박은, 연합한 공범자들의 무책임.

무책임과 아크라시

얼마 전에 출간된 두 저작—파스칼 보니파스의 『무능의 의지』와 가산 살라메의 『제국의 부름, 세계화 시대의 내정간섭과 저항』[62]— 에 관하여, ≪루아알리스트≫ 지(誌)에 기고한 한 필자는 다음과 같이 논평했다. "이 논저들은 '우리는 아무것에도 영향력이 없고, 더 이상 아무것도 이해하지 못하며, 혼돈을 향해 가고 있다'는, 행동을 막는 비관론을 불러일으킨다. 그러나 실제로 우리는 그저 아무것도 하고 싶지 않을 뿐이다."[63] 아마 결정적인 요점이 바로 여기 있을 것이다. 물론 사회논리의 위력과 이해관계의 힘에 대해 필자가 앞에서 말한 내용으로부터는 아무것도 이끌어낼 수 없다. 그러나 사회논리와 이해관계는 국가적 노력과 프로그램에 통합될 수 있고 더 나아가 동원될 수도 있음을 역사는 보여주고 있다. (제1·2차 세계대전 때의) 전쟁에 쏟은 노력, (제2차세계대전 후의) 재건·근대화 정책, (마찬가지로 전후) 사회-민주적 타협과 복지국가 건설 등이 그런 예이다. 그러나 오늘날 가장 힘있고 부유한 사회들은 계획을 갖고 있지 않다. 그래서 사회논리의 게임과 대기업들의 전략이 지배하는 것이다.

하지만 우리를 통치하는 사람들은 문제와 위협이 무엇인지 잘 알고 있다. 그들에게 귀를 기울이기만 하면 된다. 1992년 6월 8일 환경과 개발에 대한 유엔총회에서 IMF 총재인 미셸 캉드쉬는 모든 나라에 대해 "'환경과 천연자원을 존중하면서" 추진되고 "넓은 범위의 사회적·인간적 목표"를 포괄하는 성장을 역설했다. "전지구적 도전을 하기 위해 필요한 투자 규모"를 감안할 때, 캉드쉬는 "전세계적 조정"이 불가피하다고 평가했다. "우리의 자원을 좀더 생산적이고 유용한 목적을

---

62) Boniface(1996); Salamé(1996).
63) *Royaliste,* 1996. 10. 21, p.8.

위해 재배치하고", "세기가 바뀌기 전에" 남측에 대한 북측의 공공원조를 강화하여 국내총생산의 0.7%라는 목표를 달성케 해야 하고, 끝으로 "모두가 — 정부뿐만 아니라 일반 시민들도 — 자신들의 생활방식을 진지하게 재고해야 한다. 바로 이것이 내가 말하는 전세계적 조정의 의미다!"[64] 1997년 초, 북쪽 선진국측이 제공한 공공개발원조는 역사상 가장 낮은 수준이었다. 부유한 나라들의 생활양식을 바꾸기 위해서는 아무 일도 시작된 것이 없다. 연설에서 제기된 문제들은 그대로 고스란히 남아 있다. 그리고 IMF 총재에 재임되지 않았더라도, 캉드쉬는 분명히 다른 고위직에 선임되었을 것이다.

앨 고어의 글을 읽어보자. 당시 미국 상원의원이었던 고어는 1992년 인간성, 종교심, 윤리의식이 충만하고 내용이 탄탄히 짜여진 『위기의 지구, 새로운 공동목표 만들기(Earth in the Balance, Forging a New Common Purpose)』라는 책을 출간했다. 그는 이 책에서 주요한 환경문제를 훑어보고 경제를 넘어선 곳, 즉 제 기능을 하지 못하는 우리 문명 속에서 그 원인을 분석한다. 그리고 그는 — 유럽의 재건에 미국이 제공한 원조에 근거하여 — 그 규모나 복잡성에서 마셜 플랜의 모델을 크게 능가하는 전세계적 마셜 플랜이 필요하다는 결론에 이른다.[65]

그후, 고어는 클린턴에 의해 미국 부통령에 선임되었으며, 1997년 초 부통령에 연임되었다. 미국은 온실효과에 세계 어느 나라보다도 큰 영향을 미치는 나라이면서도 이를 줄이기 위한 진지한 조치를 전혀 취하지 않았으며, 지구와 인류를 위한 전세계적 마셜 플랜도 아직 전혀 시작되지 않았다. 그런데도 사람들은 앨 고어가 2000년 미국 대통령

---

64) *FMI(IMF) Bulletin,* 1992. 6. 29, pp.193-203.
65) Al Gore, 『위기의 지구(Earth in the Balance)』, 1992, p.297.

선거전에서 민주당의 유력한 후보라고들 한다.[66]

무책임과 아크라시가 승리하고 있다.

무책임. 시장이 모두에게 필요한 것을 공급하면서부터, 좋은 선택을 하는 것은 소비자의 몫이다. 돈이 최고의 가치가 되면서부터, 돈이 없는 사람은 게임에서 배제된다. 시장, 특히 금융시장이 세계화되면서부터, 국가 지도자들은 '자유방임'을 정책으로 삼아도 변명거리가 충분하다. 기업, 정부, (보건, 금융) 전문가, 그리고 학자들은 호소문, 선언문, (선한 행위나 윤리의) 준칙들을 아낌없이 만들어낸다. 그러나 우리 사회의 구조를 파괴하고 지구를 위험에 빠뜨리고 인간을 위협하는, 현재진행중인 과정에 맞서 우리에게 필요한 다차원적 전략이 실제로 짜여지고 실행되는 곳은 어디에도 없다.

아크라시. 위정자들은 권력을 실질적으로 수임하고, 주요 사안과 가장 심각한 문제들에 과감하게 대처하고, 필요한 전략을 정하여 실행하고, 이런 선택에 따르는 노력을 부과하는 일에 무능하다. 심지어 본질을 잘 간파했음을 보여주는 담론을 구사하는 이들조차도 막상 일을 떠맡아 부과된 과정과 절차를 실행하는 데는 무능한 모습을 드러낸다.

민주주의(데모크라시)와 아크라시

무책임과 아크라시. 병은 깊은 것 같다. 우리 시대의 국가 원수 두 사람의 초상은 이 병의 몇 가지 측면을 명확하게 보여준다.

우선 빌 클린턴을 보자. 1996년 11월 재선 당시, 세계 최강국의 대통령인 그를 리처드 번스타인은 "굉장히 명석하고, 그보다 더 굉장히 야심적인" 사람으로 묘사하였다. "그는 선한 인간으로서, 즉 항상 최

---

66) 이 책이 처음 쓰여진 시점에서, 앨 고어는 민주당 대통령 후보로 예상되고 있었다 — 옮긴이 주.

선을 다하는 인간으로서 갖추어야 할 모든 것을 갖추었다. 그리고 대부분의 경우에 그는 훌륭한 대통령이었다. 그러나 그에게는 도덕적 지침이 결여되어 있다. 그는 이기기 위해서라면 무엇이라도 할 준비가 되어 있음을 드러냈다. …(중략)… 일단 백악관에 자리를 잡고 나자, 그는 자신의 재선을 목표로 한 것이 아니면 어떤 행동도 취하지 않았고, 어떤 일도 솔선하여 행하지 않았다. 그는 재임 4년 동안 선거운동을 한 셈이다.”[67]

프랑수아 미테랑에 관해 말하자면, 그의 인간적 복잡성은 모든 사람들에게 알려져 있다. 그의 사망 직후에 출간된 미테랑의 면모를 다룬 책들은 또다른 특징을 부각시켰다. 레지스 드브레에 따르면, “미테랑은 우물쭈물 얼버무리기를 잘하고 적당히 타협하려 한다. 그는 1차적 명분을 가지고 돌파해나가기보다는 부차적 결과들을 가지고 우회하는 편을 택한다. 악습에 맞서면서도 체제 안에 머물려고 한다.”[68] 장-마리 콜롬바니에 따르면, “애매모호한 반세기의 산물인…… 프랑수아 미테랑은 그 자신 역시 애매모호했다. 얼마나 애매모호했는지 모른다. …(중략)… 오로지 객관적 제약만이 약속 위반의 핑계가 되어주는 경우를 제외한다면, 그의 통치의 전체적 결과는 부정적인 것으로 평가될 수 있다. 사회적 서정성(抒情性)의 이면에는 뿌리깊은 실업이 도사리고 있다. 반인종주의적 참여를 보인 한편으로는 국민전선(Front national)[69]이 영구히 자리잡게 하였고…… 친구들에게는 의리를 지킨 반면, 공적 특권을 이용하여 사적인 이해를 취할 때는 파행에 대해 관

---

67) Richard Bernstein, 「청년 대통령 빌 클린턴(Bill Clinton, le ‘président ado)」, *Le Monde*, 1996. 11. 7, p.16.
68) 비시(Vichy)정권, 북아프리카, NATO, 금전 문제에 대해서도 마찬가지다 (Régis Debray, “Meilleur géographe qu’historien,” *Le Monde,* 1996. 1. 12).
69) 장-마리 르펜이 만든 프랑스의 극우(極右) 정당 — 옮긴이 주.

용을 보이기도 했다."70) 이쯤에서 드브레의 필봉은 더욱 날카로워진다. "행동의 천재가 진통제에 매몰되는 모습, 위대한 투사가 소도시의 원형극장 무대에서 길지만 왜소한 통치를 마감하는 모습은 자기 자신 이상(以上)의 모습을 구현하기는커녕 보는 이를 서글프게 한다. …(중략)… 드골의 머리 위에는 천년의 역사가 있었고, 미테랑의 머리 위에는 미테랑이 있었다. 이는 하찮은 것은 아니지만 충분한 것도 아니다." 그래서 — 캉캥(Cancun)의 연설, 그리고 헤이그의 호소라고도 불려지는 돈에 대한 독설 이후에 — "목적 없는 수단, 믿음 없는 실용주의"71)는 가혹하게도 난관에 봉착하게 된다.

그러나 우리 시대의 불평등과 위험 때문에 어쩔 수 없이 감수해야 할 기나긴 투쟁을 어떻게 도덕적 나침반 없이 지휘하겠는가? 만일 자신의 재선(再選)만이 목적이라면, 어떻게 유권자들과 기업들에게 희생을 호소할 수 있겠는가? 만일 1차적 명분을 가지고 돌파해나갈 태세가 되어 있지 않다면, 어떻게 굽이굽이 흐르는 우리 역사의 곡절을 자기 것으로 할 수 있겠는가? 역사에 대한 전망도 없고, 거부와 선택과 우선순위를 행동 속에 구체화하는 능력도 없이, 어떻게 숨결과 용기를 찾을 수 있겠는가?

고대 그리스의 민주주의는 전쟁중인 도시 속에서 펼쳐진 자유인의 민주주의였다. 도시는 단결의 장소였고, 전쟁은 단결의 축이었다.

거의 모든 시대에, 세계의 거의 모든 곳에서 아주 다양한 형태로 나타났던 촌락민주주의는 농민의 민주주의였다. 마을은 단결의 장소였다. (살기 좋거나 나쁜) 자연조건과 (엄격하거나 관용적인) 권력에 좌우되던 마을의 문제와 갈등에 대한 관리가 단결의 축이었다.

---

70) Jean-Marie Colombani, 「세기말(La fin du siècle)」, *Le Monde*, 1996. 1. 12.
71) Régis Debray, 「금과 납(L'or et le plomb)」, *Le Monde*, 1996. 1. 14~15.

자본주의 초기의 도시나 작은 나라에서의 '납세액에 따른 민주주의'[72]는 은행가와 도매상인의 민주주의였다. 그들의 이해관계와 상호 면식에 의해, 그리고 왕이 있는 경우에는 외부의 경쟁자에 맞설 때 없어서는 안될 후원세력인 왕권과 복합적인 관계가 생겨나면서 단결이 이루어졌다.

산업자본주의 시대의 보통선거에 의한 민주주의는 공화제와 민주주의를 위한 투쟁 속에서 형성되었다. 그 틀은 국민국가였고, 혁명, 반혁명, (미국과 몇몇 유럽 국가의) 내전에서 볼 수 있듯이, 단결은 오랫동안 취약했다. 외부와의 전쟁, 외부의 적에 대한 증오, 그리고 민족주의가 단결의 요소들을 만들어내는 데 기여했다. 교육, 법과 자유의 체득, 사회보장 그리고 어떤 나라에서는 오래 지속되는 사회적 타협의 협상 등이 좀더 견고하게 단결의 기초를 쌓았다. 전쟁이 단결의 축이었던 갈등의 시기를 제외하면, 단결의 축은 주로 국가적 번영이었다.

많은 나라들처럼, 프랑스에서도 민주주의는 오늘날 더 이상 틀도 축도 없으며, 그로 인해 고통을 겪고 있다.

틀이라면, 지나치게 많은 틀이 있다. 정치적 민주주의만 보더라도 6개 차원, 즉 시나 읍에 해당하는 코뮌(commune), 주(canton), 도(département), 지방(région), 국민국가(Etat national), 유럽(Europe)이 있다. 여기에 사회조직, 직능단체, 조합, 협회, 주주총회 등에서의 투표가 추가된다. 시, 읍, 면 또는 구역(quartier)이 민주주의적 삶이 가장 활발하게 이루어지는 장소일 수 있다. 그러나 이곳에서 사안들은 제한되어 있나. 그리고 종종 군주제, 전제제, 대통령제 형태의 민주주의가 강요된다. 유럽연합은 민주주의적 정당성을 찾지 못하고 있다. 곡예사 같

---

72) 납세액에 따른 제한선거에 기초한 민주주의 — 옮긴이 주.

은 위원회의 의장, 위원단, 기술관료 집단, 열렸다 말았다 하는 의회가 민주주의를 만들지는 못한다.

이제 남는 것이 국가다. 왕년의 국가주권은 수명을 다했다. 영토를 가진 집단과 국제기구 사이에서, 국가의 이해와 지위가 문제 되는 경우를 제외하면, 국가는 자신의 고유한 임무를 찾지 못하고 있다. 자본주의의 다국적·세계적 기계장치의 발전에 직면하여, 국가는 안정성을 상실했다. 국가가 국민 생산을 지원하려고 노력한 경우도 있다. 그러나 그 비용은 급격하게 상승했다. 또 국가가 미래의 활동을 지원하는 경우도 있다. 그러나 그것이 늘 국가에 충분한 수익을 가져다주지는 못한다. 어디서나 국가는 갈수록 거대기업과 다국적·세계적 기계장치의 게임과 갈등이 '자신의' 영토에 대한 충격이 되는 '자신의' 문제들을 관리해야 한다. 금융시장의 거대한 조작자인 거대기업들은 국가에 대해 많은 것을 요구한다. 저임금과 미미한 부담, 세금 면제 또는 감면, 사회질서, 금융가에서의 활동거점 확보, 건전재정, 통화안정 등이 그것이다. 거대기업들은 때때로 모든 경기변동에 대해 개입할 것을 약속하지만, 실제로는 스스로가 이 개입과는 무관하다고 생각한다.

그러나 무엇보다도 오늘날 세계적 기업과 많은 부유한 국가들 사이에는 근본적인 차이가 존재한다. 기업들은 항구적으로 하나의 목표를 가진다. 즉 가장 적절한 수익성을 실현하면서 다가오는 수년 또는 수십년간 시장을 강화·확대·갱신하는 것이다. 이는 단순명료하며, 효율성의 원천이다. 그런데 국가는 마치 의심 많은 암퇘지와 같다. 국가는 모든 것에, 자라나는 아이들과 그들의 미래에 대해 무관심하다. 국가는 더 이상 계획이 없다. 정치가들이 강요받는 난제는, 과반수를 얻을 만큼 충분히, 그러나 너무 빨리 환멸을 자아낼 만큼 지나치지는 않게, 국민을 꿈꾸도록 하는 일이다.

여기에 덧붙여지는 것이, 기업들은 전략적 게임의 장으로서 격차가 심하고 균열된 세계를 가진다는 사실이다. 반면 국가는 자신의 영토와 불가분의 관계에 있으며, 그 안에서 모든 것을 해야 한다. 간호인, (사회복지사업의) 보조원, 헌병, 맏형, 조정자, 희생양, 세무관, 교사, 자금공급자, 보편적 원조자, 연대성과 인도주의의 기수, 대변인, 체벌자 역할까지. 그러나 도대체 국가는 어디에 있는가?

투기와 마찬가지로 기업의 기능 중 하나는 돈을 버는 것이다. 미국에서 기업주들은 돈을 벌 수 있는 만큼 벌고 있으며, 어떤 사람들은 연간 수천만 달러를 벌기까지 한다. 정치가들은 권력을 사랑하지만 돈을 업신여기지는 않는다. 게다가 그들은 당, 선거운동, 팀, 홍보, 잡비 등으로 점점 더 엄청난 돈이 필요하다. 미국, 일본, 한국, 인도, 스페인, 이탈리아, 프랑스, 영국. 그리고 정치권과 그 주변 등 도처에서 사건이 터진다. 많은 사건들이 은폐되며, 어떤 사건들은 빙산의 일각만 드러난다. 그로부터 밝혀지는 사실들은 심히 걱정스럽다. 고급공무원, 정계, 국가 또는 영토를 가진 대규모 집단과 손잡고 일하는 기업의 고위 관리자, 그리고 뒷골목 사회와 거래하는 정상배 사회, 이들 사이에 맺어진 관계의 '연속체'. 자신의 저택 공사비를 자회사로 하여금 조달케 하는 기업의 총수들을 본떠서, 정치지도자들은 가족들이 살 집을 좋은 조건에 마련하거나, 자기 보좌진을 유지하는 데 들어가는 돈을 공공예산으로 충당한다. 도대체 민주주의는 어디 있단 말인가?

와해되는 국가. 나쁜 상태에 빠진 민주주의. 문제의 본질은 아마도 국가가 더 이상 계획을 갖지 못한다는 것일 터이다. 국가는 더 이상 미래 속에 자신의 모습을 투영시키지 않는다. 항상 갱신되는 이윤의 지평으로 끊임없이 질주하는 기업들과, 성장과 권력 추구에 무제한적으로 몰입된 옛 제3세계 국가들 사이에서, 유럽의 정치가들은 여론조사, 선거기한, 유럽의회의 일정표를 고려하여 문제와 어려움을 단기적으로 관리한다. 우리 시대가 고통스럽게 겪고 있는 아크라시는 바로 여기에 뿌리박고 있다. 처리해야 할 문제의 규모에 필적할 만한 재원과 과학적·기술적·경제적 수단을 가진 몇 안되는 나라들이 초단기간에 해치울 일들에 발목을 잡혀, 계획과 전망에 대해서는 무능력을 드러낸다.

이렇게 만들어진 빈틈 속에서, 거대기업들이 주된 행위자가 된다. 그들은 경계가 명확히 표시된 전투에 동원되기 때문에 효율적이다. 경쟁자에게 엄청난 대가를 치르게 하고, 시장점유율을 높이고, 미래의 시장에 대비한다. 그리고 시장·혁신·이윤·불평등의 논리가 제한 없이 펼쳐질 수 있다.

핵심문제는 전망·계획·의지가 결핍되었다는 것이며, 지금까지 책임을 느꼈던 행위자들(정치가, 지식인 계층, 현대화 추진 엘리트)이 임무를 포기했다는 것이다.

우리의 세계가 근본적으로 겪고 있는 것은 아크라시, 즉 권력의 무능, 정치적 의지의 상실이다.

보도 위의 그림자

"히로시마로부터 우리에게 전해진 것은 극히 진부한, 그러나 환각을 일으킬 만한, 더할 나위 없이 충격적인 사진 한 장이다. 그것은 폭발이 일어났던 장소로부터 200미터 떨어진 곳에서 찍은 사진이다. 두 개의 계단, 작은 담, 난간기둥의 돌출부. 발코니의 하단부인가? 정원의 버팀벽인가? 한 사람이 계단 위에 앉아 있었다. 그는 사라져버렸다. 그러나 그의 육신이 연기로 바뀌는 동안 원폭방사의 스크린 역할을 했기에, 그의 그림자는 보도 위에 새겨져 있다. 흐릿한 형태, 인간의 그림자, 우리를 끊임없이 괴롭히는 끔찍한 부재(不在)의 흔적, 정신의 광기에 대한 육체적 힐책."[73)]

상징적인 이 그림자는 우리 시대의 위험을 요약해준다.

1945년 이후, 모든 영역에서 과학적 지식과 기술적 역량이 강화되고 심화되었다. 그것이 개인, 사회, 생물체, 지구에 대해 어떤 작용을 할 수 있는 가능성은 극도로 커졌다. 그러나 의미가 없다. 신앙이 사라진 뒤에, 아마도 신앙과 함께, 가치와 이상은 매몰되었다.

선사시대와 역사시대를 통틀어, 잔학성이 얼마만큼 인간성을 압도할 수 있는지 누가 알았겠는가? 세계대전, 죽음의 수용소와 정치범 집단수용소, 민간인 학살. 우리 시대에 와서 잔학성도 규모가 달라졌다. 희생자들은 수백만에서 수천만에 이른다. 사용 가능한 무기는 지구 전체를 여러 차례 파멸시킬 수 있고, 우리는 끊임없이 신무기에 힘을 기울인다. 체계적으로 새로워지고 격화되는 욕구를 충족시키기 위해, 우리는 에너지, 생명체, 물질을 파괴하고 물, 공기, 토양을 오염시키고 지구의 균형을 훼손한다.

무관심, 무질서, 아크라시가 우리 세계를 부패케 한다. 권력과 함께 무책임이 증가한다. 그 어느 때보다도 '진보의 길'은 '최악의 길'과 분리될 수 없다. 그 사실을 알면서도, 우리는 계속해서 앞으로 나아간다. 이렇게 모든 위험의 심연은 깊어간다.

최악의 상태가 발생한다면, 이미도 어기저기에 두 개의 계단, 작은 담, 난간기둥의 돌출부, 발코니의 하단부, 정원의 버팀벽, 그리고 다른

---

73) Emmanuel Mounier, 「주인을 잃은 그림자(L'ombre qui a perdu son homme)」, numéro d'*Esprit* consacré à l'arme atomique, 1947. 1, p.24.

곳에는 고속도로·공항·도시·원자력발전소의 폐허, 방대한 쓰레기, 미소짓는 상(像), 빛과 그림자가 남을 것이다. 그러나 인간의 끔찍한 부재를 애도할 존재는 그 어디에도 없을 것이다.

7

성찰과 행동을 위한 진로

지금부터 2세기 전에, 콩도르세는 다음과 같이 인정했다.

"이즈음에 이루어진 시대적 작업들은 인간정신의 진보에는 크게 기여했으나, 인류의 완성을 위해서는 거의 아무 일도 하지 못하였다. 그 작업들은 인간의 영광에는 크게, 인간의 자유에는 어느 정도 기여했다. 그러나 인간의 행복에는 거의 아무런 기여도 하지 못했다."[1]

그는 다음과 같이 일침을 가하기도 한다. "인간성을 옹호하는 이는 미래의 달콤한 희망에 탐닉함으로써만 순수한 기쁨을 맛볼 수 있다." 그리고 그는 다음을 명확히 했다. "인류의 미래에 대한 우리의 희망은 다음 세 가지 요점으로 줄일 수 있다. 국가간 불평등의 소멸, 같은 국민들 사이에서의 평등의 진전, 끝으로 인간의 현실적 완성이 그것이다."

콩도르세의 시대로부터 2세기가 지난 후, 불평등은 국가간에도, 같은 국민들 사이에서도 더욱 확대되었다. 물질적으로는 개선된 것이 많

---

1) Condorcet(1988), p.260.

지만, 인간의 '현실적 완성'도 인간 행복의 개화도 우리 시대의 특징인 것 같지는 않다. 미래에 관해 말하자면, 모든 것을 잊고 매달릴 만한 '달콤한 희망'이라고는 거의 없다.

하지만 경계의 목소리가 전혀 없지는 않았다.

경고

많은 저자들이 현재 진행되고 있는 변이의 규모와 깊이, 중대성을 강조했다.

1944년 호르크하이머와 아도르노의 말: "자연사(史)의 입장에서 보면 인간을 창조한 것이 성공한 쾌거라고 볼 수는 없다. 인간의 파괴능력은 너무도 커져서, 만일 인류가 사라진다면 아무것도 남지 않을 것이다. 아니면 인류는 스스로를 궤멸시키거나, 혹은 자신이 파멸하면서 지구의 모든 동식물도 한꺼번에 파멸시킬 것이다. 그런 다음에도 만일 지구가 다시 시작할 수 있을 만큼 젊다면, 모든 것을 훨씬 낮은 수준에서 다시 시작해야 할 것이다."[2]

히로시마 원폭 투하 직후 앙드레 브르통의 말: "세계의 이런 종말은 우리의 것이 아니다."[3]

1946~1947년 에마뉘엘 무니에의 말: "지금까지도 (인류는) 어떤 하나의 미래를 강요받고 있었다. …(중략)… 이제 인류는 스스로 선택해야만 할 것이다. 그리고 자살이라는 쉬운 선택을 하지 않기 위해서

---

2) Horkheimer & Adorno(1996), p.240.
3) Annie Le Brun, "Unabomber," trad. fr. 1996, 서문에 인용.

는 분명 영웅적인 노력이 필요할 것이다."[4]

1967년 허버트 마르쿠제의 말: "우리는 세계를 지옥으로 만들 수 있다. 그리고 당신들도 알다시피 우리는 그 길을 가고 있다."[5]

1970년 자크 모노의 말: "과학에 의해 짜여지고 과학의 산물을 먹고 사는 현대사회는 마치 중독자가 마약에 의존하는 것처럼 과학에 의존하게 되었다. 현대사회의 물질적 힘은 지식의 토대를 이루는 윤리에 기초하고 있으며, 현대사회의 도덕적 취약성은 지식에 의해 파괴된 가치체계에서 비롯된다. 그러나 현대사회는 여전히 파괴된 가치체계에 의존하려는 경향이 있다. 이러한 모순은 치명적이다."[6]

1981년 에드가 모랭의 말: "진보는…… 생성의 여러 모습 가운데 하나이며 불확실한 모습이다. 신의 섭리의 폐허 위에 세속 인류, 계몽철학 그리고 이성의 이데올로기가 진보의 개념을 가정하고 그것을 불변의 법칙 혹은 인류역사의 필연성으로 고착시켰다는 것은 주목할 만한 일이다. 그리고 진보의 개념은 극도로 관념적이고 물리적·생물학적인 현실과 분리된 채, '피시스(physis)',[7] '코스모스(cosmos)',[8] '비오스(bios)'[9] 속에 작동하는 부패와 분해의 원리를 무시하게 만들었다. 20년 동안 군림했던 기술-관료주의적 신화는 훨씬 더 맹목적이었다. 이러한 신화는 산업적 성장을 인류를 진보시키는 요인으로 인식했다. 따라서 끝없이 전진하도록 예정된 성장은 일반화된 무한 진보의 증거이자 척도, 보증이 되었다."[10]

---

4) *Esprit*, 1947. 1, p.18.
5) Marcuse(1968b), pp.191-192.
6) Monod(1970), pp.191-192.
7) 자연, 자연에 내재하는 생성 또는 변화의 원천, 물리계 ― 옮긴이 주.
8) 질서 있고 조화로운 시스템으로서의 우주 ― 옮긴이 주.
9) 생물체, 유기체계 ― 옮긴이 주.
10) Morin(1981), pp.336-337.

1988년 르네 뒤몽의 말: "만일 인류가 소비사회의 진전을 완전히 바꿀 수 없다고 판명된다면, 즉 인류가 계속해서 무책임을 드러낸다면, 인류는 스스로 무덤을 파는 셈이다. …(중략)… 심각한 위험에 처한 인류의 영광과 희망을 구하기 위해 남은 시간은 거의 없다."[11]

1993년 토니 아나트렐라의 말: "멸망의 분위기와 전망 없는 세계의 관념은 우리 사회가 직면한 현실인 듯하다. …(중략)… 이러한 붕괴 속에 빠진 많은 사람들이 '실패하고', '파산하고', '소모된' 것에 대해, 그리고 활력을 되찾지 못한 것에 대해 개탄한다. …(중략)… 마치 스스로 자신의 이상이 될 수 있다는 듯, 자신의 이미지 외에 다른 어떤 대상도 없이, 그리고 과학과 기술이 승리한다는 믿음 속에 우리 사회는 이상화되었다. 신으로부터 해방되기를 갈망하면서, 우리 사회는 종종 인간에게 소외와 절망을 가져다주는 이데올로기를 낳았다. 그러나 '총결산을 하는' 순간, 진보의 유토피아는 그 광휘를 상실했다. 그리고 사람들은 현재뿐만 아니라 미래의 세대에 대해서도, 인간과 환경이 진보의 유토피아를 얻기 위해 치러야 할 값을 계산해보았다."[12]

1993년 위르겐 하버마스의 말: "우리는, 자기부정을 멈추지 않는 사회와 진보의 속성인 모순된 성향, 또 우리가 그럼에도 포기하기를 거부하는 현대화를 위해 지불해야 할 비용을 염두에 둬야 할 것이다."[13]

1993년 어느 대담에서, 가스통 라가프라는 인물을 지어낸 앙드레 프랑캥(1997년 초 사망)이 한 말: "나이를 먹으면서, 행복한 순간들이 있었음에도 불구하고, 인간은 결코 개화되지 않는다고 확신하게 되었다. 인간은 자멸할 것이다. 그러나 이런 말을 해서는 안된다. 사람들의

---

11) Dumont(1988), p.9, p.282.
12) Anatrella(1993), pp.9-10.
13) Jürgen Habermas, 「대담(Entretien)」, *Le Monde*, 1993. 9. 14.

삶을 망칠 수는 없다."14)

그리고 끝으로 당시 파키스탄 수상의 동생인 무르타자 부토가 1995년 자기 나라에 대해서 했던 말을, 세계에 대해서도 그대로 적용할 수 있다. "우리는 대재앙과 만나기로 약속이 되어 있다. 우리가 감히 생각할 수조차 없는 규모의 대재앙."15)

암울한 시나리오의 줄거리

이 시나리오는 앞에 말한 세계의 주요한 특성들—특히 심화된 불평등—과 관찰 가능한 몇몇 심각한 추세에 의해 짜여진 것이다. 그저 가능한 일일 뿐 아니라, 피하기 위한 조치를 취하지 않는다면 십중팔구 현실화될 앞날의 상태들을 묘사하는 것이 이 시나리오의 목표다.

성장해가는 세계를 암울하게 묘사한다 해서 결코 우리가 암울한 세계가 오기를 바라는 것은 아니다. 그리고 그런 세계가 현실화되리라고 생각하지도 않는다. 반대로 이것은 "조심하자, 만일 우리가 이런 식으로 계속한다면, 이렇게 끝나게 될 것이다"라고 말하는 하나의 방식이다. 따라서 그것은 "최악의 상황은 아직도 피할 수 있다"는 일종의 근본적 낙관주의의 표현이다.

심각한 추세

'노벨 경제학상 수상자' 개리 베커는 미국에서 이식용 장기가 부족한 현상을 염려한다. 그리고 그는 일차원적인 경제적 합리성에서 해결

---

14) *Le Monde*, 1997. 1. 7.
15) *Le Monde*, 1995. 9. 6.

책을 찾는다. "보통 재화의 경우 수요가 공급을 초과할 때, 공급자에게 제안된 가격은 그로 하여금 공급량을 늘리도록 유인하기 위해 상승한다. 이와 비슷한 유인책이 쓰인다면 좀더 많은 사람들이 사망 후 자기 장기를 남에게 이식하는 일을 허락하게 될 것이다." 따라서 "왜 장기 기증자에게 돈을 줌으로써 공급을 늘리지 않는가?"라고 그는 말한다. 이 구절은 영어로 하면 더 듣기 좋다. "Why not increase the supply by offering money to donors?"16)

물론 개리 베커는 자기가 여기서 언급하는 것이 극단적인 경우임을 느끼고 있었다. 자신의 제안과 부도덕성에 대해 '전율할' 사람들이 있을 수 있음을 베커는 인정한다. 따라서 그는 연방정부가 지정한 관청이 장기 구매 및 병원이나 진료소에 대한 장기 공급을 담당하면 어떨까 생각한다. 그렇게 된다면 단언컨대, 10년도 채 안되어 어떤 경제학자가 담당 공공기관의 비효율성을 고발하며 그 일을 전적으로 시장에 맡기라고 요구할 것이다. 왜냐하면 엄정한 효율성을 신봉하는 이들에게는 환원적 경제 계산과 수요·공급의 게임이 모든 문제에 대한 유일한 정답이기 때문이다.

상품과 화폐관계의 전체주의, 그것은 분명 아직 완전히 정착하지는 않았다. 그러나 사람들이 효율성과 이익을 숭배하고 경제적 계산을 모든 것에 적용하게 되면서, 상품과 화폐관계의 전체주의는 자리잡기 시작했다. 남자, 여자, 유아, 장기, 혈액, 인간의 세포조직, 특허 생물, 유전자 조작된 생물, 멸종위기에 놓인 동물의 쌍, 암살, 경호 등 모든 것이 판매된다.

고독을 물리치는 처방? 이것도 상품이다. 일본에서 스트레스에 시달

---

16) Gary Becker, 「샘 아저씨는 장기 부족을 어떻게 해결할 수 있었는가(How Uncle Sam could ease the organ shortage)」, *Business Week,* 1997. 1. 20, p.10.

리는 고독한 사업가들은 어느 행복한 가정에서 오후나 주말의 즐거움을 구매한다. 영혼의 평화? 이것도 상품이다. 이 사실을 잘 알고 있는 종파들은 잘 짜여진 평온 회복의 상이한 단계들을 비싼 값에 판다. 영생불사의 꿈? 이 역시 상품이다. 미국에서 저온공학 회사는 200~300만 프랑에 미래의 (보증 없는) 부활 가능성을 판다. 상품을 말하는 사람은 누구나 수요와 공급에 대해, 즉 가격에 대해 말한다. 그리고 가격이 있으면 판매, 구매, 경제적 계산은 정당하다. 따라서 모든 문제는 비용과 이득의 견지에서 다루어질 수 있다.

골이 깊은 불평등의 세계에서, 교환·화폐관계를 일차적인 사회관계로 정당화하게 되면 마침내는 모든 것이 가격 문제에 불과하다는 사실로 귀착된다. 섹스 관광객, 페도필, 변태성욕자, 장기(臟器) 사냥꾼의 희생물이 될 극빈자의 수는 점점 늘어나고 있다. 언제나 위정자, 공무원, 경찰들이—부패했건 아니건—이같은 행태들을 방관하는 나라가 있을 것이다. 마피아와 범죄조직이 이런 행태의 매개자가 되는 나라들이 언제나 존재할 것이다. "왜 장기 기증자에게 돈을 줌으로써 공급을 늘리지 않는가?"라는 시카고 대학교 교수 개리 베커의 법칙은 모든 것에 적용된다.

1970년대 베네수엘라의 카라카스에서는 아주 위험하기로 유명한, 수백 미터에 걸쳐 다닥다닥 붙은 빈민가의 가건물이 사치스러운 테니스장이나 수영장들의 철책과 바로 이웃하고 있었다. 리우데자네이루에서는 5년마다 방호벽이 높아지고 경비가 강화되며 경비직이 급증한다. 아프리카에서도 위험한 도시의 목록은 해마다 늘어난다. 세계의 어느 곳도 예외가 아니며, 어디에나 부자와 특권층, 돈을 낼 수 있는 관광객 및 여행자들을 위한 특별보호구역이 있다.

1990년대 도미니카 공화국에서는 금지구역, 즉 해안의 일정 부분이 온통 벽으로 둘러싸여 있다. 벽 안쪽은 세계 여러 지역 출신의 거부(巨富)들의 사유지이다. 어떤 곳에는 엄청나게 넓은 땅에 선진국의 부유한 고객들을 위한 골프장, 테니스장이 있고 해변도 딸린 주택단지가 들어서 있다. 이 주택단지의 출입은 전자카드로 철저하게 통제된다. 사탕수수 수확기간에 아이티 섬에서 온 불법노동자들은 몇몇 마을에 머무르는 것만 허용된다. 수확이 끝나면 그들은 수만 명씩 내쫓긴다.

1997년 마닐라. 옛 제3세계의 많은 도시들과 마찬가지로, 마닐라의 도심은 대단히 팽창했다. 인구는 900만이 넘는다. 불결하고 비위생적이며 필수적 서비스(물, 전기, 도로, 경찰)가 결여된, 빽빽히 들어찬 가건물 속에서 사람들은 악취에 시달리는가 하면 각종 불안과 혼돈, 범죄에 노출되어 있다. 그러나 부자들을 위한 몇몇 주택단지는 따로 조성되었다. 그 지역은 "무장한 안전요원들이 감시하는 통제소를 통해서만 접근이 가능한, 위협적인 보안체계에 둘러싸여 있다. 지역 전체뿐만 아니라 거의 모든 저택이 각각 담으로 둘러싸여 있다." 이런 지역에 사는 사람은 싱가포르에서 온 손님을 다음과 같은 말로 환영한다. "요하네스버그17)에 잘 오셨습니다."18)

물론 우리가 사는 세상에 인종차별이 일반화된 것은 아니다. 그러나 여기저기, 사실은 거의 모든 곳에서, 구역·지역·영토 단위로 인종을 차별하는 지역이 빠르게 자리잡고 있다. 사람들은 그에 따른 거북함을 받아들인다. 그리고 가끔 여행이나 휴가를 즐기며 그런 것이 보장해주는 평온함으로 긴장을 푼다.

새로 싹트는 분리주의는 주로 돈에 근거를 둔 것으로 나타난다. 그것은 선진국에만 자리잡는 것이 아니라 옛 제3세계에도 자리를 잡는

---

17) 남아프리카공화국의 도시로서 금·다이아몬드의 산지 — 옮긴이 주.
18) "City Limits," *Far Eastern Economic Review*, 1997. 2. 6, p.36.

다. 그 특징은 풍요의 공간, 즉 권력 및 거대한 재산의 공간과 빈곤·결핍에 찌든 사회의 찌꺼기들이 잠자는 지역 사이의 철저한 분리이다. 극단적으로 도식화한다면, 영화 <녹색 태양(Soleil vert)>은 이런 현상을 미리 내다본 것이 아닐까.

동물과 마찬가지로 식물에 대해서도, 유전자 조작은 미국의 농업생산 체계 속에서 폭넓게 실행되고 있다. 옛 제3세계에서도 이는 거대 영지의 소유자나 다국적기업에 의해 실행되고 있다. 1996년 미국은 무역보복의 위협 아래, 유럽연합으로부터 유전자 조작 옥수수를 수입하겠다는 승인을 받아냈다. 유전자 조작 옥수수는 보통 옥수수와 섞여서 공급되었다. 농산물을 가공하여 식품을 생산하는 대기업들은 포장에 명시하지 않은 채 유전자 조작 제품을 사용한다. 관련 기업들에서는 소비자들이 스스로 구매하는 제품의 유전자 조작 여부에 대해 명확한 정보를 갖지 못하도록 애쓰는 것 같다. 그런데 이러한 유전자 조작은 위험요소가 없지 않다.

어떤 유전인자는, 몸무게를 늘리는 것으로 알려진 항생제에 대한 저항력을 키우기 위해 동물에 이식되었다. 그렇게 되면 육류 소비자들 역시 항생제에 대한 저항력이 증진될 것이라고 많은 사람들이 생각하게 되니, 이러한 관행은 점점 더 부추겨질 뿐이다. 게다가 이런 유전자는 앞으로 항생제에 대해 유전적으로 저항력을 갖는 동물의 새로운 세대로 유전될 수 있다.

마찬가지로, 특정한 제초제에 저항력을 키우기 위해 식물, 예를 들어 유채에도 유전자가 이식되있다. 이때 소비자 입장에서 첫번째 위험은 제품이 독한 제초제를 좀더 많이 함유한다는 것이다. 그리고 식물과 주변의 생산자들에 대한 두번째 위험은, 유전자가 이식된 식물은 제초제에 대한 저항성을 다른 종(種)에게도 전파시킨다는 것이다.

기업과 결탁한 전문가들은 이같은 위험을 부정하거나, 위험이 아주 미미하다고 확언한다. 그러나 그들은 100년 동안이나 이런 짓을 해왔다. 우리는 앞으로 25년이 가기 전에 유전적 대재앙이 발생할 것이라고 확신할 수 있다. 기업들은 유전자 조작을 때 이르게 활용하여 많은 수익을 올릴 것이다. 또한 다른 기업들, 아니면 바로 그 기업들이 유전자 조작으로 유발된 재앙을 치유할 수 있는 제품이나 공정을 판매하여 많은 돈을 벌 수 있을 것이다.

과학과 기술의 힘으로 실현 가능한 모든 것을 행하고, 시장이 형성될 수 있는 물건이라면 무엇이든 내다팔려는 의지. 예방원칙의 무시. 소비자에 대한 정보제공 거부. 유럽에서 뚜렷해지고 있는 저항을 분쇄하기 위한 공격, 즉 기술과학과 연계되어 있는 자본주의의 무서운 힘.

시대의 흐름

국내·국제·다국적·세계적 공무원도, 비정부기구의 대표나 직원들도 어찌할 도리가 없다. 전세계적인 대규모 회담의 리듬은 숨돌릴 틈을 주지 않는다. 여성, 아동, 빈곤, 기아, 인구, 환경과 개발, 도시, 식료품, 에이즈 등등. 예비회담에 여러 해 걸렸고 실질적으로 언급된 것을 명확히 하는 데, 그리고 그것을 어떻게 해석할 것인지를 두고 다시 여러 해가 걸렸으며, 표명된 권고사항과 외교문서, 팩시밀리와 전자우편 교환이 폭증한다. 그사이에 사회·문화·환경·인간의 파괴가 계속된다.

계획도 문화도 가치도 취향도 없이, 지구의 졸부들은 그들이 판매하는 것(일시적인 것, 인위적인 것, 그리고 이제는 가상적인 것)을 숭배하라고 역설한다. 그리고 그들은 격변하는 세계의 지표 없는 중견간부들, 전세계의 겉멋 든 청소년들, 유행을 못 따라갈까 봐서 전전긍긍하는 커뮤니케이션 종사자들 및 매체지향적인 지식인들을 정신 못 차릴 경주 속으로 끌어넣는다. 극빈자들은 더욱 가난해지고, 불행과 결핍은 확대된다. 국가가 필수불가결한 최소한의 재분배를 보장하는 곳과, 강력한 문화—종교가 종종 그 역할을 한다—가 커다란 응집력을 보이는 곳을 제외하면, 세계 전역의 사회들은 붕괴되고 있다.

만일 앞으로 10~30년 내에 우리가 줄곧 아무런 진지한 결정도 내리지 않고 아무런 진지한 조치도 취하지 않는다면, 모든 것은 더욱 악화될 것이다. 프랑스에서 20세기 초에 고발된, 알루미늄 공장의 불소 섞인 연기는 생태학자들과 여론의 압력으로 1970년대부터 비로소 제대로 통제되었다.[19) 전문가들이 수십 년 전부터 알려왔고 1970년대 들어 공개적으로 고발한 석면의 위험은, 프랑스의 경우 1990년대에야 비로소 공식적인 담론 속에서 고려되었다. 하지만 이미 발표된 대책들은 언제나 실행될 것인가?

21세기의 초반 30년 동안 우리는 반세기 이상 누적된 화학적(산업, 에너지, 농업) 오염과 방사능 오염의 결과, (내성 있는 미생물에 근원을 둔) 의약품 남용의 결과로 예상되는 대재앙, 치료·식품·보건의 변질, 조심성도 참을성도 없이 유전자를 조작한 유기체의 확산에 대처해야만 할 것이다. 더구나 전지구적 불균형이 좀더 노골적으로 나타날 것이다. 결국 그것을 억제하기는 더욱더 어려워질 것이며, 그 결과를 견디거나 맞서 싸우거나 간에 비싼 값을 치러야 할 것이다.

윤곽

약간은 허구적인 요소를 가미해서, 21세기 전반기의 모습을 어렴풋하게나마 이렇게 그려볼 수 있다.

지정학적인 균형회복과 세계화라는 이중적 움직임과 함께, 국가현

---

19) C. Beaud(1976) 참조.

실은 크게 다양화된다. 세계의 미래에 영향을 미치는 전략을 결정할 능력을 가지고 있는 나라는 10개국도 안된다. 그중 몇몇 국가들은 행동역량의 대부분을 자국 내의 사회적 폭발과 다양한 분열세력에 대처하는 데 할애한다. 반면에 대다수 국가들은 자칭 '긍정적 세계화'를 설교하기에 이르렀다. 분명히 말하자면 긍정적 세계화란 곧 중·소규모 국가들에 강요되는 세계화로서, 거대국가들은 세계화를 최대한 이용하면서 그 흐름에서 될 수 있는 대로 적게 양보한다. 각각의 거대국가는 거대기업들에 대한 절대적 지지를 보장한다. 또한 거대기업들을 통해 전세계적인 개입과 세력권의 경제적·금융적 통제를 보장받을 뿐만 아니라, 지역적·세계적 위험에 대처하기 위한, 그리고 비용이 아주 많이 드는 기술과학의 새로운 적용을 발전시키기 위한 동맹전략을 보장받는다.

그밖의 나라들에 대해 말하자면, 어떤 나라들은 다소의 불행과 함께 20세기 말 발전주의자들의 오류 또는 다국적 대기업에 의해(또는 그들을 위해) 재생 불가능하거나 재생이 어려워진 자원의 정기적 대량 채취로 물려받게 된 사회적 혼돈을 떠맡는다. 다른 나라들은 국내의 주요한 자원(관광, 에너지, 위성발사 또는 지역의 텔레마티크[20] 중계소 지역, 위험도가 높은 생산시설)을 관리하는 대기업들의 영토 관리인격이 되었다. 또다른 나라들은 국가관리의 오랜 전통과 확고한 국민적 단결, 그리고 아마도 다양한 형태의 고립 덕택에, 다수의 개인적·집단적·공식적·비공식적 술책으로 그 영향을 완화시키면서 세계화를 책임진다. 끝으로 또다른 나라들은 짧은 기간 동안 유리한 상황의 덕을 보면서 자기 나라의 여건상 가장 좋은 활동을 발전시켜 눈부신 '기적'을

---

20) 전화와 컴퓨터를 결합한 정보서비스 시스템 ― 옮긴이 주.

이룩한다. 그러나 그런 나라들의 명단은 10년마다 변한다.

더 이상 아무도 국가와 마피아의 관계를 평가하려고 애쓰지 않는다. 옛날 미국의 마피아가 그랬던 것처럼, 20세기 말 (중남미, 동유럽, 아시아의) 마피아는 외양을 고상하게 꾸미고 재단(財團)을 늘리는가 하면 자기 재산을 상속받을 후계자를 가장 훌륭한 해외의 중학교에 유학 보낼 줄 안다.

25∼35억의 인간의 경우, 진정 규제하에 이루어지는 일은 아무것도 없다. 개인간, 가족 또는 이웃간뿐만 아니라 폭력집단간, 부족·종족·인척집단간, 그리고 때때로 지역간, 국가간에도 폭력이 난무한다. 다수의 무장세력이 형성되고 해체된다. 사실 많은 긴장과 충돌이 세계적인 주요 행위주체들의 선동으로 생겨난다. 그러나 그들은 긴장과 충돌이 일정한 한계를 벗어날 때, 즉 풍요한 지대나 핵심활동지대가 위협을 받을 때에야 비로소 개입한다. 실제로 고도의 기술장비를 갖춘 용병이 행동에 나선다. 그리고 극소수의 증인들에 따르면, 새로운 생물공학 및 방사능을 수단삼아 '위험하다'고 분류된 주민들을 대대적으로 '무력화시킨다'.

지난날 매우 다양한 운동들이 연합하여 탄생시킨 '21세기 휴머니즘 연맹'은 빈곤과 폭력에 대한 상설 포럼을 창설했다. 그 갈래 중에서 가장 급진적인 세력들은 고도의 기술장비를 갖춘 용병들에 의해 사용되는 '무력화' 수단들의 성격 및 그 영향을 조사할 국제위원회를 요구하고 있다.

20∼30억의 인간들에게 정말로 잘못되어가는 것은 아무것도 없지만, 진정으로 보장된 것도 없다. 소득 수준, 해고, 실업은 수요와 공급에 의존한다. 물론 각 개인은 자기가 번 돈을 어떻게 쓰든 자유롭다. 전체적으로 보아, 공식적으로는 사정이 점점 나아지고 있다. 과거의

화폐·금융 기구를 제외한 국제기구 전반을 통합한, '인간개발을 위한 세계기금(Fonds mondial pour le développement humain)'의 연례 보고 서는 해마다 이 기금과 협약을 맺은 모든 국가에서 인간개발지수가 개 선되고 있다고 주장한다. 그러나 협정국들 가운데 어떤 국가들은 영토 연대 체계를 유지한 탓에 그 성과가 상대적으로 좋지 않았다. 예를 들 어, 몇몇 국가들은 '영토적 승인의 예산'을 충분히 정당화할 수 있게 끔, 소외된 자들을 위한 '인도주의적 보호지구'를 창설하기까지 했다. 왜냐하면 소외된 자들의 자기소외에 대한 '특별(ad hoc)' 판정에 따라, 부유한 지역의 소외된 자들에 대한 규칙은 '폭력지대로의 추방'이기 때문이다.

그렇게 세계적인 주요 행위 주체들 — 수십 개의 거대기업과 소수의 거대국가 — 은 풍요를 관리하고 혼돈을 일정 지역에 가두어버린다. 거 대기업의 뛰어난 관리자들은 그들의 거대국가 정부에 참여하라는 부 름을 받는다. 그리고 모든 일이 잘되면, 그들은 기업 관리 고문으로 복 귀한다. 모든 거대기업은 매우 엄격한 규율에 따르며 협력·경쟁관계를 가진다. 이 규율은 20세기 초의 대규모 증권·화폐·금융 공황 이후에 자리를 잡았다. 공황은 가장 부유한 거대국가들을 현저히 가난하게 만 들었고, 열강들 사이의 균형 확립을 쉽게 했으며, 거대기업들의 군림 을 강화시켰다.

사실상 기술-산업적 거대기업들은 권력의 중요 부분을 쥐고 있다. 거대국가의 위원회가 그들을 동원하려고 시도했을 때, 거대기업들은 자신들의 조건을 강요했다. 중국의 지도자들의 표현처럼, 그것은 '3대 재앙'의 공황 기간이었다. 물, 공기, 식료품, 위생, 전세계적 데이터 통 신기술, 에너지 보급 등 근본 기능을 보장하고, 혼돈과 폭력의 증대를 억제하며, 주요한 전지구적 위협(20세기 말에 알려진 총체적 위험 외

에, 아직도 그 정체가 제대로 파악되지 않은 전자기적·생물학적 와해
의 커다란 망령)에 대한 해결책을 찾아야만 했다.

거대기업들의 연합을 관리하는 컨소시엄도 준비되었다. 어떤 이들
은 이를 '쿠폴(Coupole)'이라 불렀고, 어떤 이들은 '올리고폴(Oligopole)'
이라 불렀다.[21] 컨소시엄은 3년 내에 성공할 수 있다고 확언했으나, 다
음 세 가지를 요구했다. ① 모든 과학자 팀의 기업 내 통합(신기술의
극단적 위험성을 감안한 안전을 이유로), ②(그들의 장비 및 활동을 위
한 예산이 일단 국가에 배당된 뒤에는) 금융자원의 관리에 대한 통제
③ 3대 재앙에 대한 대응책을 실행하는 경우의 백지 위임권. 질 것을
뻔히 알면서 체면상 싸움을 벌인 후에 거대국가들로 구성된 위원회는
협정을 받아들였다(기업경영, 국가통치, 기업관리 고문간 인력 이동을
보장하는 비밀조항 등).

근본적으로는 비록 현실의 상태를 확인하는 것에 불과했지만, 과학
자들은 기업에 통합되는 것에 저항하려 했다. 체면을 세우기 위해서,
그들은 하이델베르크 헌장의 채택을 요구했다. 하이델베르크 헌장은,
1992년 화학-생물공학 기업들로부터 후원을 받은 그들의 선배 과학자
들 몇 사람이 발기하고 확산시킨 하이델베르크 호소문의 몇몇 주제를
다시 취했다. 헌장은 호소문의 다음 항을 그대로 되풀이했다. "수많은
본질적 인간활동은 위험물질의 조작을 필요로 하며, 또 위험물질에 근
접하여 행해지고 있음을 우리는 강조한다. 또한 진보와 발전은 오래
전부터 위의 적대적 요소들에 대한 규제의 강화에 달려 있다는 것을
우리는 강조한다."[22]

---

21) Coupole은 '둥근 지붕'이라는 뜻이고 Oligopole은 '과점(寡占)'이라는 뜻의
　　조어이다 — 옮긴이 주.

22) 「하이델베르크 호소문(Appel de Heidelberg)」, 1992. 4. 14(3판); 서명자들에
　　의해 확산된 본문. 이 호소문(*Le Monde*, 1992. 6. 3)에 대해, 리우데자네이루에

이 헌장은 또 과학, 기술, 산업이 제공하는 수단들은 "적절하게 관리하는 한, 인류에 의해 그리고 인류를 위해 인구과잉, 기아, 세계적 유행병 등의 재앙을 극복하는 데 필수불가결한 도구"[23]라고 주장했다. 헌장의 본문에는 폭력, 빈곤, 세계적 불균형도 재앙의 목록에 포함시켰다.

호소문에서 천연자원 통제에 대해 언급한 부분을 더 자세히 늘려 쓴 다른 항은 과학, 기술, 산업의 통제가 "비합리적인 편견이 아니라 과학적 기준"에 기초할 수밖에 없음을 명확히 했다. 얼마 후 컨소시엄의 요구에 따라, '거대국가와 인류의 법정'은 다음과 같이 판정했다. "윤리, 휴머니즘, 이른바 '생물이나 미래세대의 권리'를 준거로서 참조하는 것은 '비합리적 편견'이라고 규정할 수는 없지만 '과학적 기준'으로 간주될 수도 없다. 따라서 어떤 경우에도 그것은 과학, 기술, 산업의 평가와 통제를 위해 언급될 수 없다."[24]

끝으로 컨소시엄은 거대국가의 위원회로 하여금 "일시적으로 그리고 최대한 3년을 기한으로" 폭력을 이른바 '예외지대'에 가두어놓는 일을 승인하게 만들었다. 이 예외지대는, 일단 세계의 나머지 지역이 안락한 생활을 되찾으면 그때 다시 문명세계로 돌아올 예정이었다. 인류의 절반이 안락한 생활을 되찾은 지 3년이 넘었다. 그러나 누구도 폭력지대를 다시 문명세계로 돌려놓는다는 이야기는 하지 않는다. 소문에 따르면, 새로운 통제·억압 방법이 대대적이고 체계적으로 그곳에서 실험되고 있다고 한다.

서 40여 명의 프랑스 과학자들에 의해(*Le Monde*, 1992. 6. 17) 그리고 파리에서 「전지구 연대를 위한 이성에의 호소문(Appel à la raison pour une solidarité planétaire)」에 의해(*Liberation*, 1992. 6. 23) 응답이 있었다.

23) 「하이델베르크 호소문(Appel de Heidelberg)」, 1992. 4. 14(3판).

24) 아직 발표되지 않은 판결. 주요 내용은 본문에 있다.

불확실성

위에서 그려본 시나리오의 윤곽은 진행중인 세계의 주요 특징을 결합한 것이다. 화폐관계의 일반화, 끝없이 깊은 불평등, 그리고 상품의 지배는 화폐에 기초한 새로운 인종차별의 정착으로 귀결된다. 윤리위원회들이며 여러 도덕적 입장들은 경제적 계산의 냉혹한 합리성 앞에 무기력하다. 사회·문화·환경의 파괴는 확대된다. 거대기업과 거대국가들은 세계의 풍요와 혼돈을 관리한다. 거대기업과 거대기업에 통합된 과학자 팀들은 최악의 상태를 억제하고 '좀더 나은 미래'를 준비하기 위한 백지 위임장을 갖고 있다. 안락의 군도(群島)는 시장이 지배하고, 다른 곳은 소수의 인도주의적 보호지구를 빼놓고는 폭력이 난무한다. 필요한 경우, 폭력은 기술과학적 수단을 사용하는 폭력에 의해 억제된다.

물론 이것은 경향의 문제이다. 이와 반대되는 경향도 있다. 그러나 반대경향이 사태의 추세를 전반적으로 꺾을 수 없다는 점이 우려된다. 반면에 이념적·정치적 풍토의 변화가 일어날 수 있다는 것을 역사는 보여주고 있다.

어떤 일이 일어나더라도, 세계는 다양하면서 일치되지 않은 상태로 남아 있을 것이다. 어떤 지역, 어떤 국가에서는 연대성·인간성의 힘이 완강히 저항할 것이며, 어쩌면 새로운 형태로 그 존재를 뚜렷이 나타낼 수도 있을 것이다. 다른 곳에서는 체제완전보존주의(intégrisme) 또는 민족주의기 세계화된 상품화에 대한 투쟁의 이류으로 강요될 것이다.

그러나 미국이 인종차별 논리에 의해 더욱더 이득을 취할지, 대륙에 버금가는 큰 땅덩어리 인도가 종교적 충돌에 의해 분열될지, 아프리카가 스스로 자원을 동원하고 재건할 수 있을지, 아니면 거대기업에 의해 해체되어 관리될지 아닐지를 누가 말할 수 있겠는가? 이슬람의 땅에서 체제완전보존주의가 계속 확장될 것인가, 아니면 휴머니즘 전통이 다시 우세해질 것인가? 그리고 여러 가지 이유로 중국, 러시아 전체, 유럽, 중앙·남아메리카의 앞날과 관련하여 많은 문제가 제기된다. 세계의 거의 모든 지역에서 많은 불확실성이 존속한다.

요컨대 아직도 많은 것이, 어떤 결정이 취해지고 어떤 행동이 이루어질 것인지에 달려 있다. 어떤 사람들은 의식의 각성과 여러 힘들의 동원을 유발할 수 있는 모종의 대재앙을 바라기도 한다. 그러나 만일 대재앙이 일어난다면 이기주의가 더욱 굳어지고, 누구나 자기만 생각하는 반응이 압도적으로 확산되어, 마침내 힘과 돈을 가진 사람들의 입지가 더욱 강화될 수 있다는 우려도 해볼 수 있다.

미래는 쓰여지지 않았다

좀더 넓게 보면, 우리가 앞에서 얼핏 본 미래의 가능성 가운데 어느 것도 숙명적인 것은 아니다. 많은 부분이 책임의식, 지구의 존중, 인간관, 민주주의에 달려 있다. 또 많은 것이 지혜의 바탕, 각 문명의 도덕, 그리고 지성과 윤리를 현재의 사안이 요구하는 수준까지 끌어올릴 수 있는 우리 시대 사람들의 능력에 달려 있다. 많은 것이 가치의식, 의지, 권력에 달려 있다. 선택하고, 결정하고, 실행하고, 문제와 위험에 대처할 수단을 동원해야만 할 것이다.

가치

공공연하게 과시하든, 은연중 마음속에 간직하든, 우리는 수많은 가치와 결부되어 있다. 예를 들어 생물, 지구, 물려받은 유산, 문명에 의해 열린 희망을 존중하고 스스로가 인류라는 사슬의 한 고리임을 자각하는 것. 즉 물려받고, 보존하고, 나르고, 전파해야 함을 자각하는 것. 인간의 탁월한 가치는 인간이 도달할 수 있는 지성, 책임의식, 영성(靈性), 애착과 초연함, 죽음을 인식함과 삶의 향유의 특별한 배합이다. 그 배합은 미소와 시선에서도, 말·글·작품·창작행위 그리고 모든 범주의 활동·침묵·무위(無爲)에서도 표현된다. 이런 것들의 섞임을 우리는 한마디로 '인간성'이라 부를 수 있다.

인간성은 거대문명의 출현과 성숙에서 최초로 활짝 피어났다. 그뒤로 인간성은 여러 다른 시대에 세계의 여러 다른 지역에서 여러 번 꽃피었다. 인간성은 생산적 또는 경제적 필요의 압박을 줄이는 데 성공한 세계 속에서는 새롭게 꽃필 수 있었지만, 지금은 화폐와 화폐관계의 범람에 침식될 위험에 처해 있는 것 같다.

다른 가치와 함께 인간의 존엄성과 인간성을 고려해보면 현재의 불평등에 유죄판결을 내리게 된다. 교환관계와 화폐관계가 지배하는 추세인 세계에서, 불평등은 사람들을 짓누르고, 배제하고, 타락시키기 때문이다.

다른 가치와 함께 인간의 존엄성과 인간성을 고려해보면, 우리가 우리의 아크라시, 부주의, 낭비, 탐욕 때문에 미래의 세대들에게 제약, 불리한 조건, 희생을 강요할 수는 없다. 좀더 넓게 보자면, 우리는 제한적이고 단발적인 이익을 위해 지구, 생물, 삶의 조건에 지속적인 타격을 가할 권리가 없다. 그런데도 아직 의심이 든다면, 신중·예방의 원칙이 존중되어야 한다.

우리 세계의 가장 궁핍한 이들뿐만 아니라 앞으로 주인공이 될 세대들을 위해서도, 생물과 인간적 존엄성의 존중, 공정, 연대성, 공유와 같은 가치들은 이 위기의 시대에 우리의 책임의식을 밝혀주어야 한다.

인간사회는 '살인하지 말라'와 같은 원칙들을 토대로 세워져 있다. 국제적인 삶은 국민의 권리, 국가주권 등 전혀 다른 원리 위에 세워졌다. 서로 깊이 의존하고 있고 무한한 영향을 미치는 행동수단을 갖춘, 그리고 우리 스스로 일으킨 새로운 문제들에 봉착한 세계에서, 다음과 같은 원칙을 채택하는 것이 그 첫걸음은 될 것이다. '국가, 기업, 기구, 집단, 그 어느 것도 특별한 목적을 추구하느라 지구, 생물, 인간, 인류 그리고 인류의 미래를 위험에 빠뜨릴 권리는 없다.'

책임

사르트르는 1946년 다음과 같이 썼다. "인간이 자신에 대해 책임이 있다는 말은, 인간이 엄밀하게 자기자신에 대해서만 책임이 있다는 것이 아니라, 모든 인간들에 대해 책임이 있다는 뜻이다." 왜냐하면 근본적으로 "나 자신을 선택함으로써, 나는 인간을 선택하기" 때문이다. 특히 "참여하는 인간, 스스로를 선택할 뿐만 아니라 자신과 함께 인류 전체를 선택하는 입법자라는 것을 인식하는 인간은 전체적이고도 심대한 책임의식을 피할 수 없을 것이다."[25]

이것이 반세기 전, 인간이 바로 자기자신에 대한 가치였으며[26] 휴머니즘이 하나의 윤리였던, 그리고 참여가 우스꽝스럽지도 않았고 치욕의 낙인이 찍히지도 않았던 시대였다. 1980년대 현재 진행되고 있는

---

25) Sartre(1946), p.24, p.27-28.

26) *Temps modernes* 제1호(1945)의 소개말에서 우리는 다음과 같은 구절을 읽을 수 있다. "우리는 인간이 하나의 절대자임을 공공연하게 공언한다. 그러나 인간은 자신의 시대와 환경과 조국에 처한 절대자이다"(Nouss, 1995, p.69).

변화의 깊이와 힘에 따라, 철학자 한스 요나스는 다음과 같이 진단했
다.

> "과학에서 미증유의 힘을, 그리고 경제에서 구속 없는 충동을 부여받
> 은, 사슬이 완전히 풀린 프로메테우스[27]는 자유롭게 합의된 규제를 통해
> 인간의 힘이 인간에 대한 저주가 되는 것을 막는 윤리를 요구한다. 이 책
> 앞부분에서의 주장은 현대기술의 미래에 대한 약속이 위협으로 전도되었
> 다는 것, 그리고 위협이 현대기술과 불가분의 관계에 있다는 것이었다.
> 이같은 주장은 물리적 위협의 확실한 사실을 넘어 그 이상으로 나아간다.
> 인간의 행복을 목표로 자연을 예속시킨 것은, 이제 인간자신의 본성에까
> 지 미치게 된 과도함으로 인해, 인간의 행위가 낳은 그 어떤 것보다도 큰
> 도전을 인류에게 가져다주었다."[28]

기술의 충격과 '장기적 행동의 거대한 규모와 비가역성'에 직면하
여, 한스 요나스는 힘주어 주장한다. "이 모든 것이 책임을 윤리의 핵
심에 위치시킨다." 그래서 '책임원칙'이 불가피해진다. 요나스는 책임
원칙을 다음과 같이 표현한다. "자유의 지속적인 양면성 속에서, 상황
의 어떠한 변환도 결코 인간의 힘의 남용에 맞서는 인간 세계와 인간
본질의 온전성을 망가뜨릴 수도 보존할 수도 없을 것이다."

우리가 개입하며 동시에 이끌려가는 과학·기술·경제·금융의 변화는
세계와 많은 사람들, 그리고 인간의 본질을 위협한다. 우리가 촉발시
킨 역학의 힘에 맞서서 우리를 보호할 시간이 아직 있을까?

---

27) 하늘에서 불을 훔쳐 인류에게 준 탓에, 제우스 신의 분노를 사서 코카서스
   산의 바위에 묶인 채 독수리에게 간을 먹히고 있다고 전해지는 그리스 신화
   속의 인물 — 옮긴이 주.
28) Jonas(1990), p.13.

처벌

그러나 수십 명의 자동차 운전자들이 사람의 몸 위를—두려움 때문에 또는 약간의 시간을 '잃어버리지' 않으려고—멈추지 않고 그냥 지나가는 시대. 지하철 또는 교외를 운행하는 전철의 객차 안에서 한 여성에 대한 집단폭행을 승객 수십 명이 아무런 반응 없이 목격하는 시대. 가장 잘사는 나라로 꼽히는 어떤 나라가 국민총생산의 0.7%를 개발을 위한 공공원조에 할애한다는 —1970년 국제연합이 확정한— 목표를 전혀 받아들이지 않고, 다른 나라들은 이 목표를 받아들였지만 목표를 달성하는 데 '실패'한 세계. 풍요로운 사회를, 바로 그 사회 안에서 빈곤이 퍼져가고 다른 광범위한 지역에서 불행이 심화되어도 그냥 방치하는 세계. 국가원수 또는 정부수반, 금융·산업·과학의 고위 당국자가 환경과 개발을 위한 전략을 규정하지도 실행하지도 못하는 세계. 도대체 이런 세계에서 어떻게 책임에 대해 말할 수 있겠는가? 도대체 어느 누가 어떤 한 가지 일에 대해서라도 책임을 느낄 수 있겠는가?

이윤과 최소비용의 기준이 일반화되는 경향이 있고, 가장 성과가 좋은 기술과학이 기업에 통합되고, 모든 사람들이 경제를 숭배하는 세계에서 책임원칙의 확립이 가능할까? 책임의식에 대한 호소와 인간성이 새로 꽃피어날 전망이, 오늘날 인간사회 그리고 특히 거대기업과 거대국가가 지니고 있는 힘의 남용에 대항하여, 세계와 인간의 본질을 보존케 할 일말의 가능성이라도 있을까? 법률적인 강제체계와 상벌의 제도화 없이는 거의 불가능한 일이다.

지구를 파괴하고, 미래의 세대가 누릴 것을 약탈하고, 가난한 대중이 빈곤 속에서 죽어가도록 내버려두고 싶다고 단언하는 악당과 그 반대의 것을 약속하는 선량한 사람 중 하나를 선택할 일은 누구에게도 없을 것이다. 게다가 선택의 대상이 되는 사안의 범위는 끝없이 다양하다.

어떤 소비자에게도 완벽한 정보제공이 보장되지 않는다. 게다가 (운송, 에너지, 식료품, 보건, 정보 등에 대해) 다양한 기술체계에 붙들린 소비자는 거의 선택의 여지가 없다. 그리고 프랑스에서처럼, 소비자는 전기 에너지의 3/4이 원자력에서 나온다는 것을 잘 알고 있지만, 전기 공급망은 그에게 아무런 대안도 제공하지 않는다.

정부와 다국적·국제적 기구는 압력단체의 정보, 영향력, 선동, 압력에 예속되어 있다. 이윤을 보장하는 상품의 구상과 생산을 소중히 여기는 기업들에 의해 과학자는 자기가 발견해낸 결과물에 대한 통제권을 박탈당한다. 기업들은 어떤가? 그들은 다른 기업들과의 경쟁 또는 경쟁의 위험에 예속된다. 그러나 한편으로는 경쟁기업들과 함께 공통되는 이익을 지키기 위해 압력단체를 형성한다.

이러한 체계 속에서, 단순히 책임원칙을 환기시키는 것만으로는 충분하지 않다. 경우에 따라서는 전지구적인 법, 규칙, 처벌이 필요하다.

우리는 알고 있다. 기업과 국가에 의해 이끌리는 현재의 기술과학적 발전은 다수의 행위주체들을 포괄하는 기술적 거대체계를 정착시킨다. 그리고 새로운 기술과학적 위험의 영향이 폭로되고 확인된다 해도(혈액오염, 치명적인 질병을 옮기는 성장 호르몬, 동물에게 그리고 그 고기를 먹는 인간들에게도 위험한 가루식품의 경우처럼), 그것을 특정한 행위주체의 탓으로 돌릴 수 없다.

하지만 우리의 형법에 의해 분명히 규정된 범죄와, 수십 년 전부터 인정되고 적용되어온 반인류적 범죄 사이에 이제부터는 신종 범죄와 위법행위를 잘 따져 규정할 필요가 있다. 예를 들어, 죽음에 이를 수도 있고 아닐 수도 있는 건강 침해, 중대한 (국지적이거나 광범위한) 오염,

천연자원(수원, 지하수층, 생물의 소생활권, 숨쉴 만한 공기, 살 만한 자연공간)의 파괴 등이다. 이런 범죄와 위법행위의 집단적 주체를 적발하고 식별해야만 할 것이다. 또한 어떤 나라도 그들을 보호해서는 안되며, 어느 곳이든 그들을 추적할 수 있어야 할 것이다. 그리고 그들을 심판하고 개별적 책임에 대해 판결을 내리고 처벌해야만 할 것이다.

이러한 범죄와 위법행위는 물론 새로운 국제법 속에 명시되어야 한다. 그러려면 좀더 폭넓은 사고방식, 즉 우리가 현재 지고 있는 책임의 역사적이고 전지구적이며 여러 세대에 걸친 차원을 인식하는 일이 전제되어야 한다. 물론 휴머니스트의 입장에서는 인간의 양심, 책임의 원칙 또는 '두려움을 스스로 알아차리게 하는 방법'[29]에 기대를 걸 수 있다면 더욱 만족스러울 것이다. 그러나 법과 처벌이라는 무기 없이, 이런 도덕적 힘만으로 권력과 돈에 이끌리는 현실의 역학에 맞서기란 너무 역부족이다.

꿈의 시나리오

21세기의 첫해에 상파울루에서 회담이 열린다. 인간성을 기리는 둥근 지붕의 초대형 건물 안에 국가원수 또는 정부수반 200명과 세계적인 거대기업의 총수 200명, 그리고 그 기업들과 함께 일하는 가장 뛰어난 과학자 200명이 모인다. 갑자기, 넘을 수 없는 전자기 막에 의해 그 초대형 건물은 바깥 세계와 차단된다. 아무런 정보도 없고, 어느 누

---

29) "무엇이 나침반 역할을 할 수 있을까? 위협을 예상하는 일 그 자체! …(중략)… 그것을 나는 '두려움을 스스로 알아차리게 하는 방법(heuristique de la peur)'이라 부른다"(Hans Jonas, 1990, p.13).

구든 들어갈 수도 나갈 수도 없다. 게다가, 이 건물을 제외한 지구의 나머지 장소에서는 시간이 멈추었음에 틀림없다. 왜냐하면 이 순간 시작된, 600명의 회담 참가자에게는 길게 느껴졌던 기간이 다른 60억 인간의 기억 속에는 아무런 흔적도 남기지 않았기 때문이다.

이렇게 이들이 철저히 고립된 직후, 건물 내부에 있는 화면에 이런 메시지가 뜬다. '교황선거를 위해 모인 추기경들처럼, 당신들은 지구상에서 삶의 기쁨을 회복할 프로그램의 줄거리를 정하고 나서야 빠져나갈 수 있을 것입니다.'

어쩔 수 없는 망설임과 성과 없는 다양한 시도 끝에, 회담에 참가한 600명은 작업에 착수한다. 국가원수들은 지구, 생물, 인간에 위험한 연구를 유예하자고 제안한다. 과학자들은 한 세대 동안 새로운 욕구를 창출하지 말 것을 제안한다. 사업가들은 수십 년 전부터 횡령된 공공 기금을 회수하여 가난에 대처하기 위한 세계기금으로 전용할 것을 제안한다. 새로운 메시지가 뜬다. '좋아요, 시작은 좋습니다. 그러나 아직 멀었습니다.' 전자기 벽은 여전히 넘을 수 없다.

모두 다시 작업에 들어간다. 어떤 참석자들은 도전을 앞둔 학생들이 맛보는 흥분 같은 것을 느낀다. 국가원수들은 나라들 사이, 그리고 나라 안의 불평등을 5년마다 절반씩 줄여나갈 것을 제안한다. 과학자들과 사업가들은 한 세대 동안 근본적인 욕구를 충족시키기 위해 자신들이 가진 수단은 거의 모두 동원할 것을 제안한다. 새로운 메시지가 뜬다. '좋아요, 제대로 방향을 잡았습니다. 그러나 아직도 멀었습니다.' 진자기 벽은 여전히 넘을 수 없다.

600명의 참가자들은 자신들 가운데 가장 상상력이 뛰어난 이들의 의견을 구한다. 그들은 모든 무기생산을 중단하고, 현재 남아 있는 무기들을 10년 내에 파기하며, 지구의 순환과 지구상의 생명의 순환을 존중하고, 한 세대 안에 모든 공격적이고 파괴적인 생산방식을 자연적 순환에 부합하는 생산방식으로 대체하고, 생물체가 쾌적하게 살아가고 서식지에 잘 자리잡을 수 있도록 모든 생명공간을 재정비할 것을 제안한다. 메시지가 뜬다. '좋아요, 좀더 노력하십시오.'

그러자 600명의 참가자들은 이제까지 거의 말을 하지 않고 있었던 몇몇 현자들에게 질문을 한다. 한 현자가 말한다. 전반적인 동의를 불러일으켜, 전세계 시민들에게 제자리를 되찾고, 같이 살며, 삶의 기쁨을 재발견하기 위한 시간을 갖자고 제안할 수 있을 것이라고. 메시지가 떴다. '좋아요, 이제 각자 자기 안으로 다시 들어가, 심호흡을 하며, 2100년의 세계를 상상해보십시오.'

600명의 참가자들은 그렇게 한다. 그리고—아무도 보지는 못했지만—투쟁과 야망·소유·권력에 들볶인 흔적이 역력한 그들의 얼굴에 비길 데 없는 미소가 감돈다. 인간의 인간됨을 증언하는 그 보기 드문 미소.

여기서 꿈은 끝난다.

새로운 '축(軸)의 시대'의 필요성

자본주의에 대항할 수 있는 총체적 대안은 더 이상 없다. 국가주의체제는 그 역량—산업화, 전시(戰時) 경제, 거대한 산업·기술 프로그램 등—을 보여주었다. 그러나 사회의 모든 욕구에 부응하기 위해 모든 활동을 책임지라는 요구 앞에서, 국가주의체제는 한계를 드러냈다.

산업자본주의의 틀 속에서 만들어진 사회민주주의는 기술과학의 우세와 세계화에 직면하여 낙마(落馬)했다.

사회주의적 희망이라는 이름 아래 국가주의체제며 사회민주주의 체제가 작동했지만, 그 희망은 이 시대의 사안에 걸맞은 기획으로 구체화되지 못했다.

1960~1970년대의 많은 지식인들이 제3세계에 대해 꿈꾸었던 '또다른 발전양식'에 관해 말하자면, 그것은 어느 곳에서도 설득력 있게 구체화되지 못했다.

그뿐만이 아니다. 근대의 토대가 되었던 거대한 신화—이성, 진보, 성장—는 그 힘의 일부분을 소진했고, 취약성을 드러냈다. 인간은 다시 성찰해보아야 한다.

'축의 시대'

역사학자 칼 야스퍼스[30]의 말에 따르면, 어떤 시대에는 사고(思考)—인간, 세계, 초감각적인 것에 대한—의 급작스러운 파동이 문명 전체에 충격을 주었다.

모험은 길었다. 수십만 년의 진화를 거친 이후, 기원전 8000~4000년 사이에 특히 농업, 목축업, 건축과 취락건설, 활동 유형에 따른 특화가 이루어지면서 뚜렷한 일련의 변화가 있었다. 그리고 기원전 4000~3000년 사이에 토지신에 대한 숭배, 직물, 바퀴와 이륜마차, 범선, 관개, 문자, 수학, 점성술, 역법, 의학, 금속세공 등이 이루어졌다. 기원전 3000~2000년 사이에는 최초의 거대문명이 꽃을 피웠다. 이집트, 메소포타미아, 그리스의 현재 영토, 인도, 중국 등이 그런 예이다.

칼 야스퍼스가 말하는 '축의 시대'는 기원전 800~200년 사이에 위

---

30) "역사의 '축의 시대', 기원전 첫 천년에 유라시아 대륙의 양쪽에서 일어난 현상에 대한 야스퍼스의 고찰을 진지하게 받아들이는 학자들은 드물다. 장-피에르 베르낭처럼 이것을 '놀라운 현상' 또는 '문제'라고 받아들이는 학자들은 드물다"라고 로베르 보노는 평가한다(1995, p.41).

치한다. "당시에는 특별한 사건들이 동시에 일어났다. 중국에는 공자와 노자가 살았고, 중국 철학의 모든 경향이 이때 생겨났다. …(중략)… 인도는 우파니샤드와 석가의 시대였으며, 회의론과 유물론에 이르는, 그리고 중국에서처럼 궤변론과 허무주의에 이르는 모든 철학적 가능성이 나타났다. 페르시아에서는, 선과 악의 투쟁에 의해 찢긴 우주에 대한 조로아스터교의 신랄한 시각이 확산되었다. 팔레스타인 지방에서는 예언자들이 등장했다. …(중략)… 그리스에는 호메로스와 철학자들이 있었다……"

"이 시기의 새로운 점은, 도처에서 인간이 총체로서의 존재, 그리고 자기자신과 그 한계를 자각했다는 점이다. 인간은 가공할 만한 세계와 자신의 무능을 경험했다. 인간은 본질적인 질문을 제기했다."[31]

"이 시기에, 근본적인 범주들이 형성되었으며, 오늘날도 역시 우리는 그 범주들에 의거하여 사고한다. 또한 우리의 삶을 지탱하는 대표적 종교들이 생겨났다. 모든 영역에서 보편적인 것으로의 이행이 일어났다."

이처럼 당시의 2,000년이 넘는 세월 동안, 인간이 스스로에 대해 그리고 세계에 대해 사고하는 틀이 자리잡혔다. 그리고 지난 여러 세기 동안의 정신적·과학적 부흥은 그러한 틀 속에 뿌리를 두고 있다. 그러나 오늘날 이러한 틀은 부분적으로 적합하지 않게 되었으며, 그러한 부적합성은 현재 진행되고 있는 변화에 대해, 그리고 그 변화가 우리를 어디로 이끌어갈지에 대해 생각하는 것을 방해한다.

새로운 '축의 시대'?

한나 아렌트에 따르면, "사고(思考)는 그 자체로서 사회에 큰 기여를

---

31) Jaspers(1954), p.9.

하지는 못한다. 다른 목적을 위해 사고를 수단으로 사용하는 지식욕보다도 기여하지 못한다. …(중략)… 사고의 도덕적·정치적 의의는 '모든 것이 조각나고, 중심이 더 이상 버팀목이 될 수 없고, 무질서가 세계에 파급되는' 역사의 매우 드문 순간에만 나타난다."32) 그렇다. 바로 지금이 변이의 시기이다. "모든 것이 조각나고, 중심이 더 이상 버팀목이 될 수 없고, 무질서가 세계에 파급되고 있다."

그러나 세계, 격차가 심한 다수의 사회로 구성된 지구상의 인간, 그리고 전체의 미래에 대해 사고하는 것은 비단 한 권의 책, 한 개인, 한 계급만의 일이 아니다. 그것은 성숙, 자각, 비판적 성찰, 분석, 논쟁, 공헌과 수정, 진전 그리고 고발을 통해 다양한 사회 속에서 이루어지는 사고과정의 결실일 수밖에 없다.

기존의 질문을 넘어, 새로운 본질적인 질문을 던져야 할 필요가 있다. 인간들이 자각해야만 하는 것은 지구, 생물, 인류에 미치는 인간들의 엄청난 힘이다. 그들이 우려해야 하는 것은 그들 스스로 낳은, 지구와 사회를 위협하는 힘과 역학이다. 우리가 힘써야 할 일은 이러한 새로운 현실을 사고하고, 선택의 조건을 분석하고, 평가하고, 숙고하고, 이해하고, 등급을 매기고, 분명히 하는 것이다. 그리고 각자는 자신의 능력과 엄청난 과업 사이의 불균형을 걱정하지 말고, 이에 기꺼이 이바지해야만 한다.

물론 시간이 필요할 것이다. 그러나 세계에 논리적 정연함과 방향을 다시 주기 위한 노력의 틀 안에서, 그리고 이러한 노력에 수반해서, 한 세대나 수십 년을 세계의 미래에 대한 전세계적 성찰에 할애하지 못할 이유가 무엇이겠는가? 우리 역사의 척도에 따르면, 그것은 자신으로

---

32) Arendt(1996), p.71.

회귀하여 전지구적 성찰을 하는 짧은 순간에 불과할 터인데 말이다.

이같은 결정은 이미 그것만으로도 인간이 현시대에 필요한 사고를 표출시킬 기회를 스스로에게 부여한다는 뜻이고, 그러므로 자크 모노의 말을 빌리자면, 인간이 지옥보다는 왕국을 선호한다는 뜻이다.

변이의 규모와 세력에 직면하여

우리가 직면하고 있는 문제는 워낙 규모가 크고 복잡하며 빠르게 변하기 때문에 '이것이 유일한 해결책이다'라고 말할 수가 없다. 앞에서도 말했듯이, 이 책의 목적은 위험을 알리는 것이다. 위험을 알리는 이에게 구조대를 조직하고 화재진압방법까지 제시하라고 요구하는 것이 흔히 있는 일인가? 모든 진단에는 반드시 심사숙고, 대책에 대한 착상, 제안들이 따르게 마련이다. 이를 존중하지 않는다면 이치에 닿지 않는 일일 것이다. 그러나 간단명료한 정답이 있는 것은 분명 아니다.

왜냐하면 인간적 사고의 부흥과 새로운 책임체계의 정착뿐만 아니라, 무수히 많은 결단, 행동, 투쟁, 협상으로부터―마을과 구역에서부터 지역과 국가에 이르기까지, 국가적 결단에서부터 국제적 협상과 전세계적 심급에 이르기까지, 대륙·세계적 프로그램에서부터 현지에서의 실현에 이르기까지―필요한 다양한 해답들이 해마다 나와야 할 것이기 때문이다.

바다 위의 병 하나처럼

많은 진전이 이루어졌다. 스칸디나비아의 동원에서부터 인도의 마을 단위로 이루어낸 일들에 이르기까지, 북측 선진국의 CFC 생산 중

단결정에서부터 재생 가능한 에너지 형태의 사용에 이르기까지, 지속 가능한 발전에 내용을 부여하기 위한 노력에서부터 국제연대형태의 증가에 이르기까지, 여러 가지 예들이 있다. 그러나 훼손과 구조손상, 배제, 약자의 분쇄에 미치는 힘은 계속해서 우세하다.

모든 유용한 목표에 대해, 마치 우리들이 바다에 병 하나를 던지듯이, 이 책의 분석에서 도출되는 몇 가지 진로가 있다. 대부분의 행동노선은 오늘날 인간사회가 재생산되는 (가족, 국지, 지역, 지방, 국가, 대륙, 세계 등) 여러 차원에서 사고되고 활용되어야 한다.

1) 불평등의 축소: 이는 우리 시대 제1의 지상명령이다. 그것은 여러 형태를 띨 수 있다. 재분배, 상품활동뿐만 아니라 자율적 생산형태의 재건에도 지속적이고 적합한 지원을 하는 것, 지불능력 없는 본질적 욕구에 대한 재정적 뒷받침(경제학자들에 의하면 지불능력 부여하기) 등이 그것이다. 요점은 현재의 불평등이 갈수록 널리 그리고 단호하게, 부당하고도 비도덕적인 것으로 비난받도록 하는 것이다.

2) 연대관계의 강화: 모든 사회는 연대관계와 재분배관계를 보장하면서 재생산된다. 유대인들도 그렇게 하여 이산(離散)의 와중에서도 살아남았다. 현존하는 연대체계는 보존·개선·발전되어야 한다. 그리고 새로운 연대가 특히 대륙·세계적 차원에서 확립되어야 한다.

3) 근본적 욕구의 충족에 우선순위 부여: 앞으로 수십 년 동안 근본적 욕구의 우선순위를 명확히 하고 구체화시켜야 할 것이다. 그것은 본질직으로, 빈곤한 나라에서 국지적으로 시도되는 노력에 대해 시의적절하고 지속적인 복합적 지원을 확고히 하는 것과 관련된다. 그러나 또한 식수공급, 거대한 인구밀집지대의 정화, 하천오염 방지와 같은 좀더 광범위한 프로그램과 관련될 수도 있다. 단호하고 지속적인 군비

·무장 축소과정이 이에 수반될 수 있고, 이에 대한 수단을 제공할 수 있다. 이는 넓은 지역별로 그리고 국제적 차원에서 안전과 평화를 보장하는 새로운 절차가 정착됨을 의미한다.

4) 필수적 자원 및 중대한 균형 보존: 이는 자원낭비를 중단하고, (식수, 숨쉴 만한 공기, 경작할 수 있는 땅, 손상되지 않은 하천·호수, 대양과 바다, 산림과 어자원, 동식물 등) 생명의 본질적인 원천이 존속하는 모든 곳을 보존하고, 가능한 모든 곳에서 복원함을 의미한다.

5) 다국적·세계적 경제 기계장치를 피한 생존·생계·생명 영역의 유지 및 발전: 첫째, 각 나라나 거대한 국가의 각 지방에서, (특히 식료품, 에너지 등) 최저생계를 보장하는 최소한의 생산중심을 보존할 권리가 인정되는 것이 부조리한 일은 아닐 것이다. 미래에 대륙적·세계적 규모의 공황이 일어날 때 이런 기관이 아주 유용하다는 것을 알게 될 것이다. 둘째, 각 사회는 자연, 집단, 공공 무료공간을 보존하고 재창조해야 할 것이다. 그리고 좀더 광범위하게 화폐관계에 지배받지 않는 생활기술, 단결형태, 연대양식의 다원성을 조장하고 확립해야 할 것이다.

6) 풍족하게 사는 사람들에 대해, 상품에 대한 욕망 및 소비욕구 제한: 새로운 욕구의 증대를 억제하는 것, 이 선택은 불평등 축소 및 근본적 욕구에 대한 우선순위 인정과 불가분의 관계에 있다. 욕구의 증가라는 끝없는 톱니바퀴를 거부하면서 상품의 일반에 널리 퍼지는 움직임에 제동을 걸고, 가능하다면 역류시키는 것이다. 부유한 사회의 경우는 소비와 좌절의 사회에서 첨단기술 사회, 검소한 사회, 명랑한 사회로, 사람들이 노동에 의해 존재하는 사회에서 인간성, 창조성, (놀이의) 유쾌함, 멋지게 사는 기술이 상위가치로서 인정받을 수 있는 사회로 이행할 수 있게 하는 길을 추구해야 할 것이다.

7) 기술과학의 영향력 제한: 첫째, 우리 세계의 절박성과 불균형을 고려해서, 기술과학에 우선순위를 다시 생각할 수 있게 하는 것, 둘째 야기된 손실에 대등한 처벌을 가능케 하는 규제·법률장치 속에 예방원칙을 통합시켜 좀더 명확하게 예방원칙을 언명하는 것, 셋째 과거의 지식과 기술과학의 지식으로부터 유익한 것을 획득하면서도 삶, 개화, 연대를 보장하는 사회적 단결의 공간이 창조되고 강화되는 것을 상상할 수 있다.

8) 지속적인 인간적 발전의 길 모색: 미래의 권력자가 될, 기술과학을 통제하는 초대형회사들에게 개선을 맡겨 불균형과 훼손이 심화되도록 방치하는 길을 거부하는 것. 결국 실질적으로 '지속될 수 있는' 유일한 길은 —극심한 궁핍을 후퇴시키고, 빈부의 지나친 격차를 좁히고, 근본적 욕구의 충족을 보장하면서도 —(재생 가능성 여부에 관계없이) 자원의 재고를 심각하게 고갈시키지 않고 지구의 (물리-화학적, 생물학적) 재생산에 도움이 될 수 있는 것만 버리는 생활양식의 확장에서 찾을 수 있다.

9) 세계경제체계에 구속된 사회로부터 (경제를 인간의 시녀로 깎아내린) 세계의 체계 속에 편입된 사회로 나아갈 방법의 추구.

물론 여기에서 단지 성찰의 단편들만 문제 되는 것은 아니다. 그것은 모든 사고과정, 지식, 지혜를 향유할 때만 무게가 나갈 것이다. 이것이 바로 새로운 '축의 시대'의 필요성을 환기시킨 의미이기도 하다.

전지구적 타협?
전세계적 기준에서, 우리는 스스로 깨닫게 된 것, 몇몇 국제적 연대들에 의해 가능해진 진전, 그리고 몇몇 부문에서 발표되었거나 실행되고 있는 조치를 반갑게 받아들일 수는 있다. 그러나 문제에 대응할 만한 충분한 노력이 이루어지고 있지는 않다.

남측 후진국들의 발전을 위한 북측 선진국들의 공공원조 액수는 역사적으로 최저치인 선진국(북)측 총생산의 0.3% 미만으로 떨어졌다.[33] 미국이 단호하게 석유소비 축소정책을 항상 시행한 것은 아니다. 사회와 환경의 절박성에 부응하도록 하는 데 필수적인 남-북의 공동발전은 상징적 단계에 머물러 있다.

선진국측의 여러 국가에서 수십년간 자본주의적 기계장치가 사회적 이상(공정, 연대, 통일성 등)에 부합하게 해주었던 사회민주주의적 타협을 기준으로 삼는다면, 전지구적 차원에서 두 가지의 '타협'이 바람직한 것 같다. 두 가지 타협 모두, 절박성에 대처하고 미래를 희생시키지 않으면서 본질적 욕구에 부응한다는 배려하에, 다국적·세계적 기계장치를 살기 좋은 세계와 합치되게 하는 것을 지향해야 한다.

우선, 남-북의 타협을 들 수 있다. 부유한 선진국들은 그들 스스로 환경침해를 억제하고, 환경보존을 보장할 수 있도록 후진국측의 설비·현대화 정책에 대한 지지를 명확하게 약속해야 한다. 선진국측의 부유한 국가들에게 그것은

① 에너지와 원료의 절약을 실현하고 환경침해를 제한하면서, 각국에 대해 품위 있는 삶의 수단을 보장하는 길로 그들의 경제의 방향을 전환하는 문제이고,

② 산업화를 진행하고 있는 나라들이 그러한 목적을 달성할 수 있는 기술과 설비를 채택하기 위해 쏟는 노력을 대대적으로 지원하는 문제이며,

---

33) *Le Monde*, 1997. 2. 7. 이 점을 환기시키는 것이 이러한 원조가 근본적으로 재검토될 필요가 없음을 뜻하지는 않는다(Schneider, 1996 참조).

③각 개인의 최저생계를 보장하고, (토양, 물, 동식물 등의) 천연자원을 보존하는 생산활동을 재건하기 위한 빈곤한 나라들의 노력을 지원하는 문제이다.

공동발전의 영향하에서, 이 방향으로 조정된 행동 전체는 다른 점에서 보면 후진국측에서처럼 선진국측에서도 활동과 고용에 대한 지원이 될 수 있으며, 사회와 환경의 심각한 훼손을 억제해줄 것이다. 만일 사회와 환경의 훼손이 심화되도록 방치한다면, 수십 년 안에 좀더 큰 비용을 치러야 할 것이다.

동시에, 또다른 타협이 거대기업을 상대로 이루어져야 할 것이다. 국가, 국제기구, 세계의 상이한 지역에서 시민사회가 타협에 이바지해야만 할 것이다. 타협이 지향하는 바는

①화폐수요를 야기하고 동원하면서, 다국적·세계적 기계장치의 활동 일부분을 우선순위 대상으로 유도하고,

②예방원칙을 엄격하게 적용함으로써 미래의 기술과학으로 도피하는 것을 제한하고,

③기술과학의 거대기업 속으로의 통합 및 기술적 거대체계의 발전과 관련이 있는 위험을 제한하는 것이다.

오늘날 자본주의는 생산의 가능한 주된 논리이며 지불 가능한 수요를 예측하는 것에 의해 이끌리기 때문에, 다양한 차원에서 우선순위가 있다고 판단되는 문제들의 해결을 위해 대대적인 지출계획을 짜려고 생각한다. 이렇게 계획이 짜여진 지출은 근본적인 욕구에 부응하고, 환경을 보존하고, 국제적 긴장을 완화한다는 배려와 함께 이루어져야 한다. 이러한 프로그램이 첫번째로 적용되는 분야 중 하나는 물일 것이다.

문은 벽 속에 있다

1957년 12월 10일, 알베르 카뮈는 스톡홀름에서 열린 노벨상 수상식에서 수상연설을 통해 이렇게 말했다. "각 세대는 자신들이 분명 세계를 개조할 사명을 부여받았다고 믿는다. 하지만 우리 세대는 스스로 그러지 못할 것임을 알고 있다. 그러나 우리 세대의 과제는 어쩌면 좀더 중대하다. 그것은 세계의 와해를 막는 일이다."[34] 오늘날 세계는 해체·재구성의 강력한 과정에 꽉 잡혀 있다. 우리 세대의 과제 중 하나는 화폐·상품의 전체주의가 정착되는 것을 막고, 좀더 인간적인 인류가 되는 길을 열어두는 것이다.

같은 해 12월 14일, 웁살라 대학교에서 열린 강연회에서, 카뮈는 다음과 같이 지적했다. "문(門)과 출구를, 우리가 살면서 마주하고 있는 벽 아닌 다른 곳에서 찾지 맙시다."[35] 이는 오늘날 특히 맞는 말이다.

사회주의는 침체기에 있고, 곳곳의 민주주의는 상태가 나쁘다. 환경 보호운동은 부분적으로 정치 게임 속에 빠져버렸다. 휴머니즘은 인도주의 차원으로 쪼그라들었다. 최악의 상태를 막고 암울한 시나리오가 실현되는 것을 피하려면, 본질적인 가치를 중심으로 결집된 (사회적·지적·도덕적·정치적) 세력의 강력한 분발이 필요하다. 그러나 이러한 세력은 여전히 분산되어 있고 열의가 없고 어떤 경우에는 사기가 뚝 떨어져 있다.

벽 속에서 문을 찾아야 한다. 세계화되고 격차가 심한 세계 속에서, 좀더 인간적인 인류가 되는 길을 열기 위한, 또는 열린 상태로 유지하기 위한 모든 전략은 다원적이고 여러 형태이며, 많은 부문에서 아주 다양한 행위주체들이 참가하는 다차원적(국지적 차원에서 세계적 차

---

34) Camus(1965), p.1073.
35) Camus(1965), p.1096.

원까지) 행동으로 이루어질 수밖에 없다. 대륙적·세계적 차원에서 논의되고 결정되어야 하는 것과 어촌, 산골 마을과 도시, 도시외곽 지역, 연구실험실, 거대기업 네트워크에서 추진되는 다양한 움직임 속에 작동하고 있는 것을 결합시키는 법을 배워야만 한다.

　위험성이 높아지고 동요가 심해지는 가운데, 여론과 다양한 운동의 압박을 받으며, 주요한 행위주체들이 절박성, 우선순위, 목적성에 대해 다 함께 토론하고 여러 가지 전략들의 조정(또는 좀더 정확하게 말하자면, 국지적 공간에서 세계적 공간에 이르는 아주 다양한 공간 속에서 서로 조정된 다수의 전략을 통합하는 하나의 초(超)전략(métastratégie))을 짜는 모습을 상상하지 못할 이유가 없다.

　새로운 인간적 개화를 모색하고 유지할 길과 수단을 찾으면서, 우리 시대의 세 가지 위기, 즉 사회의 위기, 여러 사회들 사이의 관계의 위기, 인간과 지구 간의 관계의 위기를 극복하기 위해 노력하는 것이 문제인 만큼, 사안은 엄청나게 중대하다.

　이 일은 지난 두 차례의 세계대전과 견줄 만한 큰 규모의 동원을 전제로 한다. 그러나 이때 동원이란 우리의 생활양식, 불평등, 낭비, 과소비, 끊임없이 새로워지는 욕구의 충족을 위한 질주의 잘못을 다시금 부각시키고, 빈곤과 많은 부작용이 뒤따르는 개발, 자원·환경의 파괴에 맞서는 동원이다.

　이러한 전략을 채택하고 실행한다는 것은 (현재의 세계 상태의 주요한 원인이고, 금융·과학·기술·산업적 수단의 대부분을 보유하는) 북반구 선신국측이 그 책임을 온전하게 떠맡는다는 것을 의미한다. 또한 북반구와 남반구의 부유한 계급 또는 특권을 세습하는 계급의 부가 축소되고, 유족한 계급이나 집단이 욕구의 확장 및 갱신을 자제함을 내포한다. 이 모든 일들은 그 어느 것도 저절로 이루어지지 않는다. 그러나 우리의 힘이 미치지 못할 일은 하나도 없다.

예고된 세계종말의 어두운 태양은, 현재 실험적으로 움직이고 있지만 앞으로 급작스럽게 폭발적인 시장의 호응을 받게 될 '살아남을 수 있는 생물권(biosphères de survie)' 속에 힘있는 자와 부자들이 틀어박히는 역효과를 낳을 것이다. 행복과 평화의 새로운 세계에 대한 약속은 믿기 어렵다. 왜냐하면 너무나 많은 이런 유의 예고와 약속이 200～300년 전부터 있었기 때문이다. 공동목표를 위한 수없이 많고 다양한 동원이 필요한 만큼, 남는 것은 윤리와 책임의식 그리고 우리 문명의 다양한 휴머니즘이다. 그러나 케인스가 지적했듯이, "사람들이 예상했던 일은 결코 실현되지 않는다. 실현된 것은 사람들이 예상하지 못했던 일이다."

그러니까 꿈은 꿀 수 있다. 어쩌면 자본주의가 일찍이 경험하지 못했던 (증권, 화폐, 금융, 경제, 국가의) 최악의 위기가 닥친 뒤, 현대성이 빚은 풍요도 훼손도 그다지 심하게 겪지 않은 지역들이, 방향 잃은 인간들에게 근본적인 것의 의미와 삶의 의미를 일깨워주는 데 가장 적합한 곳으로 나타날지도 모른다.

또 이러한 위기가 실제로 오건 안오건 간에, 불교 정신에 입각한 아시아 사회들이 자본주의를 본래 있었어야 할 자리로, 즉 타제석기나 괭이, 트랙터처럼 인간이 쓰는 하나의 도구로 돌려놓는 데 성공할 수도 있다. 자본주의를 축소시키고 자본주의를 극복하자. 일본에서 가장 각광받는 컨설턴트의 한 사람인 후나이 유키오는 다음과 같이 진단했다. "자본주의는 존재하지 않게 될 것이다. 자본주의는 모순 투성이이며, 자연의 섭리에 반한다."36)

---

36) "자본주의는 존재하지 않게 될 것이다. 그것은 모순 투성이이며, 자연의 섭리에 반한다(Capitalism will cease to exist; it's full of contradictions, and against

새로운 세대들이 일자리, 자원, 권력을 독차지한 세대들에 맞서 반항하는 것을 상상할 수도 있다. 또한 새로운 세대들이 '본질주의' 운동―본질적인 것으로 되돌아가기―의 큰 물결과 만나, '더불어 살기', 기술적 지식의 절도 있는 사용, 그리고 인간성과 검소함을 부각시키면서 간디의 정신을 살려 돈과 상품에 대한 비폭력적 저항을 널리 퍼뜨리는 것을 상상할 수도 있다.

아니면 또다른 방법들도……

---

the providence of nature)," *Far Eastern Economic Review,* 1997. 1. 30, p.42.

맺음말

이 책을 집필하는 동안 줄곧, 니체가 차라투스트라의 입을 통해 말했던 다음과 같은 권고가 머리에 떠올랐다.

"목표를 정할 시간이다. 마지막 희망의 씨앗을 뿌릴 시간이다." 그러나 이기주의, 무책임, 아크라시에 의해, 우리는 니체의 무시무시한 예언이 실현되는 방향으로 움직이고 있다. "슬프다! 인간이 더 이상 인간성을 넘어서는 원망의 화살을 쏘지 않고, 그의 활이 팽팽해질 줄 모르는 시대가 다가온다. …(중략)… 슬프다! 더 이상 스스로를 경멸할 줄 모르는, 경멸할 만한 인간의 시대가 오고 있다."[1] 나는 이 구절로 이 책의 결말을 삼으려고 생각했었다. 그러나 내 원고를 읽어본 사람들은 거의 모두 이 점에 대해 부정적으로 반응했다. 그리고 결국 나는 그들이 옳다고 인정했다

이 원고의 퇴고를 마친 내 방 창가에 꽃이 활짝 핀 인동덩굴이 탐스

---

1) Nietzsche(1962), in 1991, p.15.

럽게 드리워 있다. 알록달록한 나비 세 마리와 꿀벌 몇 마리가 날고 있다. 태양의 따사로움과 신새벽의 서늘함이 한순간 서로를 어루만지며 얼싸안고 있다. 세계의 미소처럼.

지금부터 거의 40년 전, 델포이[2]의 불가사의와 폐허 사이에서 정지된 시간을 나는 기억한다. 예루살렘의 두 회교사원 광장 위에서 도저히 불가능할 것만 같던 충만과 평화의 순간을 나는 기억한다. 퀘벡 북쪽과 모로코 남쪽의 무한한 공간 속에 있는 평온하고 인간적인 항구들을 나는 기억한다. 그리고 일본에서, 기도의 오솔길의 간결한 정적을 나는 기억한다. 세계의 미소들.

인간의 미소의 연약함. 수세기에 걸쳐 돌, 나무, 그림, 소묘에 의해 전해진 미소는 남는다. 종종 이상야릇하고 불가해한, 기쁨의, 애정어린, 평온한 미소들. 그것은 수백, 수천 년이 지난 후에도 우리를 감동시킨다. 아테네의 아크로폴리스에 있는 스핑크스의 미소, 로마의 빌라 쥴리아에 있는 에트루리아 시대 헤르메스 주상(柱象)의 미소, 투르키스탄 여신의 미소, 엘체의 여인상[3]의 알듯 모를 듯한 미소, 불상(佛像)과 인도신상의 미소들, 마리아상들과 예수탄생 그림들의 무수히 많은 미소들, 랭스의 천사의 독특한 미소, 보티첼리가 본 봄의 미소, 모나리자의 미소, 성녀 안나의 미소. "은근한 미소! 그리스의 미소 뒤에 어린 신들의 수천 년, 불교의 고적한 미소, 그리고 중세의 짧은 미소, 이탈리아의 부드러움……"[4]

세계의 미소, 사람들의 미소, 인간의 인간됨을 나타내는 덧없는 표

---

2) 아폴론 신전이 있었던 그리스의 옛도시 — 옮긴이 주.
3) 스페인 남부의 도시 엘체(Elche)의 산타 마리아 성당에서 1897년 발견된 여인의 대리석 흉상. 작자 미상이며 그리스 시대의 것으로 추정됨. 현재는 마드리드 박물관에 소장되어 있음 — 옮긴이 주.
4) Malraux(1956), p.251.

시. 인간성은 미소처럼 본질적이고, 상처받기 쉽고, 우리 시대의 탈선과 분규로 인해 위협받는다.

독자들은 이해할 것이다. 이 책이 걱정과 낙관에 의해 쓰여졌다는 것을.

점점 많은 사람들이 말한다. '우리는 벽으로 다가가고 있다. 점점 더 빨리 가고 있다.' 이제 와서는 고칠 수 없게 되었을지도 모른다. 이미 명확하게 드러난 형태 혹은 아직 알 수 없는 형태로. 아직은 예방할 수 있을지도 모르지만.

모든 것이 자동적으로 해결될 것이라고 반박한다면 그것은 낙관주의가 아니라 무분별한 짓이다.

문제와 위험에 대해 말하는 것은 비관주의의 징표가 아니라, 책임의식의 발로이다.

재앙과 그 근원을 따져보는 것, 가치에 우선순위를 다시 매기는 것, 전략의 초안을 잡는 것, 전략을 실행에 옮기는 것, 낙관주의는 바로 이런 것이다.

물론 개개인으로서는 불가능한 과업이다. 그러나 우리가 현재의 집단적 임무방기를 거부하고, 우리가 가진 커다란 역량이 짐지우는 책임을 떠맡으면서, 우리의 생성에 의미를 주게 될 목표와 우선순위를 선택하게 되면, 그 과업은 성공적으로 수행될 것이다.

'인간적인 세계를 위한 전략'의 필요성에 대하여[1]

나는 『세계의 격변』을 1996~1997년 사이에 썼다.

이 책에서 내가 우려를 표명했던 일련의 현실들이 계속해서 세계를 짓누르고 있다.

어떤 것들 — 불평등 심화, 아시아의 중요성, 초대형 기업의 중요성, 경제적 역학에서 기술과학의 역할 증대 — 은 대중매체에서 점점 더 큰 자리를 차지하고 있다. 그러나 그것이 세계경제 분석에서 충분하게 통합되고 있지는 않다. ……사람들은 전지구적 환경위험에 대해서는 별로 언급하고 있지 않으며, 이를 제어하기 위한 개선이 거의 이루어지지 않고 있다. 인구 성장은 아직도 반복되는 주제인 반면, 부유한 나라에서 새로운 욕구의 끊임없는 창조는 계속 가려져 있다. 실제로 본질에 관한 한, 즉 인류가 현재의 중대한 불균형을 제어하고, 누적되는

---

1) 본 후기의 초고를 읽어주고 논평과 제안을 아끼지 않았던 갈리오프 보(Calliope Beaud), 크리스토프 드푀이(Christophe Defeuilley), 프랑수아 제즈(François Gèze), 사라 기예(Sarah Guillet), 델핀 토르디만(Delphine Tordjman)에게 감사한다.

위협을 예방하고, 자신의 생성을 책임질 필요성에 관한 한 어떠한 의미있는 진전도 없었다.

이 책의 제목은 경각심을 불러일으키기 위한 것이다. 우리는 전혀 다른 시기에 처해 있다. 우리는 급속하고, 심대하고, 강력한 변화의 시기에 있는 것이다. 많은 사람들이 노소를 막론하고 그 사실을 감지하고 또는 알고 있다. 많은 사람들이 다방면에서 극복을 위한 행동과 투쟁을 벌이고 있다. 그러나 항상 무관심이 존재한다. "글쎄, 과장하지 말자고. 각 세대마다 제각기 남다른 시기에 살고 있다는 인상을 받게 되어 있어. 항상 그렇다니까."

이것은 틀린 답이다. 지금까지 한 인간의 일생에 해당하는 기간 동안 전세계 인구가 3배 증가한 적은 결코 없었다.[2] 욕구가 이토록 빠르게 폭증한 적이 없었다. 지난 세기와 지난 수십 년만큼 불평등의 골이 깊었던 적은 없었다. 기술변화가 이토록 빠르고 과격한 적은 없었다. 지구의 균형이 인간의 활동에 의해 이토록 심각하게 위협받은 적은 없었다. 기업집단과 금융집단이 이토록 거대한 힘을 가지고 있었던 적은 없었다. 가난, 결핍, 무기력에 시달리는 사람들의 수가 이렇게 많았던 적은 없었다. 그리고 '구매력'을 보유하고 있는 이토록 많은 사람들에게 이렇게도 많은 상품과 기회가 제공된 적이 없었다.

내가 과장한다고? 그러나 현실에서는 모든 것이 내가 말했던 것보다 더 잔인하고, 더 빠르고, 더 폭력적이고, 더 위험하다. 그리고 변화는 필시 앞으로 수십 년 동안 가속화될 것이다. 2100년에 대해 서술하는 모든 사람들은 우리를 비웃고 기만한다. 한 가지 확실한 것은 2100년의 세계가 오늘의 세계와는 현저하게 다를 것이라는 점이다. 오늘의

---

2) 1927년 인구는 20억이었고, 1999년 인구는 60억이었다.

세계가 1900년의 세계와 현저하게 달랐다는 것과는 비교가 되지 않을 정도로 말이다. 나머지에 대해서는 모르는 것 투성이다. 인류는 현재의 난관을 극복할 수 있을까? 인류는 서로 화합하는 데 성공할 것인가? 아니면 심각하게 분열될 것인가? 아시아, 이슬람 세계, 유럽, 그리고 아프리카는 어떻게 변화할 것인가? 그들은 공존할 수 있을 것인가? 아니면 서로 충돌할 것인가? 핵전쟁은 발발할 것인가? 생태적 파국의 위험을 피할 수 있을까?

그러나, 무관심은 여전히 계속된다. "글쎄, 항상 그렇지 뭐." 그것은 마치 교통순경이 자신의 주변에 시체들이 누워 있는 데도 사람들에게 "멈춰서지 말아요, 아무것도 볼 게 없어요"라고 말하는 것과 흡사하다. 또한 자신이 어디에 있는지, 무엇을 해야 할지 모르는 어른이 "아니, 다 괜찮아"라고 말하는 것과도 흡사하다. 너무나 잘못되고 어리석은 일이라서 왜 분별력 있고 지적인 사람들이 그런 주장을 하기에 이르렀는지 이해할 필요가 있다.

어떤 사람들은 남을 안심시키고 스스로 안심하기 위한 배려심을 가지고 있다고 상상할 수도 있다. 그러나 사람들이 빙판길을 달리고 있을 때, 긴급한 사안은 승객을 안심시키고 스스로 안심하는 것이 아니라, 위험을 인식하고 속도를 늦추는 것이다. 다른 사람들에게는, 그것이 너무나 많은 어려움과 실망 뒤에 찾아오는 묵직한 피로감, 또는 단순히 능력 밖에 있는 문제를 거부하는 반사작용일 수 있다. 그러나 고발에 대한 두려움, 무책임, 비겁함도 있다. "나는 보고 싶지 않아, 나는 듣고 싶지 않아, 나는 말하고 싶지 않아, 나는 상관없어……"

이런 식의 무수한 개인적 자포자기로부터 위험한 집단적 임무포기(démission collective)가 나온다. 우리가 봉착하는, 그리고 2000년대 초반의 신세대가 봉착하게 될 문제들은 대부분 20세기 말의 이러한 중대한 임무포기(Grande démission)의 결과다.

이러한 사안의 규모가 너무 방대해서 소시민들로서는 감히 엄두도 낼 수 없다는 것을 우리는 인정할 수 있다. 그러나 사회와 세계의 미래보다는 인기와 재선에 더 고심하는 민주주의 거대 국가의 지도자들에게도, 통상적으로 권력 유지와 부의 축적에만 전념하는 빈곤한 국가들의 전제군주나 소수 특권층에게도, 직위와 고정 수입을 지키기 위해 강대국의 비위를 맞추는 데 몰두하는 국제기구의 소수 특권층이나 관료집단에게도, 유행 따라 주제 따라 능수능란하게 변절하는 지식인들에게도, 그리고 생성하는 세계의 복잡성을 망각할 수 있게 해주는 행사에 초점을 맞추어 기꺼이 '세계 빈곤의 날(Journée de la misère du monde)'에 제물을 바치고는 1년 내내 입을 다무는 대중매체에게도 이러한 관대함은 결코 온당치 않다.

무관심한 사람들은 여러 가지 방식으로 문제를 회피한다.

어떤 사람들은 문제를 아예 부정한다. 다른 사람들은 신이나 진보나 역사가 문제를 해결해줄 것으로 믿거나 기대한다. 다른 사람들은 과학, 시장, 세계적 권력 또는 다른 만병통치약을 믿는다. 또다른 사람들은 긴급성을 내세우면서 단기적인 행동에 만족한다. 그러나 우리가 축적되는 위협을 소홀히 하면 할수록 긴급성의 대공세는 더욱더 격렬해질 것이다. 게다가 진중한 경향, 기회와 위험에 대한 뚜렷한 시각은 단기 관리에 필수적이다. 또다른 사람들은 문제의 전체적인 목록을 작성해야 한다는 생각을 거부한다. 그러나 우리의 세계는 우선순위를 도출하고, 바람직하지 못한 해결책을 배제하고, 총괄적인 치료를 하기 위해 건강 진단을 필요로 한다.

지식인들은 불가해한 가상성(virtuel)에 눈멀고, 사고의 유희에 탐닉하고, 말에 속는다. '후기-'(또는 포스트-)의 유행이 이를 증명한다. 사람들은 포스트(post)산업사회, 포스트(post)포디즘, 포스트(post)공산주의를 구상하고 논할 수 있었다. 아무도 근대성이 무엇인가에 대해 동의하지 않은 상태였기에, 포스트근대성이라는 주제는 잡다한 변형을 허락했다. 그러나 이제부터는 과잉상태다. 포스트민주주의, 포스트사회성, 포스트휴머니즘, 포스트인류, 역사의 종말, 인간의 종말…… 그렇게 진정한 문제의 바탕 위에 대중매체에 영합하는 지식인 계급이 번성한다. 마실 물이 없는 수억의 동시대인을 염려하고, 부와 빈곤을 대량생산하는 사회경제적 기계장치의 역학을 걱정하는 것이 그들에게는 진부하거나 시대착오적인 일로 보일 것이다.

과거로의 역행을 선호하는 사람들도 있다. 역사와 우리의 생성의 복잡한 줄거리를 구성하는 다양한 궤도에 대한 성찰이 아니라, 1세기, 반세기, 수십 년에 맞춰서 다소 임의적으로 선택된 과거의 사건들에 대한 단선적인 투시를 말이다. 예를 들어, 중국 혁명 50주년, 6월 학생운동 30주년, 인권선언 250주년. 혁명, 승리, 독립, 역사적 또는 일시적 저명 인사의 탄생과 죽음, 현재의 문제와 우리의 생성에 대한 책임과 관계없는 숱한 기념일.

물론 기념만 있는 것이 아니라 참회도 있다. 20세기 말 '중대한 임무포기'의 시기도 복잡한 교차로였을 것이다. 또한 아메리카 인디언들의 살육, 노예로서의 아프리카 원주민들의 강제 이주와 착취, 유럽에서 벌어진 유대인의 강제수용과 계획적인 말살에 대한 참회가 있다. 그것은 본질적인 참회이다. 그러나 자행된 범죄에 비추어볼 때 참으로 값싼 참회다. 그것은 그토록 많은 우리 역사의 엄청난 범죄를 생략한 선별적 참회다. 그것은 또한 묘한 착오를 통해 기근, 학살, 억압받는 민족의 분쇄와 해체, 가난한 인류의 주변화 등 우리 시대의 악에 직면하여 분개할 수 있는 우리 능력의 감퇴가 따르는 참회이기도 하다.

나 스스로 내 말이 모순이기를 바란다. 특정 분석과 그에 대한 긍정의 오류와 과도함이 밝혀진다면 얼마나 좋을까? 그러나 이 책으로 괴로워하는 이들로부터 새어나오는 단어는 단 하나 '비관주의'다.

비관주의? 물론 나는 무엇인가 문제가 있는 부분을 강조한다. 그리고 고집한다. 그런데 우리가 의사를 찾아갈 때, 최종적으로 문제가 있는 부분에 접근하고 그 증상을 파악하기 위해 아무런 문제가 없는 것을 거론하는 데서 출발하겠는가? 이 책은 세계에서 문제가 있는 부분의 증상을 제시하고 그에 대한 진단을 내리고자 한다.

이러한 비관주의에 대한 비판의 이면에는, 낙관주의가 적극적인 태도라는 선험적 전제가 깔려 있다. 분명 절제되고 의식 있는 낙관주의는 어려운 상황에서 도움이 되고, 앞서가도록 격려하고, 창조성을 유도할 수 있다. 그러나 일률적이고 우둔한 낙관주의는 위험할 수 있고, 치명적일 수 있고, 더 나아가 범죄행위일 수도 있다. 1913년 정치가들과 엉터리 문인들로 하여금 신선하고 기꺼운 전쟁을 선언하도록 선동했던 '낙관주의'가 바로 그렇다. 그러나 제1차세계대전은 유럽에서 ─ 특히 젊은이들 가운데서 ─ 800만의 사상자를 낸 가증스러운 대학살이었다. 또한 공황에 직면하여, 그 시기나 비용에 대해서는 아무런 언급도 없이, 임박한 경기 회복과 '터널 탈출'을 선언하는 금융 전문가, 경제학자, 정치가들이 의지하는 낙관주의도 그렇다. 또한 현대 경제의 비인간적이고 비도덕적이고 불공평한 측면은 강조하지 않고, '인간적인' '도덕적인' 또는 '연대적인' 경제를 설교하는 자들의 낙관주의도 그렇다. 그들은 후자가 전자를 압도할 수 있는 방안에 대해서도 아무런 언급이 없다. 또한 "글쎄, 잘되겠지 뭐"라고 말하는 '무관심자'들의 소박한 통상적 낙관주의도 마찬가지다.

낙관주의는 가면일 수 있다. 기득권자 또는 정복자들의 이익의 가면, 무기력, 무능력 또는 포기의 가면, 책임 있는 자들의 행동 거부의 가면, 아크라시의 가면.

그러나 어떤 저택의 정면에서 불길이 새어나올 때, 지나가는 행인이나 이웃이 '불이야'라고 소리친다면, 누가 그를 비관주의자라고 규정할 수 있겠는가? 마찬가지로 도로가 끊겨 있다면, 누구라도 위험을 향해 달려가는 운전자들에게 경고하려고 애쓸 것이다.

이 책도 마찬가지다. 경각심을 불러일으키는 것이 이 책의 목적이다.

우리의 사회, 인류는 전례 없는 문제에 봉착해 있다. 모든 것이 아주 빠르게 진행된다. 아무것도 스스로 안정되지 않는다. 따라서 변환의 운동 바로 그 안에서 행동해야 한다. 다른 모든 문제들을 포괄하는 문제 즉, 메타(méta) 문제는 우리가 봉착해 있는 다수의 악, 위협, 위험들이 서로 연결되어 있고 상호 의존한다는 것이다. 이러한 복잡성에 직면하여, 어떤 만병통치약 — 시장이건 세계 권력이건 — 에 스스로를 내맡기는 것은 위험할 수밖에 없다. 모든 종류의 가용한 수단들을 동원해야만 한다. 게다가 각 문제에 국한된 해결책이 불충분할 위험이 있으며, 다른 영역에서 상황을 악화시킬 위험도 있다. '인간적인 세계를 위한 전략'을 구상하고 시행해야만 한다. 그것은 자각과 인간, 역사, 우리의 책임에 대한 새로운 반성, 뿐만 아니라 인간의 행위 의지에 의해 지탱되는 메타(méta) 프로젝트의 구상을 함축한다.

다시 문제의 핵심을 언급해보자.

1) 우리의 사회, 인류는 전례 없는 문제에 봉착해 있다. 우리는 이 책에서 이러한 문제들을 지적했다. 빈곤, 폭력, 불평등, 생산의 성장을 불가피하게 하는 인구와 욕구의 성장, 생산의 성장에 동반되는 모든

차원에서의 환경 파괴.

지난 수년 동안 불행과 빈곤은 아프리카와 라틴아메리카 국가에서, 뿐만 아니라 러시아와 최근의 위기로 인해 그리고 무절제하게 시행된 자유주의정책의 영향으로 아시아에서 더욱 심화되었다. UNDP의 1999년 인간 개발에 관한 세계 보고서에 따르면, 1980년 이래 "60개 국에서 빈곤은 계속적으로 심화되고 있으며" 인구가 생산보다 더 빨리 증가한다.[3] 전세계적 차원에서 약 13억 명이 하루에 1달러 미만을 가지고 살고 있으며, 약 10억 명이 '기본적인 소비욕구'를 충족시킬 수 없다. 중국, 구소련, 동유럽뿐만 아니라 미국, 영국, 스웨덴에서도 불평등의 골이 깊어지고 있다.[4] 세계 '3대 갑부'의 부가 '가장 가난한 국가 집단 또는 6억 명의 국민총생산'을 능가한다.[5] 1997년 전세계에서 가장 부유한 20%가 세계 총생산의 86%를 소유하고 인터넷 사용자의 93.3%를 차지한다. 가장 가난한 20%는 세계 총생산의 겨우 1%를 소유하고 인터넷 사용자의 0.2%를 차지한다.[6]

아시아의 성장은 심각한 환경파괴를 수반한다. 온실효과를 제어하기 위한 결정적인 조치가 전혀 취해지지 않고 있으며, 생명공학과 더불어 새로운 위험이 대두되고 있다. 수확 증대가 보장되도록 유전자가 조작된 종자 '터미네이터'[7]가 이를 증명해준다. 뿐만 아니라 '터미네

---

3) UNDP, Rapport mondial sur le développement humain 1999, préface, p.vi.
4) Ibid., p.3.
5) Ibid.
6) Ibid., p.2.
  세계은행에 따르면(World Development Indicators 1999, p.310) 가난한 나라 전체에서 10만 명 중 겨우 1명꼴 인터넷에 접할 수 있다.
7) '터미네이터'라는 이름은 그것을 생산한 몬산토(Monsanto) 사가 붙인 것이 아니라 그러한 제품을 우려하는 사람들이 붙인 것이다. 1999년 말 몬산토 사는 '터미네이터'의 생산을 포기하겠다고 선언했다. 그러나 도대체 얼마나 오랫동안 생산을 중단하겠단 말인가? 이러한 약속이 몬산토의 자회사와 전세계의 파

이터'는 그 수확물이 종자로 쓰여질 수 없도록 의도적으로 조작되었다. 이러한 불임의 '미덕'은 고발자에 따르면 다른 종에도 파급될 위험이 있다.

모든 것이 너무 빠르게 진행된다. 인구의 폭발적 증가로 인해 15살 미만의 젊은이들이 '최빈국'[8] 인구의 45%를 차지하게 되었다. 이러한 젊은이들의 일부는 분쟁과 전쟁에 의해 쑥밭이 된 국가에서 성장했다. 그외 대부분은 1인당 하루 1달러 미만으로 살아가는 집단에 속해 있다. 그들 중 거의 모두가 어떤 식으로든 사람들이 풍요롭게 살고 있는 엘도라도에 대해 알고 있으며, 자기 나라에서는 상황이 진전될 전망이 없다는 것을 직시하고 있다. 그들 중 많은 사람들에게는 바다나 비행기 착륙장의 화물 적재소에서 죽을 위험을 무릅쓴 채 도시로, 이웃 나라로, 부유한 세계의 국가로 떠나가는 것 이외에는 다른 출구가 없다.

부유한 세계에서는 모든 것이 더 빠르게 진행된다. 정보, 소재, 생명에 대한 새로운 기술의 기초 위에서, 구매력을 보유하고 있는 집단들은 상품의 새로운 팽창을 향유한다. 이러한 팽창을 구성하고 있는 내용은 다음과 같다: 초기의 근대적 상품 집합(자동차, 전화, 시청각기재, 약품)의 신속한 갱신, 기술과학에 의지하여 아주 오랜 동안 주로 자연으로부터 받아들였던 것들(물, 식물, 동물, 생태학적 균형)의 생산, 최신의 욕구뿐만 아니라 기업들이 잠재 소비자들에게 '계시해줘야' 하는 아직 정식화되지 않은 욕구를 위한 엄청나게 많은(특히 정보통신과 관련된) 신제품의 출현 등.

그렇게 세대간에 욕구가 거의 일정하게 되풀이되는, 상대적으로 안

트너들에게도 적용되는가? 그리고 누가 있어 이러한 기술이 또다시 등장하지 않는다고 보장하겠는가?

8) UN, World Population Progress (*Le Monde*, 1998. 9. 3, p.2에서 인용).

정된 체제에서 욕구가 일정하게 확대되는 체제로 이행한 후에, 현세계
는 욕구가 항구적으로 갱신·팽창되는 체제로 이행하고 있다. 그것은
끊임없이 신시장을 추구하는 자본주의의 이상적인 기초다. 그러나 동
시에 불만족과 빈곤이 항구적으로 반복되는 원천이기도 하다.

이러한 틀 속에서, 사람들이 언급하지 않는 무수한 실패와 보잘것없
는 성취의 부식토 위에, 극적인 기술-산업적(techno-industrile), 금융적
성공은 첨단기술기업에 대한 열광과 광란의 주식투기를 부추긴다. 막
대한 부가 겨우 10년에서 15년 사이에 창출된다. 그러나 부유한 국가
내에서도 빈곤은 심화되고 있다. 실업자와 소외계층의 빈곤, 아주 낮
은 임금을 받는 노동자들 — 미국과 영국의 '노동빈곤층' — 의 빈곤,
즉 희망 없이 주변으로 내던져진 계층과 집단의 빈곤이 심화되고 있는
것이다.

이러한 움직임은 전세계에서 일고 있다. 전세계 200대 갑부의 부는
1994년과 1998년 사이에 4,400억 달러에서 1조 420억 달러로 2배 이
상 증가했다.[9] 전세계 모든 지역에서 엘리트와 부유층은 부의 축적의
되돌릴 수 없는 역학과 — 이동전화에서 민간 제트기까지 — 현대적 소
비·생활 양식에의 접근의 되돌릴 수 없는 역학 속에 몸담고 있다.

이러한 과정은 사회 전체에 미친다. 농촌의 젊은이와 과감한 사람들
은 운명을 걸고 도시로 향한다. 그곳에서 그들은, 한편으로 자신들의
조건을 개선시키기 위해서 그러나 무엇보다도 자식들에게 좀더 나은
기회를 주기 위해, 힘든 작업과 저임금을 감수한다. 1981년과 1998년

---

9) 참고로 1조 달러는 20억 명의 인구가 사는 저소득 국가 전체의 연간 총생산
의 1.5배다. 200대 갑부 중에서 133명(65명은 북미, 55명은 유럽)이 선진국에,
30명이 아시아·태평양 지역에, 17명이 남아메리카와 카리브열도에, 16명이 아
랍 국가에, 3명이 동구에, 1명이 사하라사막 남부 아프리카에 살고 있다
(UNDP, Rapport mondial sur le développement humain 1999, op.cit., p.38).

사이에 총생산이 연평균 9% 성장한 중국에서, 1999년 향후 2년간 가정살림 구입 의사에 대한 여론조사가 있었다. 그 결과에 따르면, 30%는 컬러 TV를 구입할 의사가 있었고, 약 20%는 생명 보험, 세탁기, 냉장고, 텔레비전 녹화기를 구입할 의사가 있었으며, 10%는 컴퓨터, 이동전화기, 집을 구입할 의사가 있었다.[10]

스스로 안정되는 것은 아무것도 없다. 과학적 발견, 기술 혁신, 사회적 변환, 성장과 위기를 거치면서, 모든 것은 빠르게 진행된다. 우리가 어디로 가고 있는지 아무도 알지 못한다. 우리가 피해를 제한하고 의미를 되찾으려 한다면, 변환의 움직임 속에서 행동해야만 한다.

2) 1999년 4월 미국 리틀턴(Littleton)에서 고등학생 두 명이 자살하기 전에 학교에 총격을 가해 13명의 반 동료와 교사 한 명을 사살했다. 자신이 속해 있는 집단의 다른 성원들과 함께 그들은 인터넷에서 'Goths'의 사이트들에 접속하곤 했다. 이러한 사이트들 중의 하나에 다음과 같이 적혀 있다. "고통 속에서 태어난 우리는 우리가 필요로 하는 것을 억누르려고 애쓴다. 우리를 갉아먹는 그 탐욕스러운 욕구를 말이다. 그러나 압박은 누적되고 우리의 분노의 힘과 함께 조만간 폭발할 것이다. 우리는 불멸과 암흑 속으로 들어갈 것이다. 우리는 삶의 순례로 고통스러워할 것이다. 우리는 너무도 많은 길과 대결해야만 한다. 그것은 너무나 힘들고 힘들다. …(중략)… 우리의 고통은 감당할 수 없는 것이다. 우리가 아는 것은 단 하나다. 이 불행에 종지부를 찍어야만 한다……"[11]

불행과 길. 같은 단어들이 같은 의미를 가지는지 나는 모르겠다. 다

---

10) *Fortune*, 1999. 10. 11.
11) *Le Monde*, 1999. 4. 25-26.

만 현세계의 불행에 직면하여, 악과 위험의 밀물이 높아지는 것을 방기하는 전례 없이 강력한 세계에 직면하여, 우리는 이 책에서 길을 열어보려고 애썼다. 2000년대 초의 젊은 세대들이 이전 세대들보다 더 훌륭히 해낼 수 있기를 희망하면서 말이다.

이 책에는 특종이 전혀 없다. 우리가 다룬 각각의 현실은 이미 연구되고, 묘사되고, 분석된 것이다. 사회운동, 특화된 국민적 또는 국제적 거대 기구들, 과학자들의 연구와 발표, 정보와 경고를 담은 국민적 또는 세계적 대형 기념일, 이러한 기념일 또는 의미심장한 사건들에 즈음하여 대중매체에 의해 발표된 기록들, 이 모든 것이 무수히 많은 자각의 기회와 방대한 지식의 원천을 제공한다. 물론 평가와 진단에서는 이견도 있다. 하지만 그것도 지식의 일부를 이룬다.

이 책은 이러한 상황과 염려스러운 또는 용인할 수 없는 변화에 대한 총괄적인 표의 윤곽을 잡는다. 물론 비관주의나 사도마조히즘(sado-masochisme) 때문은 아니다. 그보다는 이러한 상황과 변화가 밀접하게 얽혀 있고 분리 불가능하기 때문이며, 따라서 그것들을 개별적으로 다루는 것이 불충분하기 때문이다. 따라서 우리는 이러한 상황과 변화를 유기적 상호관계 속에서 포착해야만 한다. 왜냐하면 점점 더 그것들은 '시스템'을 형성하기 때문이다. 우리가 직면하는 '메타 문제'는 문제, 악, 위협, 위험의 상호의존에 있다. 이러한 상호의존이 함축하는 것은, 총괄적인 진단이 일관성 있는 전략의 구상에 필수 불가결하다는 것이다.

그렇게 온실효과는 순수한 환경문제로 환원될 수 없다. 온실효과는 단김에 역사적인 차원(지난 2세기 동안의 경제-사회적 발전의 형태와 양식)을 갖는다. 또한 그것은 인구 변화와 발전의 수준 및 역학의 현재적 격차, 따라서 현재의 세계적 불평등의 모든 다양성을 고려해야 함을 의미한다. 그리고 만일 해결책의 일부가 과학과 기술에 호소하는 것이라면, 값비싼 기술을 빈곤한 지역에서 어떻게 사용할 것이며, 상업적 수익 전망에 경도되지 않으면서 과학적·기술적 연구를 전세계적으로 모든 이를 이롭게 한다는 목표를 위해 어떻게 동원할 수 있는가를 스스로 질문해야만 한다. 게다가 과학적·기술적 연구의 대부분이 대기업의 범위 안에서 행해진다면, 제안된 기술의 사용이 예방원칙을 어느 정도까지 존중하는지 누가 평가할 수 있겠는가? 그 이상으로 현재의 생산양식의 문제, 생활방식의 문제, 욕구와 소비의 확대의 문제, 그리고 이러한 욕구와 소비가 30, 50, 70억의 지구인으로 확산되는 문제가 제기될 수밖에 없다.

자명하지만, 하나의 문제는 다른 문제들로 통한다.

다른 측면이 있는데, 우리는 그것을 부정적으로 또는 긍정적으로 표현할 수 있다. 우선 부정적으로 표현해보자. 서로 밀접하게 얽혀 있기 때문에, 하나의 문제를 해결하기 위해 동원된 수단이나 정책이 다른 영역에서 원치 않은 파괴적 효과 또는 불안정 효과를 가질 수 있다. 이제 긍정적으로 표현해보자. 문제의 다양함을 참작하면, 단김에 다른 영역에 — 예를 들어, 생활 수준, 영양 상태, 환경, 사회적 단결, 고용, 젊은이에 대한 미래의 전망에 — 긍정적인 결합 효과를 가지는 행동을 구상하는 편이 더 낫다. 그렇게 문제의 다양성을 고려함으로써, 보다 일관적이고 보다 견실하고 상황의 복잡성에 좀더 들어맞는 다차원적 전략을 구축할 수 있다. 국지적 수준에서 세계적 수준에 이르기까지 모든 수준에 걸쳐서 말이다.

3) 기적적인 수단은 없다. 어떤 사람들은 시장, 국가 또는 세계적 권력, 과학, 고대사회로의 회귀와 같은 일의적인 해결책이 있다고 믿고

싶어하거나 믿게 내버려둔다. 그러나 이토록 복잡하고 불균형적인 현대의 세계에서, 위의 목록에서 유일한 만병통치약을 찾으리라고 기대하는 것은 위험천만한 환상을 키울 뿐이다.

우리는 이미 여러 번 반복해서 말했다. 시장은 대체할 수 없는 조정 수단이면서 또한 다수의 생산자와 무수히 많은 구매력 보유자 간의 공급과 수요의 균형을 회복시켜주는 대체할 수 없는 수단이기도 하다. 그러나 엄청나게 많은 인간들이 바로 그 구매력을 보유하고 있지 못하기에, '시장 만능주의' — 보편화된 시장경제 또는 시장사회 — 는 인류의 큰 부분의 배제를 의미한다. 인간 세계에 몸담은 자에게, 시장은 다음의 두 가지 조건을 충족시키는 한에서만 경제의 중심 조직 원리가 될 수 있다. ①각 지역 또는 나라에서 빈곤한 대중이 근본적 욕구 — 근본적 욕구는 사회의 변화와 더불어 확대된다 — 를 온당하게 부담할 수 있을 만큼 충분히 구매력을 보유할 수 있도록 불평등이 발본적으로 축소되어야 한다. ②모든 곳에서 책임 있는 민주권력이 중기적인 일반 이해의 목표와 이에 도달할 수 있는 수단을 결정해야 한다.

과학에 대해 말하자면, 우리 시대의 주요한 악과 위험을 제어하기 위해 과학이 충분히 동원되지 못한다는 사실과 과학의 무한한 잠재성이 현격한 대조를 이룬다. 몇몇 지식인들이 '초인(超人)'을 구상하고 만들 수 있는 가능성과 포스트(post)인류 시대로 들어갈 수 있는 가능성을 언급하기 시작했다. 이러한 전망은 어떤 사람들에게는 좀더 나은 신세계를 꿈꾸는 것을 허용한다. 그러나 우리는 이러한 전망 앞에서 최악의 상황으로 다시 떨어지는 두려움에 몸서리치게 된다. 현재로서 과학은 특히 무기와 기타 무력수단의 제작을 위해 국가권력과 연결되어 있다. 또한 갈수록 과학은 기업에 의해 동원되고 있으며 기업의 상품 전략에 봉사하고 있다. 국가, 국제 기구, 사회·연합·휴머니즘 운동의 개입을 통해서, 우리가 봉착해 있는 난관을 극복하는 데 과학이 크게 기여하도록 만드는 것이 긴급한 사항이다.

극도로 불평등한 세계에서 과학-시장 결합물의 자유로운 작동이 얼마나 치명적일 수 있는가에 유의하자. 오늘날 언뜻 보아 별로 대수롭지 않은 두 가지 원칙이 일반적으로 통용되는 경향이 있다. ① "시장에서 수요의 대상이 되는 모든 것을 생산하고 판매하는 것은 정당하다." ② "과학적·기술적으로 가능한 모든 것을 실현하는 것은 정당하다." 표면적으로는 아무런 악의도 없다. 그러나 앞에서도 이미 말했듯이 현재와 같은 높은 불평등 수준에서는 시장만능주의는 '돈 없는 자들'의 배제를 초래한다. 지불능력 있는 판로에만 관심이 있는 기업들은 가난한 민중의 욕구에 부응하는 연구를 조장하고 발명품을 개발할 아무런 이유도 없다.

그러므로 위의 무고한 두 원칙의 단순한 적용은 자유주의적·과학주의적 포스트모더니즘의 공상가들이 주장하는 것처럼 공평성의 증진으로 나아가기는커녕 돈에 의한 인종차별의 톱니바퀴로 우리를 몰아간다. 구체적으로, 아무것도 없는 민중들은 필수적인 욕구마저도 충족시키지 못한다. 반면에 욕망에 사로잡힌 부자들은 조직과 장기의 사적 저장소를 겨냥한 무성 생식(clonage), 유전적으로 프로그래밍된 '하녀' 또는 '경호원'의 제작, 우주 또는 행성으로의 여행, 생존을 위한 생물권(biosphère de survie)의 건설, 정보의 통제와 조작, 억압수단과 전세계적 협박수단의 획득 등 공상과학의 환상에 접근할 수 있다.

그렇다고 해도 아직도 몇몇 사람들이 꿈꾸고 설교하는 고대사회로의 회귀도 불가능한 길이다. 거주자가 10억 미만일 때 실행 가능했던 일들이 거주자가 60, 70, 90억일 때는 더 이상 그렇지 못하다. 농촌 중심의 사회에서 가능했던 일들이 도시 중심의 사회에서는 더 이상 그렇지 못하다. 뿐만 아니라 생활양식의 변화와 욕구의 변환은 매우 비가역적(非可逆的)이다. 전지구적 위기시에는, 우리는 필시 인종차별의 경화를 목격하게 될 것이다. 빈곤한 대중은 특정 지역에 집결·격리되고, 부유한 소수는 스스로를 보호하기 위해 보호와 압제의 모든 수단을 동원할 것이다.

인간적인 세계의 전망에서 여전히 가능한 것은, 남은 자원을 낭비하거나 몰상식하게 파괴하는 것을 피하는 일이다. 이는 부유한 나라와 부유한 나라의 모델을 추종하는 나라에서 소비를 사회의 지배자들이 아니라 지배받는 사람들에게 재배치하는 것이다. 그리고 이는 모든 이가 삶의 시간을 되찾고 오늘날 우리가 가지고 있는 광범위한 온화함을 최선으로 활용하는 것을 가능케 하는 '현대적 검소함'의 양식을 창조하는 것이다.

제도 권력에 대해서 말하자면, 그것도 '유일한' 해결책은 될 수 없다. 최근의 역사는 총체적 국가주의의 한계와 위험을 보여주었다. 국민국가는 더 이상 지난 수세기 동안 그것이 차지했던 발군의 위치도 주권적 권위도 가지고 있지 못하다. 우리가 봉착해 있는 많은 문제들은 한 나라의 국경 내에 가두어질 수 없다. 오늘날 지배적 강대국인 미국은 세계적인 문제를 제어하는 것과 관련해서 계속적으로 자국의 이해를 최우선으로 하고 있다. 역사가 깊은 대륙의 두 국가—중국과 인도—는 각각의 강점과 약점을 보유한 채 전 인류의 1/5에 과중한 부담을 지우고 있다. 현재 건설중인 주된 다국적 국가(Etat plurinational)인 유럽은 기초를 다지고 완전한 권력을 구축하기까지 갈 길이 너무 멀다. 진정한 세계적 권력에 대해서 말하자면, 그것은 여전히 혼돈 상태에 있다. 그것은 전지구적 차원에서 인간적 자각의 확립과 다수의 대륙을 포함하는 기초 위에서의 재건 없이는 불가능한 일이다. 설령 실현된다 하더라도, 그것은 세계적 '차원'만을 책임질 수 있다. 따라서 그것은 다차원적인 장치의 한 요소일 수밖에 없다.

이렇듯 만병통치약은 없다. 오늘과 미래의 문제를 해결하기 위해서는 ― 우리가 앞에서 언급한 그리고 다른 ― 가용한 모든 수단들이 동원되어야만 한다. 그러고도 우리는 우리를 인도하는 가치와 목표 그리고 우선순위를 확립해야만 한다.

4) 현사회와 세계의 악과 위험에 직면하여, 행해진 일은 많다. 현장에서의 직접적인 활동에서 거대한 국제기구의 계획에 이르기까지, 연합 운동과 휴머니즘 운동의 개입에서 국가의 개입에 이르기까지, 민중들의 자발적 연대에서 세계적인 기념일과 대의 명분에 바쳐진 기념 연도와 기념 십 년에 이르기까지, 참여 및 실행이 어찌나 많고 다양한지 완벽한 목록을 작성할 수가 없다.

현재 진행중인 기획, 노력, 그리고 그 과정은 다수의 다양한 영역을 포괄하고 있기에 세계의 복잡성을 향한 본질적인 진전이다. 그러나 바로 이러한 복잡성 때문에, 특수한 또는 분야별 대응의 증가는 충분치 못하다. 실제로 각각의 특수한 또는 분야별 문제는 떼어놓고 생각할 수 없는 여러 가지 ― 사회적, 문화적, 국지적, 지역적, 국민적, 세계적 ― 총체의 집합 속에 포함된다. 따라서 특수한 대응은 다른 어려움을 심화시키거나 유발할 수 있다. 게다가 우선순위와 긴급성은 각각의 총체에 대해 정의되어야 한다. 그리고 외부로부터 유발되거나 추진된 행동이 이러한 기준으로 볼 때 언제나 타당할 것이라고는 확신할 수 없다.

끝으로 그리고 무엇보다도 모든 것이 다음과 같은 진단으로 직결된다. 즉, 엄청난 불평등과 부조화가 우리 시대의 대표적인 불균형을 이룬다는 것이다. 결국 금융적, 경제적, 과학적 그리고 기술적 수단의 거의 전부가 국가, 부유한 계급 및 국민의 끝없이 증가하는 욕구에 할애되는 반면, 가난한 민중의 필수적인 욕구의 대부분은 전혀 또는 제대로 충족되지 못한다.

이러한 불균형이 현세계의 문제 전체를 다원적으로 결정한다(surdéterminer). 그것은 뮈르달(Gunar Myrdal)의 용어에 따르면 부유한 지역에서는 '이끌림의 효과'를 빈곤한 지역에서는 '동요(動搖)의 효과'를 조장한다. 우리는 기념일, 의연금 모집, 본질적인 문제(기아, 식수, 문맹, 보건 등)에 대한 적절한 행동을 확대할 수 있다. 그러나 불평등을 축소시키고 제어하지 못하는 한 지속적인 효과는 보장되지 않는다.

따라서 불평등 축소는 우리의 세계가 필요로 하는 '인간적인 세계를 위한 전략'의 핵심이다. 이러한 전략은 우리가 봉착해 있는 '메타 문제'에 대한 '메타 대응'으로서 이해되어야만 한다. 또한 그것은 다수의 참여 주체에 의해 구상되고 실천되어야 한다. 그리고 그것은 제한된 수의 목표와 우선순위를 명확하게 도출해야 한다. 끝으로 그것은 다양한 행동들로 구성되고 또한 다양한 행동을 포괄하며 그러한 행동들간에 시너지를 촉발하는 것이어야 한다. 이러한 행동들은 서로 다른 여러 현장에서, 국지적 차원으로부터 세계적 차원에 이르는 모든 차원에 걸쳐 실현되어야 한다.

성급한 젊은 세대들은 스스로 억제하고 진중함을 키울 줄 알아야 한다. 그것은 수십 년에 걸쳐 이뤄야 할 기획이다. 우선 폭넓은 자각이 필요할 것이다. 다른 많은 사람들 중에서 본인도 이를 위해 기여하고자 노력했다. 마찬가지로 '새로운 축의 시대' 즉, 인간, 인간의 역사, 인류—그 수와 (산업적, 과학적, 기술적) 힘은 수십 년 만에 1세기 전에는 상상도 할 수 없었던 수준에 도달했다—의 생성에 대한 인간적 성찰의 재개가 필요할 것이다. 또한 옛 휴머니즘의 연장선상에 위치하기를 희망하는 인간적 행동의 의지가 발산되어야만 할 것이다.

이러한 배경에서, 현재의 어려움과 불안에 대한 대응은 새로운 진전의 기회가 될 수 있을 것이다. 물론 이러한 대응은 참여 그리고 긴급한 계획과 행동의 체계적인 실행, '인간적인 세계를 위한 전략'의 정의와 발기, 2000년대를 위한 새로운 휴머니즘의 확립을 담보해야 한다.

민주주의자든, 휴머니스트든, 진보주의자든 또는 18세기 식으로 '인간의 친구'든, 모두에게 그것은 중대한 사안이다.

2000년대 초 새로운 세대에 속하는 사람들, 먹구름(사랑에는 에이즈, 최초의 직업에는 불안정, 일상적인 삶에는 환경 파괴)으로 가려진 하늘 아래 삶이 '던져진' 사람들에게, 현실의 문제는 새로운 전선이 되어야만 할 것이다. 재건, 새로운 활기, 새로운 에너지가 필요하다.

이러한 운동 속에서 모든 것이 좀더 손쉬워질 것이다. 선택, 노력, 희생, 행동 그리고 한 마디로 삶이 말이다.

2000년 6월 20일

미셸 보

역자 후기

미셸 보의 역작 『세계의 격변(Basculement du monde)』은 21세기 인류가 처한 위험상황을 불행한 사건들의 우연한 결합이 아닌 구조적인 요인과 결부시킨다. 그는 세계의 총체적 위기의 궁극적인 진원을 세계화라는 미명 아래 신자유주의의 지원을 받고 가속화되는 자본주의의 자기 확장에서 찾고 있다. 치명적인 것은 이러한 암울한 대세를 역전시킬 수 있는 다양한 핵심 주체들이 무한 무책임의 나락에 떨어져 있다는 것이다. 어떤 주체들은 적극적으로 세계화를 추진하고, 어떤 주체들은 기회주의적으로 세계화에 편승하고, 어떤 주체들은 세계화라는 대세 앞에 무장해제되고 있다.

아렌트(Arendt)가 지적한 대로 전체주의는 아직도 현재형이다. 획기적인 조치가 그것도 빠른 시일내에 취해지지 않는다면, 인류는 돌이킬 수 없는 자멸의 길로 들어설 것이라고 미셸 보는 경고한다. 우리에게 미래는 있는가? 저자는 우리 모두가 자기반성에 들어갈 것을 촉구한다. 지금의 위기는 미증유의 것이며, 결코 손쉬운 해결책이 없다는 것을 자각해야만 한다. 그러기 위해서 저자는 세계가 처한 총체적 위기를 낱낱이 고하고 그것을 추인하는 동학을 해부하는 것을 우선 과제로 삼는다. 다행스러운 것은 미래는 미래라는 것이다. 결국은 책임의식, 지구존중, 인간관, 민주주의가 결정할 것이다. "결정하고, 실행하고, 문제와 위험에 필적하는 수단을 동원해야만 할 것이다."

1. 세계란 무엇인가?

미셸 보는 '세계란 무엇인가?'라는 질문으로 출발한다. 세기말의 세계는 그 어느 때보다 복합적이고, 다양화되고, 이질적이고, 기형적이고, 모순적이다. 동시에 표준화, 의사소통, 교환, 상호의존이 이토록 진전된 적도 없다. 최근 유행하는 세계화 담론의 옹호자들은 세계의 한 단면만을 고집한다. 자신이 보고 싶은 것만 보는 것일까?

미셸 보는 세계라는 극도로 복잡한 집합체를 사고하는 것은 하나이면서 동시에 다수이며, 일관적이면서 동시에 부조화스러운, 끊임없이 구조변경되고 재창조되는 총체를 사고하는 것이라고 힘주어 말한다. 그는 이러한 지난한 과제를 풀어가기 위해 복잡성 이론에 의지한다. 근본적으로 복잡성 사고(pensée complexe)는 전체를 원소들의 합으로 또는 단순한 사실들에 의해 구성된 것으로 간주하는 원자론적·합리주의적 사고와의 단절을 가능하게 한다. 특히 미셸 보는 '자기조직' 개념과 '자기재생산' 개념을 강조한다.

> "우주는 완전무결한 이상적 기계가 아니라 해체의 과정이면서 동시에 조직의 과정이다. …(중략)… 생명은 하나의 실체가 아니라, 자율성을 생산하는 극도로 복잡한 자기생태적 조직(auto-éco-organisation) 현상이다."
> — 에드가 모랭
> "스스로 재생산할 수 있는 모든 알려진 고분자 복잡계(système

complexe)는 생명체이다. 따라서 고분자 복잡계의 재생산은 생명의 특징이다.” —프랑수아 자콥

“자기재생산은—단독으로 자신의 재생산을 전담한다는 의미에서가 아니라, 자신의 재생산에 적극적으로 개입한다는 의미에서 —체계의 고유한 특성이다.” —이브 바렐

이제 세계란 무엇인가라는 질문에 대답해보자. 미셸 보가 정의하는 세계는 자신의 재생산에 ‘적극적으로 개입하는’ 강한 능력을 가진 세 가지 실체, 즉 ‘지구·인류·자본주의’의 총체적 결합이다. 세계를 이해하기 위해서는 지구, 인류, 자본주의의 세 가지 총체를 그들의 재생산 간의 상호작용, 긴장, 모순과 함께 고려해야 한다. 그리고 격변하는 세계란 지구·인류·자본주의의 삼중 재생산 과정의 갈등이 극도로 증폭되어, 각 총체의 재생산 조건이 크게 변하고, 총체와 총체의 재생산 간의 관계가 크게 변화되는 것을 의미한다. 이렇게 세계를 통일적이면서도 모순적이고, 균형 요인과 불균형 요인이 혼재하는 유기체적 질서로 파악할 때, 21세기 인류가 처한 상황을 직시할 수 있을 뿐만 아니라 세계화 담론의 진정한 의미도 파악할 수 있을 것이라고 미셸 보는 주장한다. 더 나아가 이러한 포괄적 이해하에서만, 근본적인 문제의 해결방향도 모색될 수 있을 것이다.

2. 자본주의와 세계화

자본주의와 함께, 경제는 사회의 다른 차원들과 뚜렷이 구분되었다. 더 나아기 사회가 점차적으로 경제에 예속되어가고 있다. 이윤추구 동기와 축적, 혁신, 상품영역 확대의 동학에 힘입어, 자본주의는 강력한 자기 재생산 능력과 자신이 뿌리를 내렸던 사회를 벗어나게 하는 확대재생산 능력을 가지게 되었다. 오늘날, 자본주의는 더 이상 초기 자본

주의처럼 국민적·국제적 차원에 갇혀 있지 않고, 다국적·세계적 차원으로 열려 있다. 즉 사회와 국가의 통제에서 벗어나고 있는 것이다. 일국 차원의 민주주의적 통제기제로부터 해방되고 있는 것이다. 물론 인류의 재생산이 지구와 무관하지 않은 것처럼, 자본주의의 강력한 자기 재생산 능력이 사회와 아무런 관계도 없다는 것은 아니다. 자본주의는 항상 구매력, 지불능력이 있는 현재 수요 또는 기대 수요를 필요로 한다. 그러나 이러한 수요의 원천, 주체, 목적은 전혀 중요하지 않다. 뿐만 아니라, 기업들은 오랫동안 모국의 소비자와 밀접한 관계를 가지고 있었지만, 세계화로 인해 그 관계는 점차적으로 느슨해지는 경향이 있다. 세계화란 자본주의의 확대 재생산 능력과 자율성이 극대화되는 과정인 것이다.

세계화는 신자유주의의 영향하에 놓여 있다. 신자유주의는 고전적 자유주의가 가지고 있던 진보성을 폐기하고 강자의 자유주의로 전락했다. 거대한 그룹의 집중과 권력은 약화되지 않고 강화되었다. 전세계적 차원에서 경쟁력 지상주의와 국가 간의 '유인력(attractivité)' 경쟁을 동반하면서, 이제는 단지 기업뿐만 아니라 국가, 영토, 사회도 경쟁에 들어갔다. 경쟁의 다양화를 초래하고 외부적 제약을 심화시키면서, 신자유주의 이데올로기에 편승한 세계화는 각국에서 규제완화에 대한 요구를 강화시켰다. 세계화는 규제완화를 위한 새로운 국가적 조치를 정당화하는데 이용되었다. 신자유주의·세계화의 쌍은 전세계에서 증폭된 희생을 사회의 가장 무기력한 부분으로 하여금 지탱하도록 강요했으며, 그리고 기업, 기업가, 자본가를 짓누르는 민주적 통제를 약화시켰다. 결국 세기말 신자유주의 공세는 사회의 경제에 대한 예속과 국가경제의 다국적·세계적 자본주의에의 종속을 심화시켰다. 반면 지배적인 거대 기업의 세력을 침식하기는커녕, 오히려 그 세력을 강화시켰다.

이제 우리는 새로운 전체주의의 문턱에 서 있다. 인간, 사회, 지구 전체가 상품화되고 있는 것이다. 나치즘이 자연(Nature)에, 스탈린주의가 역사(Histoire)에 기초한 전체주의라면, 새로운 전체주의는 시장(Marché)에 기초한다. 이미 오래 전부터 아렌트(Arendt), 아도르노(Adorno), 호르크하이머(Horkheimer), 마르쿠제(Marcuse) 등 여러 학자들이 이러한 시장 근본주의적 전체주의의 위험을 경고했었고, 세계화는 그 위험을 현실화시키고 있다.

> "미국에서는 인간과 경제적 운명 사이에 아무런 차이가 없다. 모든 인간은 그의 재산, 소득, 지위, 전망이 표상하는 것에 불과하다. 인간의 의식 속에서, 경제적 가면은 그것이 은폐하는 개성의 본질과 완벽하게 일치한다. 각 개인은 그가 버는 만큼 가치를 가지며, 그의 가치만큼 번다. …(중략)… 그들은 자신들의 상품 가치에 의해서 스스로를 평가하며……"
> —아도르노, 호르크하이머

3. 재생산 갈등과 총체적 위기

이제 지구·인류·자본주의의 삼중 재생산 관계는 자본주의의 헤게모니하에서 진행되고 있다. 인류의 20%만이 혜택을 누리는 성장은 지구 환경을 심각하게 훼손하기 시작했으며, 지구의 근본적인 균형에 타격을 주기 시작했다. 지구의 재생산 과정이 위기에 처한 것이다. 각국에서 환경론자들의 입지가 강화되고, 중대한 정책사안에 적극적으로 개입하고 있다. 환경보호를 위한 국제적 자각도 일고 있다. 그러나 세계화에 따른 국가긴, 기업간, 개인간 모두 차원에서의 무한 경쟁 논리 앞에서, 환경주의자들은 역부족일 수밖에 없다. 거기에 더하여 남북(South-North)문제도 환경론자들의 실천적 행동반경을 제약하고 있다.

또한 자본주의의 동학은 불평등을 심화시킨다. 불평등의 심화는 단순히 자본주의 발전의 우연한 산물이 아니다. 그것은 자본주의 발전의 자양분이다. 따라서 불평등과 자본주의의 팽창은 동전의 양면이다. 이토록 많은 부와 빈곤이 공존하는 시대가 있었던가? "오늘날 세계에서 굶주림에 고통받는 사람들은 인류 역사상 그 어느 때보다 많다. 그리고 그 숫자는 늘어나고 있다. …(중략)… 빈민가 판자촌에서 사는 사람들의 수는 줄지 않고 있으며 오히려 증가하고 있는 실정이다"(브룬틀란트 위원회 보고서). 불평등의 수준은 거의 무한에 가깝다. 모든 자원으로부터 소외된 사람들이 증가하고 있다. 인류의 재생산 과정이 위기에 처한 것이다.

미셸 보가 말하는 세계의 격변은 지구와 인류의 재생산 과정이 자본주의의 재생산 과정에 함몰되어가는 절체절명의 위기를 경고하는 것이다. 아렌트가 경고했듯이 전세계가 생물학적 재생산 과정에 함몰되고 있는 것이다.

4. 미래는 있는가?

미셸 보는 묻는다. 이러한 암울한 세계의 격변에 체념해야만 하는가? 신종 전체주의에 이를 때까지 화폐와 시장 논리의 지배에 체념해야 하는가? 신종 인종차별에 이를 때까지 불평등의 심화에 체념해야 하는가? 후손들에게 남겨줄 지구가 황폐해질 때까지 물적 성장 속에서 미래로의 무책임한 도피를 바라만 보고 있어야 하는가? 그러나 이러한 회색빛 전망은 자본주의 동학이 그 어느 때보다 이데올로기적으로나 현실적으로 강력한 힘을 얻고 있는 상황에서 거역하기 힘든 대세를 형성하고 있다. 그에 더하여 총체적인 무책임이 만연하고 있다. 국제·세계 기구는 이러한 중대 사안을 감당할 만한 능력이 없다. 본질적으로 다국적 기구이기 때문에 근시안적 흥정의 논리에 포로가 되어 있는 실정이다. 기업들은 구매력을 보유한 자들만을 위해 일한다. 그것이 지구와 인류의 재생산에 심각한 타격을 가져다줄지라도 말이다. 위정자들은 아무 대책도 없이 책임회피에 급급한 실정이다. 불가역의 대세라고 스스로를 정당화하고 적극적으로 기회주의적인 행태를 보이기까지 한다.

어디에서부터 시작해야 하는가? 철인왕의 출현을 기다려야 할까? 미셸 보는 정답을 제시하지 못한다. 이 문제의 답은 어느 누구의 전유물도 아니다. 그에 대한 답은 오로지 민주주의적 과정을 통해 끊임없이 추구해야할 과제인 것이다. 그러나 적어도 해결의 실마리는 제시해야하지 않겠는가? 제1과제는 세계화가 결코 자연의 진화과정 또는 필연의 경로가 아니라는 것을 인식하는 것이리라. 그러한 인식이 확고하게 자리잡을 때 파행적인 세계화 과정을 저지할 수 있는 가능성이 열린다. 이를 위해서는 국민국가의 독자성을 확보하기 위한 다차원적인 노력이 선행되어야 한다. 적어도 지금까지는 민주주의의 고향은 국민국가이기 때문이다. 그리고 현대인이 감당할 수 있는 유일한 의사결정 메커니즘 또한 민주주의적 절차다. 그러나 사안의 중대성을 감안하면, 모든 문제가 국민국가의 좁은 틀 안으로 환원되지 않을 것이라는 것도 명백하다. 왜냐하면 세계화는 강대국의 헤게모니하에 진행되고 있는 현대판 제국주의와 다르지 않기 때문이다. 따라서 국경을 초월하는 연대가 무엇보다도 시급한 시점이다. 한 예로 남-북간의 상생적 타협을 이끌어내는 것도 중요할 것이다.

2000년 10월
옮긴이

<h1 style="text-align:center">참고문헌</h1>

Adret. 1977, *Travailler deux heures par jour,* Paris, Seuil.

Amin, Samir. 1979, *Classe et nation dans l'histoire et la crise contemporaine,* Paris, Editions de Minuit.

Anatrella, Tony. 1993, *Non à la société dépressive,* Paris, Flammarion.

Arendt, Hannah. *The Origins of Totalitarianism,* 1951, 2e éd. 1958; trad. fr. de la 3e partie, *Le Système totalitaire,* Paris, Seuil, 1972.

Arendt, Hannah. *The Human Condition,* 1958; trad. fr., *La condition de l'homme moderne,* Paris, Calmann-Lévy, 1961; éd. 1993.

Arendt, Hannah. "Thinking and Moral Considerations: A Lecture," *Social Research,* vol.38, n°3, autome 1971; trad. fr. *Considérations morales,* (Ed. Tierce, 1993), Paris, Payot & Rivages, 1996.

Axelos, Kostas. 1991, *Métamorphoses,* Paris, Editions de Minuit.

Bairoch, Paul. 1994, *Mythes et paradoxes de l'histoire économique,* Paris, La Découverte.

Banque, Mondiale. 1992, *Rapport sur le développement dans le monde, 1992 — Le développement et l'environnement,* Washinton.

Banque, Mondiale. 1995, *Rapport sur le développement dans le monde, 1995 — Le* monde du travail dans une économie sans frontières, Washinton.

Banque, Mondiale. 1996, *Rapport sur le développement dans le monde, 1996. — De l'économie planifiée à l'économie de marché*, Washinton.

Barel, Yves. 1973, *La reproduction sociale (Systèmes vivants, invariance et changement)*, Paris, Anthropos.

Barel, Yves. 1979, *Le paradoxe et le système (Essai sur le fantastique social)*, Grenoble, PUG.

Barre, Raymod. 1957, *Economie politique*, 2 vol., Paris, PUF.

Beaud, Calliope. 1976, *Combat pour Vézelay. Pechiney Pollutions*, Paris, Ed. Entente.

Beaud, Michel, avec Danjou P. et David J. 1975, *Une Multinationale française: Pechiney Ugine Kuhlmann*, Paris, Seuil.

Beaud, Michel. *Histoire du capitalisme (de 1500 à nos jours)*, Paris, Seuil, 1981; nouv. éd. 1987 et 1990.

Beaud, Michel. *Le socialisme à l'épreuve de l'histoire*, Paris, Seuil, 1982; nouv. éd. 1985.

Beaud, Michel. 1983, *La Politique économique de la gauche*, Paris, Syros, vol.1, *Le Mirage de la croissance*.

Beaud, Michel. 1985b, *La Politique économique de la gauche*, Paris, Syros, vol.2, *Le Grand Ecart*.

Beaud, Michel. 1987, *Le Système national/mondial hiérarchisé (une nouvelle lecture du capitalisme mondial)*, Paris, La Découverte.

Beaud, Michel. 1989, *L'économie mondiale dans les années 1980*, Paris, La Découverte.

Beaud, Michel et Dostaler Gilles. *La Pensée économique depuis Keynes. Historique et dictionnaire des principaux auteurs*, Paris, Seuil, 1993; éd. abr., Points-Seuil, 1996.

Beaud, Michel (dir. avec Beaud Calliope et Bouguerra M. Larbi). 1993, *L'Etat de l'environnement dans le monde*, Paris, La Découverte.

Beaud, Michel. 1994, "Entretien" avec Michel Boyer: "Remettons l'économie à sa place de servante des sociétés," *Le Monde*, 1994/9/6, p.2.

Beaud, Michel. 1994b, "Le basculement du monde," *Le Monde diplomatique,* 1994/10, pp.16-17.

Bergson, Henri. 1962, *Les Deux Sources de la morale et de la religion,* 1932; 120ᵉ édition, Paris, PUF.

Boniface, Pascal. 1996, *La Volonté d'impuissance,* Paris, Seuil.

Bonnaud, Robert. 1992a, *Les Alternances du progrès. Une histoire sans préférences,* Paris, Kimé.

Bonnaud, Robert. 1992b, *Les Tournants du XXe siècle. Progrès et régressions,* Paris, L'Harmattan.

Bonnaud, Robert. 1992c, *Y a-t-il des tournants historiques mondiaux?,* Paris, Kimé.

Bonnaud, Robert. 1994, *La Morale et la Raison. Une histoire universelle,* Paris, Kimé.

Bonnaud, Robert. 1995, *Et pourtant elle tourne! L'histoire et ses revirements,* Paris, Kimé.

Bourguignon, André. 1989, *Histoire naturelle de l'homme,* Paris, PUF, t.1, L'Homme imprévu, 1989.

Bourguignon, André. 1994, Histoire naturelle de l'homme, Paris, PUF, t.2, L'Homme fou.

Braudel, Fernand. *Civilisation matérielle, économie et capitalisme. XV*ᵉ*-XVIII*ᵉ *siécle,* 3 vol.: vol.1, *Les Structures du quotidien*; vol.2, *Les jeux de l'échange*; vol.3, *Le Temps du monde,* Paris, A. Colin, 1979; Le livre de poche, 1993.

Braudel, Fernand. 1985, *La Dynamique du capitalisme,* Paris, Flammarion.

Braudel, Fernand. *Grammaire des civilisations,* Paris, Arthaud, 1987; Flammarion, 1993.

Brown, Lester R. et al. 1984, *State of the World,* rapport du Worldwatch Institute, annuel depuis 1984, New York et Londres, W.W. Norton.

Brown, Lester R., Flavin Christopher et Postel Sandra. *Saving the Planet,* 1991, New York et Londres, W.W. Norton; trad. fr., *Le Défi planétaire,* Paris, Sang de la terre, 1992.

Brzezinski, Z. 1971, *La Révolution technétronique,* Paris, Calmann-Lévy.

Camus, Albert. *Le Mythe de Sisyphe,* Paris, Gallimard, 1942; in 1965, pp.99-211.

Camus, Albert. 1965, *Essais,* Paris, Gallimard, La Pléiade.

Carmoy, Hervé de. 1995, *La Banque du XXIe siècle,* Paris, Odile Jacob.

Castoriadis, Cornélius. 1978, *Les Carrefours du labyrinthe,* Paris, Seuil, vol.1, *Les Carrefours du labyrinthe.*

Castoriadis, Cornélius. 1986, *Les Carrefours du labyrinthe,* Paris, Seuil, vol.2, *Domaines de l'Homme.*

Castoriadis, Cornélius. 1990, *Les Carrefours du labyrinthe,* Paris, Seuil, vol.3, *Le Monde morcelé.*

Castoriadis, Cornélius. 1996, *Les Carrefours du labyrinthe,* Paris, Seuil, vol.4, *La Montée de l'insignifiance.*

Center for Science and Environment. 1992, *The CSE Statement on Global Environmental Democracy,* New Delhi.

CERC (Centre d'étude des revenus et des coûts). 1993, *Précarité et risque d'exclusion en France,* document n°109, 3e trimestre.

Chaunu, Pierre. 1969, *L'Expansion européenne du XIIe au XVIe siècle,* Paris, PUF.

Chauvin, Rémy. 1982, *Les Sociétés animales,* Paris, PUF.

Chauvin, Rémy. 1984, *Sociétés animales et sociétés humaines,* Paris, PUF.

Chesnais, François. 1994, La Mondialisation du capital, Paris, Syros.

Chesnais, François (dir.). 1996, *La Mondialisation financière. Genèse, coûts et enjeux,* Paris, Syros.

Choc des civilisations (Le), Commentaire, n°66, Paris, Plon, été 1994.

Chomsky, Noam. *Language and Mind,* New York, Harcourt, Brace & World, 1968; trad. fr., *Le Langage et la Pensée,* Paris, Payot, 1970.

Clark Colin. *The Conditions of Economic Progress,* Londres, Macmillan, 1940; 3e éd. 1957; trad. fr., *Les Conditions du progrès économique,* Paris, PUF, 1960.

Condorcet. 1988, *Esquisse d'un tableau historique des progrès de l'esprit humain,* ré digé en 1793, suivi de *Fragments sur l'Atlantide,* Paris, Flammarion.

Couteau, Paul. *Le Grand Escalier. Des quarks aux galaxies,* Paris, Flammarion, 1993, 1995.

Debeir, Jean-Claude, Deléage Jean-Paul et Hémery Daniel. 1986, *Les Servitudes de la puissance. Une histoire de l'énergie,* Paris, Flammarion.

Descartes, René. 1952, *Discours de la méthode,* 1637, *in OEuvres et lettres,* Paris, Gallimard, La Pléiade.

Dolléans, Edouard. 1936~1956, *Histoire du mouvement ouvrier,* Paris, Armand Colin, 3 vol.

Dollfus, Olivier. 1990, "Le système-monde," in Roger Brunet et Olivier Dollfus, *Mondes nouveaux,* Paris, Hachette/Reclus.

Dollfus, Olivier. 1995, *La nouvelle carte du monde,* Paris, PUF.

Dumont, Louis. *Homo hierarchicus. Le système des castes et ses implications,* Paris, Gallimard, 1966; nouv. éd. 1979.

Dumont, René. 1988, *Un monde intolérable. Le libéralisme en question,* Paris, Seuil.

Dumouchel, Paul (dir.). 1985, *Violence et Vérité: Autour de René Girard* (colloque de Cerisy), Paris, Grasset.

Duplessy, Jean-Claude et Morel Pierre. 1990, *Gros temps sur la planète,* Paris, Odile Jacob.

Durkheim, Émile. *De la division du travail social,* 1893; Paris, PUF, 1930; PUF/Quadrige, 1994.

Ellias, Norbert. *Über dens Prozess der Zivilisation,* 1939, 2ᵉ éd. 1969; trad. fr., vol.2, *La Dynamique de l'Occident,* Paris, Calmann-Lévy, 1975; Pocket, 1996.

Ellul, Jacques. 1977, *Le Système technicien,* Paris, Calmann-Lévy

Enriquez, Eugène. 1983, *De la Horde à l'état. Essai de psychanalyse du lien social,* Paris, Gallimard.

Epictète. 1995, *Ce qui dépend de nous* (extraits), Paris, Arléa.

L'Etat du monde, Paris, La Découverte, annuel.

Finkielkraut, Alain. *La Défaite de la pensée,* Paris, Gallimard, 1987; Folio, 1989, éd. 1993.

Forrester, Viviane. 1996, *L'Horreur économique,* Paris, Fayard.

"Fortune Global 500 (The): The World's Largest Industrial and Service Corporations," *Fortune,* 1996/8/5, 71-5 et F1-F42.

Fourquet, François. 1989, *Richesse et puissance. Une généaologie de la valeur,* Paris, La Découverte.

Fransman, Martin, June Gert, Roobeek Annemieke (dir.). 1995, *The Biotechnology Revolution,* Oxford, Blackwell.

Freud, Sigmund, 1930; trad. fr., *Malaise dans la civilisation,* Paris, Denoël, 1934.

Fukuyama, Francis. *The End of History and the Last Man,* New York, Free Press, 1992; trad. fr., *La Fin de l'histoire et le dernier homme,* Paris, Flammarion, 1992.

Gide, Charles. 1898, *Principes d'économie politique,* Paris, Librairie de la société du recueil général des lois et arrêts, 6ᵉ éd.

Giraud, Pierre-Noël. 1996, *L'Inégalité du monde. Economie du monde contemporain,* Paris, Gallimard "Folio".

Godard, Olivier (dir.). 1997, *Le Principe de précaution dans la conduite des affaires humaines,* Paris, Maison des sciences de l'homme/INRA.

Gore, Al. 1992, *Earth in the Blance. Forging a New Common Purpose,* Boston, Houghton Mifflin; Londres, Earthscan.

Gorz, André (dir.). 1973, *Critique de la division du travail,* Paris, Seuil.

Gras, Alain. 1993, *Grandeur et dépendance. Sociologie des macro-systèmes techniques,* Paris, PUF.

Grataloup, Christian. 1996, *Lieux d'histoire. Essai de géohistoire systématique,* Montpellier, Reclus.

Group of Lisbon, *Limits to Compétition* (ronéo), Fondation Gulbenkian, Lisbonne, 1993; éd. fr., *Limits à la compétition. Pour une nouveau contrat mondial,* Paris, La Découverte, 1995.

Guillebaud, Jean-Claude. 1995, *La Trahison des Lumières. Enquête sur le désarroi contemporain,* Paris, Seuil.

Hacker, Friedrich. *Agression. Die Brutalisierung des modernen Welt,* Vienne, Fritz Molden, 1971; trad. fr., *Agression/Violence dans le monde moderne,* Paris, Calmann-Lévy, 1972.

Hayek, Friedrich. *Law, Legislation and Liberty,* University of Chicago Press, 3 vol.,

1973, 1976 et 1979; trad. fr., *Droit, législation et liberté,* 3 vol., Paris, PUF, 1980, 1981 et 1983; "Quadrige," 1995.

Histoire des civilisations, Paris, PUF, 7 vol., 1953~1957.

Histoire du développement culturel et scientifique de l'humanité (Histoire de l'humanité), publié sous les auspices de l'UNESCO, Paris, Robert Laffont, 10 vol., et un index, 1963~1969.

Histoire universelle, Paris, Gallimard, "Encyclopédies de la Pléiade," 3 vol., 1956~1958.

Hobsbawm, Eric J. 1994, *Age of Extremes. The Short Twentieth Century 1914-1991,* Londres, Michael Joseph.

Horkheimer, Max et Adorno Theodor W. *Dialektik des Aufklärung,* New York, Social Studies Association, 1944; nouv. éd. Francfort, Fisher, 1969; trad. fr., *La Dialectique de la raison,* Paris, Gallimard, 1974; "Tel," 1996.

Huntington, Samuel P. 1994, "Le choch des civilisations?" *in Choc...,* pp.238-252.

Huntington, Samuel P. 1996, *Clash of Cilizations and the Remaking of World Order,* New York, Simon & Schuster.

Jacob, François. 1970, *La logique du vivant. Une historie de l'hérédité,* Paris, Gallimard.

Jaspers, Karl. *Von Ursprung und Ziel des Geschichte,* 1949; trad. fr., *Origine et sens de l'histoire,* Paris, Plon, 1954.

Jaspers, Karl. *Die Atombombe und die Zukunft des Menschen,* Munich, R. Piper & Co, 1958; trad. fr., *La Bombe atomique et l'avenir de l'homme,* Paris, Buchet-Chastel, 1963.

Jean, François et Rufin Jean-Chrisophe (dir.). 1996, *Economie des guerres civiles,* Paris, Hachette.

Jonas, Hans. *Das Prinzip Verantvortung,* Francfort/Main, Insel Verlag, 1979; trad. fr., *Le Principe responsabilité. Une éthique pour la civilisation technologique,* Paris, Ed. du Cerf, 1990.

Jullian, François. 1992, *La Propension des choses. Pour une histoire de l'efficacité en*

Chine, Paris, Seuil.

Kant, Immanuel. 1949, *Kritik des praktischen Vernunft,* 1788; trad. fr., *Critique de la raison pratique,* Paris, PUF, 1949 (avec introduction de Ferdinand Alquié, pp.i-xxxii).

Karpik, Lucien. 1972, "Le capitalisme technologique," *Sociologie du travail,* 1972/1-3, pp.2-34.

Kautilya. 1971, *L'Arthasastra* (IVe siècle av. J.-C.); trad. fr., Paris, Marcel Rivière.

Kennedy, Paul. *The Rise and Fall of the Great Powers,* Londres, Unwin Hayman, 1988; trad. fr., *Naissance et déclin des grandes puissances,* Paris, Payot, 1989; Petite bibliothèque Payot, 1991.

Kennedy, Paul. 1994, *Preparing the XXIst Century,* Harper-Collins, 1993; trad. fr., *Préparer le XXIe siècle,* Paris, Odile Jacob, 1994.

Keynes, John Maynard. *Essays in Persuasion,* Londres, Ruper Hart Davis, 1931; trad. fr., *Essais de persuasion,* Paris, Gallimard, 1933; trad. *partielle, Essais sur la monnaie et l'économie. Les cris de Casandre,* Paris, Payot, 1972, éd. 1978.

Kidron, Michael et Segal Ronald. *The State of the World Atlas,* Penguin, 1996; trad. fr., *Atlas des désordres du monde,* Paris, Autrement, 1996.

Krelle, Wilhelm (dir.). 1989, *The Future of the World Economy,* Berlin, Springer Verlag.

Lafargue, Paul. 1969, *Le Droit à la paresse,* 1880; Paris, Maspero.

Laidi, Zaki. 1994, *Un Monde privé de sens,* Paris, Fayard.

Lao-Tseu. 1995, *Tao tɔ king* (VIe siècle av. J.-C.); trad. fr., Paris, Gallimard, 1969; 1995.

Latouche, Serge. 1989, *L'Occidentalisation du monde,* Paris, La Découverte.

Latouche, Serge. 1995, *La Mégamachine. Raison technoscientifique, raison économique et mythe du progrès,* Paris, La Découverte.

Lecourt, Dominique. 1990, *Contre la peur,* Paris, Hachette.

Lwoff, André. *L'Ordre biologique,* MIT Press, 1962; Paris, Laffont, 1969.

Maddison, Angus. 1991, *Dynamic Forces in Capitalist Development. A Long-Run*

Comparative View, Oxford University Press.

Maddison, Angus. 1995, *L'économie mondiale 1820-1992,* Paris, Centre de développement de l'OCDE.

Malinowski, Bronislaw. *A Scientific Theory of Culture and Other Essays,* University of North Carolina Press, 1944; trad. fr., Une théorie scientifique de la culture, Paris Maspero, 1968; Points-Seuil, 1970.

Malraux, André. *Les Voix du silence,* Paris, Gallimard, 1951; réimp. 1956.

Malthus, Thomas Robert. *An Essay on the Principle of Population as it Affects the Future Improvement of Society,* Londres, 1798, 2e éd. 1803; trad. fr., Essai sur le principle de population, Paris, Guillaumin, 1845.

Marchand, Olivier et Thélot Claude. 1991, *Deux siècles de travail en France,* Paris, INSEE.

Marcuse, Herbert. *One-Dimensional Man. Studies in the Ideology of Advanced Industrial Society,* Boston, Beacon Press, 1964; trad. fr., *L'Homme unidimensionnel,* Paris, Editions de Minuit, 1968.

Marcuse, Herbert. *Das End der Utopie,* Berlin, Peter von Malikowski, 1967; trad. fr., *La Fin de l'utopie,* Paris, Seuil, 1968.

Marx, Karl. chapitre intitulé "Der Produktionsprozess des Kapitals. Sechstes Kapitel," rédigé entre 1863 et 1866 et publié à Moscou en 1933; trad. fr., *Un chapitre inédit du Capital,* Paris, Union générale d'éditions, 10/18, 1971.

Marx, Karl, *Le Capital,* livre I (1867) et matériaux pour les livres II et III (1869-1879); trad. fr., in Marx 1963 et 1968, vol.1, pp.537-1240 et vol.2, pp.501-1488.

Marx, Karl. 1963, *Œuvres-Economie,* Paris, Gallimard, La Pléiade, vol.1.

Marx, Karl. 1968, *Œuvres-Economie,* Paris, Gallimard, La Pléiade, vol.2.

Mégie, Gérard. 1992, *Stratosphére et couche d'ozone,* Paris, Masson.

Menger, Carl. *Grundsätze der Volkswirschaftslehre,* Vienne, 1871; 2e éd. 1923.

Meyer, Jean. 1974, *La Surchauffe de la croissance. Essai sur la dynamique de l'évolution,* Paris, Fayard.

Michalet, Charles-Albert. 1985, *Le Capitalisme mondial,* Paris, PUF, 1976; nouv. éd., 1985.

Michalet, Charles-Albert. 1994, "Globalisation et gouvernance (sic): Les rapports des Etats-nations et des transnationales," *Mondes en développement,* vol.22, pp.25-33.

Mill, John Stuart. *Principles of Political Economy, With some of their Applications to Social Philosophyh,* Londres, 1848; trad. fr. de la 7ᵉ éd., *Principes d'économie politique, Avec quelques-unes de leurs applications à l'économie sociale,* Paris, Guillaumin, 2 vol. 1873.

Monod, Jacques. 1970, *Le Hasard et la Nécessité. Essai sur la philosophie naturelle de la biologie moderne,* Paris, Seuil.

Morazé, Charles et Wolff Phillipe. 1952, *L'Epoque contemporaine 1852-1946,* Paris, A. Colin.

Morin, Edgar. 1977, *La Méthode,* Paris, Seuil, t.I, *La Nature de la nature.*

Morin, Edgar. 1980, *La Méthode,* Paris, Seuil, t.II, *La Vie de la vie.*

Morin, Edgar. 1986, *La Méthode,* Paris, Seuil, t.III, *La Connaissance de la connaissance,* livre 1, *Anthropologie de la connaissance.*

Morin, Edgar. 1991, *La Méthode,* Paris, Seuil, t.IV, *Les Idées. Leur habitat, leur vie, leurs moeurs, leur organisation.*

Morin, Edgar. 1981, *Pour sortir du XXe siècle,* Paris, Points-Seuil.

Morin, Edgar. 1982, *Science avec conscience,* Paris, Fayard.

Morin, Edgar, *Thèse pour la pensée complexe,* texte dactylographié, Paris, s.d., 9 p. (repris in Morin 1990).

Morin, Edgar. 1990, *Introduction à la pensée complexe,* Paris, ESF.

Nietzsche, Frédéric. *Vie et Véité* (textes choisis), Paris, PUF, 1971; 5e éd. 1991.

Nietzsche, Frédéric. *Also sprach Zarathustra,* 1883; trad. fr., *Ainsi parlait Zarathoustra,* Paris, Aubier, 1962.

Nouss, Alexis. 1995, *La Modernité,* Paris, PUF, "Que sais-je?"

Ohmae, Kenichi. *Triad Power. The Coming Shape of Global Competition, The Free Press,* 1985; trad. fr., *La Triade, Emergence d'une stratégie mondiale de l'entreprsie,* Paris, Flammarion, 1985.

Partant, François. 1988, *La Ligne d'horizon. Essai sur l'après-développement,* Paris, La Découverte.

Pascal, Blaise. *Pensées* (éd. posthume 1670); Paris, Hachette, 1950.

Péguy, Chrles. *L'Argent* (1913), Paris, Gallimard, 1932; réimp. 1948.

Perkins, Edwin J. 1983, *The World Economy in the Twentieth Century,* Cambridge (Mass.), Schenkman.

Perrin, Jacques. 1988, *Comment naissent les techniques. La production sociale des techniques,* Paris, Publisud.

Perroux, François. 1954, *L'Europe sans rivages,* Paris, PUF.

Perroux, François. 1958, *La Coexistence pacifique,* Paris, PUF.

Platon. *La République* (entre 384 et 377 av. J.-C.); trad. fr., Paris, Garnier, 1966; Flammarion, 1988.

PNUD (Programme des Nations unies sur le développement). 1992, *Rapport mondial sur le développement humain 1992,* Paris, Economica.

PNUD (Programme des Nations unies sur le développement). 1996, *Rapport mondial sur le développement humain 1996,* Paris, Economica.

Poincaré, Henri. *La Valeur de la science,* Paris, Flammarion, 1905; 1970.

Polanyi, Karl. *The Great Transformation,* 1944; trad. fr., *La Grande Transformation,* Paris, Gallimard, 1983.

Prigogine, Ilya et Stengers Isabelle. *La Nouvelle Alliance. Métamorphose de la science,* Paris, Gallimard, 1979; 2e éd. 1986, Gallimard-Folio, 1990.

Rachline, François. 1993, *Que l'argent soit. Capitalisme et alchimie de l'avenir,* Paris, Calmann-Lévy.

Reich, Robert. *The Work of Nations,* New York, A. Knopf, 1991; trad. fr., *L'économie mondialisée,* Paris, Dunod, 1993.

Ricardo, David. *On the Principles of Political Economy and Taxation,* 1817 nouv. éd. augm. 1821; trad. fr., *Des Principes de l'économie politique et de l'impôt,* Paris, Flammarion, 1992.

Richta, Radovan.(Prague, 1968); trad. fr., *La Civilisation au carrefour,* Paris,

Anthropos, 1972; Seuil, 1974.

Rifkin, Jeremy. *The End of Work,* New York, Putnam, 1995; trad. fr., *La Fin du travail,* Paris, La Découverte, 1996.

Roqueplo, Philippe. 1993, *Climats sous surveillance. Limites et conditions de l'expertise scientifiaue,* Paris, Economica.

Rosnay, Joël de. 1995, *L'Homme symbiotique. Regards sur le troisième millénaire,* Paris, Seuil.

Russel, Bertrand. *Has Man a Future?,* Londres, Allen & Unwin, 1961; trad. fr., *L'Homme survivra-t-il?,* Paris, John Didier, 1963.

Sahlins, Marshall. *Stone Age Economics,* Chicago, 1972; trad. fr., *Age de pierre, âge d'abondance. L'économie des sociétés primitives,* Paris, Gallimard, 1976.

Sahlins, Marshall. *Culture and Practical Reason,* 1976; trad. fr., *Au coeur des sociétés. Raison utilitaire et raison culturelle,* Paris, Gallimard, 1980.

La Saint Bible. 1956, trad. fr., Ecole biblique de Jérusalem, Paris, Éd. du Cerf.

Salamé, Ghassan. 1996, *Appels d'empire, ingérences et résistances à l'âge de la mondialisation,* Paris, Fayard.

Sartre, Jean-Paul. 1946, *L'existentialisme est un humanisme,* Paris, Nagel.

Schumpeter, Joseph. *Theorie der Wirtschaftlichen Entwicklung,* Leipzig, Dunkar et Humbolt, 1912; nouv. éd. révisée, 1926, 3e éd. inchangée 1930; trad. fr., *Thééorie de lévolution économique,* Paris, Dalloz, 1935, avec une introduction de F. Perroux.

Schumpeter, Joseph. *Capitalism, Socialism and Democracy,* Londres, Allen & Unwin, 1942; trad. fr., *Capitalisme, socialisme et démocratie,* Paris, Payot, 1951 éd. (1984).

Schneider, Bertrand. 1996, *Le Scandale et la Honte, Monaco,* Club de Rome/Ed. du Roche6.

Sénèque. 1962, *De la tranquilité de l'âme* (entre 49 et 61), *in Stoicien*s (Les), 1962, pp.659-691.

Smith, Adam. *An Inquiry into the Nature and Causes of the Wealth of Nations,* 1776; trad. fr., *Recherches sur la nature et les causes de la richesse des nations,*

2 vol. Paris, Guillaumin, 1880; Flammarion, 1991.

Soros, George. *Soros on Soros,* New York, Wiley, 1995; version française: *Le Défi de l'argent,* Paris, Plon, 1996.

Stoffaës, Chrisitian. 1987, *Fins de Monde. Déclin et renouveau de l'économie,* Paris, Odile Jacob.

Stoiciens (Les). 1962, Paris, Gallimard, La Pléiade.

Ternon, Yves. 1995, *L'Etat criminel. Les génocides au XXe siècle,* Paris, Seuil.

Thurow, Lester. 1996, "The Crusade That's Killing Prosperity," *The American Prospect,* 1996/3-4.

Tocqueville, Alexis de. *De la démocrqtie en Amérique,* vol.1, 1835; Paris, Garnier-Flammarion, 1981.

Touraine, Marisol. 1995, *Le Bouleversement du monde. Géopolitique du XXIe siècle,* Paris, Seuil.

Turgot. 1970, *Réflexion sur la formation et la distribution des richesses,* Paris, 1766 novembre, in *Ecrits économiques,* Paris, Calmann-Lévy, pp.121-188.

"Unabomber." 1996, *Manifeste: L'avenir de la société industrielle,* trad. fr. par J.-M. Apostolidès, Paris, Éd. du Rocher.

UNCTAD. 1993, *International Monetary and Financial Issues for the 1990's,* vol.III, New York.

UN. 1992, *Agenda 21. Rio Declaration. Forest Principles,* New York.

US Department of Commerce. 1995, *Building the Amercan Dream for the 21st Century, The 1995 Competitiveness Report,* Washington, US Government Printing Office, 1995/9.

Vassilikos, Vassilis. 1994, *K.* trad. fr., Paris, Seuil.

Veblen, Thorstein. *The Theory of the Leisure Class,* Londres, Macmillan, 1899, 1912; trad. fr , *Théorie de la classe de loisir,* Paris, Gallimard, 1970.

Viderman, Serge. 1992, *De l'argent, en psychanalyse et au-delà,* Paris, PUF.

Wallerstein, Immanuel. 1980a, "Les Etats dans le vortex institutionnel de l'économie-monde capitaliste," *Revue internationale de sciences sociales,* vol. XXXII, n° 4, pp.797-805.

Wallerstein, Immanuel. *The Modern World System,* New York, Academic Press, vol.1, 1978; trad. fr., *Le système du monde du XVe siècle à nos jours,* Paris, Flammarion, vol.1, Capitalisme et économie-monde. 1450-1640, 1980.

Wallerstein, Immanuel. *The Modern World System,* New York, Academic Press, vol.2, 1980; trad. fr., *Le système du monde du XVe siècle à nos jours,* Paris, Flammarion, vol.2, *Le Mercantilisme et la consolidation de l'économie-monde européenne. 1600-1750,* 1984.

Weber, Max. *Die protestantisch Ethik und der 'Geist' des Kapitalismus,* 1905 (in Gesammelte Aufsätze zur Religionssoziologie, Tübingen, Mohr, 1920); trad. fr., *L'Ethique protestante et l'esprit du capitalisme,* Paris, Plon, 1964; coll. "Agora," 1990.

Weber, Max. *Wirtschaft und Gesellschaft,* (1911-1913); éd. posthume Tü bingen, Mohr, 1921; nouv. éd. 1925, 1947, 1956; trad. fr., de la 4e éd., *Economie et société,* Paris, Plon, 1971, 2 vol.; réédition du premier de ces deux vol., sous le titre *Economie et société*: t.1, *Les Catégories de la sociologie*; t.2, *L'Organisation et les puissances de la société dans leur rapport avec l'é conomie,* Paris, Pocket, 1995.

Weber, Max. *Wirtschaftsgeschichte. Abriss der Universalen Sozial-und Wirtschafts-geschichte,* 1923 (Berlin, Duncker & Humbolt, 1981); trad. fr., *Histoire é conomique. Esquisse d'une histoire universelle de l'économie et de lasociété,* Paris, Gallimard, 1991.

Wolff, Jacques. 1988, *Les pensées économiques,* t.1, *Des origines à Ricardo,* Paris, Monchrestien.

World Commission on Environment and Development. *Our common Future,* Oxford University Press, 1987; trad. fr., *Notre avenir à tous,* Montréal, Editions du Fleuve, 1988.

세계의 격변
흔들리는 지구와 인류, 그리고 자본주의

ⓒ 백영현, 2000

지은이 | 미셸 보
옮긴이 | 백영현
펴낸이 | 김종수
펴낸곳 | 도서출판 한울

편집책임 | 임희근
편집 | 곽종구

초판 1쇄 인쇄 | 2000년 10월 30일
초판 1쇄 발행 | 2000년 11월 10일

주소 | 120-180 서울시 서대문구 창천동 503-24 휴암빌딩 3층
전화 | 영업 326-0095(대표), 편집 336-6183(대표)
팩스 | 333-7543
전자우편 | newhanul@nuri.net
등록 | 1980년 3월 13일, 제14-19호

Printed in Korea.
ISBN 89-460-2798-3 03300

*책값은 겉표지에 적혀 있습니다.